智慧财经创新型人才培养系列教材

SHUZI LUANSHENG JISHU JICHU YU SHIJIAN

数字孪生技术基础与实践

孙　丽　杨大鹏　主　编
姜　洋　王德权　孙心阳　副主编

东北财经大学出版社　大连
Dongbei University of Finance & Economics Press

图书在版编目（CIP）数据

数字孪生技术基础与实践 / 孙丽，杨大鹏主编. —大连：东北财经大学出版社，2025.9. —（智慧财经创新型人才培养系列教材）. —ISBN 978-7-5654-5702-9

Ⅰ.TP3

中国国家版本馆CIP数据核字第2025YA7917号

数字孪生技术基础与实践
SHUZI LUANSHENG JISHU JICHU YU SHIJIAN

东北财经大学出版社出版
（大连市黑石礁尖山街217号 邮政编码 116025）
网 址：http://www.dufep.cn
读者信箱：dufep@dufe.edu.cn

大连天骄彩色印刷有限公司印刷 东北财经大学出版社发行

幅面尺寸：185mm×260mm 字数：398千字 印张：18.25

2025年9月第1版 2025年9月第1次印刷

责任编辑：李 栋 周 慧 孟 鑫 责任校对：赵 楠

封面设计：原 皓 版式设计：原 皓

书号：ISBN 978-7-5654-5702-9 定价：49.00元

教学支持 售后服务 联系电话：（0411）84710309

如有印装质量问题，请联系营销部：（0411）84710711

前言

随着物联网、大数据、人工智能等技术的飞速发展，数字孪生（Digital Twin）作为一项突破性的数字化技术，正在深刻改变制造业、智慧城市、医疗健康、能源管理等众多领域。它通过构建物理实体的虚拟镜像，实现实时仿真、状态监测和预测性维护，为产业智能化升级提供了全新范式。

党的二十大报告提出："加快发展数字经济，促进数字经济和实体经济深度融合，打造具有国际竞争力的数字产业集群。"数字孪生作为数字化转型的核心技术之一，通过构建物理实体的虚拟映射，实现生产全流程的仿真优化和实时监控，是推动制造业、能源、交通等领域"数实融合"的关键工具。在"新型工业化"进程中，数字孪生与工业互联网、人工智能等技术结合，可加速产品研发（如虚拟样机）、优化生产流程（如数字工厂）、实现预测性维护（如装备健康管理），直接支撑制造强国目标的实现。

本书由大连交通大学工业工程系与大连迈思信息技术有限公司以及捷匠网络科技（大连）有限公司合作编写而成。大连迈思信息技术有限公司以及捷匠网络科技（大连）有限公司所开发的数字孪生软件Mes Work Data Factory和FDSIM作为国产自主数字孪生软件具有完全自主知识产权，具有低代码、可移植、易部署等特点，有着丰富的汽车、装备制造、智慧水务及非标设备制造等行业项目实施经验。

本书旨在系统性地介绍数字孪生的核心概念、技术体系及应用实践，帮助读者掌握其理论基础和实现方法，并重点介绍了两款国产数字孪生软件的基本操作及典型案例。教材内容兼顾学术性与工程性，既适合高校相关专业师生学习，也可为行业技术人员提供参考。书中结合典型案例和前沿进展，力求反映数字孪生技术的最新发展趋势。

全书分为三部分：

1.基础篇：阐述数字孪生的起源、定义与关键技术（如建模、信息技术）；

2.应用篇：深入讲解Mes Work Data Factory和FDSIM两款软件在进行数字孪生系统搭建中的应用过程；

3.案例篇：聚焦工业制造、智慧水务、财务风险评估与管理等场景，分析数字孪生技术的落地挑战与解决方案。

本书的编写得益于多位专家学者的一线研究成果，以及企业合作中的实际工程经验。全书共分为9章，其中1—3章和第6章由大连交通大学杨大鹏编写，第4章及第7章由大连工业大学王德权教授及大连迈思信息技术有限公司赵南编写，第5章及第8章由捷匠网络科技（大连）有限公司孙心阳、邹罡、王红亚以及大连职业技术学院周平编写，第9章由大连交通大学姜洋编写，大连交通大学孙丽教授负责全书统稿。同时，特别感谢东北财经大学丁秋雷教授为本书的编写提供的帮助。书中部分内容参考了国内外权威文献和开源项目，我们尽可能在参考文献中列出，如有疏漏敬请指正。

由于数字孪生技术仍处于快速发展阶段，书中难免存在不足之处，恳请读者批评指正，以便后续修订完善。

作　者

2025年4月

目录

第1篇
数字孪生理论基础 / 1

第2篇 装配线数字孪生实践应用 / 67

第3篇 数字孪生应用案例 / 205

第1篇 数字孪生理论基础

第1章 数字孪生概述

学习目标

了解数字孪生产生的背景，包括第四次工业革命各国的制造业发展战略。

了解物理孪生的概念、在大型复杂装备开发中的作用及与数字孪生的区别。

了解数字孪生在各国的政策支持情况，以及国际和区域标准化组织在数字孪生标准化工作中的进展。

了解数字孪生在制造、装备、建造、交通等领域的应用场景。

理解数字孪生的多种定义，重点理解本书所采用的李培根院士对数字孪生的定义。

理解数字孪生在产品全生命周期和生产系统中的应用方式及价值。

理解数字孪生装备的构成、智能特征和能力，以及在机床领域的应用案例。

能够清晰阐述数字孪生的起源、概念，准确区分相关概念。

掌握数字孪生的相关技术，能分析其在实际应用中的作用和局限。

深入理解数字孪生在各行业的应用模式，可结合具体案例进行说明。

本章思维导图

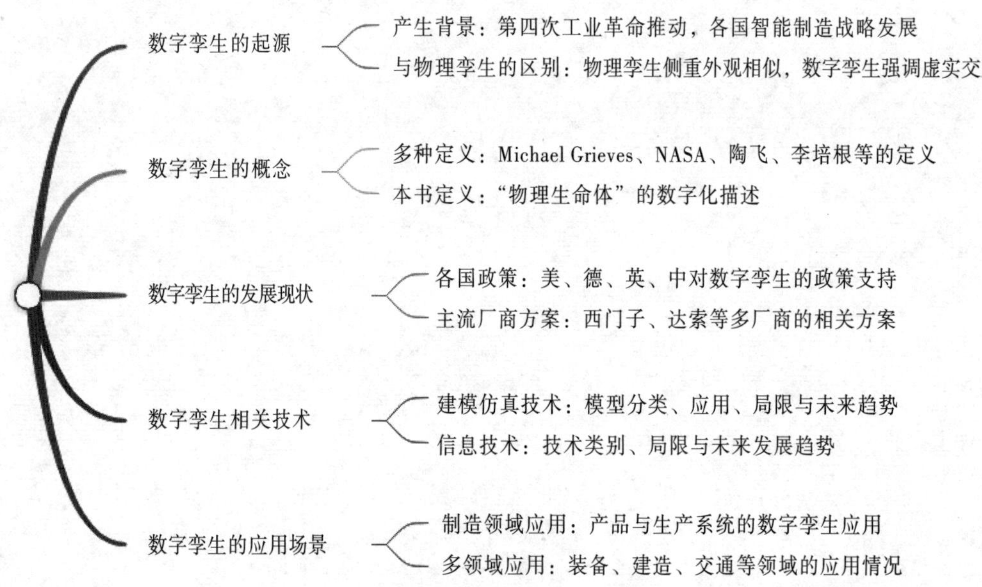

进入21世纪以来，随着计算机、工业机器人、传感器、物联网、区块链、工业

软件、数控机床、增材制造、虚拟现实、智慧物流、大数据驱动、人工智能、云计算及数字化精益等技术的飞速发展，制造业与数字化技术的融合日益加深。面对日益复杂的国内外市场环境，在数控机床、航空航天、高速列车、海工装备及军事装备等高端装备制造领域，多品种小批量的制造模式逐渐替代传统的大批量制造模式。而为了快速响应市场的需求，数字化技术尤其是数字孪生（Digital Twins，DT）技术便应运而生。该项技术贯穿产品设计、制造、交付、运维到报废全生命周期，成为连接客户、供应商、制造商、运营商等全产业链的数字利器。

当下，我国企业正面临着数字化转型的机遇和严峻挑战，在深化“互联网+先进制造”、制造强国战略和制造业高质量发展等政策的激励下，一大批制造企业开展了和正在开展数字化转型工作，推动企业向数字化、互联化和智能化方向发展。制造系统从低到高涵盖了设备、生产线、车间、工厂、供应链及制造生态系统，而不同类型及不同数字化基础水平的企业如何选择适合自己的智能制造系统等级及水平受政策、资金、人员、市场等多方面的制约。很多企业为了降本增效往往寄希望于数字化改造，而往往忽略了生产制造更本质的东西，即盈利的本质在于创造价值，而价值是由客户定义的。生产中存在太多不增值的环节，如搬运、等待、过量生产、不良品等等。如果没有从底层将生产逻辑理顺，匆忙上马的自动化、数字化只是更快速率地产生浪费，并不能从根本上解决降本增效的实质性问题。

精益生产（Lean Production，LP）是基于日本丰田生产系统（TPS）而提出的生产优化技术。从生产系统的角度出发，对生产方式、工艺规划、设施布局、产线平衡、工位定置、物流仓储与配送、供应链管理等多方面进行同时优化，主要针对生产中的七大浪费从根本上解决企业生产中存在的各种问题。而数字化工具是企业能否顺利实施数字化精益的技术保障，编者利用精益+数字组合工具在众多行业和企业中进行了有效的工程实践，取得了良好的经济与社会效益。

本章主要对数字孪生技术的起源、概念、国内外发展、相关技术及应用场景进行梳理与介绍。

1.1　数字孪生的起源

1.1.1　数字孪生产生的背景

数字孪生作为新兴的技术近年来获得了各行业的持续关注，与各行业不断融合，有力推动着各行业数字化、网络化、智能化发展进程。其思想是在虚拟数字空间构建与物理实体的数字化映射，对其几何属性、物理规律、行为规则等进行全方面、多维度、多物理量的动态监控、模拟、诊断与预测，以实现物理实体的全生命周期管控和优化。

数字孪生技术作为智能制造（Intelligent Manufacturing，IM）实现的重要工具，常常与信息物理系统（Cyber Physics System，CPS）、人工智能（Artificial Intelligence，AI）、机器学习（Machine Learning，ML）、虚拟现实（Virtual Reality，VR）、大数据

(Big Data，BD)、区块链（Blockchain）和云计算（Cloud Computing，CC）等热点词汇连接在一起。而追溯数字孪生的起源离不开制造模型的转变，而智能制造的兴起又与各数字技术的发展息息相关。

第四次工业革命的悄然兴起，使得美国、德国、英国、日本等工业强国相继部署了制造业发展战略，我国也于2015年推出了“中国智造2025”的战略规划。从内容上，各国战略规划和实施方案不尽相同，但其重点和核心均落在智能制造上。各国的智能制造战略见表1-1。

表1-1 **各国的智能制造战略**

国家（地区）	战略计划	提出时间	主要内容
欧盟	欧盟2020	2010年	实现智能增长、可持续增长和包容性增长
美国	先进制造	2012年	加速“在工业化”和“制造业回归”
德国	工业4.0	2013年	智能+网络化，发展CPS智能工厂
英国	工业2050	2013年	未来制造业是“服务+再制造”
法国	未来工业计划	2015年	工业工具现代化、数字技术改造经济
日本	新机器人	2015年	推进机器人技术在其他领域落地，巩固“机器人大国”地位
中国	中国制造2025	2015年	重塑制造业技术体系、生产模式、产业形态和价值链，实现信息化、网络化、服务化、协同化融合发展，推进制造业升级

1.1.2 物理孪生与数字孪生

模型是数字孪生的核心要素，而从模型到数字孪生经历了从物理的“实物模型”到数字化展示的“数字化模型”再到物理对象与虚拟模型交互共生的数字孪生的技术发展过程。

模型是生产制造活动中的重要要素，在不同历史阶段和不同技术背景下，呈现出不同形式，发挥了不同的作用。铸造中的“失蜡法”“消失模”，机加工中的“靠模法”，医学实验中的“双胞胎”，复杂设备的“物理样机”等都属于物理孪生的范畴。而大规模工业化生产后，同一类型的产品无论从外观、性能各方面均一模一样，也就是说物理孪生不管是自然界还是人类社会都是普遍存在的。但这些孪生体之间的多个独立个体之间却鲜有信息、数据及控制指令的交互，只是“形”上面的孪生。

物理孪生体尤其是物理样机在大型复杂装备开发过程中起到至关重要的作用。一款飞机从设计到试飞最后交付，除了要做大量的飞行试验外，利用各尺度、复杂度的物理样机进行动静态飞行模拟是飞机开发过程中不可或缺的环节。如利用缩比模型进行风洞测试以验证其气动性能，利用等比模型进行地面静载、动载实验验证其力学性能，利用模拟驾驶舱进行各工况下的驾驶模拟以验证其飞控特性等。陕飞运20地面物理样机及力学试验现场如图1-1所示。而航天器由于其特殊的应用场合，在轨运行的航天器很多实验尤其是姿态操控实验不能直接在其自身上开展，往往要借助地面上的物理样机进行同工况的地面运行以验证航天器的可靠性及操控性等。

图1-1　陕飞运20地面物理样机及力学试验现场

物理孪生概念在20世纪60年代由美国国家航空航天局（NASA）提出，利用物理孪生飞行器模拟各类指令操作，确保太空飞行器各类动作的正确性和安全性。物理孪生体之间虽然从外观、构成、性能等方面极度相似，但各孪生体在生产制造及运行时由于机器设备、工艺参数、操作人员、运行环境、维护保养等方面存在的差异，其全生命周期过程的表现可能会出现较大差异。因此能真实反映物理实体真实状态及预测、控制其未来表现的数字孪生体便应运而生。

数字孪生体是运用数字化建模、仿真、通信、控制等手段，在虚拟环境中构建物理实体的数字化映射。能真实地反映在其全生命周期中的各种表现，利用实时监测、预防诊断等技术对其可能存在的问题进行提前干预，以确保其平稳运行。同时利用数字采集技术，对其设计、制造、运维过程中的多种参数变量数据进行有效的采集与分析，以优化各阶段性能、降低其技术和财务风险，提高设备利用率。2003年，美国密歇根大学Michael Grieves教授提出“与物理产品等价的虚拟数字化表达”概念，是数字孪生较为原始的表达。2010年，NASA提出了航天器数字孪生的概念和功能。2011年，美国空军研究实验室（AFRL）的Pamela A. Kobryn和Eric J. Tuegel首次明确提出了数字孪生这个词汇。航天器的信息镜像模型（Information Mirroring Model）如图1-2所示，主要利用数字孪生技术对航天器进行健康维护和保障。

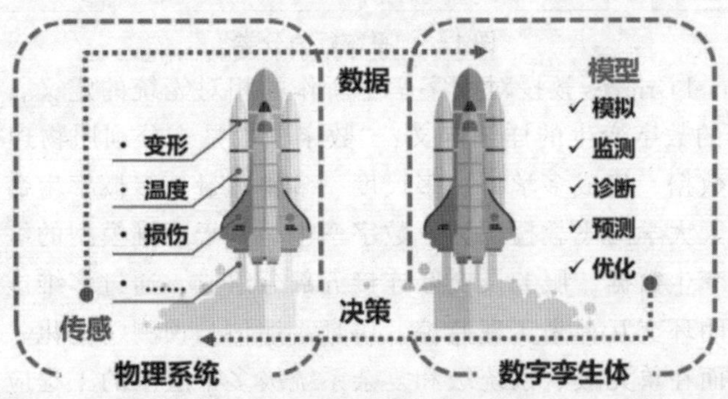

图1-2　航天器信息镜像模型（Information Mirroring Model）

由于受当时软硬件条件制约，数字孪生概念提出初期并未引起广泛关注。近年来，数字孪生无论在理论还是实践应用方面均取得了长足的进步，从单一产品扩展到各行各业中。

1.2 数字孪生的概念

近年来，数字孪生已成为研究和应用的热点。在研究领域，数字孪生的研究论文每年呈指数级增长，研究者分布在全世界各主要国家的高校和科研机构，并取得了很多研究成果和进展。在应用领域，各大工业软件的巨头，如西门子公司、PTC公司、达索公司等，以及知名实业公司，如空客集团、波音公司、特斯拉公司等都在积极实践数字孪生。虽然数字孪生得到了业界广泛关注和研究，但其概念和内涵却并没有一个统一的定义。随着数字孪生研究和实践的不断推进，人们赋予数字孪生各种定义。下面列举几个比较有代表性的定义。

Michael Grieves教授认为，“数字孪生是一组虚拟信息结构，可从微观原子级别到宏观几何级别全面描述潜在的或实际的物理制成品。在最佳状态下，可以通过数字孪生获得任何物理制成品的信息”。同时，Michael Grieves教授将数字孪生可以解决的问题分成了两类：一是可预测的行为（Predicted Behavior）；二是不可预测的行为（Unpredicted Behavior）。随后又进一步将行为分为期望结果（Desirable Outcome）和非期望结果（Undesirable Outcome）。系统行为分类如图1-3所示：①预计得到的期望结果；②预计得到的非期望结果；③未预料到的期望结果；④未预料到的非期望结果。

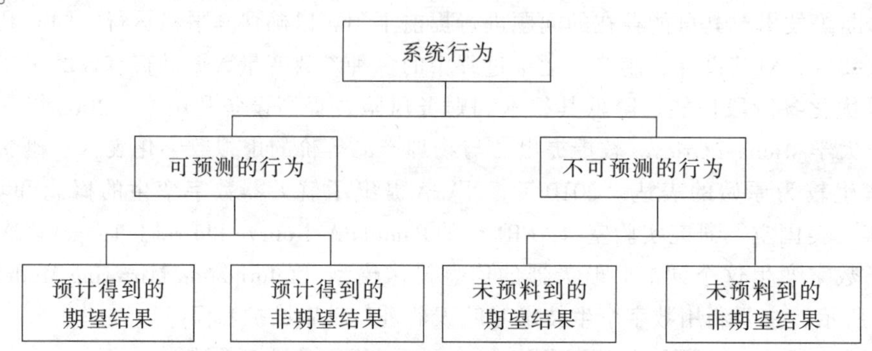

图1-3 系统行为分类

相对于Michael Grieves教授对数字孪生所作的相对笼统的定义，2010年NASA发布了关于航天器的数字孪生的详细定义：“数字孪生是充分利用物理模型、传感器更新、运行历史等数据，集成多学科、多尺度、多物理量、多概率生命周期过程。”

北京航空航天大学陶飞教授认为：数字孪生是基于五维模型的综合体，由物理实体、虚拟模型、孪生数据、服务及交互连接五部分组成，通过多维虚拟模型和融合数据双驱动及虚实闭环交互，来实现监控、仿真、评估、预测、优化、控制等功能服务和应用需求，从而在单元级、系统级和复杂系统级多个层次的工程应用中监控物理世界的变化，模拟物理世界的行为，评估物理世界的状态，预测物理世界的未来趋势，优化物理世界的性能，并控制物理世界运行。

李培根院士认为：数字孪生是“物理生命体”的数字化描述。“物理生命体”是指“孕育”过程（即实体的设计开发过程）和服役过程（运行、使用）中的物理实体（如产品或装备），数字孪生体是“物理生命体”在其服役和孕育过程中的数字化模型。数字孪生不能只是物理实体的镜像，而是与物理实体共生。数字孪生支持从创新概念开始到得到真正产品的过程。

该概念从通用角度对数字孪生进行了定义，内容完整且易于理解，本书采用了这一定义。在本书中，“数字孪生”是这项技术的统称。“数字孪生体”特指某物理实体在数字空间的数字化映射，与物理实体相对应。“数字孪生系统”是指构成数字孪生应用的包括物理实体、数字孪生体以及必要的互联模型的整个系统。

1.3　数字孪生国内外发展现状

当前，数字孪生已经成为全球信息技术发展的新焦点，备受各行业关注。目前数字孪生技术发展已上升到国家策略层面，成为不少国家数字化转型和智能化升级的有力抓手。如美国的工业互联网联盟将数字孪生作为工业互联网落地的核心和关键，德国工业4.0参考架构将数字孪生作为重要内容等。很多工业软件巨头也提出了相关的发展战略和技术解决方案。

1.3.1　各国政策及发展情况

数字孪生的提法最早出现在美国，美国也是最早开展数字孪生研究与应用的国家。美国以NASA、AFRL等为代表的研究机构主要将数字孪生应用于航空航天的健康监测、运行维护、寿命预测等方面。近年佐治亚理工学院、美国国家标准与技术研究院（NIST）、宾夕法尼亚州立大学等研究机构在智能工厂、智慧城市、3D打印等方面开展了应用探索，试图挖掘数字孪生在更广阔领域的应用。2020年美国组建数字孪生联盟，成员跨行业协作开发各类应用。美国工业互联网联盟将数字孪生作为工业互联网落地的核心和关键。

德国提出工业4.0后，一直在论证和寻求能让其落地的使能技术。数字孪生相对其他概念更易落地实施，德国工业4.0参考框架将数字孪生作为重要内容。工业4.0主要提出单位之一德国弗劳恩霍夫研究院指出，数字孪生是工业4.0的关键技术。以西门子公司、亚琛工业大学为代表的工业4.0主推和实施机构，开展了大量数字孪生的研究与实践。

英国发布了《英国国家数字孪生体原则》，阐述了构建国家数字孪生体的价值、标准、原则及路线图。新加坡搭建了“虚拟新加坡”平台，用于城市规划、维护和灾害预警等。法国高规格推进数字孪生巴黎建设，数字孪生技术助力巴黎奥运会举行和巴黎圣母院重建。

2023年，中共中央、国务院印发了《数字中国建设整体布局规划》（以下简称《规划》），《规划》指出建设数字中国是数字时代推进中国式现代化的重要引擎，是构筑国家竞争新优势的有力支撑。加快数字中国建设，对全面建设社会主义现代化国家、全面推进中华民族伟大复兴具有重要意义和深远影响。要全面赋能经济社会发展：一是做强做优做大数字经济；二是发展高效协同的数字政务；三是打造自信繁荣的数字文化；四是构建普惠便捷的数字社会；五是建设绿色智慧的数字生态文明。推动生态环境智慧治理，构建以数字孪生流域为核心的智慧水利体系。

2021年12月，中央网络安全和信息化委员会印发的《“十四五”国家信息化规划》中指出稳步推进城市数据资源体系和数据大脑建设，打造互联、开放、赋能的智慧中枢，完善城市信息模型平台和运行管理服务平台，探索建设数字孪生城市。

2022年6月，国务院印发的《关于加强数字政府建设的指导意见》中指出加快推进城市运行“一网统管”，探索城市信息模型、数字孪生等新技术运用，提升城市治理科学化、精细化、智能化水平。推进数字乡村建设，以数字化支撑现代乡村治理体系，加快补齐乡村信息基础设施短板，构建农业农村大数据体系，不断提高面向农业农村的综合信息服务水平。

2023年9月，工业和信息化部、教育部、文化和旅游部、国务院国资委、广电总局联合印发的《元宇宙产业创新发展三年行动计划（2023—2025年）》中指出推动人、机器、数据等关键要素的融合，构建虚实结合的产线数字孪生体。打造工业元宇宙虚拟装配空间，推动零配件辅助装配。

2023年4月，工业和信息化部、文化和旅游部联合印发的《关于加强5G+智慧旅游协同创新发展的通知》中指出推动5G与物联网、虚拟现实、增强现实、数字孪生、机器人等技术和产品的有效融合，引导5G+4K/8K超高清视频、5G智慧导览、5G+VR/AR沉浸式旅游等应用场景规模发展，满足游客在旅游全过程的智慧体验。

近年来，中国电子技术标准化研究院、全国自动化系统与集成标准化技术委员会及多家相关企业都积极开展数字孪生相关国家标准和企业标准的立项和发布工作。2022年10月，国家市场监督管理总局、国家标准化管理委员会发布了国内第一个数字孪生相关国家标准——GB/T 41723-2022《自动化系统与集成复杂产品数字孪生体系架构》。2023年12月，由中国电子技术标准化研究院牵头制定的GB/T 43441.1-2023《信息技术 数字孪生 第1部分：通用要求》国家标准正式发布。

ISO、IEC、ITU、IEEE等国际和区域标准化组织都积极推进数字孪生标准化工作。国际标准化组织ISO/TC 184/SC 4 Industrial data标准工作组发布了ISO 23247：自动仪系统和集成制造业的数字孪生框架的国际标准。国际电信联盟ITU针对智慧城市领域起草了数字孪生系统安全机制和智慧社区安全机制相关国际标准。IEEE（电气电子工程师学会）研究了智能工厂物理实体的数字化表征和连接线要求相关标准。2023年11月，ISO/IEC JTC1/SC41物联网与数字孪生分技术委员会发布公告，ISO/IEC 30173：2023《数字孪生概念和术语》（ISO/IEC 30173：2023 Digital twin-Concepts and terminology）国际标准正式发布。

1.3.2 数字孪生主流厂商及方案

数字孪生的概念很好地契合了工业向智能化发展的趋势，使其引起了制造领域中众多数字化行业巨头的关注。数字孪生主要针对数字孪生在产品设计、制造过程、运行维护与回收管理等产品全生命周期的应用开展了软硬件数字系统及应用的开发。目前数字孪生的概念被传播到越来越多的领域中，并开始逐渐走进人们的生活。如今，不仅在军工、航空航天、制造领域，在电力、汽车、船舶、医疗、城市管理等领域均有数字孪生的相关报道与应用需求，并且持续有更多不同领域的专家、研究机构、企业加入到数字孪生应用的探索中。

西门子、达索系统、PTC、罗克韦尔自动化、ANSYS、GE、SAP、微软、Unity、美云智数、寄云科技、同元软控、捷匠科技、迈思信息等国内外厂商提供了数字孪生的相关解决方案。

在西门子（Siemens）的数字孪生应用模型中，产品数字孪生（Product Digital Twin）、生产数字孪生（Production Digital Twin）和性能数字孪生（Performance Digital Twin）形成了一个完整的解决方案体系，并将西门子现有的产品及系统包揽其中，如Teamcenter、NX、Simcenter、TIA博途平台、MindSphere云平台等。

达索系统（Dassault Systèmes）的数字孪生解决方案主要依托3D体验平台——3DEXPERIENCE，将CATIA、BIOVIA、SOLIDWORKS、SIMULIA、DELMIA等11款工业软件集成到一个统一的数字化创新环境中，可提供一个贯穿设计、生产、制造、交付、运营等整个业务流程的完整解决方案。平台将技术和功能集成到统一的数字化开发环境中以开发数字孪生应用。达索系统还与ABB合作为客户提供从产品生命周期管理到资产健康监测的软件解决方案。ABB Ability数字化解决方案与3DEXPERIENCE平台相融合，为客户提供高效、灵活和可持续的数字孪生解决方案。利用3DEXPERIENCE平台构建的某数据中心孪生体各构成要素如图1-4所示。

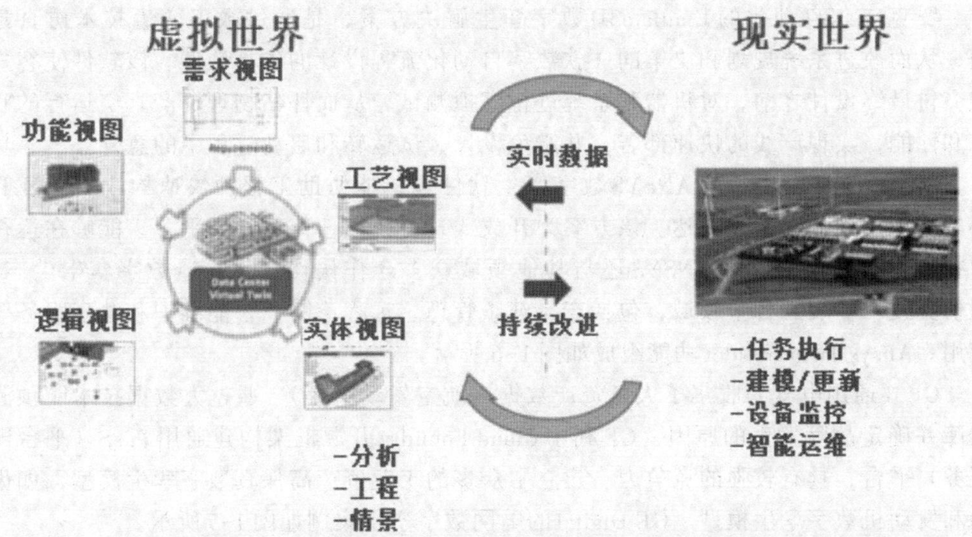

图1-4　利用3DEXPERIENCE平台构建的某数据中心数字孪生体各构成要素

PTC的数字孪生解决方案是基于PTC的数字主线和数字孪生平台，由CreoCAD数字设计平台、Windchill PLM数字主线平台、Vuforia增强现实平台、Servigistics SLM服务生命周期管理平台、Integrity ALM软件生命周期管理平台、ThingWorx物联网与分析平台等数字技术产品形成的整合解决方案，打通了需求、采购、质量与管控、市场营销、制造工厂、售后和召回等产品生命周期涉及的所有业务部门，形成了完整的数字主线，帮助用户创建其业务的数字和实体之间的闭环。PTC还与罗克韦尔自动化、ANSYS建立了合作关系。PTC的上述平台与罗克韦尔自动化的MES、FactoryTalk Analytics以及Industrial Automation平台可简化企业的连接方式，实现更好的互联互操作性。而ThingWorx融入了ANSYS工程仿真技术，有助于将原始数据转变为可采取行动的新兴智能信息。基于PTC数字孪生平台数字孪生的产品研制及运营模式如图1-5所示。

图1-5　基于PTC数字孪生的产品研制及运营模式

罗克韦尔自动化的Emulate3D数字孪生解决方案，是通过数字孪生技术仿真建模，从而改进系统规划和决策的一款数字自动化流程设计的仿真软件。该软件使客户在交付最终设计之前，对机器和系统进行虚拟测试，从而评估物理资产真实运行的状态和性能，实现产线的快速部署，并避免设计、试运转和启动过程中的意外。

Ansys Twin Builder是ANSYS数字孪生软件包，能协助工程师快速构建、验证和部署物理产品的数字化表达。该方案为开放式，可集成任何物联网平台，能够在运行中持续监控各类设备。ANSYS还与其他领域众多合作伙伴合作打造数字孪生生态，使仿真技术扩展到各个领域，包括产品健康管理、远程诊断、智能维护和共享服务等应用。Ansys Twin Builder功能组成如图1-6所示。

GE（通用电气）收集了大量资产数据（航空发动机等），通过大数据技术能预测故障并确定故障发生的原因。GE利用Cloud Foundry开源框架构建通用PaaS（平台即服务）平台，具有较强的竞争力。建立了众多的工业资产高保真数字孪生模型，如齿轮和发动机数字孪生模型。GE Digital的电网数字孪生案例如图1-7所示。

SAP数字孪生解决方案与SAP推出的统一商业网络战略相契合，利用实时ERP、先进的分析和成功的网络解决方案，譬如Ariba Network、SAP Asset Intelligence Network、SAP Logistics Business Network和SAP Fieldglass，并通过开放和互联的商业网络，交付整合信息，帮助企业打造韧性供应链，提高敏捷性。同时，SAP数字孪生

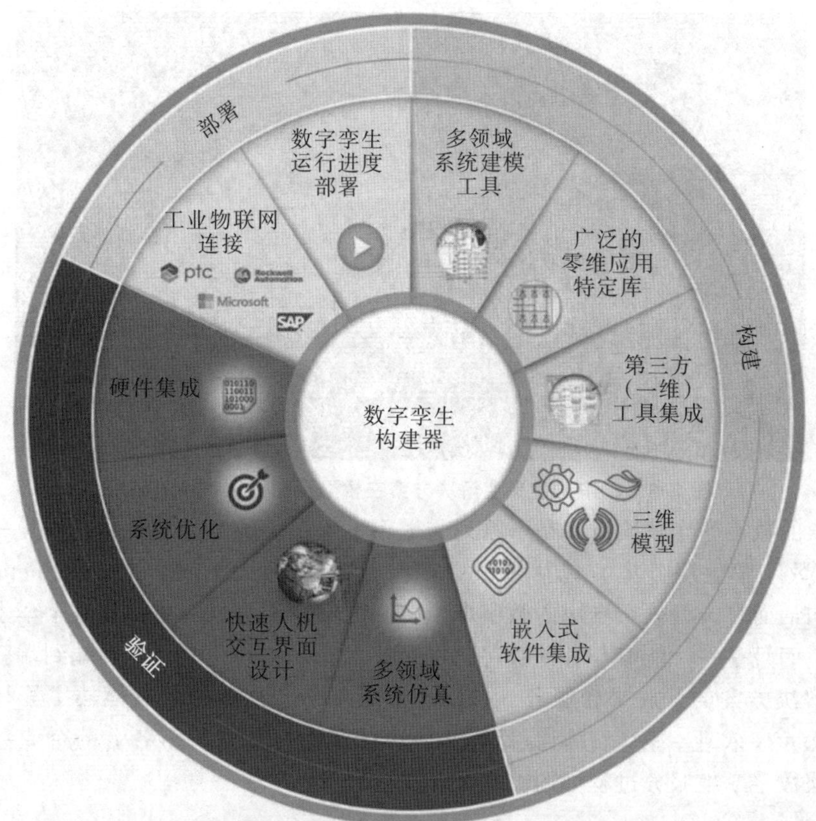

图1-6　Ansys Twin Builder功能组成

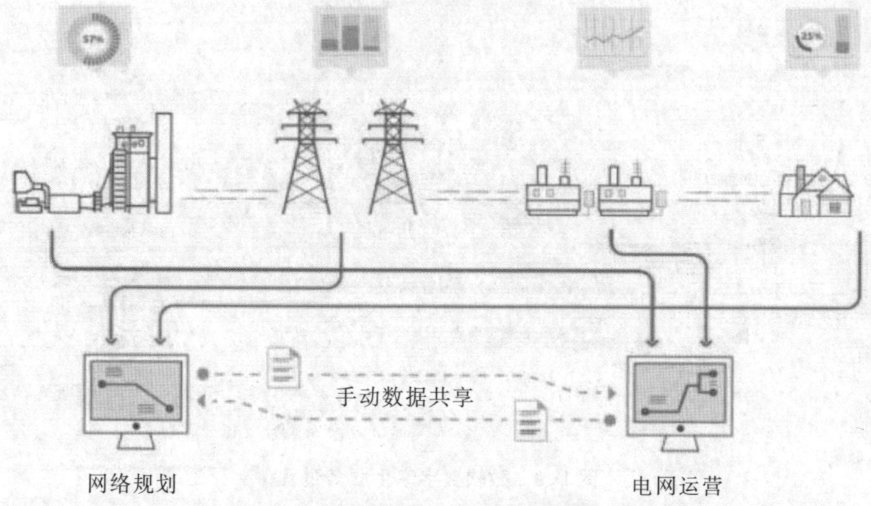

图1-7　GE Digital的电网数字孪生案例

解决方案也与SAP启动的Industry 4.Now战略高度契合。借助“Industry 4.Now”，SAP将帮助企业打造一条真正的数字主线，贯穿智能产品和资产的整个生命周期，从设计到运维，并将获得的信息及时反馈到业务流程里。SAP数字孪生解决方案在桥梁预测性维护中的应用如图1-8所示。

图1-8　SAP数字孪生解决方案在桥梁预测性维护中的应用

微软的数字孪生解决方案是一系列与数字孪生相关的服务组合，是作为一个整体的Azure数字孪生服务集，包括Azure IoT、Azure Digital Twins、Azure Functions等工具。换句话而言，微软所推出的数字孪生解决方案，不只具有单一的数字孪生技术服务能力，而且是一个能够与各种数字化平台技术集成，构建跨行业且端到端就绪的数字孪生解决方案的开放平台服务。该解决方案可从智能制造、智能楼宇等行业“复用”到医疗、农业、教育、能源等行业，由此赋能并加速各行各业的企业数字化转型。微软数字孪生服务过程如图1-9所示。

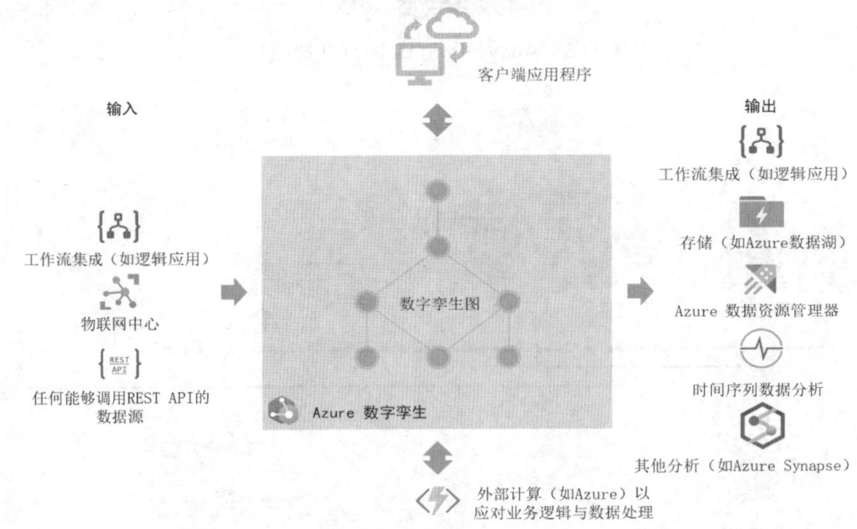

图1-9　微软数字孪生服务过程

Unity数字孪生解决方案主要由Unity Reflect、Unity Manufacturing Toolkits（UMT）等产品组成。其中，Unity Reflect用于构建数字孪生应用；UMT是Unity于2022年正式发布的专为零基础用户定制的智能制造数字孪生工具包，旨在帮助无建模基础与代码撰写经验的从业者迅速构建智能制造数字孪生系统。UMT从模型自动优化处理、约束导入和动作调试等基础操作开始建立对应真实产线的虚拟模型，继而用户在可视化编程界面中轻点鼠标实现信号与模型的绑定，同时，辅以UMT丰富的材质、组件、模型和UI库，用户可构建高质量的虚实同步数字化柔性产线。

美云智数是美的集团打造的以工业仿真（MIOT.VC）系统为内核的数字孪生平台。形成了工厂决策驾驶舱、基于权限的运营管理、车间级虚实联动、设备状态/视频监控、厂区鸟瞰总览、物流路线可视化、产线数据可视化、员工操作VR培训等一系列数字孪生解决方案。在数字工厂建设方面，美云智数MIOT.VC采用“虚实联动+数字孪生”的形式进行3D工厂布局和整体规划，并不断滚动进行仿真规划设计、评估验证和更改。经过多年实践，数字孪生工厂应用实现了设备联机、虚实结合、真实互动、设备故障预警和维修提醒。

寄云科技为工业企业提供了基于数据智能的数字孪生开发方案。首先，寄云科技提供了工业数据采集和边缘计算能力，帮助企业实现大型设备实时状态的采集和状态监测；其次，针对大型关键设备的故障诊断和预测，寄云科技提供了丰富的故障库，以及基于机器学习的故障诊断、健康评估和寿命预测能力；最后，还提供了工业数据建模工具以及工业可视化开发工具，实现对设备可靠性、生产性能和效率等关键指标的深度分析。此外，寄云科技还与安世亚太合作开发基于仿真模型+物联网监测的数字孪生解决方案，帮助企业实现精准且全面的状态监测和关键指标的性能预测。

同元软控数字孪生解决方案依托MWORKS平台，通过MWORKS.Sysplorer和MWORKS.Syslab软件进行数字孪生体的建模和仿真，为企业提供数字孪生体机理、数据高精度模型开发、管理、运行和应用服务。针对数字孪生体监测、评估、预测、优化与控制典型应用场景，MWORKS平台提供可定义、可组构、可交互的数字孪生应用服务。该解决方案具有“多层级、多物理、多尺度高保真数字孪生体构建，规范化、流程化数字孪生体评估，基于单一数据源的数字孪生体存储与管理，组件化、服务化的场景驱动数字孪生体应用”的特点。同元软控数字孪生技术框架如图1-10所示。

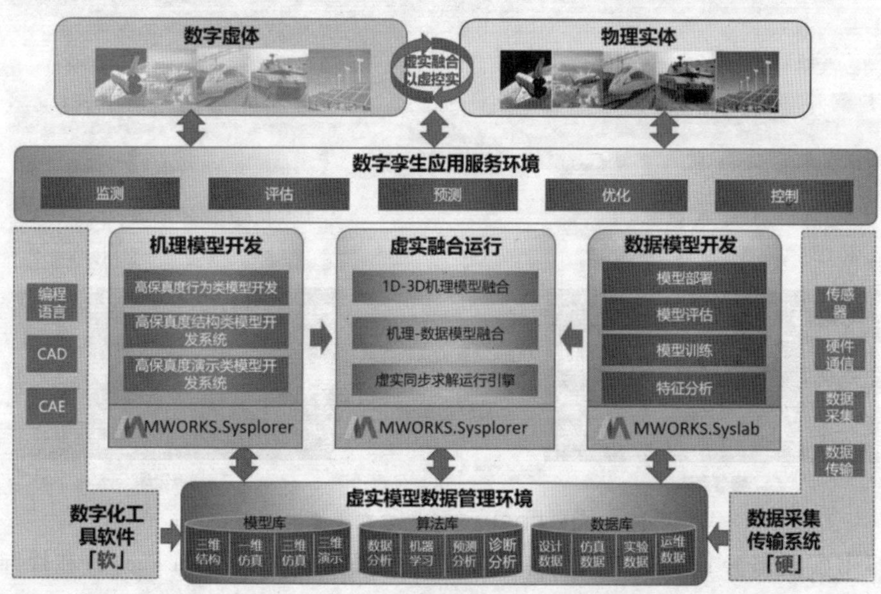

图1-10　同元软控数字孪生技术框架

迈思信息所开发的数字孪生软件Mes Work Data Factory能实现产品设计仿真、虚拟调试、数字孪生可视化和产品云运维等功能。通过物联网、互联网、大数据、人工智能、数据通信、三维建模、虚拟现实等技术，实现物理实体工厂和孪生虚拟工厂双向实时映射。物理工厂设备的运行状态与孪生工厂实时同步。平台应用数字孪生技术，实现工艺设计环节的仿真优化、虚拟调试；实现生产作业环节的关键设备实时运行数字孪生可视化；实现设备管理环节的设备刀具、主轴等关键部件预防性维护、寿命管理。可实现对机加工车间、装配车间的生产管控智能化升级，包括：生产计划下达、智能排产、工艺防错、报工、设备管理、物料管理、质量追溯、AGV自动化物流等生产过程实时监管，通过大屏幕看板可以远程实时了解生产现场状况，订单执行情况、设备运行状态等，可通过直观的数据图统计分析，实现生产管理数据透明，有针对性地突破管理瓶颈。

捷匠科技自研了捷匠钣金工业互联网平台，平台专注于构建钣金行业新生态，链接行业需求方、供给方及服务方等各类资源，优化资源配置与高效协同，减少行业内耗，同时为钣金制造企业数字化转型、创新升级提供全面解决方案。其开发的FDSIM数字孪生平台具有工艺过程仿真、虚拟调试、数据驾驶舱等功能。平台采用面向对象的建模思想，将模型文件分为多个维度，例如网格模型、逻辑模型、数据模型、分析模型。平台资源主要分为组件库、零部件库、贴图库和材质库。从团队角度来看，资源又分为系统库、个人库和团队库。平台形成了特定行业的资源库，例如批量制造行业、离散制造行业、连续制造行业等。可实现机器人、AGV、机床、伺服、PLC单独编程及它们之间联合仿真，实现双向控制。FDSIM平台数字孪生应用的架构如图1-11所示。

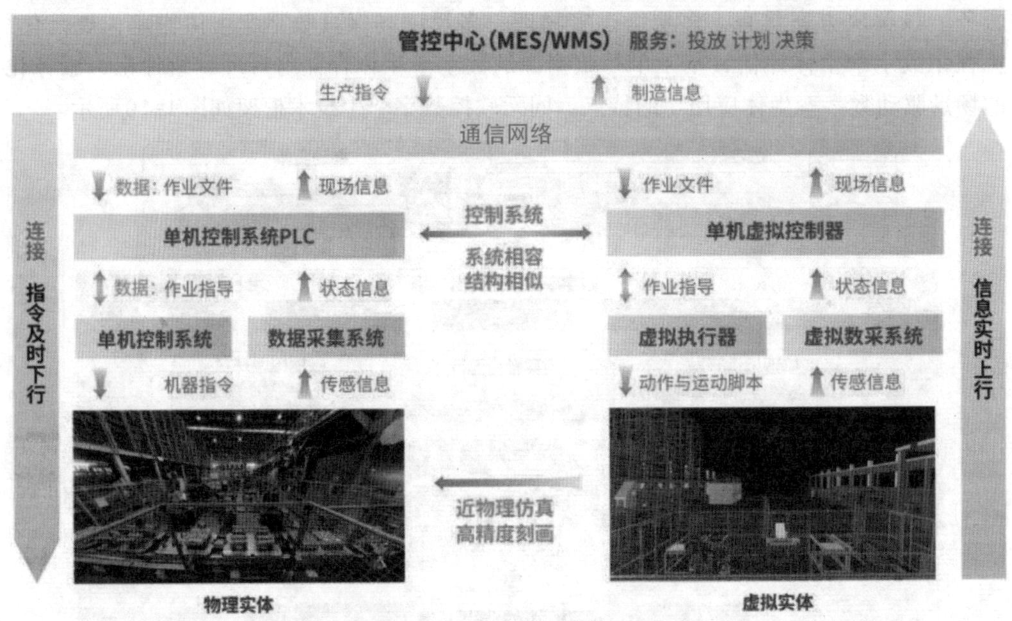

图1-11 FDSIM平台数字孪生应用架构

本书实践部分着重对迈思信息数字孪生软件Mes Work Data Factory和捷匠科技FDSIM软件进行讲解并给出众多行业应用案例。

1.4　数字孪生相关技术

数字孪生作为连接物理世界与虚拟世界的核心技术，其实现依赖于多种技术的协同整合。而数字孪生技术从数字模型、数字样机相关技术发展而来。对于生产系统的数字孪生，又和虚拟制造技术相关。数字孪生的高速发展也会对相关技术产生新的发展需要。

1.4.1　建模仿真技术

模型是对现实系统有关结构信息和行为的某种形式的描述，是对系统的特征与变化规律的一种定量抽象，是人们认识事物的一种手段或工具。模型大致可以分为三类：

1.物理模型：指不以人的意志为转移的客观存在的实体，如飞行器研制中的飞行模型、船舶制造中的船舶模型等。

2.形式化模型：用某种规范表述方法构建的、对客观事物或过程的一种表达。形式化模型实现了一种客观世界的抽象，便于分析和研究。例如，数学模型，是从一定的功能或结构上进行抽象，用数学的方法来再现原型的功能或结构特征。

3.仿真模型：指根据系统的形式化模型，用仿真语言转化为计算机可以实施的模型。

模型的构建，一般都会有一套规范的建模体系，包括模型描述语言、模型描述方法、模型构建方法等。数学就是一种表达客观世界最常用的建模语言。在软件工程里面常用的统一建模语言（UML）也是一种通用的建模体系，支持面向对象的建模方法。在制造行业，数字制造模型是数字制造全生命周期中的一个不可缺少的工具。数字制造全生命周期包括数据处理、数字传输、执行控制、事务管理和决策支持等，它是由一系列有序的模型构成的，这些有序模型通常为：功能模型、信息模型、数据模型、控制模型和决策模型，有序通常指这些模型分别是在数字制造的不同生命周期阶段上建立的。

在数字制造中，需要用模型加以描述的对象包括：

1.产品：产品的生命周期需要采用各种产品模型和过程模型来描述。

2.资源：机器设备、资金、各种物料、人、计算设备、各种应用软件等制造系统中的资源，需要用相应模型描述。

3.信息：对数字制造全过程的信息的采集、处理和运用，需要建立适当的信息模型。

4.组织和决策：将数字制造的组织和决策过程模型化是实现优化决策的重要途径。

5.生产过程：将生产过程模型化是实现制造系统生产、调度过程优化的前提。

数字制造建模就是运用适当的建模方法将数字制造全生命周期的各个对象、过程等抽象地表达出来，并通过研究其结构和特性，进行分析、综合、仿真及优化。

随着计算机技术的发展，仿真建模已经在众多应用领域中获得了巨大成功。生产系统各层次对应的仿真建模应用如图1-12所示。图中列出了生产系统各个层次对应的仿真建模应用。底层是设备级建模，表示在现实世界中具有最大细节化的实体。在这个层面的仿真，很多是多学科的，包括机械、电子/电气、液压/气动以及控制系统的建模和仿真，用于分析某个产品或某个设备的运行情况，验证设计方案。最上面的是企业层高度抽象的仿真，针对企业宏观决策、应对策略等方面的建模与仿真，例如，针对社会、经济因素的系统仿真，供应链仿真等。这些模型往往定性和定量结合，建模涉及的周期长，是针对一个较长时间范围内的仿真。在两层之间，是中等规模与细节的建模，如物流仿真、生产过程仿真、工艺仿真等。

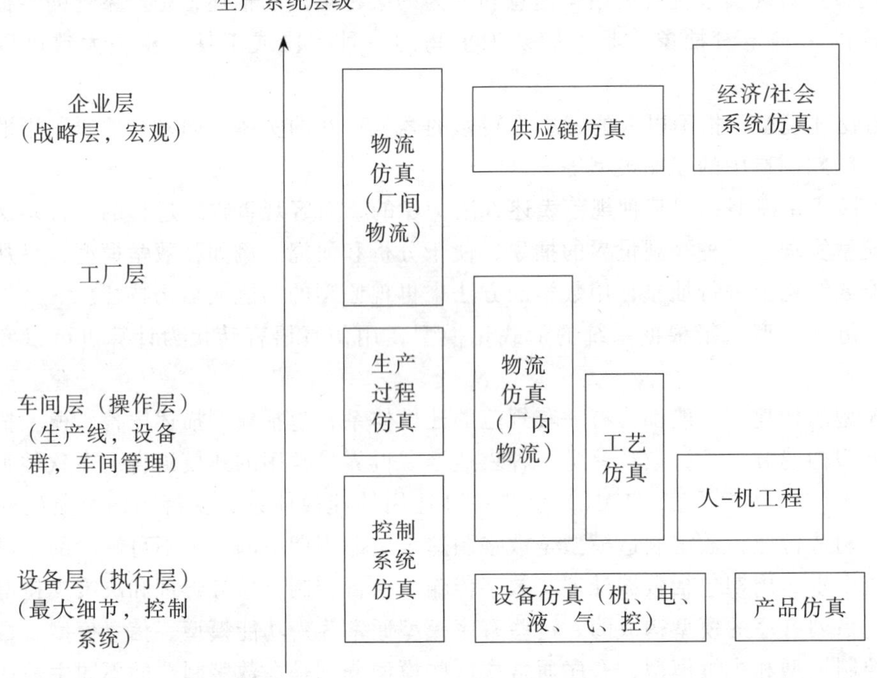

图1-12　生产系统各层次对应的仿真建模应用

尽管建模仿真技术近年来在工业、医疗、城市管理等领域取得了显著进展，但仍存在多方面的局限性，具体分析如下：

1.模型精度与复杂性的矛盾：高精度模型（如基于流体动力学或多体动力学的仿真）需要极高的计算资源，而简化模型（如降阶模型）可能无法捕捉非线性或突发性事件（如设备突发故障）。如在某航空发动机孪生体中，叶片裂纹的微观尺度模拟需要分子动力学模型，但实时性要求迫使工程师采用经验公式，导致预测偏差。

2.实时性与延迟问题：工业场景要求毫秒级响应，但复杂仿真（如城市交通流模拟）受限于算法效率和数据传输延迟，难以实现真正的“同步孪生”。5G等先进通信技术虽能降低传输延迟，但边缘计算设备的算力仍不足以处理高并发仿真任务。

3.多学科耦合建模的挑战：跨领域模型（如机电-热-流体耦合）的集成缺乏统一标准，不同仿真工具（如ANSYS与MATLAB）间的数据接口兼容性差。当前多采用

Co-simulation方案，但协调各子系统的时间步长和收敛性仍是难题。

4.数据依赖性与质量缺陷：数据驱动的模型（如深度学习代理模型）依赖大量高质量数据，而实际工业数据往往存在噪声、缺失或标注不足。数据偏差可能导致孪生体在极端工况下失效，如自动驾驶仿真中的长尾场景（corner cases）。

5.验证与可信度问题：缺乏公认的验证框架，尤其是对动态演化模型（如预测性维护中的退化模型）的长期准确性难以评估。目前多采用物理实验局部验证，但全生命周期验证成本过高。

其未来发展趋势如下：

1.高性能计算与异构加速：利用量子计算、GPU/TPU并行计算加速仿真，结合FPGA（field-programmable gate array）实现硬件在环（HIL）实时仿真。如NVIDIA Omniverse已通过GPU加速实现大规模物理仿真，未来可能支持分子级实时模拟。

2.仿真的深度融合：AI替代传统仿真，如Graph Neural Networks（GNN）替代有限元分析（FEA），实现秒级结构应力预测。AI增强仿真强化学习用于优化仿真参数（如网格划分策略），提升效率。

3.尺度与多物理场统一建模：发展基于统一语言（如Modelica）的多领域建模框架，结合自适应网格技术实现从宏观到微观的跨尺度仿真。如欧盟“EDEMIS”项目正在开发面向能源系统的多尺度耦合仿真平台。

4.缘-云协同计算架构：轻量化模型部署在边缘端（如设备PLC），高保真仿真运行在云端，通过数字线程实现动态负载均衡。如西门子MindSphere平台已支持边缘仿真结果与云端模型的动态校准。

5.概率建模与不确定性量化：引入贝叶斯神经网络、蒙特卡罗Dropout等技术，量化仿真结果的不确定性区间，提升鲁棒性。如NASA在航天器孪生体中采用概率模型评估热防护系统的失效风险。

6.开源生态与标准化：开源仿真工具（如FEniCS、OpenFOAM）降低技术门槛，ISO/IEC 23053等标准推动模型互操作性和数据格式统一。

7.虚实交互的闭环自治：孪生体不仅被动反映物理状态，还能通过仿真结果反向控制实体（如自主调节工厂产线参数），形成自优化系统。如特斯拉工厂通过实时仿真动态调整机器人运动轨迹。

数字孪生的建模仿真技术正从“高成本、专家化”向“实时化、普惠化”演进。未来5~10年，随着AI、算力与标准化体系的成熟，数字孪生将逐步实现从“描述性孪生”到“预测性孪生”再到“自主性孪生”的跨越，最终成为工业元宇宙的核心技术基座。

1.4.2 信息技术

数字孪生出现前后的各类信息技术，推动了数字孪生的实现并丰富了其内涵。数字孪生概念的提出以及实施，为这些技术的应用提供了一个新的场景和需求，提出了新的要求，也带动了这些技术的发展。现将与数字孪生相关的主要信息技术进行简要说明。

1.数据采集与感知技术

物联网（IoT）：通过传感器、RFID、智能设备实时采集物理实体的状态数据（如温度、压力、位置等）。5G/6G通信：提供低延迟、高带宽的数据传输，支持海量设备连接与实时同步。边缘计算：在数据源头附近进行初步处理，减少云端负担并提升响应速度。

2.数据管理与分析技术

大数据平台：存储与处理海量异构数据（如Hadoop、Spark）。人工智能与机器学习：用于数据模式识别、异常检测、预测性维护（如深度学习、强化学习）。流数据处理：实时处理动态数据流（如Apache Kafka、Flink）。

3.建模与仿真技术

3D建模与CAD/BIM：构建物理实体的高精度几何模型（如AutoCAD、Revit）。物理引擎与多物理场仿真：模拟物理行为（如ANSYS、MATLAB Simulink）。数字线程（Digital Thread）：贯穿产品全生命周期的数据流整合，实现跨阶段协同。

4.可视化与交互技术

虚拟现实（VR）/增强现实（AR）：提供沉浸式操作界面（如Unity、Unreal Engine）。实时渲染技术：动态生成高保真可视化效果（如NVIDIA Omniverse）。人机交互（HCI）：通过自然语言、手势等增强用户体验。

5.计算与平台技术

云计算与分布式系统：提供弹性计算资源（如AWS、Azure）。高性能计算（HPC）：处理复杂仿真与优化问题（如量子计算支持）。

6.安全与可信技术

数据安全：加密传输、隐私保护（如区块链技术）。网络安全：防御网络攻击（如零信任架构）。模型安全：防止虚拟模型被篡改或滥用。

7.标准化与互操作性

开放标准与协议：如ISO 23247（数字孪生制造标准）、OPC UA（工业通信）。

系统集成中间件：实现跨平台数据互通（如API网关、ETL工具）。

8.应用场景相关技术

智慧城市：结合GIS（地理信息系统）、交通仿真、能源管理。医疗健康：生物传感器、个性化医疗模型。智能制造：工业机器人、自动化控制系统（如PLC、SCADA）。

以上技术是数字孪生重要使能技术，但在发展过程中还存在诸多问题，如：动态模型校准即实时更新模型以匹配物理实体变化；跨领域融合如AIoT（AI+IoT）、数字孪生与元宇宙结合；伦理与合规问题如数据所有权、模型透明度等问题。

数字孪生技术的核心在于虚实映射、实时交互、动态优化，其发展将持续推动工业4.0、智慧城市、医疗健康等领域的创新。未来，随着量子计算、脑机接口等技术的突破，数字孪生可能进一步向“全息孪生”演进，实现更深度的人机协同。

数字孪生（Digital Twin）依赖信息技术（IT）作为其底层支撑，涵盖数据采集、传输、处理、建模到应用的全链条。然而，当前信息技术在支撑数字孪生发展时仍存在显著局限性，同时也面临技术融合与创新的未来机遇。其局限性分析如下：

1.数据采集与感知层：传感器精度与覆盖不足，如工业设备中老旧传感器（振动、温度）采样率低，难以捕捉高频异常信号。异构数据融合困难，多源数据（IoT设备、视频、激光雷达）的时空对齐与标准化缺失，例如工厂中PLC数据与视觉检测系统的时序不一致。

2.数据传输与通信层：实时性瓶颈问题突出，5G/6G虽提供低延迟，但复杂场景（如车联网孪生）仍需端到端延迟<10ms，现有网络难以稳定保障。协议碎片化问题，工业协议（OPC UA、Modbus）与IT协议（MQTT、HTTP）的转换效率低下，增加系统复杂性。

3.数据存储与计算层：海量数据存储成本高，高精度仿真数据（如城市级BIM模型）的PB级存储需求导致云服务费用激增。算力分配不均，边缘设备（如AGV控制器）算力有限，难以运行轻量化AI模型，而云端集中处理又引入延迟。

4.数据处理与分析层：实时流数据处理能力不足，传统批处理框架（如Hadoop）无法满足毫秒级故障检测需求。多模态数据分析割裂，振动、声音、图像等数据通常由独立算法处理，缺乏跨模态关联分析（如通过声音+振动联合诊断轴承故障）。

5.模型构建与仿真层：传统仿真软件封闭，如ANSYS、Simulink等工具依赖黑箱求解器，用户难以自定义算法或集成第三方模型。AI模型可解释性差，深度学习代理模型（如CNN用于应力预测）的决策逻辑不透明，影响工程师信任度。

6.安全与隐私层：数据泄露风险不明确，孪生体包含设备工艺参数等敏感信息，传统加密技术可能影响实时性。模型面临攻击威胁，对抗样本攻击可能欺骗孪生体的故障诊断模块（如伪造振动信号掩盖真实故障）。

信息技术在数字孪生中的未来发展趋势如下：

1.感知技术的智能化与泛在化

智能传感芯片：集成AI加速器的传感器（如Tesla Dojo芯片）实现边缘端实时特征提取。

无源传感技术：通过RFID或环境能量采集（如振动供能）降低部署成本。如西门子开发的AI麦克风可直接在设备端识别异常噪声模式。

2.通信技术的低延迟与高可靠

6G与太赫兹通信：理论延迟<1ms，支持工厂内数千设备同步孪生。

确定性网络（DetNet）：通过时间敏感网络（TSN）保障关键数据优先级。如华为的5G全连接工厂已实现AGV运动控制与数字孪生体的毫秒级同步。

3.存储与计算的分布式演进

存算一体架构：利用忆阻器（Memristor）等新型硬件实现数据就地计算，减少传输开销。

量子存储突破：未来可能实现EB级数据的超压缩存储。如微软Azure Quantum正在探索量子算法优化孪生体数据压缩。

4.数据分析的实时化与融合化

流批一体处理引擎：如Flink+Ray框架实现实时异常检测与历史数据挖掘的统一。

多模态预训练模型：类似GPT-4的通用模型处理文本、图像、时序数据，生成综合孪生洞察。如英伟达Omniverse平台已支持USD格式统一描述多模态数据。

5.仿真技术的开放化与轻量化

开源仿真生态：Blender+PyTorch构建可编程物理仿真管线。

WebGPU加速：浏览器端实时运行有限元仿真（如SimScale的云端FEM）。如特斯拉使用Unity引擎实时渲染自动驾驶仿真场景。

6.安全技术的主动防御

同态加密：在加密数据上直接运行仿真计算（如IBM同态加密库）。

数字水印：在孪生模型中嵌入隐形标识，追踪泄露源头。如洛克希德·马丁在军工孪生体中部署区块链审计日志。

7. AI驱动的自治化演进

世界模型（World Models）：通过强化学习构建可预测物理规律的通用孪生框架。

数字孪生体自我进化：基于在线学习（Online Learning）动态更新模型参数。如DeepMind的Gato模型已尝试控制简单孪生系统。

7.关键技术突破

光子芯片（Lightmatter）替代传统GPU，提升仿真能效比。开发数字孪生专用操作系统（如ROS 3.0），统一管理传感、通信、计算资源。推动IEEE 2806等标准落地，规范孪生数据接口与安全协议。

信息技术是数字孪生从概念走向落地的核心使能因素。未来技术发展将呈现以下特征：

1.垂直整合：从芯片（如传感AI芯）到软件（如开源仿真平台）的全栈优化；

2.水平协同：5G/6G、边缘计算、AI大模型等技术深度融合；

3.双向赋能：数字孪生反哺IT技术迭代（如通过孪生环境训练更可靠的AI模型）。

预计到2030年，随着信息技术短板的逐步攻克，数字孪生将进入“自我演化”阶段，成为工业、城市、生物等复杂系统的默认基础设施。

1.5 数字孪生的应用场景

基于模型和数据融合，数字孪生所体现出的监控、仿真、预测、优化和控制等功能，与当前各行业所强调的数字化、智能化发展需求密切相关。基于动态的模型和丰富多源的数据驱动，数字孪生在设计仿真优化、运行监控、预测性维护、供应链优化等领域发挥了重要作用。数字孪生已被应用于工业生产、智慧城市、孪生医疗、航空航天、交通等多个领域。2020年，中国电子技术标准化研究院联合多家单位出版了《数字孪生应用白皮书》。书中列举了智能制造、智慧城市、智慧交通、智慧能源、智慧建筑、智慧健康等六个数字孪生应用领域。数字孪生典型应用场景如图1-13所示。

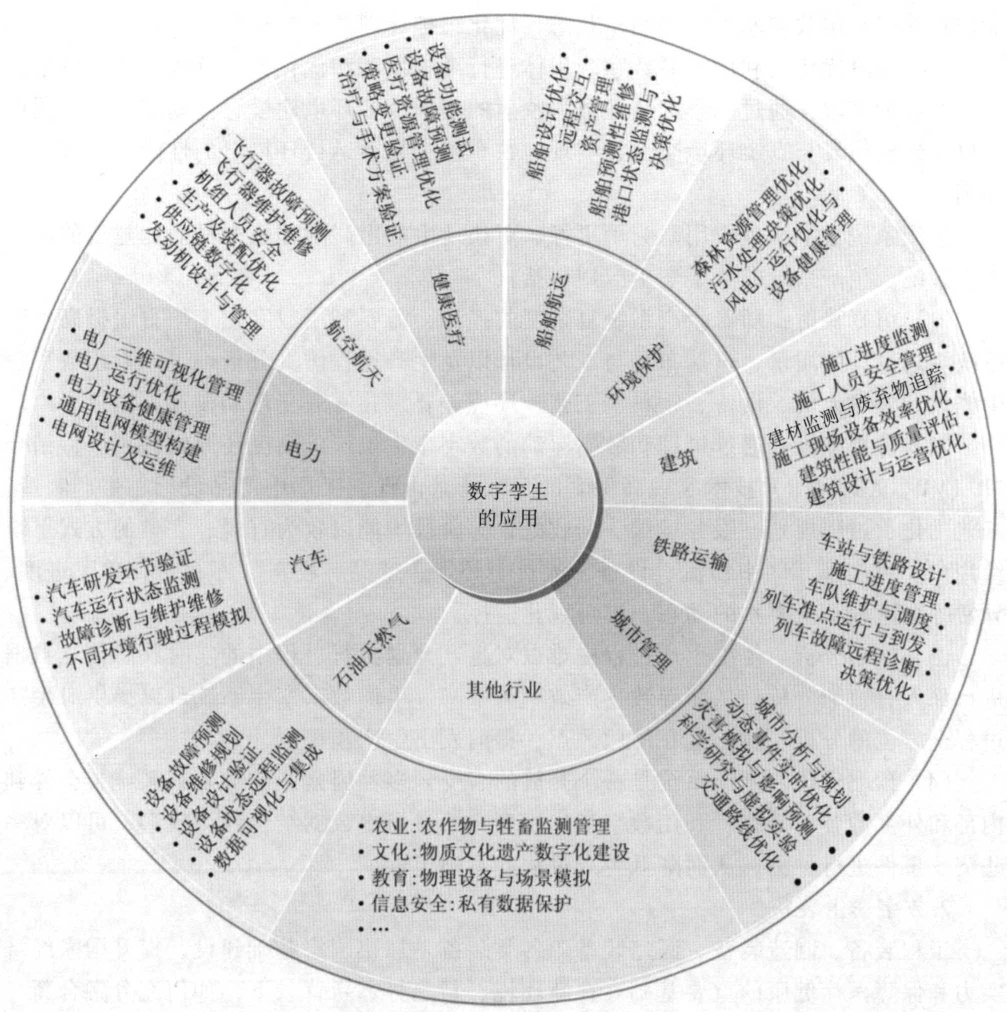

图1-13　数字孪生典型应用场景

本节从数字孪生制造、数字孪生装备、数字孪生建造、数字孪生城市、数字孪生医疗、数字孪生轨道交通等几方面对数字孪生的应用场景进行简要的介绍。

1.数字孪生制造

制造业是国民经济的主体产业，也是经济发展的主要推进力。制造行业的数字孪生应用可以分成产品数字孪生和生产系统数字孪生。产品数字孪生的应用覆盖产品全生命周期，表现在以下几方面：

（1）仿真映射：随着基于模型（Model Based Definition，MBD）技术不断深入，复杂产品的MBD已越来越普及。仿真可对产品的可制造性进行分析，提升产品工艺有效性，缩短上市时间。

（2）监控操纵：通过数字孪生虚实映射，可实现产品有效监控和远程操控。如汽车、地铁、航空器的自动驾驶，可以利用仿真模型进行自动驾驶策略训练。

（3）诊断分析：基于产品运行的实时数据，结合计算模型对产品状态进行诊断。

如铁路部门利用数字孪生监测列车状态，优化维护计划并提升运行安全性。

（4）预测优化：利用产品数字孪生体进行维护预测和优化方案分析。比如对地铁车辆的维护需求，通过基于多属性数据映射的多维度多环境建模，推动多领域协同优化以及建模仿真与真实环境交互，实现地铁车辆在复杂运行环境下的性能分析和行为预测。

生产系统数字孪生应用是为了更好、更快地生产出高附加值产品而构建出的数字孪生系统。生产系统的数字孪生应用包括：

（1）仿真映射：随着生产系统复杂度的提升，需要利用数字化工厂方法提高生产系统规划设计的质量，包括布局与工艺设计以及生产过程仿真分析。生产系统数字孪生体设计包含人员、设备、物料、工艺、环境等要素并服务于产品设计与制造。

（2）监控操纵：通过机理和数据驱动的数字孪生工厂可高度还原物理工厂，结合3R（VR，AR，MR）技术实现高保真的三维场景再现，工厂中产品设计、生产制造、工艺优化、过程规划、服务运维、回收处置等阶段均能以较为直观、完整的方式呈现给用户。可实现车间中物流、设备、人员、环境、产品、物料、库存、订单、进度、异常等全流程、全要素的动态三维可视化监控。

（3）诊断分析。传统生产过程中难以对生产计划执行过程中的实时状态信息数据进行深入有效的分析，从而导致生产效率的下降。生产数字孪生系统可以提供对生产过程全方位的分析，找出潜在的瓶颈点，提前发出生产预警。

（4）预测优化。生产系统是一个开放的、受到多种因素影响的复杂系统，会受到内部和外部的各项干扰。利用数字孪生模型，通过历史数据结合预测模型，可以对一些突发事件进行预测，从而降低生产过程的不确定性。

2.数字孪生装备

工程装备、制造装备、医疗装备等各类装备是加快国家基础建设，提升国家经济实力和保障医疗健康的重要基础。在新环境、新趋势、新背景下，如何充分融合新一代信息技术，助力装备数智化升级，实现装备软硬系统的自主可控，是实现装备高质量发展，推动数字经济与实体经济融合发展的关键。

数字孪生装备是一种由物理装备、数字装备、孪生数据、软件服务以及连接交互五个部分构成的未来智能装备；数字孪生装备通过融合应用新一代信息技术，促进装备全生命周期各阶段（设计与验证、制造与测试、交付与培训、运维与管控和报废与回收）数智化升级，使得装备具备自感知、自认知、自学习、自决策、自执行、自优化等智能特征和能力；基于装备数字孪生模型、孪生数据和软件服务等，并通过数模联动、虚实映射和一致性交互等机制，实现装备一体化多学科协同优化设计、智能制造与数字化交付、智能运维等，达到拓展装备功能、增强装备性能、提升装备价值的目的。数字孪生装备的组成如图1-14所示。

机床是制造业中的重要设备。随着客户对产品质量要求的提高，机床也面临着提高加工精度、减少次品率、降低能耗等严苛的要求，因此国内外著名机床厂商正在不断探索数字孪生在机床领域中的应用。现以数字孪生机床为例对数字孪生技术在装备制造业中的应用进行简单介绍。

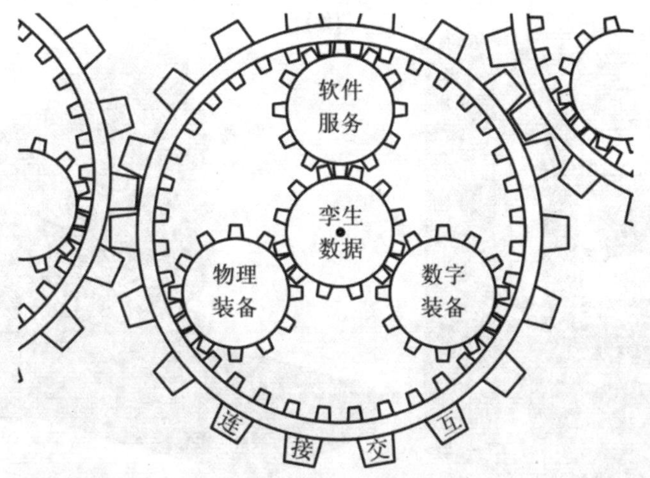

图1-14　数字孪生装备组成

西班牙航空行业数控机床制造商GEPRO SYSTEMS利用数字孪生技术对航空部件制造商的三台Gepro机床进行了数字化监测。意大利Comau机床将数字孪生机床应用到法国雷诺工厂的汽车零部件加工中。该两项应用的现场实物图片如图1-15所示。在数字孪生初期应用数字孪生技术对机床的传动链、结构等展开设计，两型机床虚拟模型如图1-16所示。Comau物理样机在制造时利用数字传感技术进行机床框架和主轴锤击实验并通过数字孪生技术来优化更新物理及数字孪生机床。Comau Urane 25V3机床锤击实验如图1-17所示。

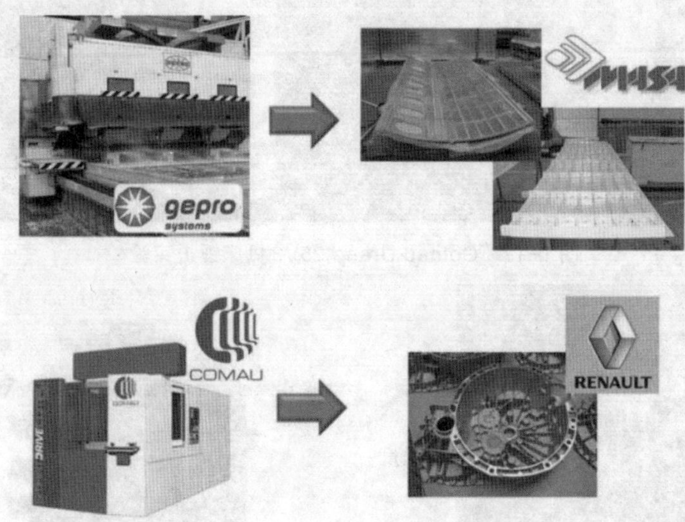

图1-15　数字孪生机床在航空及汽车零部件加工中的应用实例

Gepro 502机床利用数字孪生软件为主轴轴承的测试优化过程提供了数据采集、分析和优化的信息化工具。Gepro 502机床轴承测试装置及剖面图如图1-18所示。该传感器可测试在特定转速下轴承压力、温度、润滑情况及振动等数据并实时传递到数字孪生系统中。

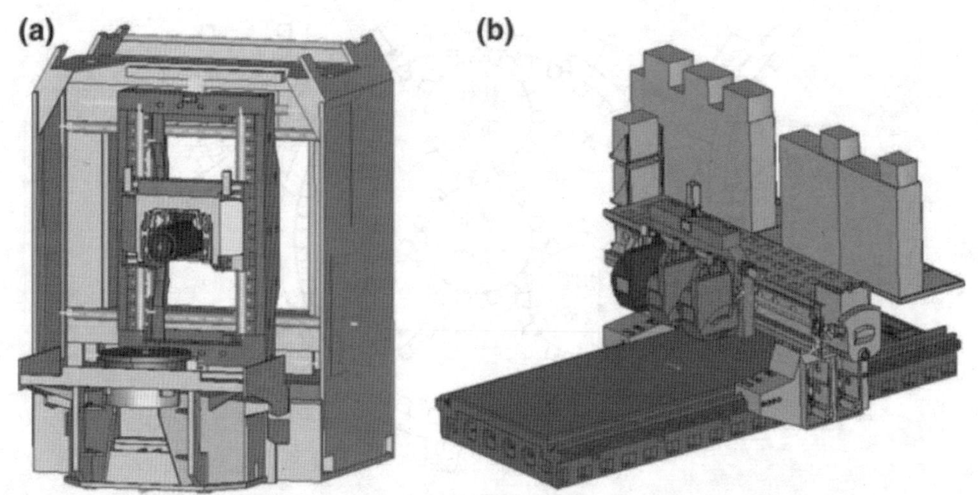

图 1-16　两型机床虚拟模型：（a）Comau Urane 25V3 机床（b）Gepro 502 机床

图 1-17　Comau Urane 25V3 机床锤击实验

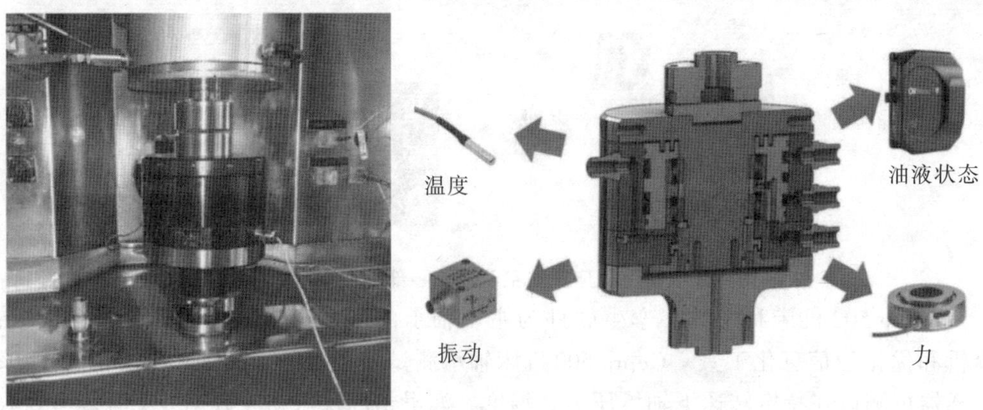

图 1-18　Gepro 502 机床轴承测试装置及剖面图

西门子公司将数字孪生技术应用于从产品研发、设计、生产直到服务的全过程，从而提高生产力、可用性和过程可靠性，优化设计、加工过程乃至维护和服务。采用西门子控制技术的机床，其虚拟机床的控制系统与西门子的Sinumerik数控系统使用相同的语言代码。借助虚拟NC内核，可生成仿真和试运转的“数字化双胞胎”，即完全对应的虚拟镜像，从而提前对程序和复杂运动序列进行虚拟测试，以提高实体机床后续加工的精确度和可靠性，最大限度缩短调整时间。这些优势在小批次、定制化产品的生产中更为明显。

数控机床专家NUM将数字孪生技术应用于数控机床。NUM提供了两个版本的数字孪生技术，其中一个版本使用裸板Flexium+控制器和在系统工业计算机上运行的虚拟化软件来模拟机床自动化。另一个版本使用实际的Flexium+控制器，该控制器最终将被整合到机器中，通过EtherCAT连接到一台独立的计算机上，计算机运行专业的高速硬件仿真软件来模拟孪生机器的机电一体化。基于开放式架构Flexium+的数字孪生应用架构如图1-19所示。

图1-19　基于开放式架构Flexium+的数字孪生应用架构

3.数字孪生建造

施工建造是建立建筑物或基础设施的重要过程，包括设计、建造、装修和管理等阶段。IBM、安世亚太、达索等公司试图将数字孪生引入这一领域，构建与真实建筑高逼真的BIM模型，从而打造更便宜、更绿色、更耐用的建筑。

数字孪生建造是利用先进的信息技术和机械化手段，提升建筑项目的质量、安全、进度和成本效益。在施工阶段，数字孪生技术可以通过感知设备采集施工过程中的数据，对建筑物实体的各要素进行监测和动态描述，提高施工效率。例如，通过数字孪生技术，可以实现对施工现场的实时监控和优化布局，确保施工进度和质量。在设计阶段，数字孪生技术可以实现建筑物的协同化设计。通过虚拟现实技术，及时预测和规避设计中的不合理之处，提高设计精度，避免施工过程中的返工。在运维阶段，数字孪生技术可以实现建筑物的智能运维管理。通过融合虚拟模型数据和设备参数数据，形成建筑结构和设备的数字孪生体，实现对建筑结构和设备故障的准确预测与健康管理。

2015年，达索系统公司与巴黎市政府合作的“数字巴黎”项目，通过数字化建模、仿真，完整地还原了巴黎古城的建造过程。真实还原了巴黎圣母院的原貌和几百年的建造过程，构建了巴黎圣母院的数字孪生体。因此，在2019年巴黎圣母院发生大火塔楼倒塌、建筑受损之后，基于前期构建的圣母院数字孪生体，为其修复提供了支撑。经过五年修复，于2024年重新对公众开放。

数字孪生建筑，是指综合运用BIM（Building Information Modeling，建筑信息模型）、GIS（地理信息系统）、物联网、人工智能、智能控制和系统仿真等数字孪生技术，以实体建筑物为载体的建筑信息物理系统，是对建筑结构内各类数据进行集成，是物理对象的真实映射。数字孪生要求信息空间里面的虚拟数字模型是“写实”的，是“一种综合多物理、多尺度模拟的载体或系统，以反映其对应实体的真实状态”。数字孪生可以将物理空间里的实时数据与虚拟数字模型紧密联系，以描绘相对应的实体建筑的全生命周期过程。数字孪生建筑的核心是BIM的应用。

Revit系列软件是建筑信息模型（BIM）软件，是我国建筑业BIM体系中使用最广泛的软件之一。它提供了强大的工具和功能来支持三维建模，并且可以用于创建建筑物、设施设备的数字孪生模型。Revit的三维模型可以包含丰富的建筑元素信息，如几何数据、材料属性、结构和系统细节等，这些都是构建数字孪生模型的关键组成部分。

4.数字孪生交通

交通系统如轨道交通、水路交通、公路交通及航空交通系统由交通设施、交通工具、交通线路、乘客和运营方等人员、交通软硬件及交通信息系统等组成。要求运营的可靠性、安全性、准时性及经济性等。

交通数字孪生技术通过创建交通运输场景中各类物理实体的虚拟副本及其关联关系，结合历史和实时数据以及算法模型，实现对交通场景的全生命周期或全要素运行过程的描述、诊断、预测、决策和控制。这种技术手段不仅打破了物理空间与数字空间的界限，还为交通管理和决策提供了全新的视角和工具。

数字孪生交通的特征包括四个方面：精准映射、虚实交互、数字操控、智能干预。数字孪生不等同于数字仿真。与数字孪生相比，数字仿真软件数据的精确匹配和实时性都存在偏差，它只能依托历史数据去做分析和推测，而无法准确地和物理世界相关联进行及时的研判分析。数字孪生则通过与物理世界建立底层关联，将物理世界动态实时地映射到虚拟世界中，依据当前物理实际态势和行为做出行为演变的预测，数字孪生体与物理世界具有高度的契合性、一致性。

轨道交通（如铁路、地铁、轻轨等）在国民生产生活中发挥着重要作用。随着轨道交通行业数字化应用程度的不断提升，数字孪生技术将覆盖每一条线路、管网系统、运维系统及控制系统等所有数据。挪威Bybanen轻轨的数字孪生系统如图1-20所示。该系统在改造与升级过程中，借助Bentley公司的iTwin Design Review工具，将来自Bentley开放式建模软件的数字信息直接接入更新后的数字化设计校审工作流，提供了变革性的数字化解决方案。通过这一工具，团队成员均可可视化并掌握随时间推移发生的变更，查看其对设计产生的影响，并快速高效地做出响应。

图1-20　挪威 Bybanen 数字孪生轻轨

上港集团以“数字港口”建设为抓手，在洋山四期自动化码头率先推出数字孪生系统。多维度、全流程的超大型自动化集装箱码头数字孪生平台实现了地理信息和码头设备精细三维建模，实现了道路、堆场、集装箱、岸桥、场桥、AGV等设施设备的高精度建模。同时，还原岸桥、场桥、AGV三大设备的超精度行为和规则建模，实现了设备运行的高精度拟真。洋山四期数智平台截图如图1-21所示，该系统可对岸桥及AGV集装箱作业进行动态监控。

图1-21　洋山四期数智平台截图

上海机场集团则以“卓越的全球智慧机场标杆”为愿景目标，打造数字孪生机场赋能机场智慧化发展，助力建设更高能级、更高品质的世界级航空枢纽。数字孪生机场主要针对机场生产保障和运营管理中的智能响应需求，基于新一代信息技术的态势感知、优化处理、智能交互和智慧决策能力，通过业务数字化、数字业务化，促进机场实现安全、运行、服务、经营、交通、环境、货运、管理等8个领域的智慧化。

除了上述数字孪生应用，数字孪生技术还广泛应用于航空航天、汽车制造、电力传输、海工装备制造、智慧医疗、数字城市、智慧农业、油气传输、环境治理、数字地球等行业。本书内容聚焦于数字孪生在工业领域的应用，包含对工业现场进行数字孪生建模、基于物联网构建数字孪生体，以及对数据进行分析计算、搭建工业场景应用等内容。

立德树人

数字孪生助力桥梁建设中的责任与担当

在某重要跨江大桥的建设过程中，数字孪生技术发挥了关键作用，同时也展现出了深刻的思政内涵。负责该项目的工程团队面临着诸多挑战，如复杂的地质条件、多变的气候环境以及对桥梁结构稳定性和安全性的极高要求。

为确保大桥建设的高质量与高安全性，团队引入了数字孪生技术。他们通过收集大量的地质数据、气象信息以及桥梁设计参数，构建了这座大桥的数字孪生模型。在模型构建过程中，年轻的工程师小李遇到了数据整合难题，不同来源的数据格式和精度差异较大，难以统一处理。但他没有退缩，主动查阅大量资料，向专家请教，经过数周的努力，成功开发出一套数据处理算法，实现了数据的有效整合。

在桥梁施工阶段，利用数字孪生模型，工程团队可以实时模拟施工过程，提前发现潜在问题。有一次，模拟结果显示在特定施工步骤下，桥梁某部位的应力可能超出安全范围。团队迅速根据这一预警调整施工方案，避免了实际施工中的安全隐患，确保了工程进度和质量。

这座大桥建成后，数字孪生模型持续发挥作用，用于实时监测桥梁的健康状况。通过传感器收集桥梁的振动、位移、应力等数据，与数字孪生模型进行比对分析，及时发现并处理可能出现的结构损伤。这不仅保障了桥梁的安全使用，也为后续桥梁维护提供了科学依据。

在这个项目中，工程团队展现出了严谨的科学态度、创新精神以及高度的社会责任感。他们面对困难不退缩，积极运用新技术解决实际问题，为社会打造了一座安全可靠的交通枢纽，践行了工程领域的使命与担当。

请思考：在上述桥梁建设案例中，工程团队成员小李面对数据难题积极解决的行为体现了哪些价值观？如果你在学习或未来工作中遇到类似困难，会如何借鉴他的做法？

第2章

数字孪生与智能制造

学习目标

了解智能制造概念以及其主要应用领域与场景。

了解数字孪生模型的分类以及各种模型特点和在数字孪生系统中的作用。

了解精益生产概念以及精益数字孪生的未来发展趋势。

理解智能制造的内涵，重点理解针对不同水平的企业如何实现智能制造的发展路径。

理解智能产线与车间的数字化应用，特别注意数字孪生在企业数字化中扮演的角色。

理解精益是数字孪生的技术基础之一这一表述。

理解数字孪生工厂组成及其与传统工厂的差别。

掌握智能产线及车间的组成，能为不同行业、不同水平的企业设计数字孪生基本架构。

掌握数字孪生的相关技术，能分析其在实际应用中的作用和局限性。

掌握数字孪生模型的主流建模方法及数字孪生关键技术的组成及相关应用。

本章思维导图

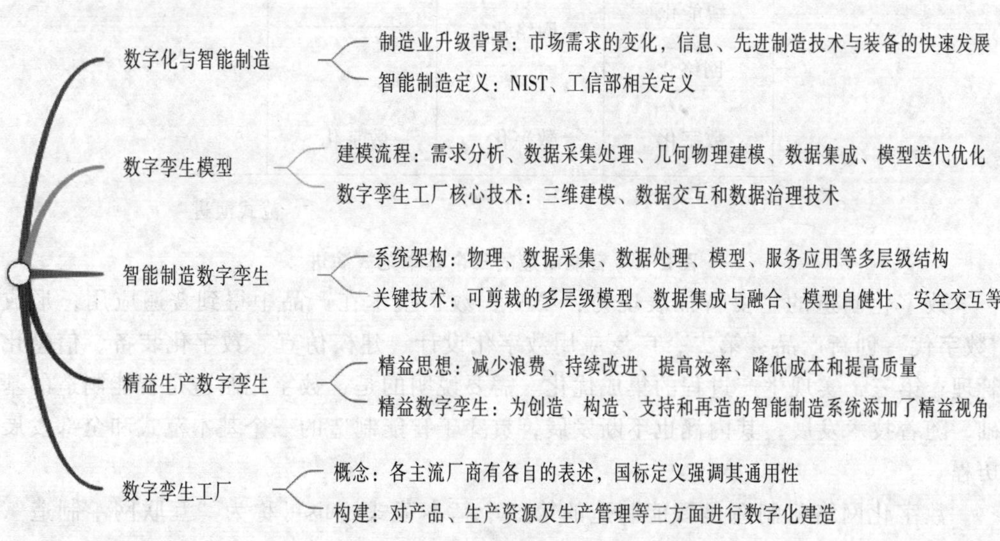

“中国制造2025”报告指出，我国制造业在全球范围内总体上处于“大而不强”

的水平，面临来自发达国家的高技术竞争与发展中国家的低成本竞争。为了应对上下两端的压力，我国的制造企业应主动寻求制造方式的变化。时间、质量、成本、服务、环境、柔性（TQCSEF）等是制造企业追求的目标，而在对众多目标进行整体优化时，由于其之间的耦合关系，如何协调各目标的达成是企业能否顺利开展降本增效的关键。企业只有从自身抓起，全面提高自身综合能力（创新能力、研发能力、制造能力、营销/服务能力、运用和维护能力、供应链与客户维护能力等），借助数字化工具尤其是数字孪生工具来提高生产运作效率才能满足企业数字化转型升级的需要。

2.1 数字化与智能制造

周济、李培根等院士在《走向新一代智能制造》一文中综合了智能制造相关范式，结合信息化与制造业在不同阶段的融合特征，总结、归纳和提升出三个智能制造的基本范式演进，如图2-1所示。也就是，数字化制造、数字化网络化制造、数字化网络化智能化制造（新一代智能制造）。

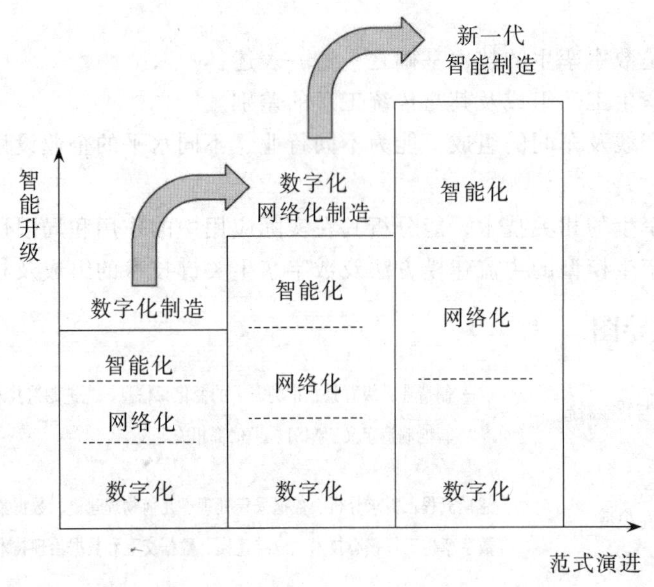

图2-1 智能制造的三个基本范式演进

数字化制造的主要特征表现为：第一，数字技术在产品中得到普遍应用，形成“数字代”创新产品；第二，广泛应用数字化设计、建模仿真、数字化装备、信息化管理；第三，实现生产过程的集成优化。需要说明的是，数字化制造是智能制造的基础，随着技术发展，其内涵也不断发展，贯穿于智能制造的三个基本范式和全部发展历程。

数字化网络化制造是智能制造的第二个基本范式，也可称为“互联网＋制造”，或第二代智能制造。德国的“工业4.0战略计划”报告和美国的“工业互联网”报告所阐述的，就属于这个范式。

新一代人工智能技术与先进制造技术深度融合，形成新一代智能制造——数字化网络化智能化制造。新一代智能制造将重塑设计、制造、服务等产品全生命周期的各环节及其集成，催生新技术、新产品、新业态、新模式，深刻影响和改变人类的生产结构、生产方式乃至生活方式和思维模式，实现社会生产力的整体跃升。新一代智能制造将给制造业带来革命性的变化，将成为制造业未来发展的核心驱动力。

中国推进智能制造应采取“并联式”的发展方式，采用“并行推进、融合发展”的技术路线：并行推进数字化制造、数字化网络化制造、新一代智能制造，以及时充分应用高速发展的先进信息技术与制造技术的融合式技术创新，引领和推进中国制造业的智能转型。

2.1.1　制造企业转型升级机遇与举措

我国制造企业转型升级的机遇与挑战示意图如图2-2所示。在企业转型升级过程中，以数字化、物联网、5G通信技术、人工智能、大数据、虚拟现实（Virtual Reality，VR）、增强现实（Augmented Reality，AR）以及混合现实（Mixed Reality，MR）等为代表的信息与通信技术（Information and Communication Technology，ICT）和以增材制造、激光加工、高端智能装备、自动产线及机器人等为代表的先进制造技术与装备（Advanced Manufacturing Technology and Equipment，AMTE）是两大关键动力因素。而来自市场的个性化需求、产品质量及全生命周期追溯、附加增值服务、短交货期等要求，以及不断上涨的人力、环保、劳动保护、全球市场的不确定性等外部环境的变化是压力的主要因素。

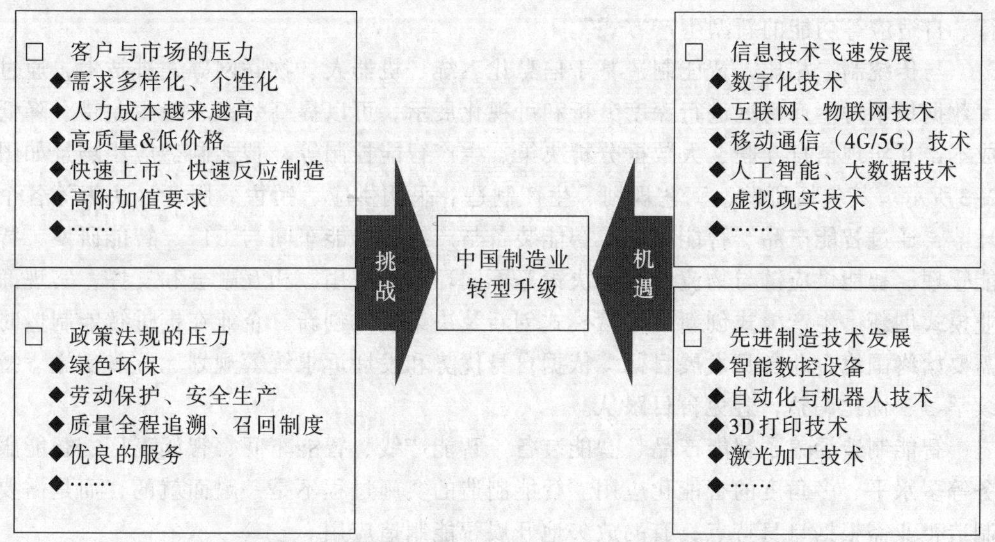

图2-2　中国制造企业转型升级的机遇与挑战示意图

为了应对上述来自技术与市场不断变化的压力，数字化技术即数字化制造（Digital Manufacturing，DM）越来越受到制造企业的重视。而智能制造（Intelligent Manufacturing，IM）是数字化制造的更高一级的智能化制造技术。数字化技术是智能制造的基础。它涵盖了计算机辅助设计、制造工艺数字化、生产数据集成等。这些技术的应用使得制造过程的数据能够被有效地获取、传输和处理，从而实现制造过程的精确控制。例如，通过计算机辅助设计（Computer Aided Design，CAD），企业可以快速设计出高质量的产品原型；通过制造工艺数字化，企业可以优化生产流程，提高生产效率。

2.1.2 智能制造概念及核心应用

智能制造是一种基于先进制造技术和信息技术深度融合的新型制造模式。其核心在于数字化、网络化和智能化技术的集成应用，旨在通过实时感知、分析、决策和执行，实现生产设备、生产流程、产品和服务的智能化、柔性化和高效化。随着信息技术、互联网技术、大数据技术、人工智能等技术的快速发展，传统制造业正面临着前所未有的挑战和机遇。智能制造作为制造业的升级转型方向，成为制造业发展的必然选择。

到目前为止，虽然很多国内外相关机构都给出了智能制造的定义，然而尚没有一个国际公认的定义。目前获得较为广泛认可的是美国国家标准与技术研究院（National Institute of Standard and Technology，NIST）提出的定义，即“智能制造是一个可以实时响应，以满足工厂、供应链和客户时刻变化的需求和条件的，全集成、协作式的制造系统”。

2016年，工业和信息化部联合财政部发布了《智能制造发展规划（2016—2020）》，将智能制造定义为“基于新一代信息通信技术与先进制造技术深度融合，贯穿于设计、生产、管理、服务等制造活动的各个环节，具有自感知、自决策、自执行、自适应等功能的新型生产方式”。

与传统制造相比，智能制造基于信息化系统、机器人、物联网等先进技术，通过大数据技术对生产情况进行深度分析和可视化展示，可以提高效率、减少差错、降低成本，并实现信息互联、大数据分析决策、生产智能控制等。智能制造应用场景如图2-3所示。其包括研发、工艺规划、生产制造、采购供应、销售、服务、决策等各个环节，通过智能产品、智能服务、智能装备与产线、智能车间与工厂、智能研发、智能管理、智能供应链与物流及智能决策等不同环节的应用，相互融合和支撑，实现商业模式创新、生产模式创新、运营模式创新及决策模式创新。企业在推进智能制造时需要始终围绕企业自身发展目标，依据自身优势和发展诉求统筹规划、分步实施、持续学习、优化调整，避免盲目跟从。

智能制造涵盖了智能产品、智能装备、智能产线、智能车间、智能工厂、智能服务等多水平、多角度的智能化应用。智能制造的实施过程不是一蹴而就的，而是需要制造企业需根据自身特点，有的放矢地开展智能制造应用。

智能产品通常具有自主决策、自适应工况、人机交互等特点。自主决策需要环境感知、自预测性、智能识别及自主决策的技术支撑。自适应工况需要工况识别感知、控制算法及策略等关键技术。人机交互需要借助多功能感知、语音识别或图像识别、智能Agent、信息融合、参数自动反馈关键技术等。围绕产品的智能化出现了智能互联产品、软件定义产品等不同的智能产品类型。

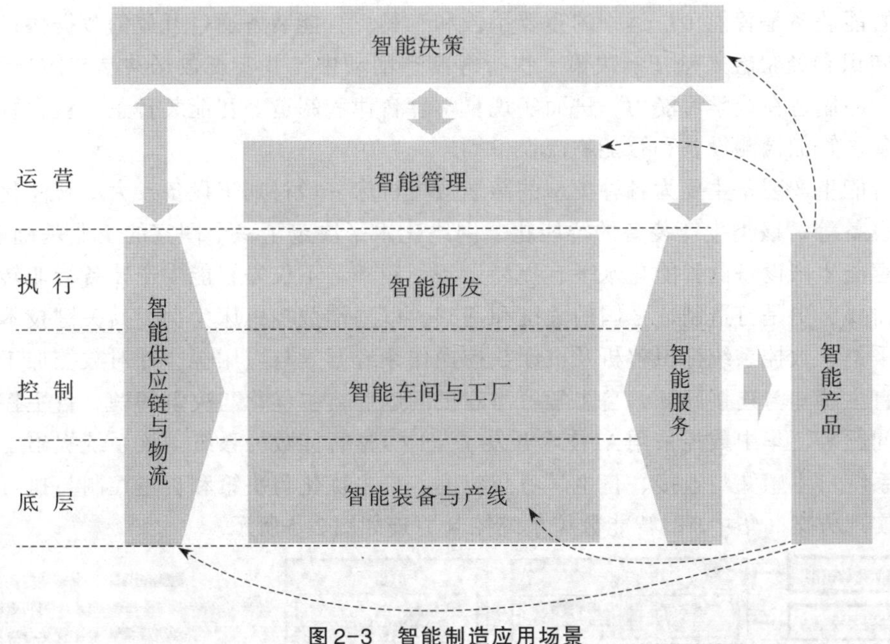

图2-3 智能制造应用场景

IT技术是产品本身不可分割的一部分，也赋予了传统产品新的功能与能力。新一代产品内置传感器、处理器和软件，并与互联网相连，实时采集海量数据让产品的功能和效能都大大提升。例如无人驾驶汽车是智能汽车的一种，它利用车载传感器感知车辆周围环境，并根据感知所获得的道路、车辆位置和障碍物信息，控制车辆的转向和速度，从而使车辆能够安全、可靠地在道路上行驶，集自动控制、体系结构、人工智能、视觉计算等众多技术于一体，是计算机科学、模式识别和智能控制技术高度发展的一种产品。汽车产品智能化演变进化过程如图2-4所示。

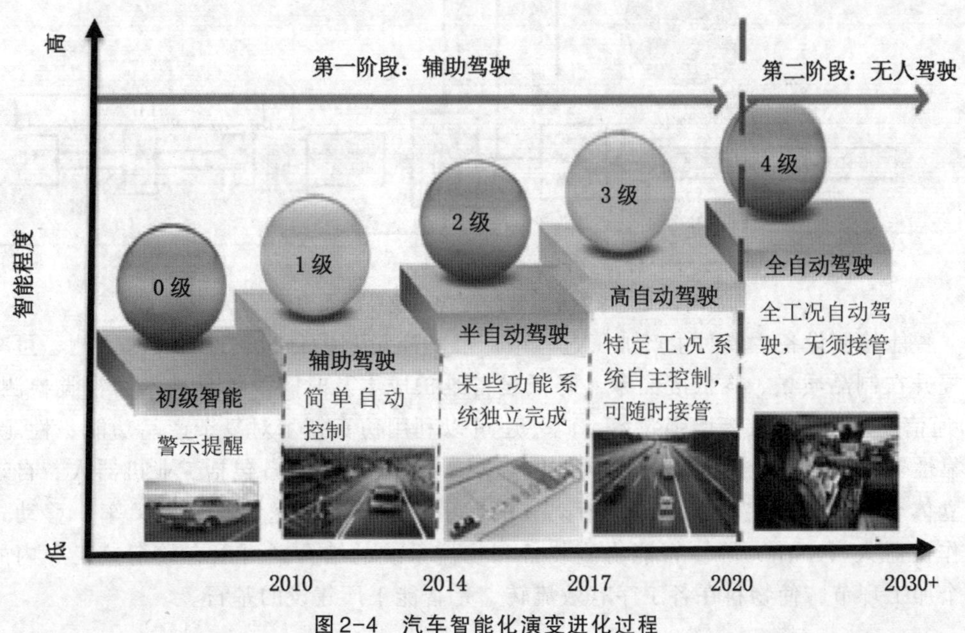

图2-4 汽车智能化演变进化过程

智能装备是智能工厂运作的重要手段和工具。智能装备通过开放的数据接口，将专家知识和经验融入感知、决策、执行等制造活动中，并实现数据共享与闭环反馈，赋予产品制造在线学习能力，进而实现自学、自律和制造。智能装备主要包含智能生产设备、智能检测设备和智能物流设备等。

智能生产装备主要为各种类型的高端数控机床、增材加工设备及大型智能化特种加工设备等。该类生产装备的智能化、网络化水平决定了一个国家的工业基础能力，提升智能生产设备的智能化水平、提高设备利用率，不仅是智能生产装备行业转型升级的需要，更是打造制造强国的关键和基础。以高端数控机床为例，其关键技术为大数据采集、数控系统标识解析及机床数控操作系统开发与应用等。针对数控加工中存在的自主感知与连接问题、自主学习与建模问题、自主优化与决策问题、自主控制与执行问题等，华中数控采用AI技术开发了华中9型智能数控系统。该系统提出了智能数控系统自主感知与连接、自主学习与建模、自主优化与决策和自主控制与执行的原理与实现方案。华中9型智能数控系统控制原理如图2-5所示。

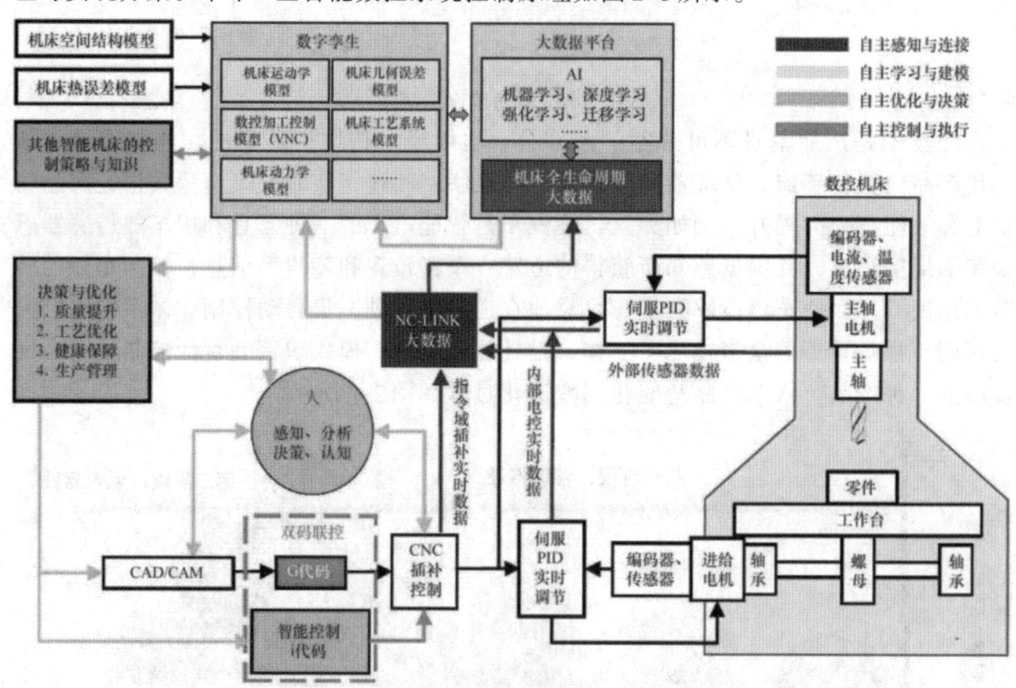

图2-5　华中9型智能数控系统控制原理图

智能检测设备主要对生产加工过程中产品的质量和设备状态进行实时监测，可有效提升在制品质量、降低废品率，降低设备维护成本及时间。关键技术为视觉检测、5G通信、VR/AR/MR等增强技术。此外还可以利用仿真技术对复杂产品功能、性能、可靠性等进行充分验证以及开展各类决策支持。智能物流设备包括工业机器人、自动化立体仓库、智能夹具、AGV、桁架式机械手、悬挂式输送链、无人叉车、移动式协作机器人（AMR）等。智能物流装备和物流系统的结合，可以有效衔接工厂内的各个加工环节，使物料在各工序有效流转，是智能工厂建设的基石。

2.1.3　智能产线与车间

相比于传统产线，智能产线具有以下特点：在生产和装配的过程中，能够通过传感器或无线射频识别技术自动进行数据采集，并通过电子看板显示实时的生产状态。能够通过机器视觉和多种传感器进行质量检测，自动剔除不合格品，并对采集的质量数据进行SPC分析，找出质量问题的成因。支持多种相似产品的混线生产和装配，灵活调整工艺，适应小批量、多品种的生产模式。具有柔性，如果生产线上有设备出现故障，能够调整到其他设备生产。针对人工操作的工位，能够给予智能提示等。

例如，西门子数字化工厂借助西门子工业软件强大的数字孪生功能，在物理工厂建造之前便完成了工厂数字化孪生体的搭建。利用数字产线设计、生产过程仿真、设备布局优化、产线虚拟调试等技术优化了产品生产流程并缩短了工厂建造时间。在西门子成都工厂研发生产一件新产品，它都会拥有自己的数据信息。这些数据信息在研发、生产、物流的各个环节中被不断丰富，实时保存在一个数据平台中。而这座工厂的运行，都是基于这些数据基础，ERP、PLM（产品全生命周期管理系统）、MES（制造执行系统）、控制系统及供应链管理，全部实现了无缝的信息互联。

智能化车间是自动化与信息化深度融合的制造车间。它继承了自动化车间、数字化车间的基本特征。与数字化车间和数字孪生车间相比，智能化车间更加强调能够在关键环节具备自主感知、学习、分析、决策、通信与协调控制能力，能够动态适应环境的变化，实现数据驱动的智能决策，且决策结果能够通过在线或离线方式优化车间活动。智能化车间的基本特征如图2-6所示。

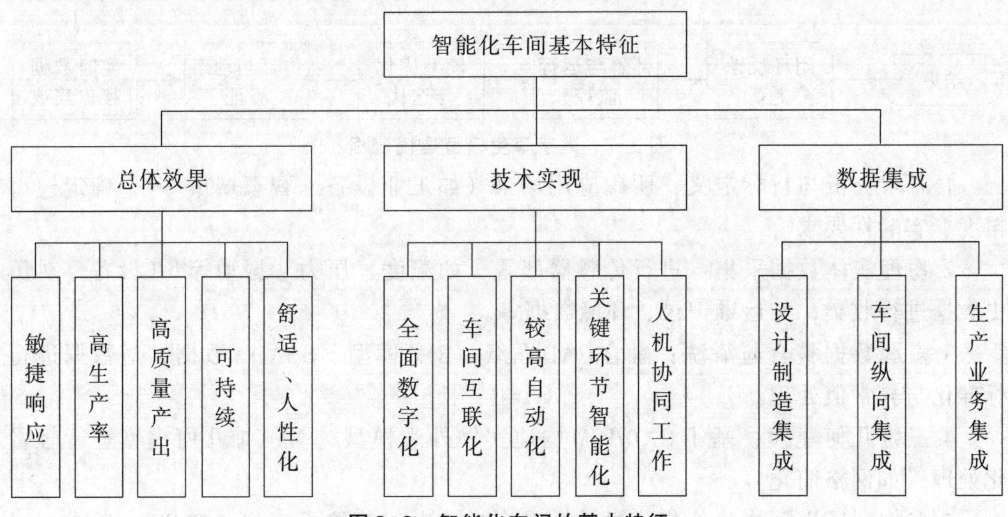

图2-6　智能化车间的基本特征

从总体效果看，智能化车间具备如下五大特征：响应敏捷、高生产率、高质量产出、可持续性、良好的人体功效。从技术角度看，智能化车间应具备如下特征：全面数字化、车间互联化、自动化程度高、关键环节智能化、高效的人机协同。从数据集成角度看，智能化车间应具备如下特征：设计与制造集成、车间纵向集成（信息层与物理层深度融合）和生产业务集成。

智能工厂是智能制造重要的实践领域，全球各主要经济体都在大力推进制造业复兴。在工业4.0、工业互联网、云计算、人工智能等技术的推进下，众多制造企业开展了智能工厂建设实践。而数字孪生技术是智能工厂重要的使能技术，数字孪生智能工厂将在本章最后一节进行介绍。

2.2 数字孪生模型

数字孪生模型是数字孪生技术实现的方式，它以数字化方式在虚拟空间呈现物理对象，即以数字化方式为物理对象创建虚拟模型，模拟其在现实环境中的行为特征，它是一个应用于整个产品生命周期的数据、模型及分析工具的集成系统。对于制造企业来说，它能够整合生产中的制造流程，实现从基础材料、产品设计、工艺规划、生产计划、制造执行到使用维护的全过程数字化。

通过集成设计和生产，它可帮助企业实现全流程可视化、规划细节、规避问题、闭合环路、优化整个系统。从产品的角度理解数字孪生模型，产品本身的数字孪生模型、制造过程的数字孪生模型以及生产产品的工厂数字孪生模型构成了产品从定义、设计、制造的全流程数字孪生模型。

数字孪生模型建模流程如图2-7所示，具体步骤如下：

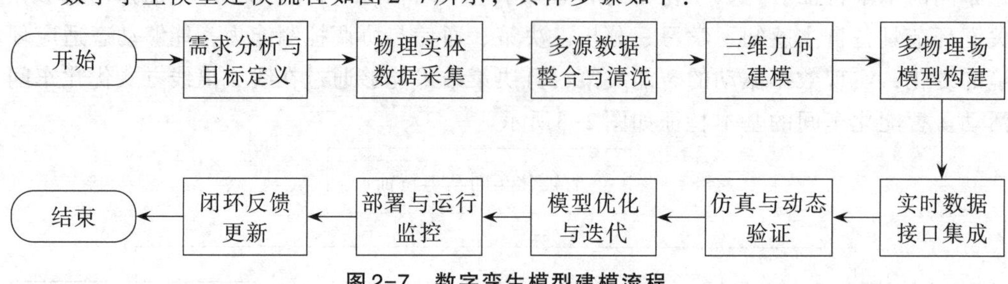

图2-7　数字孪生模型建模流程

1.需求分析与目标定义：明确应用场景（如工业设备、智慧城市等），确定模型精度、实时性要求。

2.物理实体数据采集：进行传感器部署，如温度、压力、振动等IoT设备。对历史数据进行收集，如运维记录、环境数据等。

3.多源数据整合与清洗：融合CAD图纸、BIM模型、SCADA数据，对数据进行标准化与异常值处理。

4.三维几何建模：基于CAD/BIM构建实体外观模型，对三维几何模型进行轻量化处理（如网格简化）。

5.多物理场模型构建：集成机械、热力学、电磁等仿真模型（如FEA/CFD），以及嵌入数据驱动模型（如AI预测模块）。

6.实时数据接口集成：通过API/OPC UA连接物联网平台，配置数据同步频率与协议。

7.仿真与动态验证：进行虚拟调试并模拟故障场景，对比物理实体行为，校准模型参数。

8.模型优化与迭代：进行敏感性分析并优化关键参数，通过机器学习持续训练（如数字孪生+AI）。

9.部署与运行监控：在云端/边缘端部署模型，通过可视化看板展示实时状态。

10.闭环反馈更新：根据物理实体变化自动更新模型，建立基于设备运行数据的运维模型以触发预警或维护建议。

2.2.1　产品数字孪生模型

1.结构体系

从全生命周期的角度分析产品数字孪生体的数据组成、实现方式、作用及目标，产品数字孪生体的结构体系如图2-8所示。从设计、工艺、制造、服务、回收5个方面构建五维产品数字孪生模型，构建由底层至顶层，顶层又反馈至底层的闭环模型。

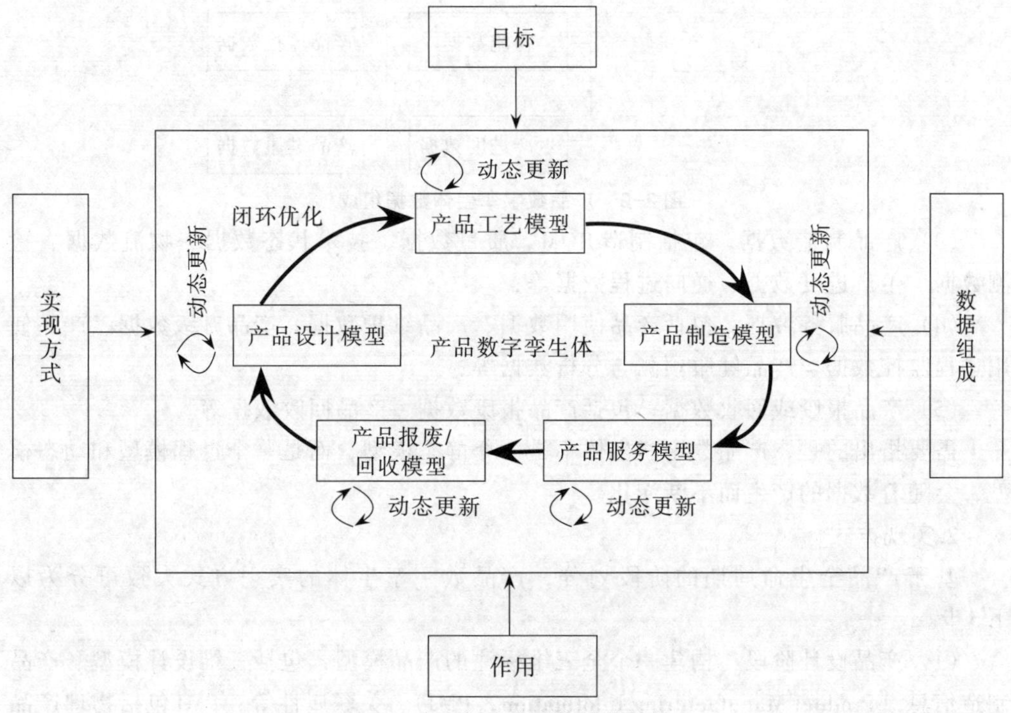

图2-8　产品数字孪生体的结构体系

产品数字孪生体数据组成如图2-9所示。产品数字孪生体的数据组成主要包括产品设计数据、工艺设计数据、产品制造数据、产品服务数据以及产品回收和退役数据等。

各部分具体的数据组成如下：

（1）产品设计数据，包括产品设计模型、产品设计BOM（Bill of Material, BOM）、产品设计文档等；

（2）工艺设计数据，包括工艺模型工艺BOM、工艺文档信息（如工艺卡片、检验/测量要求、关键工序质量控制卡、物料配套表）等；

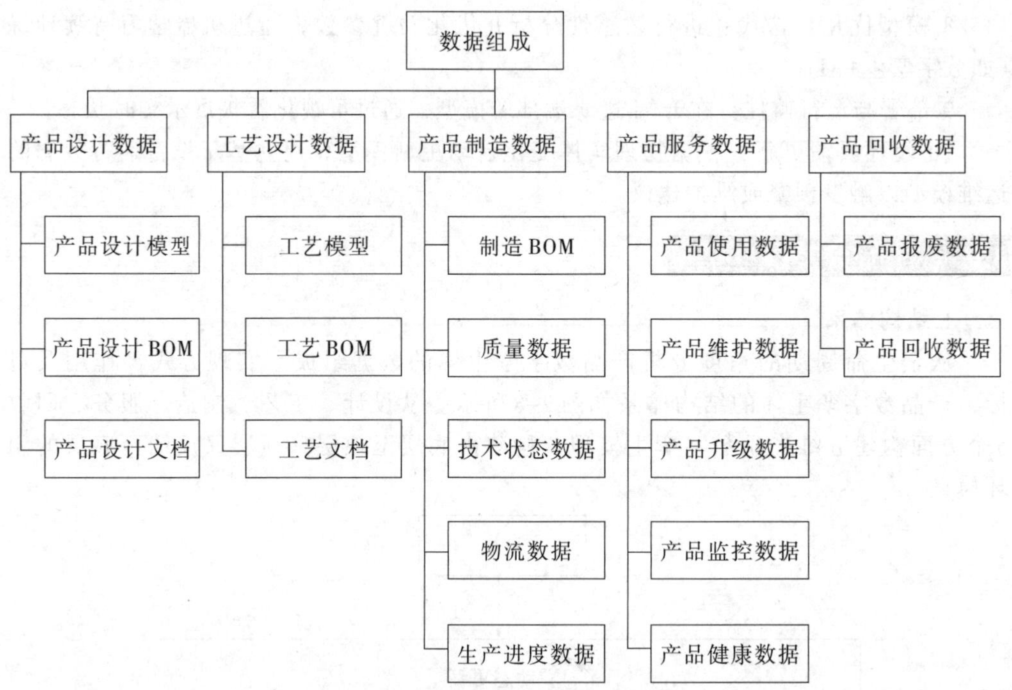

图2-9　产品数字孪生体数据组成

（3）产品制造数据，包括制造BOM、质量数据、技术状态数据、物流数据、检测数据、生产进度数据、逆向过程数据等；

（4）产品服务数据，包括产品使用数据、产品维护数据、产品升级数据、产品使用过程监控数据、产品健康预测与分析数据等；

（5）产品报废或回收数据，包括产品报废数据、产品回收数据等。

需要指出的是，产品数字孪生体不是一个静态模型，而是一个过程模型和动态模型，会随着数据的产生而不断演化。

2.实现方式

基于产品全生命周期的阶段划分，产品数字孪生体的实现方式大致可分为以下5步。

（1）产品设计阶段：构建一个全三维标注的产品模型，包括三维设计模型、产品制造信息（Product Manufacturing Information，PMI）、关联属性等，PMI包括物理产品的几何尺寸、公差，以及3D注释、表面粗糙度、表面处理方法、焊接符号、技术要求、工艺注释和材料明细表等，关联属性包括零件号、坐标系统、材料、版本、日期等。

（2）工艺设计阶段：在三维设计模型、PMI、关联属性的基础上，实现基于三维产品模型的工艺设计，具体实现步骤包括三维设计模型转换、三维工艺过程建模、结构化工艺设计、基于三维模型的工装设计、三维工艺仿真验证以及标准库的建立，最终形成基于数模的工艺规程，具体包括工艺BOM、三维工艺仿真动画、关联的工艺文字信息和文档。

（3）产品生产制造阶段：主要实现产品档案或产品数据包即制造信息的采集和全要素重建，包含制造BOM、质量数据、技术状态数据、物流数据、产品检测数据、生产进度数据、逆向过程数据等的采集和重建。

（4）产品服务阶段：主要实现产品的使用和维护，主要是指操作、维修、保养，也包括升级和改造。

（5）产品报废/回收阶段：主要记录产品的报废/回收数据，包括产品报废/回收原因、产品报废/回收时间、产品实际寿命等。当产品报废/回收后，该产品数字孪生体所包含的所有模型和数据都将成为同种类型产品组历史数据的一部分进行归档，为下一代产品的设计改进和创新、同类型产品的质量分析及预测、基于物理的产品仿真模型和分析模型的优化等提供数据支持。

3. 主要特点

产品数字孪生体的实现方法有如下特点：

（1）面向产品全生命周期，采用单一数据源实现物理空间和信息空间的双向连接。

（2）产品档案要确保产品所有的物料都可以追溯（例如实做物料），也要能够实现质量数据（例如实测尺寸、实测加工/装配误差、实测变形）、技术状态（例如技术指标实测值、实做工艺等）的追溯。

（3）在产品制造完成后的服务阶段，仍要实现与物理产品的互联互通，从而实现对物理产品的监控、追踪、行为预测及控制、健康预测与管理等，最终形成一个闭环的产品全生命周期数据管理。

2.2.2　制造数字孪生模型

制造数字孪生模型是在美国国防部提出的信息镜像模型（Information Mirroring Model）的基础上发展而来的，利用制造数字孪生技术可对航空航天飞行器进行健康维护与保障。实现过程是：需要先在虚拟空间中构建真实飞行器各零部件的模型，并通过在真实飞行器上布置各类传感器，实现飞行器各类数据的采集，实现模型状态与真实状态完全同步，这样在飞行器每次飞行后，根据飞行器结构的现有情况和过往载荷，及时分析与评估飞行器是否需要维修，能否承受下次的任务载荷等。

信息镜像模型如图2-10所示，它是数字孪生模型的概念模型，包括3个部分：

（1）真实世界的物理产品。

（2）虚拟世界的虚拟产品。

（3）连接虚拟和真实空间的数据和信息。

数字孪生模型不是一种全新的技术，它具有现有的虚拟制造、数字样机等技术的特征，并以这些技术为基础发展而来。虚拟制造技术（Virtual Manufacturing Technology，VMT）是以虚拟现实和仿真技术为基础的，对产品的设计、生产过程统一建模，在计算机上实现产品从设计、加工和装配、检验、使用及回收整个生命周期的模拟和仿真，从而无须进行样品制造，在产品的设计阶段就可模拟出产品及其性能和制造流程，以此来优化产品的设计质量和制造流程，优化生产管理和资源规划，达

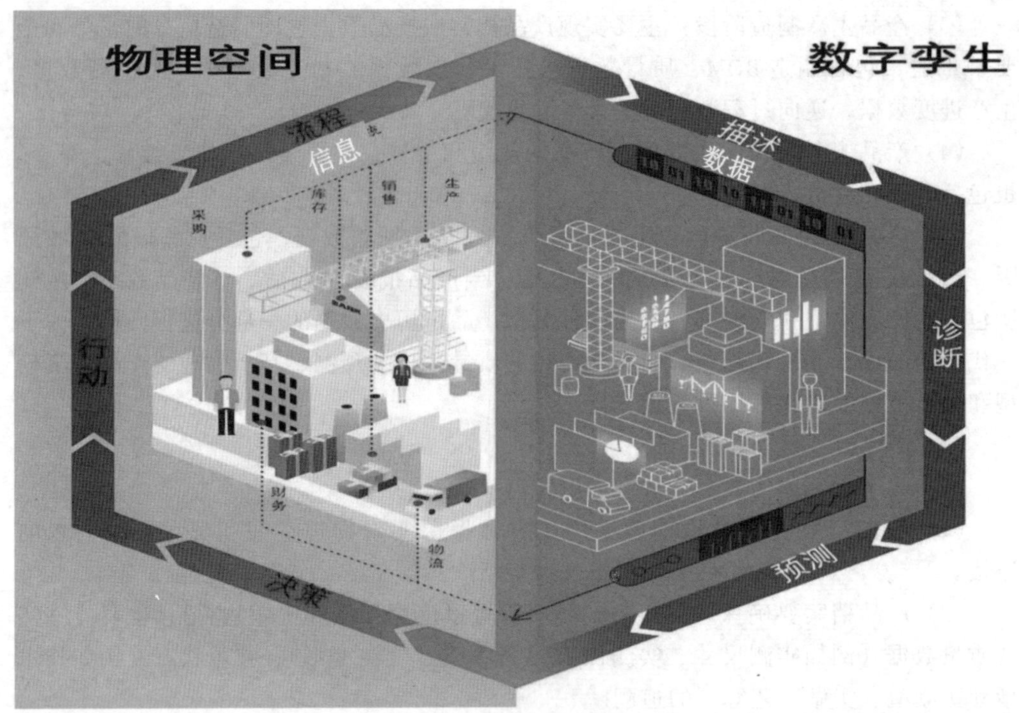

图2-10　信息镜像模型

到产品开发周期和成本的最小化、产品设计质量的最优化和生产效率的最大化，从而形成企业的市场竞争优势。

如波音777，其整机设计、零部件测试、整机装配以及各种环境下的试飞均是在计算机上完成的，其开发周期从过去的8年缩短到5年；Chrycler公司与IBM合作在虚拟制造环境中进行新型车的研制，并在样车生产之前，就发现了其定位系统和其他许多设计有缺陷，从而缩短了研制周期。由此可见，虚拟制造的应用将会对未来制造业的发展产生深远的影响。

数字孪生模型更加强调了物理世界和虚拟世界的连接作用，从而做到虚拟世界和真实世界的统一，实现生产和设计之间的闭环。可通过3D模型连接物理产品与虚拟产品，而不只是在屏幕上进行显示，3D模型中还包括从物理产品获得的实际尺寸，这些信息可以与虚拟产品重合并将不同点高亮，以便于人们观察、对比。

2.2.3　工厂及通用数字孪生模型

数字孪生工厂是集成多学科、多物理量、多尺度、多概率的车间仿真过程，主要应用以下3种核心技术。

（1）三维建模仿真技术

①集成物理建模工具，实现基于三维扫描建模工具的自动化几何建模，提高数字孪生模型构建效率。

②集成虚拟现实和可视化技术提供全新人机交互模式下的车间虚实反馈。

（2）数据传感交互技术

①应用基于智能芯片的传感控制技术。

②提供基于数字线程技术的智能传感、多传感器融合、分布式控制等服务。

（3）数据治理技术

①基于传统业务数据集成技术和产品数据集成技术，结合数字孪生管理壳技术提供数据治理服务。

②提供基于数据孪生基础管理环境下的标识解析、数据管理、模型管理等应用。

以上为制造企业在生产制造环节所涉及的三类模型。而数字孪生的应用不局限于制造业，现已扩展到关系国计民生的各个行业，催生了各种数字孪生应用。为了从机理与理论上建立较为普适的数字孪生模型，大量学者进行了相关研究。在众多的数字孪生模型中，北京航空航天大学陶飞等人提出的数字孪生五维模型是其中的代表。

数字孪生五维模型如式（2.1）所示：

$$M_{DT}=(PE,\ VE,\ Ss,\ DD,\ CN) \tag{2.1}$$

（2.1）式中，PE 表示物理实体；VE 表示虚拟模型；Ss 表示服务；DD 表示孪生数据，CN 表示交互连接，即各组成部分间的连接。根据式（2.1），数字孪生五维模型结构如图 2-11 所示。

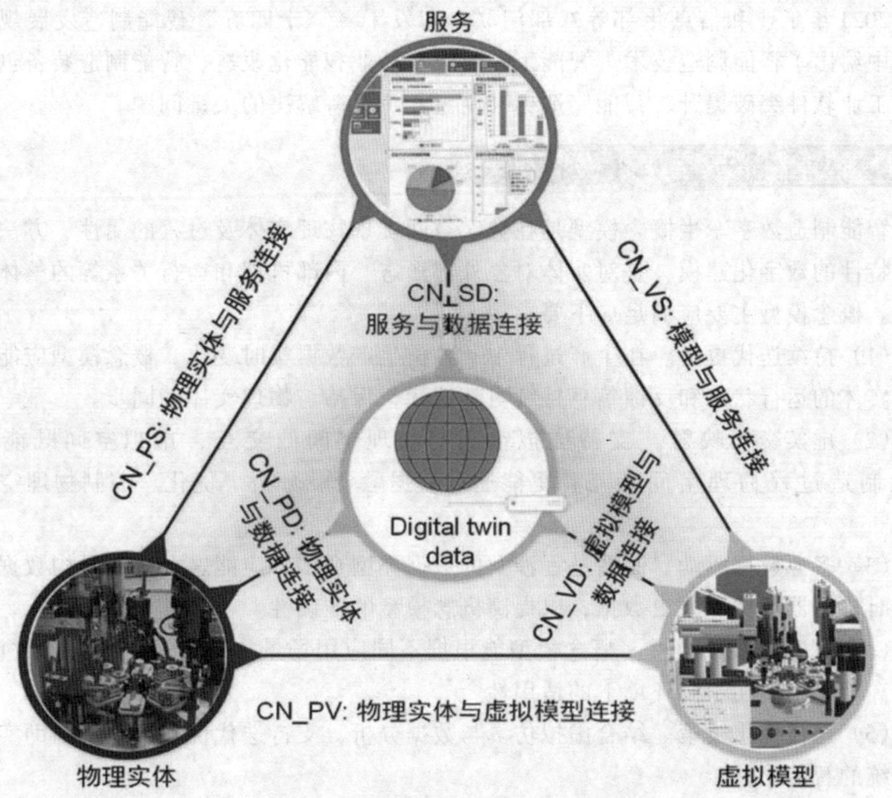

图 2-11 数字孪生五维模型结构

数字孪生五维模型能满足上述数字孪生应用的新需求。首先，M_{DT}是一个通用的参考架构，能适用不同领域的不同应用对象。其次，它的五维结构能与物联网、大数据、人工智能等新一代信息技术集成与融合，满足信息物理系统集成、信息物理数据融合、虚实双向连接与交互等需求。再次，孪生数据（DD）集成融合了信息数据与物理数据，满足信息空间与物理空间的一致性与同步性需求，能提供更加准确、全面的全要素/全流程/全业务数据支持。服务（Ss）对数字孪生应用过程中面向不同领域、不同层次用户、不同业务所需的各类数据、模型算法、仿真、结果等进行服务化封装，并以应用软件或移动端App的形式提供给用户，实现对服务的便捷与按需使用。交互连接（CN）实现物理实体、虚拟模型、服务及孪生数据之间的普适工业互联，从而支持虚实实时互联与融合。虚拟模型从多维度、多空间尺度、多时间尺度对物理实体进行刻画和描述。

2.3 智能制造中的数字孪生

智能制造是工业4.0/5.0的核心，是推动实现高效、灵活、绿色、智能的生产方式的主要推动力。数字孪生技术作为智能制造的关键使能技术之一，通过构建物理设备与虚拟模型之间的实时映射和同步，为制造业的智能化、高效化提供有力支持，推动制造业的转型升级。

2021年工业和信息化部等八部门联合印发了《“十四五”智能制造发展规划》，规划中给出了智能制造技术、智能工厂建设、行业智能化改造、智能制造装备创新发展、工业软件突破提升、智能制造标准制定六个亟待解决的关键问题。

2.3.1 智能制造数字孪生模型和架构

智能制造数字孪生概念模型是在数字空间实现物理实体及过程的属性、方法、行为等特性的数字化建模，是对实体对象外部形态、内部机理和运行关系等的整体抽象描述。概念模型主要应满足如下要求：

（1）持续迭代更新。在生产过程中，各类生产数据实时变化，概念模型应能根据物理实体的运行状态和反馈信息持续更新迭代，保持与物理实体的同步。

（2）虚实交互映射。支持虚拟空间与物理空间的交互，虚拟空间既能实时反映制造过程物理空间状态，更能通过数据融合、分析、优化、控制物理空间的运行。

（3）多源数据驱动。制造过程涉及的数据类型众多，应能融合多源异构数据，包括实时传感器数据和历史数据，以提高概念模型的准确性。

（4）自适应参数调整。概念模型能根据不同应用场景支持自适应调整参数设置，以提高概念模型在不同环境下的适用性。

（5）迭代优化决策。结合虚拟仿真与数据分析，支持迭代优化决策，辅助实现生产系统的智能化。

概念模型的准确性和可靠性是数字孪生技术应用于智能制造的关键。可通过如下手段保障概念模型的准确性和可靠性：

（1）数据融合。集成不同来源数据，通过时空对齐、格式对齐等数据融合的方式，提高数据的准确性和一致性。

（2）精确建模。采用精确数学模型和算法，模拟物理实体的行为，使概念模型能够准确反映物理实体的特性。

（3）概念模型校准。对数字孪生实体和物理实体进行数据同步性和一致性检查，确保数据同步和一致。

（4）闭环反馈。比较数字孪生模型的输出与物理实体的实际性能差异，对模型依据差异情况进行调整，建立模型与物理实体的闭环反馈机制。

（5）概念模型持续自学习和优化。通过人工智能等技术，进行概念模型持续自调整和自优化，持续提高模型预测和分析能力。

（6）概念模型测试和验证。进行不同场景下概念模型准确性和可靠性测试和验证。

（7）安全性保护。确保概念模型数据安全，防止数据泄露和篡改。

智能制造数字孪生技术架构如图2-12所示，物理层涉及制造领域人员、设备、物料、工艺、环境等生产要素。不同制造领域的物理实体有所不同。例如，钢铁冶炼加工企业，物理实体有冶炼高炉、矿石、各类成品钢材、冶炼控制系统等；船舶制造企业，物理实体有船台、船舶分段、焊接设备等。

图2-12　智能制造数字孪生技术架构

感知传输层提供物理层不同层次之间的互通。数据层包括物理实体的各类静态和动态数字化信息。模型层和服务层为应用层提供各类服务，包括模型服务、数据服务、仿真服务和业务服务等。应用层利用上述各层能力，灵活构建智能制造不同领域、不同粒度的数字孪生实体，例如生产过程数字孪生、设备数字孪生、工艺优化数字孪生等，覆盖产品生命周期管理全价值链和制造全流程链。

2.3.2 智能制造数字孪生关键技术

建模是根据物理对象或系统的构成要素、运动规律、约束条件和物理特性等，建立形式化的与物理实体相对应的虚拟数字孪生实体模型，反映物理实体的外观、内部的特性、结构和行为。具体在智能制造领域中，建模技术是针对制造中的载体（如数控机床）、制造过程（如加工过程中的热、力等）和被加工对象（如被制造的飞机）等，应用机械、物理、力学、计算机和数学等知识，对建模对象的一种近似表达。

数字孪生实体模型在范围上，有全局结构模型（例如工厂全生产线）、局部结构模型（如某一车间生产装置）、产品结构模型和生产计划调度模型等；在方法上，有数学解析模型（如状态空间模型）、图示—解析结合模型（如Petri网模型）等；在功能上，有结构描述模型、系统分析模型、系统设计实施模型和系统运行管理模型等。

建模的主要过程包括制造数据采集与集成、数字孪生实体模型创建、实时数据同步、闭环反馈和持续学习、可视化用户交互和数据安全保护等。

1. 数据采集与集成

集成多个来源的数据，包括各类传感器数据、生产数据、设计数据、操作数据、原材料数据等。通过时空对齐、格式对齐、语义对齐、数据清洗、误差校正等进行集成和融合，确保不同来源数据基于统一基准。

2. 数字孪生实体模型创建

基于集成后的融合数据，构建物理实体的数字表示，即数字孪生实体模型。数字孪生实体模型的创建涉及多种建模技术，包括几何建模、物理建模、行为建模等，使模型能够真实地反映物理实体的各个方面。常用的建模技术主要有多尺度建模、多物理场建模、有限元分析（FEA）、计算流体动力学（CFD）、数据驱动建模、蒙特卡罗模拟和模型降阶等。多尺度建模可以同时用于模拟物理实体的整体行为和局部细节，可处理从宏观的系统级到微观的组件级不同尺度问题；多物理场建模能够模拟多个物理过程如流体力学、热力学和电磁学等的模型，能够更准确地反映物理实体行为；计算流体动力学（CFD）可以用于模拟物理实体周围的流体环境，如气流、水流等；有限元分析作为一种求解偏微分方程的数值方法，可以用于模拟和分析模型中物理实体的应力、应变、温度分布等；蒙特卡罗模拟通过随机抽样和统计计算来模拟物理实体的行为，可以用于模拟不确定性和风险，是一种基于概率和统计理论的建模方法；数据驱动方法采用机器学习等对物理数据进行分析，学习和发现物理实体的行为规律，进行物理实体行为预测和优化。

在智能制造的许多场景中，对实时性有很高的要求，同时计算资源受限，通过模型降阶，降低模型复杂度，保留模型的主要特征，减少模型参数和计算量，提高模型的计算效率。实时性在不同的智能制造场景有不同的需求，应在需求与效能、代价之间取得平衡。

3. 实时数据同步

通过高效的数据采集、传输和处理，进行数字孪生实体与物理实体的数据同步。通过高效的传感器技术、实时数据传输协议，以及云计算或边缘计算资源进行大量数据的预处理，提升数据传输效率。

4. 闭环反馈和持续学习

通过闭环反馈机制，使模型输出用于指导物理实体的操作，实体反馈用于更新模型，通过机器学习等技术实现模型的持续学习和优化。

5. 可视化用户交互

通过可视化用户交互，用户能够轻松与数字孪生模型交互，并理解模型的输出。通过VR和AR等技术来提高用户体验，提供直观的用户界面和可视化工具。

6. 数据安全保护

通过加密技术和访问控制等来保护数据和模型。

2.3.3 仿真与数据分析技术

数字孪生仿真技术是建模的延续。创建和运行数字孪生实体，在虚拟实体环境中模拟和分析物理实体的行为，保证数字孪生体与对应物理实体实现有效闭环。智能制造领域的仿真技术主要有：

产品仿真：如系统仿真、多体仿真、物理场仿真、虚拟实验等；

制造仿真：如工艺仿真、装配仿真、数控加工仿真等；

生产仿真：离散制造工厂仿真、流程制造仿真等。

数字孪生的仿真程度是智能制造数字孪生成功的关键。制造产品的每个物理特性都有自己的特定模型，如结构动力学模型、热力学模型、应力分析模型、疲劳损伤模型和材料状态演化模型等。基于多物理集成模型的仿真技术可以将这些基于不同物理特性的模型关联在一起，更准确地反映物理实体在真实环境中的状态和行为，使虚拟产品取代物理原型成为可能。通过一些多物理场仿真软件，如ANSYS、COMSOL Multiphysics等，可以模拟多个物理领域，创建复杂的数字孪生模型，模拟热力学、流体力学、电磁学等多个物理过程。

为了使数字孪生实体能够真实地反映物理实体的行为，准确性至关重要。通常涉及复杂的数学模型和算法，以确保数字孪生实体能够准确地预测和模拟物理实体的性能。数字孪生仿真不仅用于模拟物理实体的当前状态，还用于预测未来的行为和性能，进行参数优化和敏感性分析，找出影响物理实体性能的关键参数，并优化这些参数以提高性能。通过Unity、Unreal Engine等工具，创建交互式的数字孪生仿真实体，提供沉浸式的用户体验。

数据分析技术是实现对数字孪生实体数据进行深度挖掘和分析的关键技术，通过数据分析，提取有价值的信息，以进行决策制定和物理实体运行控制和优化，如运行参数的调整、故障预测和预防、性能优化等。

以机器学习和深度学习为代表的人工智能技术，是数字孪生数据分析技术的重要方向，可以提升数字孪生实体的智能水平、预测能力和自主决策能力，在智能制造数字孪生领域广泛应用。

1. 数据驱动的建模与学习。使用机器学习算法来分析数字孪生产生的大量数据，从而发现隐藏的模式和关联。这些算法可以帮助改进数字孪生实体的准确性，并预测未来的行为。

2. 特征提取。通过深度学习技术提取无法通过传统的物理模型来捕捉的复杂系统特征，提高数字孪生实体的泛化能力。

3. 优化控制。通过强化学习技术，训练数字孪生实体的优化控制能力，持续完善数字孪生实体的优化控制策略生成能力，应用于物理实体，提高系统的效率和性能。

4. 异常检测。采用人工智能技术进行系统异常检测，预测潜在的故障、发现异常行为，进行预防性维护。

5. 自然语言处理与交互式查询。集成自然语言处理（NLP）技术，允许用户以自然语言与数字孪生实体交互，查询系统的状态，并获得直观的反馈。

6. 计算机视觉与状态监测。结合计算机视觉技术，数字孪生可以使用图像和视频数据来监测物理实体的状态，自动识别不同的状态或事件并进行分类。

7. 生成对抗网络（GANs）与数据增强。使用GANs生成新的数据点，以增强训练数据集，特别是在数据稀缺或需要模拟罕见事件时。

8. AI辅助的模型校准与参数优化。利用人工智能算法自动调整数字孪生实体的参数，以更好地拟合实际观测数据，提高数字孪生实体的预测精度。

9. 自动化决策与自主系统。将人工智能相应算法集成到数字孪生实体中，使其能够基于实时数据和预先设定的目标自动做出决策，实现系统的自主运行。

通过这些方法，数字孪生技术可以充分利用人工智能的能力，实现更高级的智能模拟、预测分析和自主决策，为各种应用场景提供更深入的洞察和更有效的解决方案。随着AI技术的不断进步，数字孪生与人工智能的结合将越来越紧密，持续推动制造领域数字化转型和智能化升级。

2.4 精益生产中的数字孪生

随着智能制造的深入推进，目前以“人-网络-物理”系统为技术机制，贯穿于产品全生命周期的新一代智能制造正加速发展着，旨在进一步融合先进制造技术和智能技术，减少浪费，摆脱环境与资源的约束，并提升制造业的个性化与智能化水平。智能制造旨在利用信息技术提升制造系统的效率，提升产品设计、制造和使用中体现的质量并降低制造成本。这与精益生产所倡导的“两高一低”完美契合。新一代智能制造的发展离不开新技术和生产现场管理体系的融入。

2.4.1 精益生产概述

精益生产是一种以最大限度地提高价值、最小化浪费和提高生产效率为目标的生产管理方法。它起源于日本的丰田生产方式（Toyota Production System，TPS），后来被广泛引入到全球各行业中。

精益生产的核心原则是尽可能减少浪费，包括时间浪费、物料浪费和人力浪费。通过不断优化生产流程，提高生产效率，降低成本，提高产品质量，从而提升企业竞争力。

精益生产是一种持续改进的哲学，其目标是减少生产过程中的周期时间（或交付时间，Lead Time）。这里所说的周期时间，不只是指生产本身，还包括各个工序之间的停滞时间以及在仓储期间的空闲时间。从根本上说，周期时间和生产效率息息相关，能有效减少周期时间的企业往往能显著提高生产率。这不但是指更高的产品质量、更低的成本和更大的灵活性，还能给企业带来更大的市场份额和更多客户订单。

“精益生产”一词是由一个美国商人约翰·克拉夫西克（John Krafcik）在1988年他的文章《精益生产系统的胜利》（Triumph of the Lean Production System）中提出的。后经詹姆斯·沃马克和丹尼尔·T.琼斯在研究丰田生产方式的《改变世界的机器》（The Machine That Change the World-The Story of Lean Production）一书出版后才真正为大众所熟识的。该书将“精益生产”用于描述丰田生产方式，而这种生产方式在20世纪50年代诞生，曾为丰田以及其他日本汽车企业带来了显著的繁荣。

精益生产的基本哲学是一种持续改进，这一理念源自日本传统的“Kaizen”（改善）概念。Kaizen由“改变”（Kai）和“更好”（Zen）两个日语词汇组成，意味着改进永远是一个没有终点的过程。换句话说，企业永远不应满足于现状，而应不断追求新的目标。这也是一种积极的企业文化，意味着所有的过程环节都是值得改进的。瑞典企业家简·卡尔森曾精辟地总结道：“你不可能将一件事提高1 000%，但你可以把1 000件小事各提高1%。”

Kaizen这种理念已成为全球生产活动的标准部分，它的现代化体现就是持续改进过程（Continuous Improvement Process，CIP）。简单来说，Kaizen是一种根本性的态度，而CIP则是一种具体的精益生产方法。CIP的核心是反复进行的PDCA（Plan，Do，Correct，Action）或者DMAIC（Define，Measure，Analyze，Improve，Control）循环。

精益生产中的企业“七大浪费”如图2-13所示。

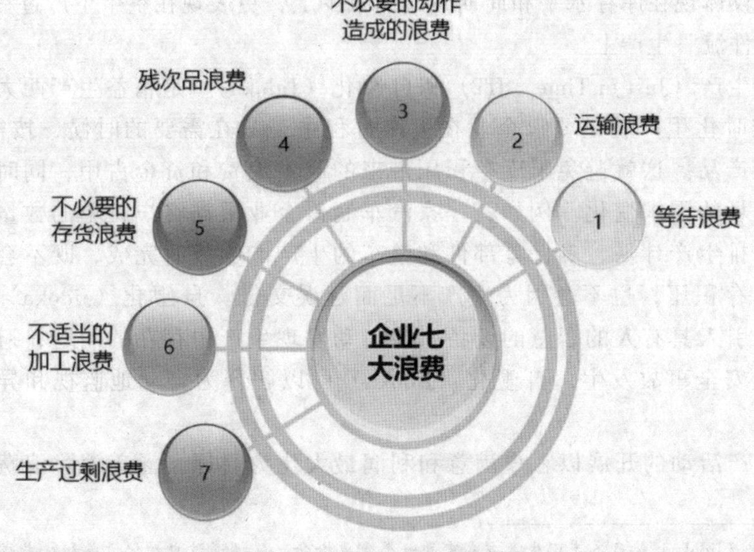

图2-13 企业“七大浪费”

精益生产中的企业“七大浪费”分别是：

（1）运输浪费（Transportation Waste）：物料搬运虽是生产中必要的活动，但并不会增加任何价值，而且在搬运过程中还可能造成损坏。解决方案：尽量使工作站靠近，并使各工序之间实现同步和联动。

（2）库存浪费（Inventory Waste）：仓库过满通常反映出计划不合理以及对物料需求量的认知不足。解决方案：稳定并标准化流程。

（3）动作浪费（Motion Waste）：不符合人体工学的工作台设计可能会导致员工处于尴尬的工作姿势，进而影响健康和工作效率。解决方案：采用人体工学原则设计工作台系统。

（4）等待浪费（Waiting Waste）：等待时间无法完全消除，但应尽量减少。解决方案：使员工能够承担多种岗位职责以充分利用其工作能力。

（5）过度生产浪费（Overproduction Waste）：错误评估了需求导致产品滞销，资本长期被占用。解决方案：引入拉动原则，使生产链与客户的需求节奏保持同步。

（6）加工过度浪费（Over-processing Waste）：那些过时或不必要复杂的工艺流程，同样会造成浪费。解决方案：持续改进工艺流程，简化生产设计。

（7）缺陷浪费（Defects Waste）：当生产出现错误时，要么产品完全无法使用，要么需要重新加工。解决方案：通过应用Poka-Yoke（防呆防错）原则防错，并利用5S方法来优化工作台，提升产品质量。

避免浪费是精益生产的一大优势，拉动式生产通过以订单为基础来驱动生产过程，有效地避免了因过度生产和库存而产生的浪费。相比传统的推动式生产，拉动原则能够大大缩短周期时间并提高灵活性。拉动生产一般通过看板系统来实现，客户订单触发生产过程，各生产单元根据下一个单元的需求进行生产，从而实现“按需生产”，而不是“按预测生产”。最终，生产链中的各个环节就会实现最大程度的协同，这种优化不仅体现在库存水平和周期时间的减少上，更表现在整个生产过程中无中间缓冲的“一件流”生产上。

准时化生产（Just in Time，JIT）和自働化（Jidoka）[①]是精益生产两大关键技术与支柱。准时化生产就是要求企业在生产过程中，只在需要的时候，按需要的量，生产所需的产品。这就避免了库存积压带来的成本浪费和资金占用，同时也能够更好地满足市场的需求变化。例如，一家汽车制造企业根据客户订单的数量和交付时间，精确安排生产计划，确保零部件和整车的生产能够按时完成，既不会因为生产过多导致库存积压，也不会因为生产不足而延误交付。自働化（Jidoka）则强调在生产过程中引入具有人的智慧的设备，能自动发现生产中存在的问题，避免残次品产生并防止安全事故发生。自働化（Jidoka）可以解释为自动地监视和异常管理的手段。

精益生产活动的开展以客户满意和利润最大化为目标，涵盖消除浪费、降低成

① 自働化（Jidoka）是日本丰田生产方式中的一个重要概念，强调通过自动化设备和技术减少人工干预，实现生产过程的自我调节和质量控制。在中国，这一概念有时也被翻译为“自动化”，并广泛应用于工业生产和制造业中。

本、柔性生产、尊重人性、JIT准时化生产等多个方面。精益生产实施体系如图2-14所示。

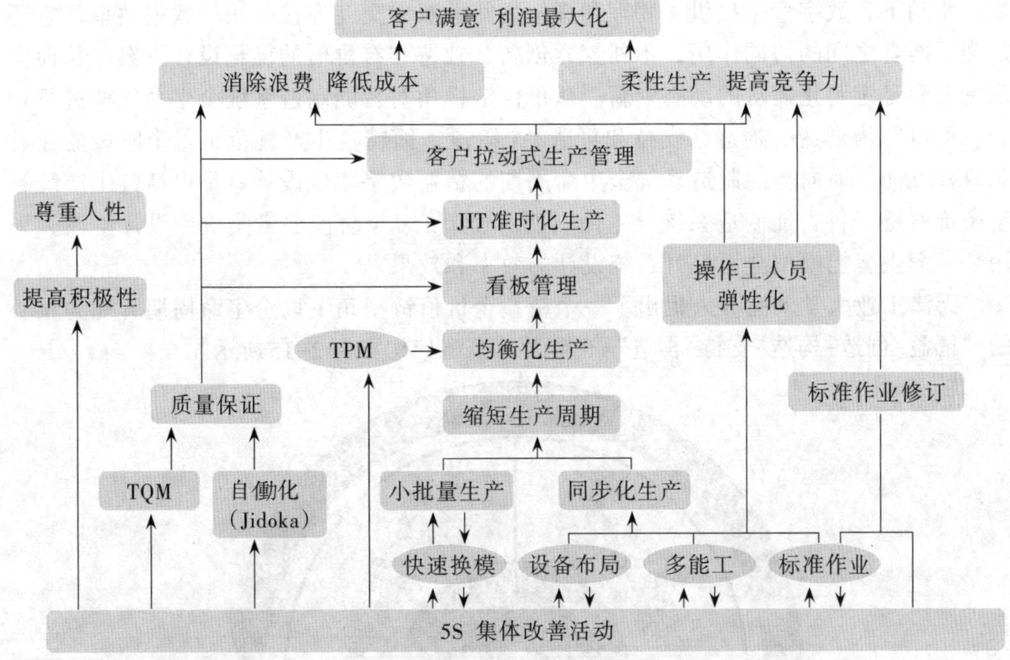

图2-14 精益生产实施体系

2.4.2 精益数字孪生

数字孪生是实现信息世界和物理世界交互融合的有效手段，是当前解决智能制造瓶颈的关键技术之一。精益数字孪生体是以精益生产思想为指导，精益生产方法工具为基础条件，采用数字孪生技术对智能制造系统进行仿真、监控、评估、预测、优化和控制，面向企业全价值链和全生命周期流程管理，助力智能制造整体提升的一种数字孪生技术应用新范式。精益生产为数字孪生提供管理理论和方法工具支持，数字孪生技术也能为精益生产提供数字化手段，促进精益生产升级创新，二者共同服务于智能制造系统全生命周期。

在传统的制造系统设计中，企业需要分析相似行业、相似企业的结构、方案等，提取共有的制造元素进行配置和优化，形成符合企业个性化需求的参考模型，以指导制造系统设计。然而，对于智能制造系统，无论是快速更迭的定制化需求，还是系统高度复杂性带来的设计挑战，都使得传统方法很难进行有效统筹。

在工业4.0之前，计算机辅助设计的概念已经出现，虚拟原型和数字原型等相继被提出，其本质就是信息模型。信息模型的广泛应用极大提高了设计效率，但并未实现物理世界和信息世界的交互融合，只是简化了设计工作，而并非真正实现全生命周期设计。智能制造系统可以在数字空间中被分解为各种粒度的智能模型，包括横向维度的制造全要素模型和纵向维度的制造全生命周期模型，这些模型能够描述并模拟物理世界中的全部过程。

在设计阶段基于物理制造过程，建立智能模型能够有效降低开发风险，同时，数字孪生所具备的实现物理和虚拟世界融合的特性可有效解决设计过程出现的瓶颈。在数据驱动下，数字孪生提供了物理和虚拟之间的双向交互连接，用于数据共享，它还加强了两者之间的协同作用，不断探索创新、独特和有价值的优化设计方案，从而实现提前满足定制化需求的动态创新。从价值链视角对智能制造系统全生命周期进行划分，可以归为创造、构造、支持和再造4个阶段，而精益生产规范了每个阶段的建设和改善方向。面向智能制造系统全生命周期的精益数字孪生设计就是以精益生产统筹整条价值链，将智能制造系统全生命周期所经历的4个阶段要素集成到设计阶段，采用数字孪生智能模型全面提升系统设计的效率和效果。

天津工业大学刘亮等人提出了一个精益全价值链视角下以全生命周期管理为核心的“精益-创造-构造-支持-再造”五维设计模型架构如图2-15所示。

图2-15　精益数字孪生体五维设计模型架构

1. 精益维度。精益维度是设计的灵魂环节，以精益全价值链管理的视角，通过开展价值工程和价值分析，一方面考虑如何降低整个智能制造系统的运行成本，另一方面通过精益科研能力组织、资源调配、项目实施管理和数字孪生的信息化手段，缩短系统研发周期。

2. 创造维度。创造维度主要对智能制造系统的需求进行分析和验证，采用数字孪生通过虚拟仿真技术和物联网技术，将过去可供参考的历史数据、经验与知识应用于智能制造系统需求分析并进行验证，能够有效保证智能制造系统概念设计的合理性。

3. 构造维度。构造维度主要对创造维度提出的概念进行落地，物理样机会浪费相当多的资源，采用数字孪生数字样机对功能模型和结构模型进行虚拟设计，并采用无物理或半物理系统调试的方式，可以有效找到设计瓶颈，保证设计低成本的前提下给出可行的方案。

4. 支持维度。支持维度需要对未来智能制造系统运行时需要的控制环节进行设计，如生产监测和物流等环节。

5. 再造维度。再造维度需要对生产和产品的法规符合性进行考虑，并设计生命周期结束时的归档机制。

2.5 数字孪生工厂

2.5.1 传统工厂生命周期

工厂是一个复杂的系统，参考产品生命周期理论，可以分析得到工厂的生命周期过程，大体可分为设计规划阶段、工程建设阶段、运行维护阶段。工厂的生命周期过程图如图2-16所示。

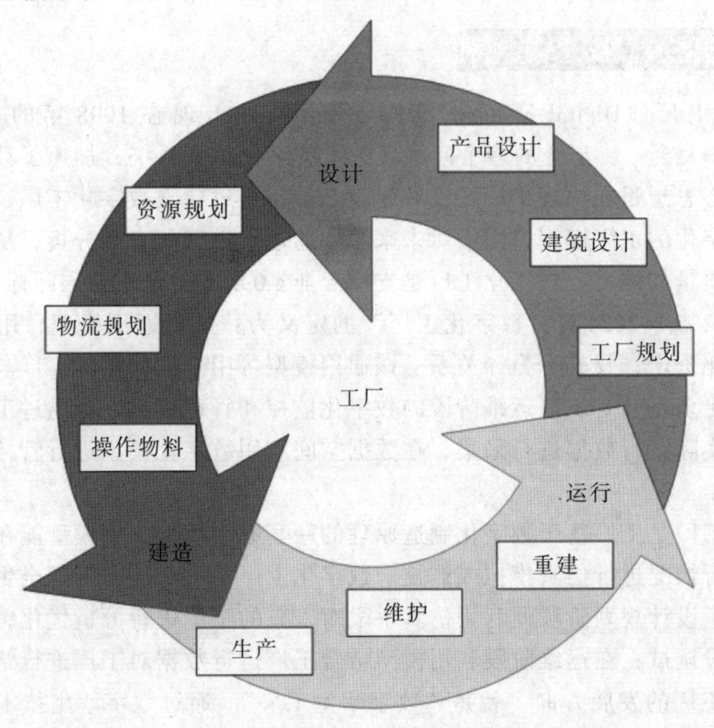

图2-16　工厂的生命周期过程图

工厂规划设计是工厂建设最基础的工作，主要包括建筑设计和布局规划。厂房建筑是工厂制造系统的重要组成部分，厂房设计的安全性和合理性是生产制造顺利进行的前提。布局规划是制造系统设计的重要组成部分，不合理的布局会降低有效空间利用率且会导致物流成本上升，甚至带来安全事故的风险。好的布局方案能减少甚至消除对工作者的身体伤害，带来安全、健康和舒适的工作环境，进而能提升其工作效率并提升产品品质。而工厂布局需满足多种约束条件，将合理选定的设备科学地摆放到指定空间中，从而达成设计所要求的优化目标。

设计规划完成并通过有关部门审批后，工厂就进入工程建设实施阶段。包括建筑施工建设、设备调试、试生产等主要工作。设备调试和试生产在厂房建设完成后进行，一般由设备供应商完成。由于各类设备来自不同供应商，因此，设备调试和试生产是一个多方协调过程。

工厂投产后即进入运行维护阶段。在运行过程中，厂房及设备会出现损耗，需定期检修和维护。维护工程师需根据实际情况制订合理的检修维护方案，以降低维护成本提高设备利用率。随着企业发展及市场对产品需求变更，工厂可能需要引入新设备或对原有设备进行改造升级。将引起布局、仓储物流配送、生产方式的各层级改动。

以上是传统工厂生命周期全过程，涉及多个生产层级及上下游设备、原材料供应商、客户等。其中各个环节往往是串行进行的，人员、设备、原材料、生产工艺、环境等的变动无法提前预知，任何层级的改动都可能会带来意想不到的严重后果。因此，借助数字化技术的数字化工厂在设备和工厂建模、生产与物流虚拟仿真、设备及产线虚拟调试、生产数据采集和重用等方面为工厂数字化运营提供了可靠的技术保障。

2.5.2 数字化工厂概念与规划

数字化工厂（Digital Factory，DF）一词最早出现在1998年的Computers in Manufacturing大会上，与会的多个厂家展示了数字化仿真系统，加速了数字化工厂的到来。其核心思想是在物理工厂还没有建设之前，通过建立数字化工厂，来构建一个虚拟的、数字化的工厂模型，用于对未来工厂的运行进行仿真和分析，从而提高工厂未来运行的质量和效率。数字化工厂是支撑工业4.0现有的最重要国际标准之一。

GB/T 32235.1-2024对“数字化工厂”的定义为：工厂通用模型，用于表示基本元素、自动化资产，及其行为和关系。该通用模型可用于任何实际工厂。从该标准的定义看，其更多是针对工厂运维阶段的数字化监控和管理优化，是通过工业互联网等技术将工厂实际运行数据进行采集，在数据空间利用数字化模型进行管控和优化的一个技术方法。

数字化工厂是工厂基于数字化制造原理的一套数字模型，该模型能在数字空间对实际工厂运行情况进行仿真模拟或监控。数字化工厂是一个面向工厂全生命周期的概念，即在工厂设计规划阶段便利用仿真手段对未来的工厂进行分析优化；在建设阶段指导工厂建设调试；在运维阶段利用模型结合工厂运行数据对工厂进行管理优化。

数字化工厂的发展方向，就是“数字孪生工厂”。通过数字孪生技术应用，可以高效地优化物理工厂的运营。而针对离散和流程型企业，其技术应用重点不尽相同。离散制造业主要是如何利用数字技术更好地完成客户定制化生产，确保产品快速上市。数字孪生技术主要服务于产品从设计到交付乃至运维过程。而流程型企业主要是将数字技术用于生产系统的稳定运行、工艺优化上，主要借助物理工厂与数字化工厂间的虚实映射。因此，数字化工厂覆盖物理工厂的整个生命周期。在工厂设计规划阶段主要进行建模与仿真。而在工厂运行阶段，主要进行数字化监控工作。借助数字孪生技术，仿真与数据监控可同时发挥作用。

伴随着产品生命周期缩短及更新换代加快的市场需求，数字化制造及数字化工厂应运而生。数字化工厂通过构建产线、车间、工厂的数字化模型，以产品设计与工艺模型和数据为基础，对整个生产过程进行仿真、评估和优化。一方面对产品进行可制造性分析和优化，另一方面进行生产制造系统的优化。设计/制造技术发展路径如图2-17所示。设计由2D发展到3D设计，以参数化和特征设计为基础的CAD设计方法已普遍采用。同时采用数字模型对产品的外形、装配和使用功能进行仿真，进一步向基于模型的定义（MBD）方向发展。在制造层面，数控技术的采用使制造自动化技术进入了新的发展阶段。从柔性制造系统到工厂自动化，再到网络化制造及智能制造。在设计和制造技术进步的共同推动下，制造活动进入了数字化工厂新时代。

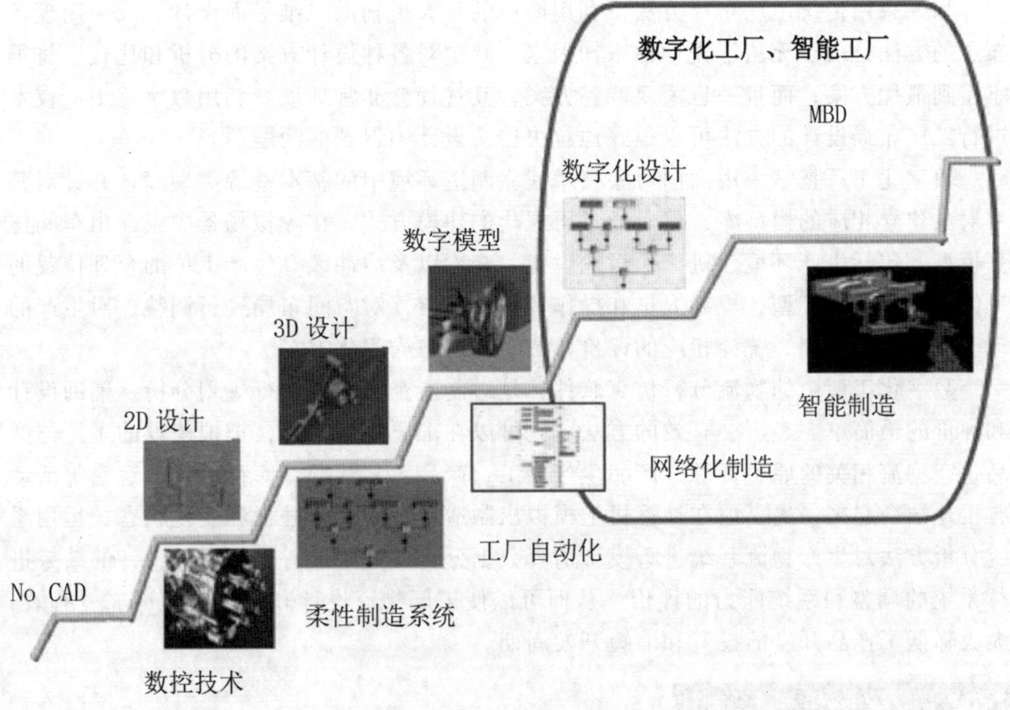

图2-17 设计/制造技术发展路径

随着产品越来越复杂、知识含量越来越丰富，制造系统的复杂程度也越来越高，智能工厂需要满足以下最基本的集成化和智能化要求：

•开放式动态结构：面对复杂多变的制造环境，能够动态集成子系统或删除已有子系统。

•敏捷性：指适应快速变化市场的制造能力，为适应产品品种的快速变化，要求系统易于重构，并且能快速把产品投放到市场。

•柔性：适应市场动态变化的生产正在逐渐替换批量生产。一个制造系统的生存和竞争能力很大程度上要看它是否能够在足够短的开发周期内适应市场各方面的最新需求，生产出成本较低、质量较高的不同品种的产品。

•跨组织的集成：为适应全球竞争和快速响应市场环境，独立的企业或部门必须通过网络与相关管理系统（如采购、设计、生产、车间、规划等）及其合作伙伴集成。完成网络集成，到信息集成、应用集成，再到过程集成，最终实现知识集成的最高目标。

•异构环境：离散化制造模式必然使计算机软硬件信息系统形成异构的数据环境。

•协同工作能力：异构信息环境使用不同的编程语言，以不同的模型表达数据，运行在不同的计算机平台，这必然要求系统具有内部协同工作能力。

•人机交互能力："人"在产品开发甚至整个产品生命周期内都起到非常重要的作用，系统需要吸取人的经验，集成人的智慧，因此要求具备友好的人机界面。

•系统容错性：保证产品开发速度的同时，要保证产品质量，产品或系统的缺陷可能导致交期推迟，因此系统应具有检查并修正错误的能力。

如果采用传统工厂布局方法，利用简单的计算机辅助二维平面设计，或采用现场布置的方法，由于无法事先预估未知因素，缺少对各种设计方案的分析和比较，将很难得到最优方案，而且一旦需要调整方案，其过程会非常烦琐。利用数字化工厂技术进行工厂布局设计的方法可以很好地解决传统设计中遇到的问题。

数字化工厂技术采用面向对象技术建立制造环境中的基本资源类型库，并针对其中对象建立相应的模型库，然后通过可视化的建模方式，在虚拟场景中组建出车间仿真模型，包括生产环境、机床、运输设备、仓库以及缓冲区等生产工位的合理位置的三维可视化仿真模型，规划人员和操作者通过漫游，对空间布局进行调整，对生产的动态过程进行模拟，统计相应的评价参数，确定布局优化方案。

数字化工厂中的物流分析仿真软件，是对制造企业物流进行规划分析、辅助设计和评价的最简单、经济、有效的方法。它可以在工厂规划初期，把拟建设的工厂与产品生产物流相关的原料资源、产品生产加工、产品工艺数据、库存信息、运输等活动有机地结合起来，逼真地在计算机上模拟出制造系统的生产过程和变化状态，运用系统分析方法对生产物流系统进行模拟仿真数据分析，并可以对物流规划设计的结果进行系统的调整和系统能力的评价，从而可以使工厂物流设计和运行更为可靠、有效，大大降低了产品开发的投资和缩短开发周期。

2.5.3 数字孪生工厂构建

在制造数字孪生生态中，工厂数字孪生系统与产品数字孪生系统、供应链数字孪生系统相对独立，又相互作用。而工厂所包含的车间，是信息流、物流、能量流交互的地方，是产品加工制造完成的场所，也是MOM的核心和MES应用的重点，工厂数字孪生体就是多模型、多数据的融合体，包含了产品模型、工厂模型以及运行管理模型，在构建工厂数字孪生系统时，首先需要分析其内部模型和数据的关系。

工厂生产制造可以分为产品、过程和资源等三个部分，其分别对应着生产对象、生产过程管理和生产工具，一个工厂数字孪生系统中模型分别包含产品模型、工厂资源模型以及生产管理模型等三部分。

产品模型由产品三维模型、产品属性以及管理属性等三个部分组成。产品三维模型为产品的三维结构模型；产品属性主要包含产品的材质、尺寸、加工工艺等用于说明产品基本特征的数据；而产品的管理属性主要包含产品的工艺信息和质量管控信息等，其主要用于在工厂生产过程中的管理。产品所包括零部件的组成关系通过BOM（Bill of Material，物料清单）来描述，基于产品模型可以生成产品设计、制造、维护过程不同的BOM，如面向产品生产工艺的PBOM（Process BOM），面向制造过程的MBOM（Manufacturing BOM）等，不同类型BOM用于在产品全生命周期下的不同阶段。

工厂资源模型主要描述工厂各要素的组成，可以从三维结构、工厂布局、逻辑关系三个方面进行描述。三维结构，是指各工厂组成要素的三维几何模型，如厂房三维模型、设备三维模型等；工厂布局，是指工厂资源在三维空间上的关系；逻辑关系，是从工艺流程、管理层次等方面形成的各资源之间的关系，如工艺流程上的前后关系、管理层次上的从属关系等。

生产管理模型是指用于实现对生产全过程管理所构建的模型，其可分为生产流程管理模型和生产服务管理模型两部分。生产流程管理模型，是对生产流程的定义和执行。产品生产流程由其工艺决定，而具体的产品生产过程计划和调度，是根据产品相关的物料需求计划、工厂能力计划等确定的计划调度方案。数字孪生系统首先进行工艺优化，以最佳制造方案生产出产品，再通过生产系统的调度优化来合理安排制造时间，缩短制造周期。

工厂数字孪生系统包括智能实体工厂、工厂数字孪生体和孪生服务系统，工厂数字孪生体由虚拟工厂和数字孪生引擎组成。实体工厂是实际存在的工厂，包括车间、生产线、在制品、产品、人员等。实体工厂需要有数字接口，能及时采集各类运行数据上传给数字孪生体，并且具有一定智能化执行功能，能接受数字孪生体发送来的控制指令进行优化。

虚拟工厂，是指工厂相关的数字模型以及相关的信息系统。智能工厂的运行离不开信息系统的驱动，信息系统完成了工厂各级管理运行控制功能，因此，智能工厂是一个信息物理系统（CPS）。工厂相关数字模型，除了工厂数字模型（工厂DMU，Digital Mock-up）外，还包括产品数字模型和管理模型，这些模型是工厂运行所必需的。其他模型包括智能工厂监控所需要的如环境控制、能源管理、安全防护等方面的模型。

数字孪生引擎是连接物理工厂和虚拟工厂，形成数字孪生系统，并提供基于数字孪生高级服务功能的软件平台，因此也是数字孪生体的一个部分。工厂数字孪生引擎包括数据融合、模型融合两个基本部分，通过模型和数据的融合，实现系统自组织、自调节、自更新、自优化的智能功能，以及工厂运行管控等实时监控功能，并且对产品数字孪生体进行更新。

数字孪生工厂具有智慧互联功能，可实现智能化生产、网络化协同、个性化定制、服务化延伸、数字化管理等功能。基于某数字孪生系统构建平台的智能化生产模式如图2-18所示。智能化生产是在信息化的基础上，利用先进制造工具、物联网、大数据和云计算等网络信息技术，在智能工厂内部进行跨系统数据流的采集、分析与优化，完成设备、产线、车间与人和信息系统之间的连接，实现生产过程的自动化控制、智能化管理和定制化生产。智能化生产涵盖设备智能感知互联、制造过程优化、智能排产等方式，提供设备互联、流程集成、数据实时分析和制造控制等环节的创新应用。

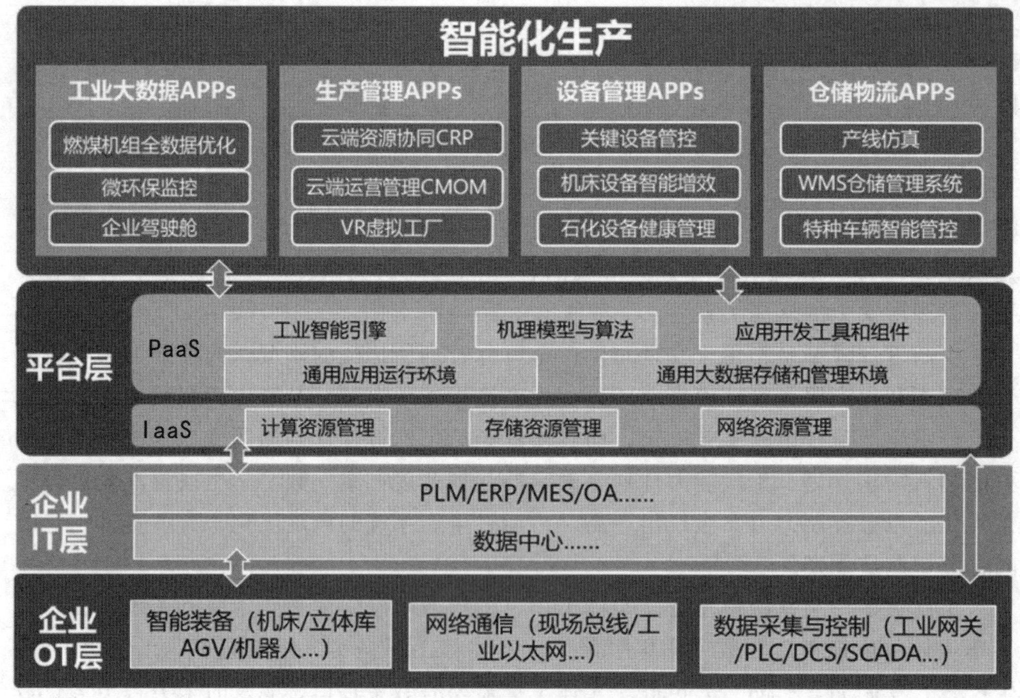

图2-18　基于某数字孪生平台的智能化生产模式

工厂智能化的关键在于设备互联，即利用传感器、嵌入式终端等设备和信息通信技术，使得生产设备与设备、设备与产品、物理系统与互联网平台智能互联。为了实现企业内部生产运营等各个环节之间信息的无缝连接和流转，生产制造信息和IT信息的融通，消除各部门、各环节的信息孤岛，有必要对生产过程进行流程集成，即在一个智能控制系统中将产品数据、设备数据、生产数据和经营管理数据等进行集成。在ERP、OA、PLM、MES等管理软件的基础上，通过打通设备监控与操作层、生产运营管控层、企业经营决策层之间的信息流转通道，进行数据实时分析实现制造控制，包括实现优化生产工艺、再造生产流程、高级生产排程、设备状态监测与预防性维护、产品全生命周期管理和能源管控等。

立德树人

数字化浪潮下企业转型升级中的精益

某企业是国家电力装备制造的龙头企业，其产品在国内外输变电领域有着较高的市场占有率。国内外客户对该公司的产品质量有着较高的认可度，但面对国内外同行的竞争，其产品的价格跟交货期无法满足日益饱和的市场需求。随着数字化技术尤其是自动化装备的发展，企业需求工厂的数字化转型，计划借助数字化工具来实现企业的提质增效。

由于其产品的特殊性，目前企业在生产制造环节多数采用定点手工装配。由于缺乏标准化作业标准以及受制于工人的工作技能，其产品的产量及品质一致性较差。而由此带来的返工及交期延误给企业带来了较大的效益及口碑损失。随着自动装配在汽车、电子行业的不断成熟，企业计划花费巨资进行自动生产线的创建以解决上述问题。

为此，企业以某主流产品为例，聘请了自动化产线设计与实施团队来进行自动装配线的部署。由于该类团队对产品应用场景、产品设计流程、供应链、产品工艺、车间布局及物流仓储等方面的理解有限，加上产线交期紧张，所设计的产线的实施效果并不理想。随着作业方式的改变，生产一线的工人及现场管理者也对采用自动流水装配有着不同的看法。

精益生产作为企业降本增效的有力武器，其本质核心就是消除一切可能的浪费。精益的精髓在于精，精简、精细、精准。为企业生产进行改善就好比为病人治病，之前企业做的数字化的改善说白了就是实现了手工装配到自动装配的改变。是头疼医头，而做精益改善，是梳理生产制造的全流程、全要素。从人机料法环测多个方面查找问题所在的原因，好比老中医望闻问切地诊疗看病。只有把影响产品生产的所有问题暴露出来并进行改进，后续的自动化升级才能是有源之水，有本之木。

针对企业数字化转型升级出现的问题，企业找到了本教材的科研团队，利用精益数字化工具来对后续产线的转型升级出谋划策。团队利用"5S"管理、目视管理、拉式生产、看板管理、价值流分析、标准化作业、全面生产维护、生产线均衡化、快速换模和持续改善等精益生产工具结合数字孪生技术为企业设计并实施了精益数字孪生产线。借助科学的产品生产制造流程设置，数字化产线的成功实施提升了企业在市场中的竞争力。

请思考：结合上述案例，如何理解《礼记·中庸》中"凡事预则立，不预则废"以及古诗"一发不可牵，牵之动全身"对当下的启示？分析并评判一下自己在生活和学习中运用数字化工具所带来的利与弊。

第3章
数字孪生技术与工具

学习目标

了解数字孪生中物理实体相关工具，即认识和改造物理世界的工具。

了解主流的数字孪生数据管理工具及其适用对象。

了解数字孪生应用中的平台服务、诊断和预测服务、优化服务和仿真服务等工具。

理解数据建模的目的，即对各类异源数据使用数理和计算机等方法来构建模型。

掌握一种以上的正向和逆向构建物理实体几何三维模型的方法。

本章思维导图

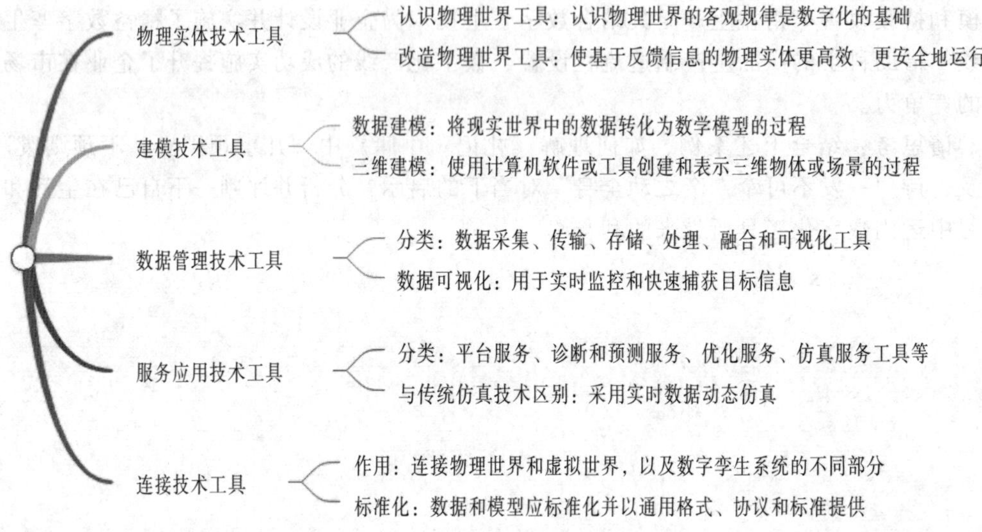

结合数据感知、大数据分析、人工智能和机器学习，数字孪生可用于监视、诊断、预测和优化物理世界。通过状态评估、历史诊断以及未来预测，数字孪生可以为运营决策提供更全面的支持。数字孪生还可以用于培训用户、操作员、维护者和服务提供商。通过数字孪生，还可以将专家经验数字化，从而在整个企业中进行记录、转移和修改，以减少知识差距。数字孪生为提高企业生产率和效率以及减少成本和时间提供了有效手段。本章主要介绍数字孪生的相关工具，包括感知控制、建模分析、数据集成、交互连接和服务等。

3.1 数字孪生物理实体技术与工具

数字孪生中物理实体相关工具可以分为认识物理世界的工具和改造物理世界的工具。

1.认识物理世界的工具

认识物理世界的客观规律是数字化的基础。物联网是数字孪生的主要驱动力。当物理实体连接到数据传感和采集系统时，数字孪生系统将数据转化为优化的流程和业务输出。例如，阿里云物联网提供了安全可靠的设备感知能力，从而能够快速访问多协议、多平台、多区域设备。此外，虚拟模型与物理实体是并行运行的。在传感器数据的驱动下，数字孪生能够标记偏离仿真的行为。例如，石油公司可以从连续运行的海上石油钻井平台中传输传感器数据。IoTSyS是一种IoT（Internet of Things，物联网）中间件，为智能设备之间的通信提供通信协议栈，支持多种标准和协议，包括IPv6、oBIX、6LoWPAN和高效的XML交换格式。此外，大多数用于认识物理世界的工具都与视觉有关。例如，在未知的车间环境中，AGV小车可以使用激光雷达、深度摄像头、GPS（全球定位系统）和通过ROS（机器人操作系统）软件架构建立的地图来优化路径。

2.改造物理世界的工具

改造物理世界的工具可以使基于反馈信息的物理实体更高效、更安全地运行。反馈信息是对虚拟世界中感知到的物理实体状态信息的分析和处理的结果。数字孪生主要通过控制反馈操作来调整物理世界。因此，改造物理世界的工具大多与控制有关。例如，TwinCAT软件系统可以将计算机变成具有多PLC系统、NC轴控制、编程环境和操作站的实时控制器。SAP通过实时数据分析为Trenitalia（意大利火车运营商）提供车辆维护和远程诊断服务。此外，它还通过调度系统为健康状态和列车运行状态提供了最佳的运行计划。认识和改造物理世界的软件工具如图3-1所示。

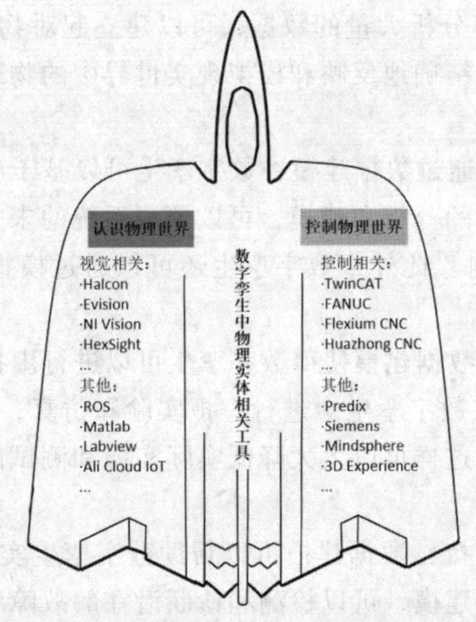

图3-1 认识和改造物理世界的软件工具

3.2 数字孪生建模技术与工具

在数字孪生领域，数据建模是指将现实世界中的物理系统或过程转化为数字形式的模型。这个过程包括收集、整理和分析相关的数据，然后使用数学、统计学和计算机科学等方法来构建模型。数据建模的目的是更好地理解和预测物理系统的行为。通过将现实世界中的数据转化为数字模型，可以更好地分析和优化系统的性能、进行故障诊断和预测、进行虚拟仿真和实验等。数据建模通过对大量数据进行训练和学习，可以建立起对物理系统行为的准确模拟，并提供对系统未来发展的预测能力。

数据建模和三维建模是不同的概念。三维建模是指使用计算机软件或工具创建和表示三维物体或场景的过程。它通常用于计算机图形学、游戏开发、虚拟现实、建筑设计等领域。三维建模可以使用各种建模软件和技术，如CAD（计算机辅助设计）软件、建模工具和技术，以及相关的几何学和计算方法。

数据建模是指将现实世界中的数据转化为数学模型的过程。它包括收集、整理、处理和分析数据，然后使用合适的数学方法和技术来建立模型，以便进行预测、优化、决策等应用。数据建模可以使用各种统计、机器学习和人工智能等技术，以及相关的数学和计算方法。

虽然数据建模和三维建模是不同的概念，但它们在某些情况下可以相互关联和结合使用。例如，在数字孪生中，可以使用三维建模技术创建物理系统的几何模型，并将其与数据建模相结合，以建立准确的数字孪生模型。这样可以更好地模拟和预测物理系统的行为，并支持相关的决策和优化。

数据建模在数字孪生中扮演着至关重要的角色，它对数字孪生的实现、应用和效果具有重要影响。以下是数据建模对数字孪生的作用：

1.精确建模现实世界：数据建模可以将现实世界中的物理系统或过程转化为数字形式的模型。通过收集和分析大量的数据，可以建立起对物理系统行为的准确模拟。这样一来，数字孪生可以精确地反映和模拟现实世界中的物理系统，为决策和优化提供准确的依据。

2.预测和优化能力：通过数据建模，数字孪生可以基于历史数据和模型进行预测和优化。通过对已有数据的分析和建模，可以预测系统的未来行为和趋势，帮助人们做出更准确的决策和规划。此外，数字孪生还可以通过模拟和优化来改进系统的性能、减少故障和风险。

3.虚拟仿真和实验：数据建模使得数字孪生可以进行虚拟仿真和实验。通过建立准确的数字模型，可以在数字孪生中进行虚拟实验和仿真，模拟不同的操作和场景，评估不同的决策和策略。这样可以大大降低实际实验和测试的成本和风险，并加快产品开发和优化的速度。

4.故障诊断和维修支持：数据建模可以帮助数字孪生实现故障诊断和维修支持。通过对系统数据的分析和建模，可以检测和诊断潜在的故障和问题，并提供相应的维修和保养建议。这样可以提高系统的可靠性和可维护性，并降低维修成本和停机时间。

数据建模是数字孪生实现和应用的基础，它可以提供准确的模拟和预测能力，并支持虚拟仿真、故障诊断和维修等应用。通过数据建模，数字孪生可以更好地理解和优化物理系统，提高效率、降低成本，并推动创新和发展。

数据建模可以采用多种方式，具体选择哪种方式取决于数据的特性、建模的目的以及可用的工具和技术。以下是几种常见的数据建模方式：

1.统计建模：统计建模是使用统计学方法对数据进行建模和分析的过程。这种建模方式可以通过回归分析、时间序列分析、因子分析等统计方法来识别和描述数据中的模式和关联。

2.机器学习：机器学习是一种通过训练算法来自动识别和学习数据模式的方法。它可以根据已有的数据来构建模型，并利用该模型对新数据进行预测和分类。常见的机器学习算法包括决策树、支持向量机、神经网络等。

3.物理建模：物理建模是将物理系统的行为和特性转化为数学模型的过程。这种建模方式基于物理原理和方程式，通过建立和求解这些方程式来描述和预测系统的行为。物理建模常用于工程领域，如流体力学、结构分析等。

4.数据挖掘：数据挖掘是从大量数据中发现隐藏模式、关联和趋势的过程。它可以通过聚类分析、关联规则、异常检测等方法来提取有价值的信息，并用于预测、分类、推荐等应用。

3.3　数字孪生数据管理技术与工具

数据是信息的载体，也是数字孪生的关键驱动。数字孪生中数据管理工具如图3-2所示。包括数据采集工具、数据传输工具、数据存储工具、数据处理工具、数据融合工具和数据可视化工具。

图3-2　数字孪生中的数据管理工具

1.数据采集工具

数据采集工具可以通过合理放置传感器来获取完整、稳定和有效的数据。例如，DHDAS信号采集和分析处理软件，可与多种模型一起使用，以完成对不同信号的实时采集。此外，该软件还具有信号分析处理功能。

2.数据传输工具

数据传输的目的是在确保数据信息不丢失或不损坏的同时，实现实时数据传输，并最大程度地保持数据的真实性。随着大数据时代的到来，传统的FTP解决方案已不足以满足速度或可靠性方面的数据传输需求。大数据时代，代表性的数据传输工具是Aspera，该工具以能够在较长的传输距离上以及在较差的网络条件下传输大文件而闻名。Aspera使用现有的WAN基础结构，以比FTP和HTTP更快的速度传输数据。Aspera在不更改原始网络体系结构的情况下，支持Web界面、客户端、命令行和API进行传输，以及计算机、移动设备、MAC和Linux设备间传输。

3.数据存储工具

数据存储是后续操作的保证，可以实现数据的分类和保存，并通过有效的读写机制实时响应数据调用。数据存储技术近年来发展迅速。一个典型的例子是基于Hadoop平台的HBase。HBase是一个高度可靠、高性能、面向列、可伸缩的实时读写分布式数据库，支持半结构化数据和非结构化数据的存储，以及独立索引、高可用性和大量瞬时写入。

4.数据处理工具

数据处理是消除干扰和矛盾的信息，使数据可供有效使用。例如，Spark是一个开源集群计算软件，具有实时数据处理能力。Spark支持用Java、Scala和Python等多种语言编写的应用程序，从而大大降低了用户的门槛。Spark还支持SQL和Hive SQL进行数据查询。

5.数据融合工具

数据融合是集成、过滤、关联和综合已处理的数据，以帮助进行判断、计划、验证和诊断。例如，Spyder是支持Python编程的常用数据融合工具。Pycharm能在调试、语法突出显示、项目管理、代码跳转、智能提示、自动完成、单元测试和版本控制方面提高效率。

6.数据可视化工具

数据可视化为人员提供直观、清晰的数据信息，用于实时监控和快速捕获目标信息。例如，开源软件Echarts可以在计算机和移动设备上流畅运行，并且与大多数当前的浏览器兼容，它非常适合展示大量数据和动态数据，可以提供直观、生动和自定义的数据可视化服务，可以容纳多种数据格式，而无须额外转换。

3.4 数字孪生服务应用技术与工具

数字孪生中的服务应用工具如图3-3所示。可以分为平台服务工具、诊断和预测服务工具、优化服务工具、仿真服务工具等。

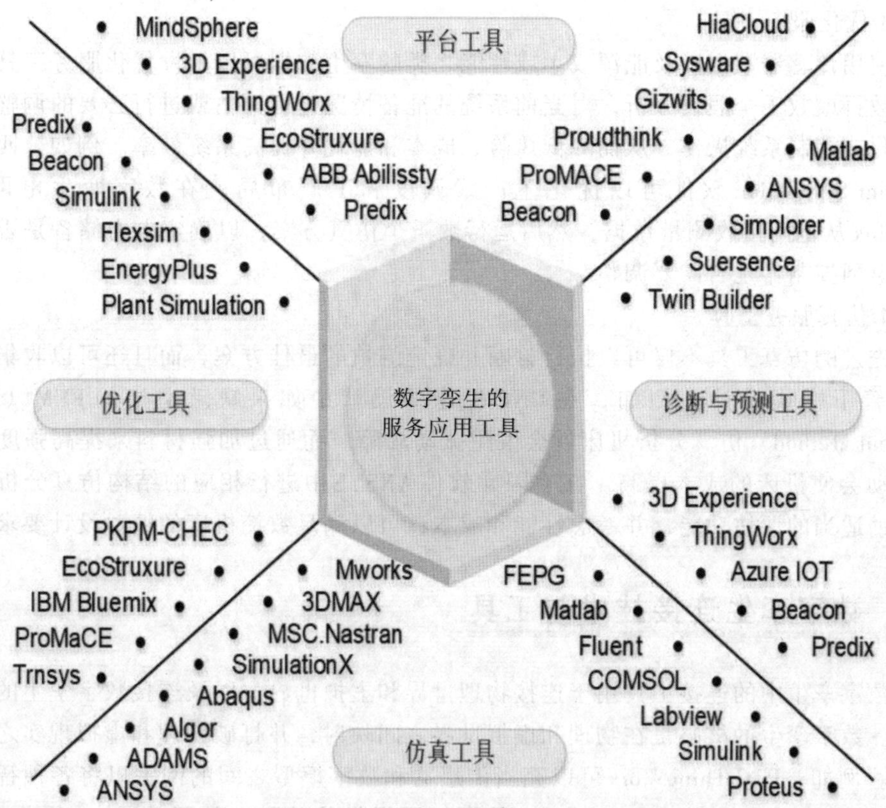

图3-3　数字孪生中的服务应用工具

1.平台服务工具

平台服务工具集成了诸如物联网、大数据、人工智能等新兴技术。例如ThingWorx平台可以将数字孪生模型连接到正在运行的产品以显示传感器数据，并通过Web应用程序对数据进行分析并给出结果。ThingWorx平台可以提供工业协议转换、数据采集、设备管理、大数据分析和其他服务。HIROTEC是领先的自动化制造设备和零件供应商，它基于ThingWorx平台实现了CNC机床操作数据和ERP系统数据之间的连接，从而有效地减少了设备停机时间。西门子MindSphere平台可以通过安全通道将传感器、控制器和各种信息系统收集的工业现场设备数据实时传输到云中，并为企业提供大数据分析和挖掘、工业App和增值服务。

2.诊断和预测服务工具

诊断和预测服务工具可以通过分析和处理孪生数据来提供设备的智能预测维护策略并减少设备停机时间等。例如，ANSYS仿真平台可以帮助客户自己设计与IoT连接的资产，并分析这些智能设备产生的运营数据和设计数据，以进行故障排除和预测性维护。与数据驱动的方法（机器学习、深度学习、神经网络和系统识别等）集成后，Matlab可用于确定剩余使用寿命，从而在最合适的时间为设备提供服务或更换零部件。例如，为石油开发和加工行业提供产品和服务的大型服务公司Baker Hughes，已经开发了基于Matlab的预测性维护警报系统。

3.优化服务工具

使用传感器数据以及能源成本或性能之类的孪生数据可以触发优化服务工具，以运行数百或数千个假设分析，对当前系统的准备情况进行评估或进行必要的调整。可以优化或控制系统操作，从而降低风险、成本和能耗并提高系统效率。例如，西门子的 Plant Simulation 软件可以优化生产线调度和工厂布局。在数字孪生电网中，Simulink从电网接收测量数据，然后运行数千个仿真方案，以确定电力储备是否足够以及电网控制器是否需要调整。

4.仿真服务工具

先进的仿真工具不仅可以执行诊断并确定维护的最佳方案，而且还可以收集信息以完善下一代设计。例如，在CNC机床的设计中如果缺乏适当的FEM（Finite Element Method）仿真分析机床就会发生振动故障。而通过加强材料来提高强度并减少振动会使机床的成本提高。在有限元软件ANSYS中进行相应的结构仿真分析，然后辅助适当的评估功能，并考虑性能和成本，可以满足数控机床的精益设计要求。

3.5 数字孪生连接技术与工具

数字孪生中的连接工具用于连接物理世界和虚拟世界，以及连接数字孪生的不同部分。数字孪生的核心是在物理和虚拟世界之间映射，并打破物理和虚拟现实之间的界限。例如，PTC ThingWorx可以充当传感器和数字模型之间的网关以将各种智能设备连接到IoT生态系统。MindSphere是西门子提供的基于云的开放式IoT操作系统，用于连接产品、工厂、系统和机器。MindSphere使用高级分析功能来启用物联网生成的大量数据。Cisco Jasper的Jasper控制中心可以使用NB-IoT技术更好地管理连接的设备。Jasper Control Center持续监视网络状况、设备行为和IoT服务状态，以通过实时诊断和主动监视连接状态来确保高服务可靠性。

数字孪生中的连接意味着物理实体、数据中心、服务和虚拟模型之间的通信、交互和信息交换。这些信息交互有助于问题诊断，可以通过每种物理资产的特性确定其合理的维护计划。例如，Microsoft的Azure IoT使罗罗公司建立了基于机器学习的引擎模型并进行数据分析。通过这种方式，可以检测即将发生故障的组件并确定合适的解决方案。数字孪生连接相关工具如图3-4所示。

数字孪生系统是一个复杂的系统，其实施是一个漫长的过程，需要多种技术和工具才能协同工作。例如，复制一台风力涡轮机需要监视变速箱、发电机、叶片、轴承、轴、塔架和功率转换器的各种数据（例如振动信号、声学信号、电信号等）以及环境条件（例如风速、风向、温度、湿度和压力）。此外，数字孪生还包括实物资产的虚拟表示，需要构建许多模型来复制风力涡轮机，包括几何模型、功能模型、行为模型、规则模型、有限元分析模型、故障诊断模型、寿命预测模型等。以上所有这些都需要一种启用技术和工具。例如，来自风力涡轮机的各种信号的数据收集需要传感器技术；数据传输、存储、处理和融合可以使用5G、NewSQL、边缘云架构和人工智能技术等；可以通过诸如SolidWorks、UG、AutoCAD、CATIA等工具构建几何模型；

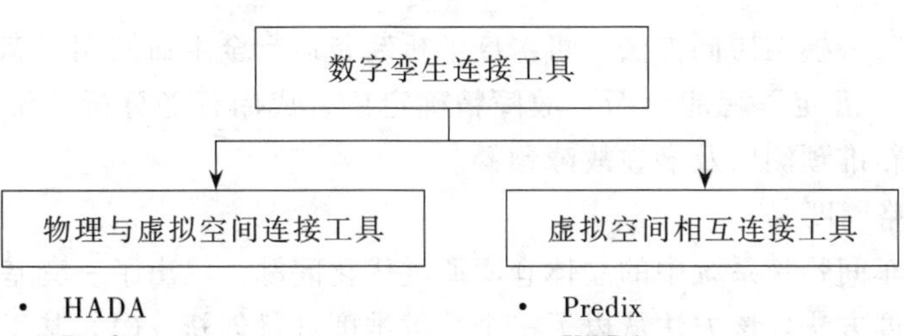

物理与虚拟空间连接工具：

- HADA
- Predix
- Lumada
- ABB Ability
- IBM Bluemix
- Foxconn's Beacon
- PTC's Thingworx
- Siemens' MindSphere
- Dassault' 3D Experience
- Jasper Control Center
- …

虚拟空间相互连接工具：

- Predix
- HADA
- Lumada
- Azure IoT
- ABB Ability
- IBM Bluemix
- Foxconn's Beacon
- Siemens' MindSphere
- Dassault' 3DExperience
- Jasper Control Center
- …

图3-4　数字孪生连接相关工具

有限元分析模型可以在ANSYS、MARC、ADINA等中运行；Dymola、MWorks、SimulationX等可以支持系统建模和仿真。

数字孪生涉及由不同公司发明或开发的多种技术和工具。关于这些技术和工具，存在不同的协议和标准。为了使这些技术和工具能够协同工作，数据和模型应标准化并以通用格式、协议和标准提供。只有通过通用格式、协议和标准，这些技术和工具才可以共同实现特定目标。

立德树人

数字孪生技术与工具在化纤行业的应用案例

国内某高校开展了大量的数字孪生产学研用项目，现以化纤车间数字孪生制造与车间为例，阐述数字孪生技术与工具的使用情况。利用数字孪生高保真虚拟模型、数据感知与融合、虚实交互、模型与数据混合驱动决策分析、虚拟调试等技术与工具，对该车间物流装备及生产线的三维可视化监控与虚实交互，装备及生产线故障诊断、预测与健康管理，以及生产线虚拟仿真调试与自适应优化，从而提高车间生产线的可靠性与作业效率，具体开展以下几方面工作：

1.三维可视化监控与交互

化纤车间的生产数据通过实时监测系统同步传输至数字孪生平台，该平台动态追踪物理车间的运行状态，确保虚拟模型与实体产线保持数据同步，并以三维可视化技术精准呈现生产现场的实时动态。基于实时数据流，数字孪生系统能够执行工艺仿真与运行优化计算，进而向实体车间反馈智能调控指令，实现生产过程的闭环优化管理。

2.故障诊断与预测

该研究突破了数字孪生领域三大关键技术：（1）基于机理模型指导数据特征选择；（2）机理模型与数据模型的多源输出融合；（3）数据驱动对机理模型的动态补偿

修正。通过这三种模型协同方法，可深度解析装备运行全生命周期状态，精准优化性能参数，实现“五定”智能诊断：故障精确定位、成因智能分析、维保方案自动生成、剩余寿命精准预测以及潜在故障预警。

3.作业策略调度

面向智能车间物流系统中的立体仓库调度优化问题，提出了一套基于多维度协同优化的智能调度方法。该方法从以下三个关键维度进行创新：（1）基于预测的任务预处理机制；（2）动态自适应的货位分配策略；（3）智能优化的任务序列规划算法。

4.AR 远程运维

创新性地采用VR/AR技术构建智能化车间运维平台，通过三大技术优势——实时数据可视化、智能交互体验、场景化应用功能，实现以下突破性应用：全场景设备状态可视化监测、智能语音交互故障管理系统和AR远程协同运维平台。

5.虚拟培训

构建了面向工业现场人员的数字化智能培训体系，采用虚实融合技术为施工、调试及操作人员提供全方位的专业技能培训解决方案，主要包含五大核心模块：

三维可视化装备结构认知系统、虚拟仿真安装调试训练平台、智能维护检查实训系统、安全操作AR实训系统、故障诊断实战演练平台。

请思考：结合上述案例，针对你所熟悉的国计民生重点行业，如轨道交通、高端装备制造等，你将如何利用数字孪生相关技术与装备来提升该行业的智能制造水平？

第2篇

装配线数字孪生实践应用

第4章

数字孪生软件Mes Work Data Factory应用

学习目标

了解数字孪生软件Mes Work Data Factory的技术优势及典型应用案例。

了解软件安装流程及软硬件配置要求。

了解软件界面布局（如工具栏、3D视图区、操作树等）。

理解数字孪生软件Mes Work Data Factory的核心功能与应用场景。

理解智能设备库管理与布局规划流程。

理解数字孪生的技术特征（虚实映射、实时同步等），并实现信号绑定（如PLC连接、显示隐藏信号、伺服信号等）。

掌握Mes Work Data Factory在智能制造中的核心作用，包括虚实协同、虚拟调试、工艺仿真等。

掌握Mes Work Data Factory的环境搭建与基础操作，能够独立完成项目创建、打开、合并等基础操作。

掌握关键工具的功能，如位置控制器、碰撞检测、模型导入导出等。

掌握导入和管理设备模型（如机器人、机床等）。

掌握通过二维布局图规划设备位置的方法，并能优化空间布局。

掌握创建和编辑三种工艺（线性流工艺、机器人工艺、设备工艺）的基本操作。

本章思维导图

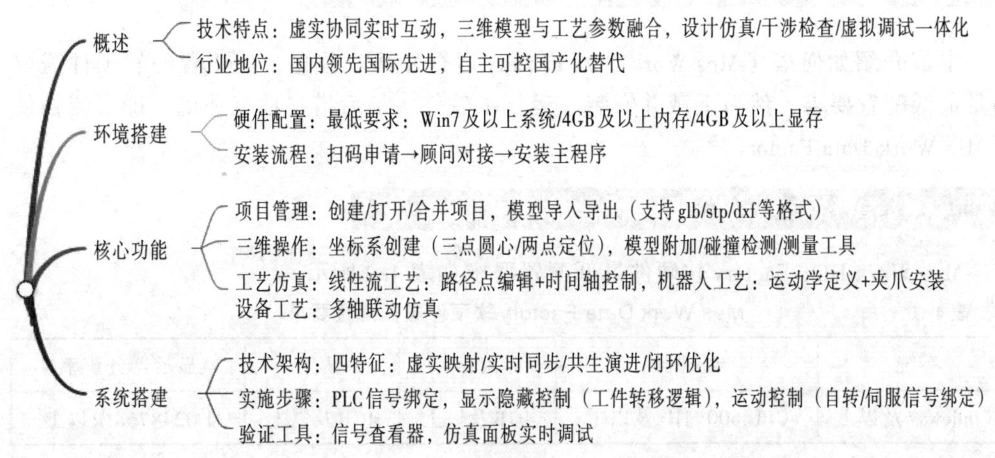

4.1　Mes Work Data Factory概述

Mes Work Data Factory是大连迈思（国家级高新技术企业）首创的新一代工业软件。Mes Work Data Factory创新性地将自主研发的虚拟调试技术与数字孪生技术应用于智能制造解决方案中，实现了产品的虚实协同和实时互动。

Mes Work Data Factory将三维模型与工艺参数、运行参数、生产能力参数等融合在一起，使孪生模型与真实设备一对一双向映射，成为数字产品。Mes Work Data Factory具有设计仿真、干涉检查、节拍分析、虚拟调试、数字孪生、远程运维等功能。

Mes Work Data Factory解决了建造数字化工厂的两大难题："人-机-物"的感知交互和数实融合"设计-制造-运行-优化"的核心闭环。在生产线试运行之前就可以进行设备仿真、虚拟调试，通过零部件干涉检查优化后再进行试运行。Mes Work Data Factory赋予模型工艺属性，进行控制系统虚拟调试；虚拟调试优化后的控制系统可以直接控制真实设备。

Mes Work Data Factory已成功应用在江苏高精机电装备有限公司（国家级智能制造标准应用试点项目及省级智能制造示范车间项目）、中国第一汽车集团有限公司、中国中车集团有限公司等企业中。

Mes Work Data Factory居国内领先、国际先进地位，具有一定的技术壁垒。Mes Work Data Factory系统从底层自主研发，具有完全知识产权，实现了自主可控和国产化替代，解决了工业软件"卡脖子"问题。

4.2 搭建Mes Work Data Factory的运行环境

本节介绍如何搭建Mes Work Data Factory运行环境。首先，使用者的软硬件需要满足最低配置要求，然后下载并安装、运行本软件，最后搭建性能环境，即可流畅使用Mes Work Data Factory。

4.2.1 Mes Work Data Factory软硬件最低配置要求

Mes Work Data Factory软硬件最低配置要求如表4-1所示。

表4-1 Mes Work Data Factory软硬件最低配置要求

系统	处理器	内存	显存	显示器分辨率
Windows7及以上	CPU 600 MHz及以上	4GB及以上	4GB及以上	1 024×768及以上

4.2.2 安装方法及环境搭建

4-1

申请试用

使用者扫描二维码4-1申请试用后会有顾问联系使用者为其提供安装文件包，在安装文件包中运行P_Main_Mes Work Data Factory.exe，即可安装该软件。

为了能流畅地使用软件相关功能，还须进行必要的软件性能环境搭建。以下步骤的操作主要是为了调用电脑独立显卡的性能，使软件更顺畅地运行。

第一步：在电脑左下角输入框输入“图形设置”进入图形设置页面。

第二步：“应用的自定义选项”中添加应用选择“桌面应用”并点击“浏览”。

第三步：在“Mes Work Data Factory”文件夹下找到“x64文件夹”。双击进入文件夹后选中Cef开头程序，点击“添加”。

4-2

软件性能环境搭建

第四步：在列表中找到并点击Cef程序，点击“选项”。

第五步：选中“高性能”，点击“保存”后完成。

第六步：列表中找到以Cef开头的程序，如果下方显示高性能，说明已经设置成功。

详细操作请扫描二维码4-2，参见视频。

4.3 Mes Work Data Factory功能介绍

4.3.1 创建和打开项目

本节介绍如何创建和打开项目。

若项目还未搭建，应该首先学会如何创建项目，再学会如何打开项目；若项目已经搭建完成，应该学会如何打开项目。

1.创建项目

第一步：双击快捷启动图标启动Mes Work Data Factory。

第二步：在桌面新建一个用于存放项目的空文件夹。

第三步：首先点击“选择或创建项目文件夹”，然后找到并选中第二步中创建好的文件夹。接着点击“确定”按钮，最后点击“创建新的项目”。

2.打开项目

第一步：双击快捷启动图标启动Mes Work Data Factory。

第二步：软件启动后，首先选中项目列表中的项目，然后点击“打开已经存在的项目”即可。

3.合并项目

此功能一般用于项目较大、需要多位工程师分工来完成的情况。假设工程师A负责项目中的第一部分，工程师B负责项目中的第二部分，当两位工程师都完成了其负责的部分时，使用此功能把第一部分和第二部分合并到一个空文件夹中即完成了整个项目的工作。

首先勾选“是否启用”按钮。再点击“…”按钮找到用于存放项目的第一部分和第二部分合并结果的空文件夹。然后右键项目的第一部分点击项目合并。之后右键项目的第二部分点击项目合并。最后点击“合并项目”按钮。此时项目的第一部分和项目的第二部分就都被合并到一个项目中了。

4-3

创建和打开项目

详细操作请扫描二维码4-3，参见视频。

4.3.2 软件界面介绍

软件启动后，界面的最上面是工具栏。

工具栏有“主页”，“智能设备”，“设备仿真”，“传感器”，“逻辑块”，“工作模式”和“帮助”七个选项卡（如图4-1所示）。

图4-1　工具栏

点击“文件”按钮弹出二级菜单栏。

二级菜单栏中各选项的功能如下：

“拷贝项目代码”：该选项的功能是拷贝当前项目代码，用于数字孪生中推送实时数据时使用，完成后提示“复制项目代码成功”。

“导出项目数据”：该选项的功能是将当前项目所涉及的数据导出成.json文件。

“导出孪生数据”：该选项的功能是导出数字孪生模型、工艺、信号等数据到指定文件夹，用于数字孪生中推送实时数据时使用。

“连接设备”：该选项的功能相当于在软件与物理PLC、机器人、机床等设备的IP之间搭建一座桥梁，用于数字孪生和虚拟调试时使用。首先需要知道物理PLC的IP地址，然后需要将软件中的IP地址配置为与物理PLC的IP地址相同。

“刷新”：该选项的功能被屏蔽，不做解释。

“验证”：该选项的功能是验证配置的IP与物理PLC的IP是否连接成功。

“移除”：该选项的功能是移除创建好的PLC信息。首先，选中PLC设备信息，然后点击“移除”即将PLC信息删除。

“编辑”：该选项的功能是编辑创建好的PLC信息。首先选中PLC设备信息，然后点击“编辑”即可配置PLC信息。

“添加Robot”：该选项的功能是配置与物理机器人服务器一致的地址，用于与ABB、KUKA、FANUC等机器人进行连接。

“添加PLC设备”：该选项的功能是配置与物理PLC类型和地址一致的PLC设备。

“关闭虚拟连接模式”：该选项的功能是由物理PLC驱动信号点并触发工艺来完成数字孪生。

“打开虚拟连接模式”：该选项的功能是由采集程序手动写值来驱动信号点并触发工艺，一般此功能在检测错误时使用。

“退出程序”：该选项的功能是弹出“确认退出”对话框，点击“确认”后退出当前程序。

“打开项目”：该选项的功能是弹出“打开项目”对话框，在此面板下方可以切换打开不同的项目。

“导入设备”：该选项的功能是将模型库中的模型导入到项目中。点击“导入设备”进入设备库界面。

在设备库中，有许多定义好的设备，比如AGV、机器人、车床等，这些设备有助于快速搭建智能工厂。定义好的机器人设备涵盖了市场上大部分品牌及型号。从设备库中导入机器人到项目中省去了定义机器人的复杂步骤。

从“设备库位”中选中想要导入项目的设备类型，在“设备或功能部件”中选中设备，在右边窗口可以预览设备，选中带有工艺的设备。

点击“设备工艺”右边的播放键即可播放设备工艺的视频，勾选“修改库位置”后，上方的设备库路径按钮从灰色（不可用状态）变成可选，选择要更改的路径，可以更改设备库的存放路径。

勾选“启用导入基点”，在资源树中选中创建好的坐标，再点击“导入设备”按钮，可以将设备导入到坐标位置。

“导出设备”：把项目中做好的模型，连同工艺一起导出到模型库。

首先点击“导出设备”进入设备库界面，然后在资源树中选中想要导出的设备，接下来在“设备库位”中选中想要导出设备的分类，最后点击“导出设备”，设备连同该设备所带的工艺一起被导出到设备库中。

“更新表结构”：软件升级后如果需要修改数据表结构，点击此选项可更新表结构。

“文件”按钮的二级菜单栏介绍完毕，现在我们继续看向“文件”按钮右侧的其他按钮。

点击“重新加载图形”按钮，可以刷新图形界面，将已修改的操作实时更新到显示界面上。

点击“重新加载数据”按钮只刷新项目中的数据而不刷新图形界面。

点击“标准模式”按钮，进入软件所使用的常规模式，可在此模式下做仿真相关工作，而且在此模式下不与外部信号关联。

点击“虚拟调试模式”按钮，进入虚拟调试模式，可在此模式下做虚拟调试相关工作，而且在此模式下可与PLC、机器人、机床等设备进行信号交互，达到虚拟模型控制物理模型的效果。只有在通过PLC连接生产现场实时信号时才可使用该模式，无信号时不可用。

点击“数字孪生模式”按钮，进入数字孪生模式，可在此模式下做数字孪生相关工作，并且在此模式下可接收PLC、机器人、机床等设备的实时数据，达到物理模型控制虚拟模型的效果。“数字孪生模式”按钮一般在模型绑定信号进行数字孪生时使用，无信号不可用。

点击“信号视图”按钮，打开“信号查看器”面板，可进行虚拟调试或数字孪生相关信号的添加和编辑。

点击“仿真面板”按钮，进入仿真面板。在虚拟调试或数字孪生模式下，在此面板内可设置信号值驱动设备在虚拟环境下运行。

点击“运动学编辑器”按钮，进入“运动学编辑器”面板，此功能一般在定义机器人或者搭配姿态编辑器编辑机床类设备多轴同步运行时使用。

点击“姿态编辑器”按钮，进入“姿态编辑器”面板。

姿态编辑器可以保存多个姿态，对姿态可以进行如下操作：

A.新建：新建姿态。

B.编辑：编辑选择的姿态。

C.删除：删除选择的姿态。

D.跳转：将界面的机器人跳转到当前选择的姿态。

E.移动：将界面的机器人移动到当前选择的姿态。

F.关闭：不保存更改。

G.应用：保存对姿态的更改。

H.重置：重置更改。

点击“新建”后弹出“新建姿态”页面，该页面会读取当前设备的所有JOINT名称以及对应的极限。输入姿态名，如“HOME”，调整每个期待的JOINT值，带有极限的可以通过滚动条设置。点击“确定生成姿态”，即将当前姿态保存到姿态编辑器中。

“创建关节值传感器”，用来检测设备是否处于某个姿态的传感器，其中姿态（POSE）是在运动学定义中创建的姿态。选中模型，点击“创建关节值传感器”，弹出“关节值传感器创建”界面。在该界面需要进行以下参数的设置：

名称：关节传感器名称。

姿态：需要检测的姿态。

关节：设备的关节。

类型：触发的类型。

允差：允许关节在POSE姿态时关节值的差。

“创建关节距离传感器”，点击“创建关节距离传感器”按钮，弹出“关节距离传感器创建”界面。在该界面需要进行以下参数的设置：

名称：关节距离传感器名称。

关节：所选关节。

数据类型：整数、长整数、实数、双精度浮点数。

单位：mm。

“编辑传感器”，选中设备点击“编辑传感器”按钮，弹出该设备的传感器信息。

可以在此界面创建传感器和编辑传感器。

创建逻辑资源，点击“创建逻辑资源”，弹出“逻辑资源”界面，手动创建智能设备。

编辑逻辑资源，点击“智能设备编辑”按钮，弹出“智能设备编辑”界面编，界面包括“概述”、“入口”、“出口”、“参数”、“常数”和“操作”选项卡。

各参数设置为：Jds—REAL，Jrs—BOOL，Mjv—REAL。

入口：智能设备的输入，主要为PLC控制智能设备执行某些操作的信号。其包括输入名称、类型、关联的信号（连接的信号）以及描述信息。可以通过创建或删除按钮来创建或删除智能设备的输入输出。

出口：智能设备的输出，主要反馈智能设备PLC的当前状态（如伺服值等）。其包含输出名称、类型、连接的信号以及描述信息、输出值表达式。

参数：用于设定基础参数，包括名称、类型和描述。

此外，用户也可以创建传感器，如关节值传感器、关节距离传感器、关节运行中传感器、位置传感器等。

常数：可创建一些特定常数值如PI等，供智能设备使用。

操作：控制智能设备的动作，包含设备名称、动作类型、应用的关节、描述信息、值表达式、速度表达式等。

删除逻辑资源，选中智能设备，点击“删除”智能设备按钮。

管理逻辑资源，点击逻辑资源总览按钮，弹出“逻辑块资源管理”界面，可以查看场景内的所有智能设备资源，并可对逻辑块进行编辑和删除等操作。

中间区域是3D视图区域，用于展示模型，点击鼠标右键点击可对模型位置进行移动，点击鼠标左键可对模型视角进行切换，滑动滚轮可放大或者缩小视图。

3D视频区域上的工具栏是悬浮工具栏，具体功能如下：

"放置控制器"：用于调整模型在世界坐标中的位置。"位置控制器"界面如图4-2所示。

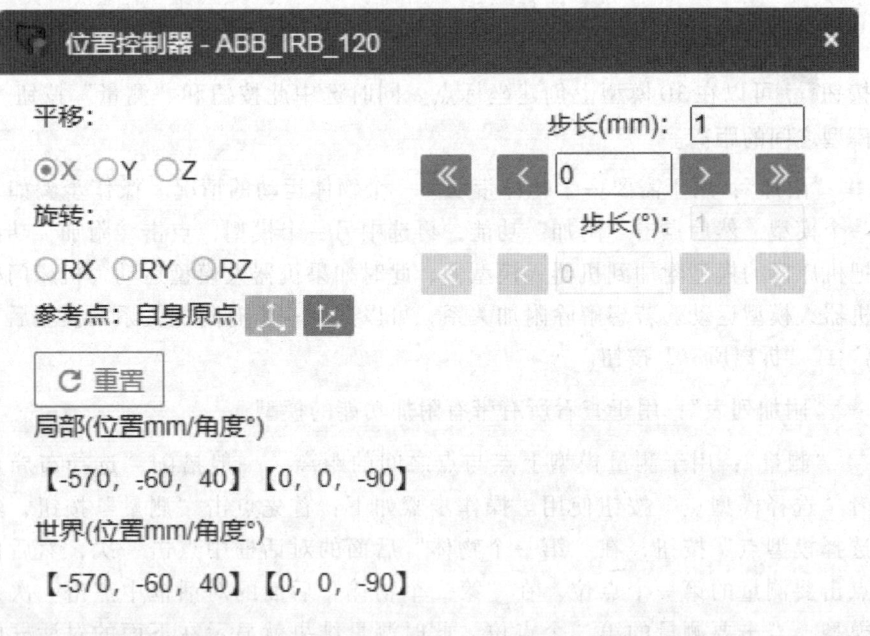

图4-2　"位置控制器"界面

在该界面可配置以下参数：

平移：确定使模型沿X方向、Y方向还是Z方向移动。

平移步长（mm）：可以在对话框中输入想要移动的长度，双箭头表示连续不断按照步长移动，单箭头表示只移动一次步长。

旋转：确定使模型围绕RX方向、RY方向还是RZ方向旋转。

旋转步长（°）：可以在对话框中输入想要移动的度数，双箭头表示连续不断地按照步长旋转，单箭头表示只旋转一次步长。

参考点：可以将原点坐标系转变为局部坐标系或世界坐标系。

重置：重置模型至初始位置。工艺点的坐标更改后，点击"重置"按钮，可以使工艺点坐标恢复到变更前状态。

局部：在这个位置可以看到模型在局部坐标系下的位置和旋转情况。

世界：在这个位置可以看到模型在世界坐标系下的位置和旋转情况。

"选择等级"：用于快速选中模型，此按钮搭配资源树面板中的"设置建模"按钮使用。操作步骤如下：

第一步，选中父级模型；

第二步，点击"设置建模"按钮 设置建模 进入父级内部；

第三步，点击“选择等级”按钮切换为选择子级模型；

第四步，在3D视图区域下点击想要选中的子级模型即可快速选中子级模型。

“选择布局点”：用于在2D模型上选择位置。同时选中此按钮和“创建坐标系”按钮可以在2D模型上创建坐标点。

“选择模型点”：用于在3D模型上选择位置。同时选中此按钮和“创建坐标系”按钮可以在3D模型上创建坐标点。同时选中此按钮和“测量”按钮用于测量模型之间的距离。

“附加”：用于需要一个物体带动另一个物体运动的情况。操作步骤如下：先选中一个模型，然后点击“附加”功能，再选中另一个模型，点击“附加”功能，就可以把机床门的模型附加到机器人模型上，此时如果机器人模型运动，机床门模型就会随机器人模型运动。若想解除附加关系，可以选中一个有附加关系的模型后，点击“拆离”或“拆离所有”按钮。

“附加列表”：用于查看所有带有附加功能的模型。

“测量”：用于测量模型上点与点之间的距离，一般搭配“选择布局点”按钮或者“选择模型点”按钮使用。操作步骤如下：首先点击“测量”按钮，然后点击“选择模型点”按钮，在“第一个物体”后面的对话框中点击一次，然后再在模型上点击要测量的第一个点位。在“第二个物体”后面的对话框中点击一次，然后再在模型上点击要测量的第二个点位，此时测量结果就显示在下面的对话框内，黄色框内显示的是两点之间的直线距离，红色框内显示的是两点之间DX方向的距离，绿色框内显示的是两点之间DY方向的距离，蓝色框内显示的是两点之间DZ方向的距离。

“碰撞检测”：用于检查模型之间是否产生干涉，在虚拟环境下调试模型之间的距离，防止真实模型运动时发生碰撞。

首先，点击“碰撞检测”按钮，在弹出的页面中点击加号“新增干涉集”。然后点击check下面的对话框，选择要进行干涉检测的第一个对象。再点击with下面的对话框，选择要进行干涉检测的第二个对象。在名称对话框中输入名称，最后点击“确定”按钮。

点击刚才创建的干涉检测对象前的对话框，然后点击“开启检测”按钮。此时播放工艺，若两个模型发生干涉，则干涉的模型变红并且电脑发出警报声音。

图4-3中第一个按钮是“编辑干涉集”按钮。

选中创建好的干涉集之后再点击“编辑干涉集”按钮，可以编辑干涉集。第二个按钮是“删除干涉集”按钮，其功能就是删除创建好的干涉集。第三个按钮是“干涉参数设定”按钮，可以在弹出的页面设定干涉容差值，以决定干涉时是否停止仿真和是否播放声音。第四个按钮是“清除干涉结果”按钮，点击此按钮可以清除因干涉而导致的模型变红效果。

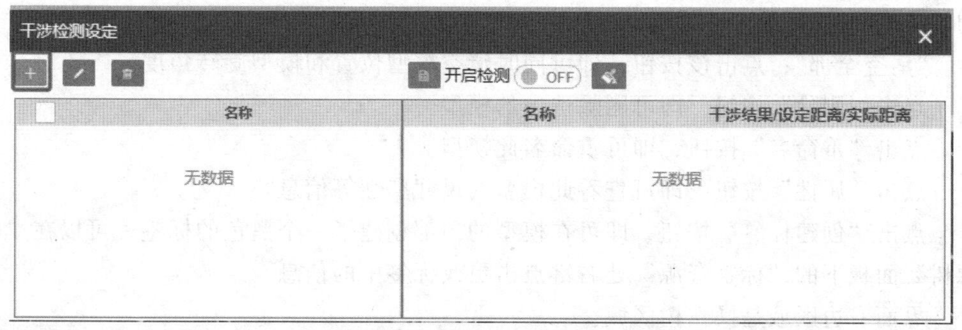

图4-3　“编辑干涉集”按钮

“更改颜色”：用于更改模型的颜色、金属度、粗糙度等属性。操作步骤如下：首先点击“更改颜色”按钮，接着选中“应用子物体”，然后点击“实体”后面的对话框，最后再选中模型，即可给模型换颜色，或者拖动滚动条来更改模型的金属度和粗糙度。

下面开始介绍3D视图区左侧六个按钮的功能：

“导入物体”：用于导入模型文件到项目中，三维模型文件格式以glb文件为主，也支持step、stp、gltf等格式。二维模型文件以dxf文件为主，在导入二维模型之前，先把文件格式切换到All Files下，然后找到dxf文件的存放路径，即可看到dxf文件。

“导出选择”：用于导出项目中的模型至文件夹内。首先选中父模型，然后点击“导出选择”按钮，导出的模型即以glb格式保存在软件程序路径下的MyDownLoad文件夹下。

第一个保存按钮的功能是“保存全部模型”，即保存项目中所有模型。第二个保存按钮的功能是“保存选中模型”，即保存选中了的父级模型。第三个保存按钮的功能是“保存配置文件”，即保存工艺、信号表等内容。

右键点击模型后，弹出菜单栏。

点击“缩放至选择”按钮，3D视图移动到以选中模型为中心的视图。鼠标放到“对象查看”按钮上，出现三个按钮。“着色”即把模型上色，“透明”即把模型改为透明状态，“线框”即把模型改为线框状态。

鼠标放到“坐标显隐”按钮上，出现两个按钮。“显示”即显示通过模型创建出来的坐标，“隐藏”即隐藏通过模型创建出来的坐标。

鼠标放到“物体应用”按钮上，出现六个按钮：

“应用位置”：使用位置控制器改变了某个模型的位置后，如果想把这个模型的初始位置设置为改变后的位置，点击该按钮即可。

“应用旋转”：使用位置控制器旋转了某个模型后，如果想把这个模型的初始旋转角度设置为改变后的旋转角度，点击该按钮即可。

“应用全部”：点击该按钮，即可同时应用“位置”和“旋转”。

“清空位置”：点击该按钮，即把模型的原点移动到空间原点（0，0，0）。

“清空旋转”：点击该按钮，即把使用位置控制器旋转后的角度清空，使模型回到初始角度。

"清空全部"：点击该按钮，即可同时清空模型位置和模型旋转角度。

点击"删除"按钮，即可删除选中的模型。

点击"重命名"按钮，即可重命名此模型。

点击"属性"按钮，即可查看此模型的尺寸属性等信息。

点击"创建标签"按钮，即可在模型的顶部创建了一个黑色的标签，可以在"资源树"面板下的"标签资源"处右键点击更改标签中的信息。

界面右边区域是操作树区域。

操作树下的第一个按钮为"添加操作"，用于创建节点，存放工艺，功能上类似于创建一个新文件夹。

点击之后弹出如图4-4所示的页面。

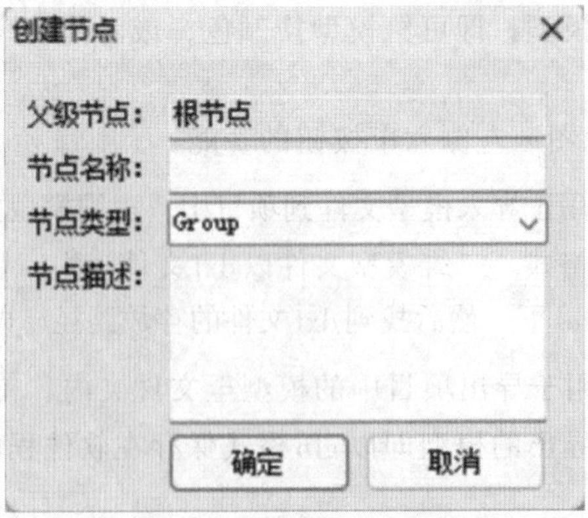

创建节点

父级节点：根节点

节点名称：

节点类型：Group

节点描述：

确定 取消

图4-4 "创建节点"页面

节点类型可分工厂、区域、线体、工站、分组等几个层级，用来整理具体工艺。

父级节点：表示当前节点所属的上一节点。

节点名称：表示当前工艺节点名称。

节点类型：表示当前工艺节点对应类型。

节点描述：表示当前工艺节点相关信息。

操作树下的第二个按钮为"添加工艺"，工艺分为"机器人操作工艺""设备操作工艺""线性流操作工艺"。"新建通用机器人操作"用来创建机器人动作工艺；"新建设备操作"主要用于设备姿态间的工艺联动，反映外部设备实际位置；"新建线性流操作"用来创建线性流规划即物料流，也可用于仿真时的模型显示和隐藏事件。

操作树下的第三个按钮为"删除选中内容"，功能是删除工艺或节点。

操作树下的第四个按钮为"克隆选中工艺"，可以把一个已有工艺复制到该节点中。

操作树下的第五个按钮为"修改工艺绑定的模型数据"，用于把工艺绑定到新的模型中。具体操作为：首先，点击此按钮；然后，选中想要换绑模型的工艺，点击模型变更后面的对话框后，点击准备绑定到工艺上的模型，最后点击"确定"按钮。此时这个工艺就完成了一次换绑模型操作。

操作树下的第六个按钮为“编辑工艺执行条件的脚本”，用于选择节点进行值编辑。

操作树下的第七个按钮为“刷新”，用于刷新工艺列表。

操作树下的第八个按钮为“展开”，用于快速展开或合并全部节点。

选中“外部查看”中的模型，点击工艺，可以高亮显示与该工艺相关的模型。

选中“外部查看”中的工艺，点击模型，可以单独显示与该模型相关的工艺。选中“外部查看”中的信号，点击工艺，可以高亮显示与该工艺相关的信号。

软件右边区域有三个主要面板，“资源树”“场景设置”“焦点预置”。

首先介绍资源树面板。

资源树下的第一个按钮是“定义设备类型”，选中父级模型后点击此按钮，可更改模型设备类型为Device、Robot、Agv等。具体操作方法为：第一步，点击“定义设备类型”按钮；第二步，选中父级模型；第三步，在弹出的面板中选中模型；第四步，选择驱动类型；第五步，点击绑定，即可完成设备类型定义。

资源树下的第二个按钮是“初始位置”，功能是让模型在规划或运动过程中返回到模型加载时的初始姿态，一般用于在模型位置误操作后回退。具体操作方法为：在模型树下选择模型，点击初始位置，模型即返回初始姿态。

资源树下的第三个按钮是“创建坐标系”，用于在模型上创建坐标点，一般和“选择布局点”和“选择模型点”搭配使用。

使用时具体操作如下：

（1）在操作树中选择设备（一般选取最外层，如图4-5所示）

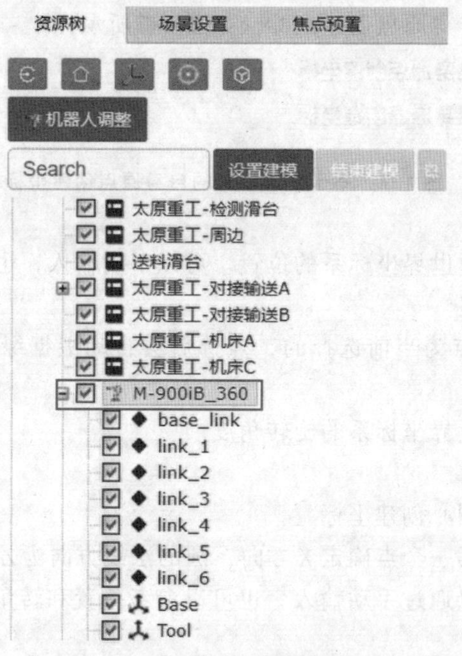

图4-5　在操作树中选择设备

（2）点击“创建坐标系”按钮

（3）根据弹出的界面，按照需求填入对应信息和内容（如图4-6所示）

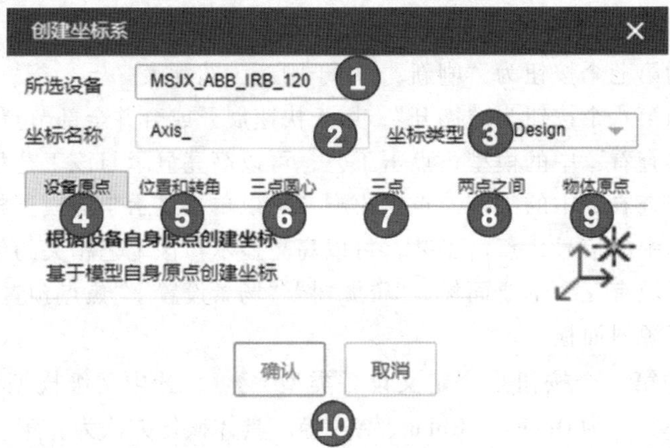

图4-6　根据弹出的界面，按照需求填入对应信息和内容

①所选设备。

在操作树中选择的设备（不可更改）。

②坐标名称。

根据需要填入坐标名称。

③坐标类型。

Design（设计坐标系）、Base（基座坐标）、Tool（工具坐标）、Custom（自定义坐标）。

④设备原点。

根据所选设备的自身原点创建坐标（如图4-7所示）。

根据设备自身原点创建坐标

基于模型自身原点创建坐标

图4-7　基于所选设备的自身原点创建坐标

⑤位置和转角。

位置：位置为相对世界坐标系的位置。可以手动输入，也可以勾选捕捉点并创建坐标在界面中选择位置。

注意：绿色的圆点为当前选择的，点选后会自动根据绿色的圆点位置获取位置信息。

转角：设置相对世界坐标系的旋转角度。

⑥三点圆心。

根据所选三点的圆心创建坐标。

三点确定圆心，第一个点确定X方向，圆的法线方向为Z方向。

注意：三点既可以通过手动输入，也可以参考位置和转角在界面中获取。

⑦三点。

根据三个点确定一个坐标。

第一个点确定坐标原点，第二个点确定X方向，三个点共同决定的平面法线方向为Z方向。

注意：三点既可以通过手动输入，也可以参考位置和转角在界面中获取。

⑧两点之间。

根据两点之间的比例创建坐标。

两点之间的比例位置为原点（如50表示两点中点；25表示距第一个点1/4的位置），两点连线指向第一个点的方向为X方向。

⑨物体原点。

选择设备的子物体，在设备中根据子物体的原点位置创建坐标（如机器人的其中一个轴）。

⑩确定取消按钮。

确定之后界面不关闭可以接连创建坐标。点击“确认”按钮创建坐标，点击“取消”按钮不创建坐标。

使用建议：创建坐标如果方向不满足要求，可以配合放置控制器调整方向和位置。例如：创建好坐标后Z方向正确，X方向和期待方向相差90deg，可以使用放置控制器绕着RZ方向调整90deg或-90deg。

创建坐标时应当尽量选择尖点创建坐标，避免创建坐标因圆弧的问题出现误差。

资源树下的第四个按钮是“重定位”，搭配“创建坐标系”功能使用，可以使模型快速移动到指定坐标点的位置。

使用时具体操作如下：

（1）在操作树下选择设备

（2）点击“重定位”按钮，打开界面

（3）填写界面信息

①重定位。

重定位表示待重定位的物体名称，根据操作树选择来确定，无须更改。

②起点。

起始位置坐标，可以在操作树中选择坐标系（Axis_1等）。

注意：起始位置坐标如果默认不选则表示所选物体的原点坐标。也可以使用三维视图界面选择坐标。先点击“选择坐标”按钮，然后在三维视图界面中选择坐标，在重定位界面中检查所选坐标是否正确即可。

③终点。

新位置坐标，选择方式和起点相同。

（4）点击“确定”按钮，设备即从初始坐标的位置被重定位到新坐标的位置

资源树下的第五个按钮是“重置原点”，搭配“创建坐标系”功能使用，可以更改模型的原点到指定坐标位置，通常在设置机器人结构时候使用。

下面介绍“场景设置”面板下的功能。“场景设置”面板用于更改各个面板的

属性。

“场景背景”：场景背景默认为白底，在下拉选项框中选择颜色可更改成自己喜欢的颜色，也可选择纹理导入纹理图片作为底色。

“功能面板”：显示功能二级面板，默认打开，关闭后3D视图区中的菜单隐藏。

“模型变色”：可以改变模型的选中效果，默认打开，关闭后选中模型不变色。

“右键点击菜单”：打开二级菜单，默认打开，关闭后右键点击模型不弹出菜单栏。

“模型坐标”：显示模型坐标，默认打开，关闭后模型的坐标不显示。

“性能显示”：默认关闭，打开之后显示电脑性能相关参数。

“接收数据”：默认打开，关闭之后不再接收工控机传来的数据，针对现场调试时使用。

下面介绍“焦点预置”面板下的功能。

“焦点预置”面板用于保存或跳转到特定视角，包含跳转焦点、记录焦点、新增焦点、删除焦点四个功能（如图4-8所示）。

“跳转焦点”：在已经添加好的焦点间进行跳转。

“记录焦点”：对当前焦点视角进行记录，默认状态焦点为斜45°向下视角，一般新增焦点为项目包含显示器所显示的视角。

“新增焦点”：以当前的视角窗口作为焦点，默认名称为New View，之后新增的焦点为New View 1、New View 2……以此类推，需要手动进行改名。

“删除焦点”：删除当前焦点。

图4-8 “焦点设置”面板

详细操作请扫描二维码4-4，参见视频。

4.4 用Mes Work Data Factory实现智能设备库管理

为了更好地满足搭建智能工厂的需求，Mes Work Data Factory开发了智能设备库管理功能，它包含了工厂中使用的各种设备的三维模型，这些模型可以方便地在计算机上进行预览，以便更好地了解设备的结构和功能。

智能设备库管理的主要作用是对场景内的模型导入导出和项目的保存。

DataMirrorTools接受.dae、.drc、.glb、.gltf、.obj、.stl等常见三维格式，并且使用.glb格式作为最终存储格式。

4.4.1　导入导出模型

预览导入可以在导入之前预览模型（如图4-9所示），便于使用者确认模型。

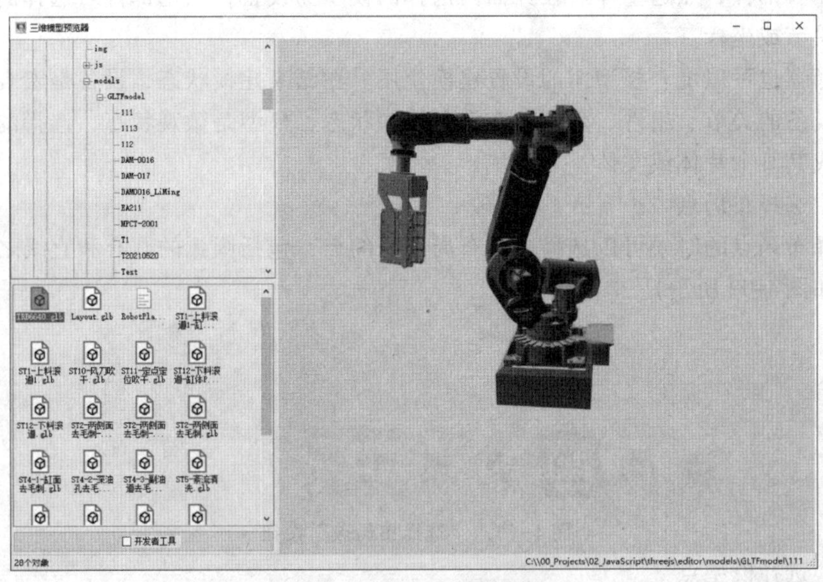

图4-9　在导入之前预览模型

导入模型为常规导入方法，支持.dae、.drc、.glb、.gltf、.obj、.stl等常见三维格式，一般导入格式为.glb。

4-5

模型的导入

详细操作请扫描二维码4-5，参见视频。

全部导出：将选中的模型全部导出。

导出选择：将选择的单个模型导出。

导出的模型具备在平台中制作的工艺和运动学属性。

详细操作请扫描二维码4-6，参见视频。

4-6

模型的导出

4.4.2　场景工具栏

场景工具栏用来对场景内的模型进行操作，包括“位置控制器”“选择器”“选择布局点”“选择模型点”“附加”“测量”等按钮。

（1）位置控制器

点击“位置控制器”按钮（如图4-10所示）可以调整模型在世界坐标中的位置。

图4-10　“位置控制器”按钮

位置控制器可以使模型沿着XYZ轴平移或沿着XYZ轴旋转，平移或旋转可以设置步长，并可设置其参考坐标为自身坐标或全局坐标。点击重置按钮可以放弃界面打开之后的修改。位置和角度显示了局部和全局的位置信息和角度信息。

（2）选择器

“选择器”按钮用来选择不同层级的模型或坐标。选择器有两种选择状态——整体和部件，点选整体后在界面内选择的模型为设备，点选部件后选择的模型为设备的关节或坐标。

选择器也可以配合模型树的设置建模使用。在结束建模状态，设备是宏观的，选中的是设备的关节、组件、坐标。在设置建模状态，模型是微观状态，选择的是设备的整体或其某个片体或实体。

（3）选择布局点

选择布局点的时候可以选择二维布局图中的点，包括圆弧的圆心和直线之间的交点等（如图4-11所示）。

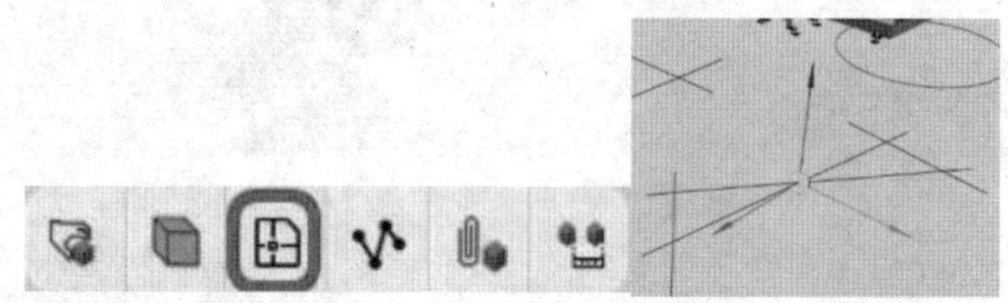

图4-11 “选择布局点”按钮

（4）选择模型点

选择模型点主要是辅助坐标创建时获取视图中的位置来使用的。点击“选择模型上的点”按钮后可以在模型中选择点（如图4-12所示）。

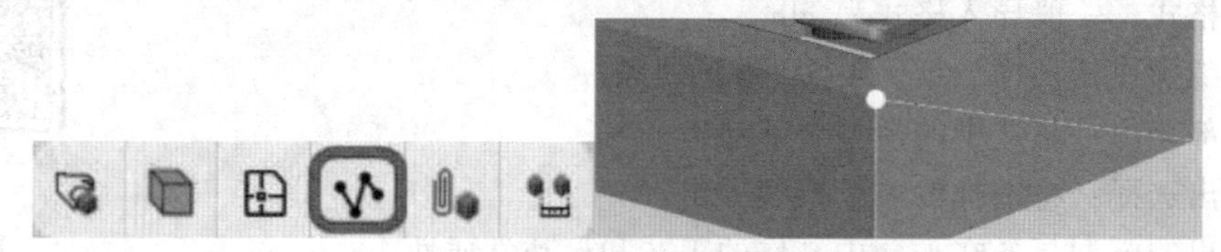

图4-12 “在模型中选择点”按钮

（5）附加

“附加”按钮（如图4-13所示）在未选择物体时处于灰色不可选中状态，若想使用“附加”按钮，需要单击相应物体，激活“附加”按钮。

图4-13 “附加”按钮

点选另一个需要组合的实体模型，在上方实体对象框出现该实体，单击“附加”按钮。此时可对组合后的两个物体进行合并操作，同理，可以组合多个物体以达到配合操作的目的。

（6）测量

点击“测量”按钮（如图4-14所示）可以测量物体坐标和实体模型原点间距离，也可以测量物体某两个面间的距离。

图4-14　“测量”按钮

距离（黄色边框）：指两点间的直线距离；DX（红色边框）：指两点间X方向的距离；DY（绿色边框）：指两点间Y方向的距离；DZ（蓝色边框）：指两点间Z方向的距离。

点击激活“选择模型点”按钮使其变为绿色，在第一个物体框中选择第一个物体待测平面上的一点，在第二个物体框中选择另一个待测平面上的点，此时可以得出两平面上的两点之间的测量结果。

4.5　用Mes Work Data Factory实现智能设备布局规划

在进行智能虚拟工厂规划时，智能设备布局规划功能具有非常重要的意义。Mes Work Data Factory的智能设备布局规划功能包括以下几个方面：

1.布局图导入

2.调整设备布局

3.模拟与优化

利用仿真软件和技术，对设备布局进行模拟和优化，以提高布局的合理性和有效性。

4.可视化展示

通过数字化建模和可视化技术，将设备布局以三维模型的方式展示出来，方便规划和调整。

这些功能可以帮助工厂更好地进行设备布局规划，提高生产效率、降低能耗、优化资源配置、提升产品质量、增强灵活性、降低能耗等。

设备布局的目的是实现三维模型在空间中的位置和摆放与现场完全一致，具体操作如下：

导入二维布局图到软件中，在二维布局图上创建坐标后使用“重置原点”功能进行设备布局。

第一步：点击“导入物体”按钮。

第二步：把导入文件类型改为All Files后，选中dxf文件。

第三步：首先点击“创建坐标”，然后点击“选择布局点”按钮，最后选择“两点之间”在合适的位置创建坐标。

第四步：首先点击“重定位”按钮，然后点击“终点”后的对话框，接下来点击刚才创建好的坐标，最后点击“确定”按钮。

4-7

布局演示

第五步：按照上述步骤进行操作即可完成设备布局。

扫描二维码4-7，参见真实案例视频。

4.6 用 Mes Work Data Factory 实现工艺仿真

在智能虚拟工厂中，仿真制作是一种非常重要的技术手段，主要用于模拟和预测实际生产过程中的各种行为和结果。

在本软件中仿真是由一条个工艺堆叠并排序得到的结果，制作工艺主要有如下三种方式：线性流工艺、机器人工艺、设备工艺。下面分别详细讲解这三种工艺。

4.6.1 线性流工艺

线性流工艺非常重要，在做仿真时，除了机器人动作不需要使用线性流工艺做，其他设备运动的表达基本上都是通过线性流工艺来完成的。接下来就详细讲解一下如何创建线性流工艺及其相关的一些功能。

1.创建线性流工艺的基础操作

（1）创建一个节点用于存放线性流工艺。

具体操作步骤为：

第一步，点击“创建节点”按钮。

第二步，在“节点名称”处填入节点名称。

第三步，点击“确定”按钮。

（2）添加线性流工艺。

具体操作步骤为：

第一步，选中节点。

第二步，点击“添加工艺”按钮。

第三步，点击“新建线性流操作”按钮。

（3）把要做动作的子模型从父模型中拿出。

具体操作步骤为：

第一步，点击父模型。

第二步，点击“设置建模”按钮。

第三步，找到要做动作的子模型。

第四步，点击“取消保留实体”按钮。

第五步，点击父模型。

第六步，点击“结束建模”按钮。

（4）选中子模型完成线性流工艺的创建。

具体操作步骤为：

第一步，选中子模型。

第二步，在工艺名称处更改工艺名称，工艺名称应该改为“模型名称+描述此动作的动词”，也可以点击下面的“UP”“GO”“OPEN”等按钮完成快速命名操作，注意同一个工艺名称不可以使用两次。

第三步，点击“确定”按钮。

第一个路径点在创建好工艺之后就自动以原点位置完成创建了，接下来要完成第二个路径点的创建。具体操作步骤为：

第一步，点击“路径编辑器”。

第二步，点击“在选中点后面增加一点”按钮，此时第二个路径点就创建好了（如图4-15所示）。

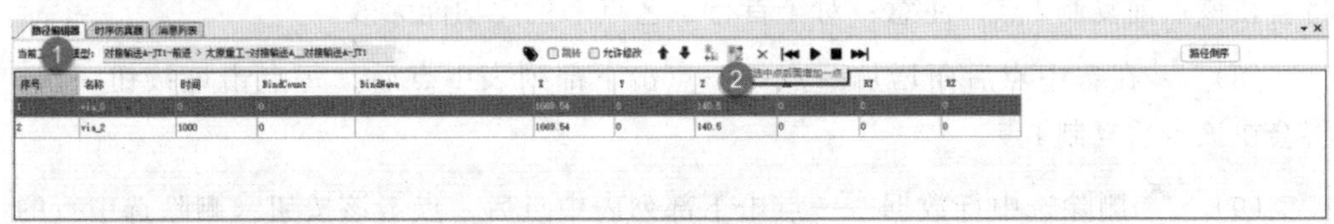

图4-15　路径编辑器

下面要对第二个路径点的位置进行更改。具体操作步骤为：

第一步，勾选“允许修改”。

第二步，点击第二个路径点。

第三步，按照行走路径选择X、Y、Z轴，红色轴表示X轴，绿色轴表示Y轴，蓝色轴表示Z轴。

第四步，操作步长按钮使模型运动到终止位置。

下面更改工艺运动时间，然后点击“播放”按钮。具体操作步骤为：

第一步，点击时间列、第二行对应的框，把时间改至合适，这里的时间单位是毫秒，1 000毫秒等于1秒。

第二步，点击“播放”按钮，即可播放此个工艺。序号“3”处的按钮的作用是跳转到第一帧，也就是把模型跳转到第一路径点位置处。序号“4”处的按钮的作用是跳转到最后一帧，也就是把模型跳转到最后一个路径点位置处。序号“5”处的按钮的作用是暂停播放此个工艺。到这一步，这一条线性流工艺就创建好了。

2.仿真工艺运动状态功能栏介绍（如图4-16所示）

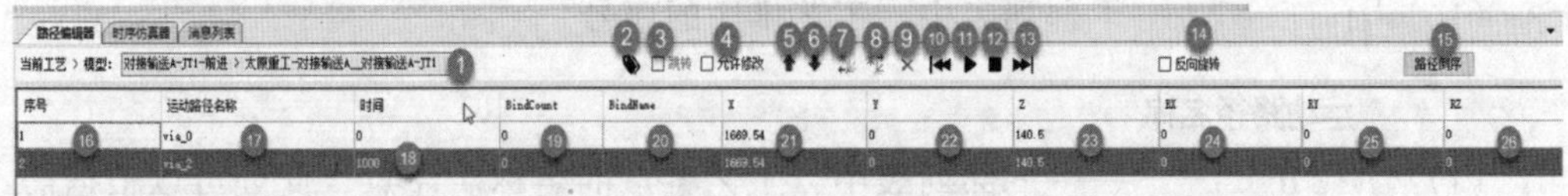

图4-16　仿真工艺运动状态功能栏

（1）对接输送A-JT1-前进 > 太原重工-对接输送A__对接输送A-JT1 工艺名称——显示工艺的基本信息。

（2）事件标签编辑——工艺添加附加事件功能，见后文专项说明。

（3）☐跳转 跳转到下面列表选中的点——勾选打开使用后，点击下部列表中的点，模型将跳转到该点状态。

（4）☑允许修改 允许修改工序数据——勾选打开使用后，点击下部列表中的点，弹出工艺位置控制器，在工艺位置控制器中修改该工艺点的位置。

（5）将选中行上移——点击下部列表中点后，每点击该按钮一次，该点将向上移动1行，注意：对于首行工艺点来说此功能无效。

（6）将选中行下移——点击下部列表中点后，每点击该按钮一次，该点将向下移动1行，注意：对于首行工艺点来说此功能无效。

（7）在选中点前面增加一点——点击下部列表中点后，每点击该按钮一次，将会在该点前复制1点，注意：对于首行工艺点来说此功能无效。

（8）在选中点后面增加一点——点击下部列表中点后，每点击该按钮一次，将会在该点后复制1点。

（9）删除选中行数据——点击下部列表中点后，点击该按钮，删除选中行的数据。

（10）跳转到第一个点——点击下部列表中点后，点击该按钮，该点跳转到列表的第一点。

（11）播放——播放工艺，注意，工艺建立后或工艺点位置更新后一定要播放一次，才能将数据更新并保存。

（12）停止——停止播放工艺。

（13）跳转到最后一个点——点击下部列表中点后，点击该按钮，该点跳转到列表的最后一点。

（14）□ 反向旋转——此功能被屏蔽，不做解释。

（15）路径倒序 路径倒序——点击路径倒序按钮，下部列表中的各工艺点倒序排列。

（16）序号 1 ——下部列表中，工艺排序的序号。

（17）运动路径名称 via_0 ——下部列表中，工艺各点的名称。注意，此处可以根据需要进行修改、添加备注。

（18）时间 0 ——下部列表中，工艺各点播放时间，此处单位是0.001秒。

（19）BindCount 0 ——下部列表中，工艺各点中事件标签的数量。

（20）BindName ——下部列表中，工艺各点中事件标签的具体内容。

（21）X 1669.54 ——下部列表中，工艺各点中模型在空间里的X坐标。

（22）Y 0 ——下部列表中，工艺各点中模型在空间里的Y坐标。

（23）Z 140.5 ——下部列表中，工艺各点中模型在空间里的Z坐标。

（24）RX 0 ——下部列表中，工艺各点中模型在空间里的RX坐标。

（25）RY 0 ——下部列表中，工艺各点中模型在空间里的RY坐标。

（26）RZ 0 ——下部列表中，工艺各点中模型在空间里的RZ坐标。

建立工艺运动状态这一功能栏介绍完毕。

3.事件标签编辑器的基础操作

如果想要在本个工艺到达最后一个工艺点之后，使物料模型消失，那么就需要用到事件标签编辑功能。具体操作步骤为：

第一步，点击“事件标签编辑”按钮。

第二步，在“操作树”中选中物料模型。

第三步，在“事件标签编辑”弹出的二级界面中点击第二个工艺点，然后点击加号，此时在第二个工艺点中添加了一个显示与隐藏事件。

第四步，将ExecValue处改为0则表示隐藏，改为1则表示显示，这里我们改为0。

第五步，点击“播放”按钮，则该显示与隐藏事件被添加到第二个工艺点中。创建模型显示与隐藏事件完成。

下面讲解一下如何创建模型自转事件。

模型自转事件多数应用于仿真机床加工时刀具的自转。在创建事件之前，首先需要创建一个工艺用于搭载事件，此工艺可以是线性流工艺，也可以是机器人工艺。这里以这台机床为例，首先创建一个机床向前移动的线性流工艺，其操作步骤和上述创建线性流工艺基本一致，不再赘述。

创建模型自转事件的具体操作步骤为：

第一步，选中第二个工艺点。

第二步，点击“事件标签编辑”。

第三步，在二级界面里点击第二个工艺点。

第四步，选中需要做自转的模型。

第五步，选中自转事件类型。

第六步，点击加号。

第七步，将ExecValue下的对话框改为自转轴，参考左下角罗盘选择x、y、z轴。

第八步，将rate处改为非零的整数，数值越大转得越快，数值为负代表向反方向转。

第九步，点击“播放”。

自转事件创建完成。

4.“事件标签设计”二级界面介绍

下面详细介绍一下“事件标签设计”二级界面。

点击“事件标签编辑”按钮，弹出“事件标签设计”二级界面（如图 4-17 所示）。

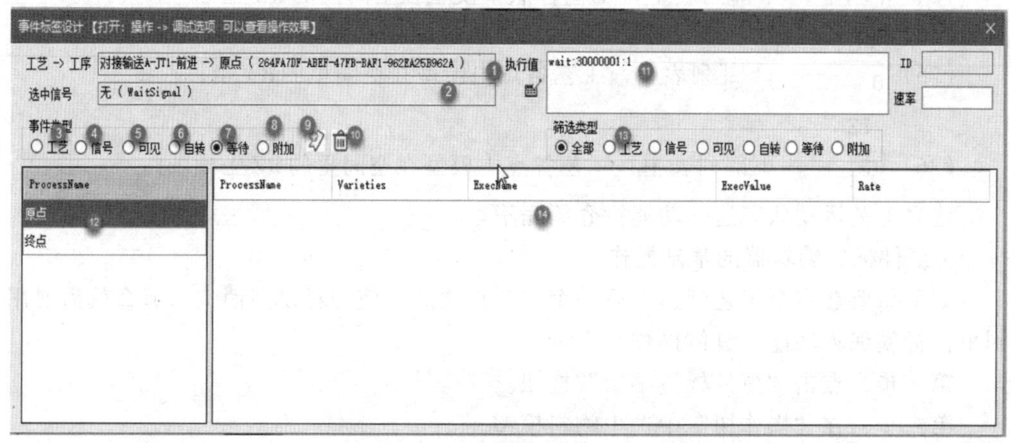

图 4-17 “事件标签设计”界面

（1）工艺 -> 工序——显示工艺名称和工艺中建立标签事件的点。

（2）选中信号——显示事件类型中选中的模型、工艺或信号等的名称和代码。

（3）○工艺——添加操作树中的工艺。选中此按钮，再选中操作树中的工艺，即可在事件标签中添加触发工艺的事件。

（4）○信号——添加信号查看器中的指定信号。选中此按钮，再选中信号表中的信号，即可在事件标签中添加触发信号的事件。

（5）○可见——添加资源树中模型，实现模型的显示或隐藏。选中此按钮，再选中资源树中的模型，即可在事件标签中添加模型的显示与隐藏事件。

（6）○自转——添加资源树中模型，实现模型的自转或自转停止动作。选中此按钮，再选中资源树中的模型，即可在事件标签中添加模型的旋转事件。

（7）○等待——添加信号查看器中指定的等待信号，实现模型运动时，由信号控制运动。

（8）○附加——添加资源树中模型，实现工艺运动时，添加的模型同步运动。

（9）——添加按钮，点击此按钮，可以将事件类型选择项添加到下部列表中。

（10）——删除按钮，选择下部列表中事件，点击该按钮，可以删除选定的事件。

（11）执行值 wait:30000001:1——执行条件，此处配合事件类型中等待项，将300000001替换为信号查看器中选定信号的ID。

（12）ProcessName 原点 终点——工艺所有点的清单，事件标签建立在相应的点上。

（13）筛选类型——单选类型，按类型检索标签事件。

（14）

ProcessName	Varieties	ExecName	ExecValue	Rate

——事件标签列表。

详细操作请扫描二维码4-8，参见视频。

4-8

事件编辑器

4.6.2　机器人工艺

1.机器人运动学定义基础操作

在创建机器人工艺之前，首先需要完成机器人的关节定义及其运动学定义。

机器人关节定义的目的是将一个没有运动学属性的机器人模型通过一系列操作定义为软件可识别、可驱动的机器人模型。

定义前：不可运动的实体。

定义后：可以运动的，带有运动学信息的模型。

机器人运动学定义基础操作过程如下：

（1）绑定机器人驱动类型。

首先在操作树中选择模型，接着点击“定义设备类型”，然后在弹出的界面中点击待选择的设备M900ib_360，再选择驱动类型为robot，最后点击“绑定”。此时操作树下的M900ib_360的图标变成机器人图标 M-900iB 360。

（2）调整模型位置到世界坐标原点。

导入的模型可能不在世界坐标原点，需要将模型重定位到世界原点，修改为世界原点后可以简化下一步骤中创建坐标时的计算。

首先，创建机器人的底座坐标（从机器人官网下载的机器人模型的底座原点一般都在正确的位置）。

具体操作步骤为：

第一步，选中机器人模型。

第二步，点击“创建坐标”。

第三步，点击物体原点。

第四步，点击选中物体右边的对话框。

第五步，点击机器人父级模型。

第六步，点击“确定”按钮。创建机器人的底座坐标完成。

然后，创建世界坐标。

具体操作步骤为：

第一步，选中辅助坐标。

第二步，点击“创建坐标”。

第三步，点击“位置和转角”。

第四步，点击“确定”按钮，其他参数不用修改。创建世界坐标完成。

最后，通过重定位命令，将机器人从当前位置重定位到世界原点。具体操作步骤为：

第一步，选中机器人模型。

第二步，点击“重定位”按钮。

第三步，点击图中所示的对话框。

第四步，点击刚才创建好的世界坐标。

第五步，点击“确定”按钮，机器人模型就移动到时间坐标上去了。重定位操作完成。

（3）创建定义机器人过程中必需的辅助坐标。

创建辅助坐标需要参考机器人手册的设计尺寸定义。

M900ib-360机器人各个轴的坐标如表4-2所示。

表4-2　M900ib-360机器人各个轴的坐标

	X轴（根据机器人朝向决定是x轴还是y轴）	Z轴
JT1	0	0
JT2	370	850
JT3	370	1 900
JT4	1 000	2 100
JT5	1 620	2 100
JT6	1 880	2 100

需要创建的坐标：JT1、JT2、JT3、JT4、JT5、JT6、Base（与JT1位置相同）、Tool（与JT6位置相同），其中JT指代“阶梯”。

①创建JT1：操作树选择设备—创建坐标—选择位置和转角模式创建坐标；根据图纸JT1的位置创建坐标，即（0，0，0），坐标类型为Design。

②创建JT2：同样选择位置和转角模式创建坐标，根据图纸JT2的位置创建坐标，即（370，0，850），坐标类型为Design。

③创建JT3：同样选择位置和转角模式创建坐标，根据图纸JT3的位置创建坐标，即（370，0，1 900），坐标类型为Design。

④创建JT4：同样选择位置和转角模式创建坐标，根据图纸JT4的位置创建坐标，即（1 000，0，2 100），坐标类型为Design。

⑤创建JT5：同样选择位置和转角模式创建坐标，根据图纸JT5的位置创建坐标，

即（1 620，0，2 100），坐标类型为Design。

⑥创建JT6：同样选择位置和转角模式创建坐标，根据图纸JT6的位置创建坐标，即（1 880，0，2 100），坐标类型为Design。

⑦创建Base：位置与JT1相同，为（0，0，0），坐标类型为Base。

⑧创建Tool：位置与JT6相同，坐标类型为Tool。

⑨创建Flange：位置与JT6相同，坐标类型为Tool。

⑩创建好坐标后保存模型（如图4-18所示）。

注意：机器人初始0点姿态为伸直状态。

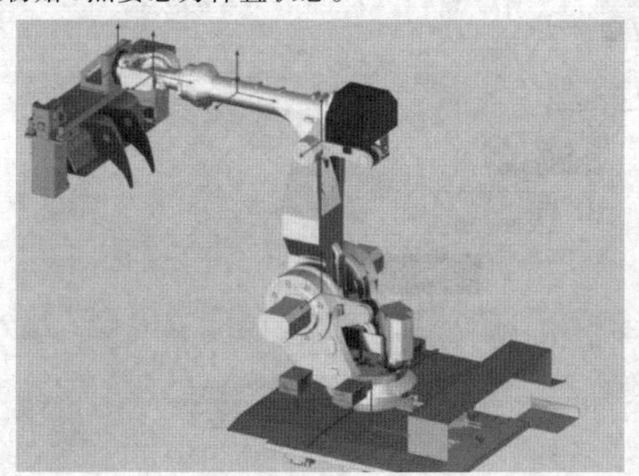

图4-18　机器人模型

（4）调整模型原点。

调整模型原点是为了将每个模型的旋转轴精确定义到上一步创建的JT1-JT7上，也就是把每个模型关节的原点调整到JT1-JT7上。

首先，对设备设置建模，展开内部层级。

然后，把机器人关节1-关节6按照刚才创建的JT1-JT6坐标重定位原点，点击“重定位”按钮，选中“调整原点到坐标”下面的对话框，再选中对应的坐标，最后点击“确定”按钮，这样模型的原点就移动到刚才创建好的坐标上了。

最后，需要检查原点是否创建正确，检查方法为使用位置控制器查看修改的关节JT1-JT6的位置。

例如，JT3打开位置控制器之后显示的位置（单位mm）与在创建坐标时候输入的值相符就说明修改原点成功。如果出现的值为比较零散的数，即不满足图纸要求，需要重新修改原点。

（5）机器人运动学定义。

运动学定义就是使用建模下的运动学设备编辑器为设备添加运动学属性。对于机器人主要是创建连杆（link）、关节（joint）、姿态（pose）等，最终将运动学信息和运动学描述（URDF）保存到模型，根据此驱动机器人。

①创建link。

具体操作步骤为：

第一步，选中机器人模型。

第二步，点击运动学编辑器。

第三步，点击“创建连杆”按钮。

第四步，在弹出的页面中更改名称，第一个创建的连杆为base_link。

第五步，点击操作树中的机器人模型父级。

第六步，点击“确定”按钮。link_1创建完毕。

然后依次创建link_1到link_6连杆，每个link的实体名称参照图4-19。

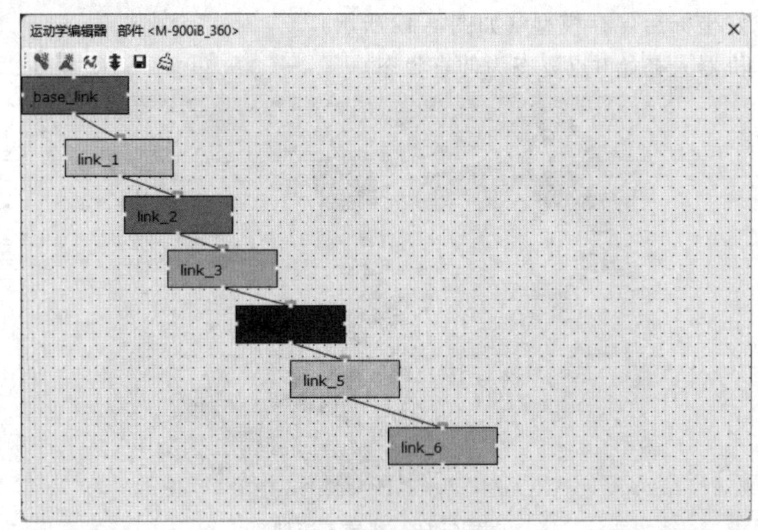

图4-19 运动学编辑器

注意连杆的名称需要与图4-16中一致，连杆体的实体名称不要选错了。

②创建Joint。

创建Joint_1、Joint_2、Joint_3、Joint_4、Joint_5、Joint_6，关节名格式固定。每个Joint信息如下：

Joint_1——父连杆：base_link，子连杆：link_1，转轴Z；

Joint_2——父连杆：link_1，子连杆：link_2，转轴Y；

Joint_3——父连杆：link_2，子连杆：link_3，转轴Y；

Joint_4——父连杆：link_3，子连杆：link_4，转轴X；

Joint_5——父连杆：link_4，子连杆：link_5，转轴Y；

Joint_6——父连杆：link_5，子连杆：link_6，转轴X。

下面以创建joint_1为例讲解如何创建关节：

第一步，点击“创建关节”按钮。

第二步，更改名称。

第三步，点击父连杆后的对话框。

第四步，点击父连杆。

第五步，点击子连杆后的对话框。

第六步，点击子连杆。

第七步，看向模型上的坐标，红色表示x轴，绿色表示y轴，蓝色表示z轴。

第八步，根据第七步的坐标选择转轴。

第九步，将关节类型改为“转动”。

第十步，将限制类型改为常数。

第十一步，更改最大、最小限制，可以按照机器人说明书上的参数来更改，也可以更改为最大限制360°，最小限制-360°。

第十二步，点击“确定”按钮。

依次创建joint_1到joint_6。

其余信息：

A.转轴与机器人方向相关，需要对照三维界面确定；

B.点击轴获取六个值，看是否与图纸一致，即检查修改原点是否正确；

C.关节类型为Revolute（旋转副）；

D.限制一般查找机器人手册；

E.速度加速度查找机器人手册。

创建结果如图4-19所示。

接下来，点击“更新ToolBase”按钮，然后点击保存，最后点击“关闭”。

点击机器人模型父级，然后点击“机器人调整”按钮，若鼠标能拖动出现的罗盘，则表示机器人定义成功，反之，则表示机器人定义失败。

到这里机器人的关节定义及其运动学定义就完成了。

2.导入定义完成的机器人

如果项目中使用的是常规的、市面上常见的机器人，也可以到软件的模型库里导出机器人到项目中，模型库中的机器人都是定义好运动学关系的并且包含市面上大部分机器人，可直接拿到项目中使用。

具体操作步骤为：

第一步，点击“文件”。

第二步，点击“导入设备”。

第三步，找到所使用的机器人品牌。

第四步，选中机器人型号。

第五步，勾选“启用导入基点”。

第六步，选中坐标。

第七步，点击“导入设备”按钮。

导入机器人模型完成（如图4-20所示）。

3.安装夹爪

每个机器人都需要夹爪配合来完成搬运或其他动作，因此，需要将夹爪模型导入项目中，使用创建坐标系和重定位功能，将夹爪模型安装到机器人模型上。

（1）在夹爪安装面上建立安装夹爪的辅助定位坐标。

具体操作步骤为：

第一步，选中夹爪模型。

第二步，点击“创建坐标系”按钮。

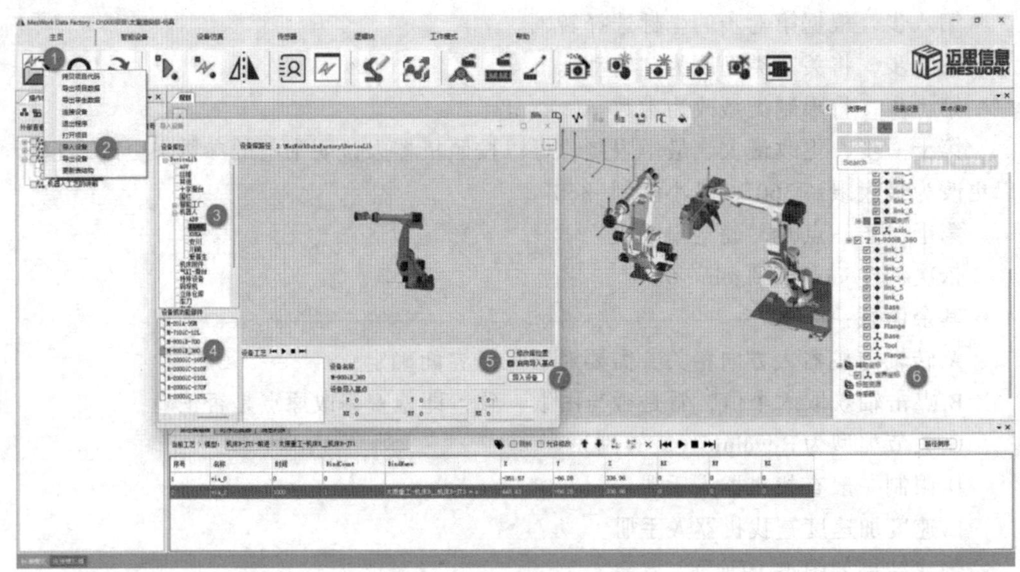

图4-20　导入机器人流程

第三步，在弹出的菜单栏中点击“三点圆心”按钮。

第四步，点击“选择模型点”按钮。

（2）在夹爪法兰圆圈内选择三个点做出圆心。

具体操作步骤为：

第一步，点击“第一点”后面的对话框。

第二步，在圆上随机点一个点。

第三步，点击“第二点”后面的对话框。

第四步，点击圆上另一个点。

第五步，点击“第三点”后面的对话框。

第六步，点击圆上最后一个点。

第七步，点击“确定”按钮，即可在夹爪法兰圆内生成一个圆心坐标。

（3）使用“重定位”功能把夹爪安装到机器人第六轴上。

具体操作步骤为：

第一步，选中需要安装的夹爪的模型。

第二步，点击“重定位”按钮。

第三步，点击“起点”后的对话框。

第四步，点击刚才创建好的坐标。

第五步，点击“终点”后的对话框。

第六步，点击机器人上的Flange坐标，Flange含有“夹具”的意思，在机器人上创建Flange坐标是为了定位夹具时使用。

第七步，点击“确定”按钮，夹爪模型即移动到机器人的Flange坐标上。

（4）把夹爪模型放到机器人父模型下。

这样才能使机器人运动时带动夹爪模型运动。

具体操作步骤为：

第一步，点击机器人父模型，然后点击“设置建模”按钮展开机器人父模型至看到机器人第六轴子模型。

第二步，点击夹爪父模型，然后点击“设置建模”按钮展开夹爪父模型至看到夹爪子模型。

第三步，拖动夹爪子模型至机器人第六轴子模型下，使机器人第六轴模型成为夹爪子模型的父级，使夹爪子模型成为机器人第六轴模型的子级。

第四步，点击机器人父模型后，点击“结束建模”按钮。此时夹爪就被安装到机器人上，使用“机器人调整”功能拖动机器人，夹爪模型也跟着机器人运动。

4. 创建机器人工艺的基础操作

在机器人运动学关系配置完成和夹爪暗转完成之后，就可以往下做机器人工艺了。

(1) 创建一个节点用于存放机器人工艺。

具体操作步骤为：

第一步，点击“增加工艺分组”按钮。

第二步，更改节点名称。

第三步，点击“确定”按钮。

(2) 新建通用机器人操作。

具体操作步骤为：

第一步，点击刚才创建的节点。

第二步，点击“增加工艺”按钮。

第三步，点击“新建通用机器人操作”。

第四步，在操作树下点击机器人。

第五步，更改工艺名称。

第六步，点击“确定”按钮。

(3) 在抓取位置创建坐标点。

具体操作步骤为：

第一步，点击夹爪父模型。

第二步，点击“创建坐标系”按钮。

第三步，点击“三点圆心”。

第四步，点击“选择模型点”按钮。

第五步，点击“第一点”之后的对话框。

第六步，点击法兰盘圆内的任意一点。

第七步，点击“第二点”之后的对话框。

第八步，点击法兰盘圆内的另一点。

第九步，点击“第三点”之后的对话框。

第十步，点击法兰盘圆内的又一点。

第十一步，点击“确定”按钮。在圆心生成一坐标点。

(4) 把机器人旋转到夹爪这面。

具体操作步骤为:

第一步，点击机器人父模型。

第二步，点击“机器人调整”按钮。

第三步，在第一轴关节值处输入90度。

第四步，关闭机器人调整页面，即可把机器人旋转到夹爪这面。

(5) 转动刚才创建的坐标使其和机器人上的Flange坐标方向一致。

具体操作步骤为:

第一步，点击刚才创建的坐标。

第二步，点击“放置位置控制器”按钮。

第三步，选择旋转轴。

第四步，更改步长为90°。

第五步，点击箭头按钮进行旋转。

(6) 记录机器人第一个路径点。

具体操作步骤为:

第一步，点击机器人父模型。

第二步，点击“初始位置”按钮。

第三步，点击工艺。

第四步，勾选“允许修改”。

第五步，点击工艺点。

第六步，点击“记录当前”按钮。

(7) 创建第二个工艺点。

具体操作步骤为:

第一步，点击“在选中点后增加一点”。

第二步，勾选“允许修改”按钮。

第三步，点击第二个工艺点。

第四步勾选“选择坐标点”按钮。

第五步，点击坐标点，此时机器人上的Flange坐标就和预留夹爪上的坐标重合，机器人模型各个轴也自动计算成理想的抓取姿态。

第六步，点击关闭。

(8) 为了使机器人抓取动作更贴合实际，可以在抓取点前添加一个工艺点，使机器人的运动路径合理。

具体操作步骤为:

第一步，点击最后一个工艺点。

第二步，点击“在选中点前增加一点”。

第三步，勾选“允许修改”。

第四步，点击刚才生成的工艺点。

第五步，选择移动轴为z轴。

第六步，更改步长并移动步长。

第七步，关闭菜单栏。

更改每一点的MoveType至合适后点击“播放”按钮，此时这个机器人工艺就制作完成了（如图4-21所示）。

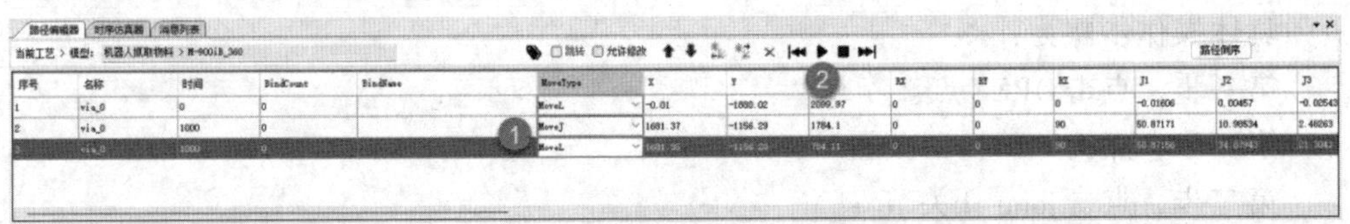

图4-21　修改路径编辑器

4.6.3　设备工艺

新建设备操作主要用于设备姿态间的工艺联动，反映外部设备实际位置，比如，机床多轴联动就可以使用设备工艺来做仿真，就不需要做很多个线性流工艺来描述动作了。

1. 创建设备的运动学关系

现以机床门为例来创建设备工艺。

(1) 把左门、右门子模型从父模型中拿出。

具体操作步骤为：

第一步，点击机床门父模型。

第二步，点击“设置建模”按钮。

第三步，选中左、右门模型。

第四步，点击“设置保留/取消保留实体”按钮。

第五步，点击“结束建模”按钮。

(2) 建立运动学关系。

具体操作步骤为：

第一步，点击机床门父模型。

第二步，点击“运动学编辑器”按钮。

(3) 创建连杆。

(4) 创建关节。

更改各参数，以完成关节的创建。关节创建完成之后点击保存，然后关闭即可。

2. 创建设备姿态

(1) 创建HOME点姿态即两个门都关闭的状态。

具体操作步骤为：

第一步，点击机床门父模型。

第二步，点击“姿态编辑器”按钮。

第三步，点击HOME点。

第四步，点击“编辑”按钮。

第五步，点击joint_1关节。

第六步，滑动滑条，使左门关闭。

第七步，点击joint_2关节。

第八步，滑动滑条，使右门关闭。

第九步，点击“确定”按钮。

（2）创建OPEN点姿态即两个门都打开的状态。

具体操作步骤为：

第一步，点击OPEN点。

第二步，点击“编辑”按钮。

第三步，点击joint_1关节。

第四步，滑动滑条至左门打开。

第五步，点击joint_2关节。

第六步，滑动滑条至右门打开。

第七步，点击“确定”按钮。

3. 新建设备操作

完成运动学关系定义和姿态编辑之后，就可以新建设备操作了。

具体操作步骤为：

第一步，选中节点。

第二步，点击“增加工艺”按钮。

第三步，选择新建设备操作按钮。

第四步，选中机床门父模型。

第五步，更改工艺名称。

第六步，在“从姿态”后的对话框中选择HOME。

第七步，在“到姿态”后的对话框中选择OPEN。

第八步，点击“确定”按钮。此时这个设备工艺就创建完成了，选中创建好的设备工艺后点击“播放”按钮即可。

4.6.4 时序仿真器

当一条条独立的工艺创建完成后，需要在时序仿真器中编排先后触发顺序才算完成仿真。

使用时序仿真器时，只需要左右拖动工艺即可，先触发的工艺放到前面，后触发的工艺放到后面，同时触发的工艺放到同一时间线上。

1. 节点之间的移动

当所有工艺都创建完成后，需要把所有工艺都放到一个大节点中。

拖动节点放到另一个节点重叠位置直到节点文字出现绿色效果，松开鼠标即可将节点放到另一个节点中。

拖动节点放到另一个节点上直到节点文字出现红色效果，松开鼠标即可将节点放到另一个节点位置之上。

拖动节点放到另一个节点下直到节点文字出现蓝色效果，松开鼠标即可将节点放到另一个节点位置之下。

如此操作的目的是使工艺在时序仿真器内的上下位置合理，存放先触发的工艺的节点的位置靠上，存放后触发的工艺的节点的位置靠下，这样在时序仿真器内编排工艺先后顺序更加方便。

2. 时序仿真器页面介绍

使用时序仿真器前，操作树中计划进行仿真的每一个工艺都需要在路径编辑器模式下播放过，否则会在使用时序仿真器时出现此个工艺不播放的情况。

每一个单独的节点都可以进行仿真操作，也可以在总节点下以组的形式进行仿真操作。

调出此节点的时序仿真信息的步骤为：

第一步，右键点击操作树中总节点。

第二步，在弹出的对话框中选择“基于当前节点时序仿真”。

上述操作适用于操作树中所有的节点。

时序仿真器页面的按钮包括：

（1）放大和缩小。

放大或缩小时间间隔，初始状态间隔为1秒。

（2）保存到行为。

保存时序仿真器中的变更。

（3）跳转到第一帧。

点击此按钮，仿真模型、时间线回到第一帧即起点。

（4）使用先生成帧数据再播放/暂停。

导入或修改下部列表信息后，需进行帧生成，此功能是先生成帧数据，后进行播放。

帧生成仅在每次修改变动后进行一次，此按钮也是播放/暂停循环按钮。

（5）使用生成帧的数据来播放/暂停。

已经生成帧数据后，点击此按钮进行仿真播放。

（6）停止。

播放停止。

（7）跳转到最后一帧。

点击此按钮，仿真模型、时间线跳转到终点。

（8）开始时间。

选中的节点或工艺在时序仿真器中开始播放的时间。可以点击工艺或节点，在此对话框中输入具体触发的秒数，即可使工艺或节点跳转到那一秒。

（9）结束时间。

选中的节点或工艺在时序仿真器中结束播放的时间。

（10）总时间。

总节点的时间段。

（11）倍率。

仿真播放时的播放速度倍率。

（12）帧间隔。

仿真播放时相邻帧的间隔，最小间隔为20毫秒。

（13）链接。

选中的节点或工艺进行串联，布局拖动过程中同步移动。

点击第一个节点或工艺，使用Ctrl+鼠标左键点击第二个节点或工艺，点击“链接”按钮，即可把两个工艺链接起来，此时拖动第一个工艺，第二个工艺也被拖动。

（14）断开链接。

将链接的节点或工艺断开，成为独立体。

（15）时间栅。

时序仿真过程中的时间分隔，初始状态间隔为1秒，可以根据需要调整间隔的大和小。

（16）时间线。

时序仿真过程中时间进度条。

（17）总节点。

此处总节点是指作仿真时选择的节点。

（18）一级节点。

总节点下的第一级节点，总节点下可以有不限数量的一级节点。

（19）二级节点。

一级节点下的二级节点。一节点下可以有不限数量的二级节点。

（20）线性流工艺。

线性流工艺使用紫色效果显示。

（21）机器人工艺。

机器人工艺使用绿色效果显示。

（22）设备工艺。

设备工艺使用红色效果显示。

仿真时，节点是不能驱动模型的，仅仅是为了在时序仿真器内拖动时方便操作而使用。

驱动模型运动的是各种工艺。

4.7 用Mes Work Data Factory实现数字孪生

数字孪生具有四个典型的技术特征：

1.虚实映射

数字孪生技术要求在数字空间构建物理对象的数字化表示，现实世界中的物理对象和数字空间中的孪生体能够实现双向映射、数据连接和状态交互。

2.实时同步

基于实时传感等多元数据的获取，孪生体可全面、精准、动态地反映物理对象的状态变化，包括外观、性能、位置、异常等。

3.共生演进

在理想状态下，数字孪生所实现的映射和同步状态应覆盖孪生对象从设计、生产、运营到报废的全生命周期，孪生体应随孪生对象生命周期进程而不断演进更新。

4.闭环优化

建立孪生体的最终目的，是通过描述物理实体内在机理，分析规律、洞察趋势，基于分析与仿真对物理世界形成优化指令或策略，实现对物理实体决策优化功能的闭环。

制作数字孪生分为以下几个步骤：

1.在软件中绑定数字孪生信号

2.与现场的交换机连接

3.通过采集程序采集物理设备发出的信号

4.将采集得到的信号实时发送到软件中驱动虚拟设备

数字孪生各模块间的逻辑关系如图4-22所示。

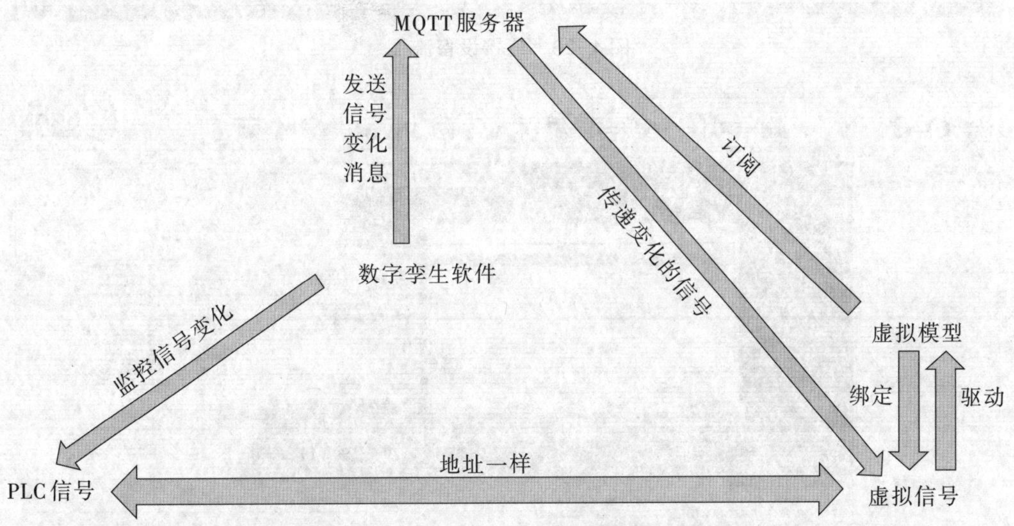

图4-22　数字孪生各模块间的逻辑关系

4.7.1　创建与物理PLC连接桥梁

首先，打开连接设备菜单栏。具体操作步骤为：第一步，点击“文件”。第二步，点击“连接设备”（如图4-23所示）。

然后，配置物理PLC信息。具体操作步骤为：第一步，点击“添加PLC”按钮。第二步，更改名称。第三步，将PLC类型更改与物理PLC一致。第四步，更改服务器地址与物理地址一致。第五步，点击“确定”按钮（如图4-24所示）。

4-9

数字孪生准备工作

详细操作请扫描二维码4-9，参见视频。

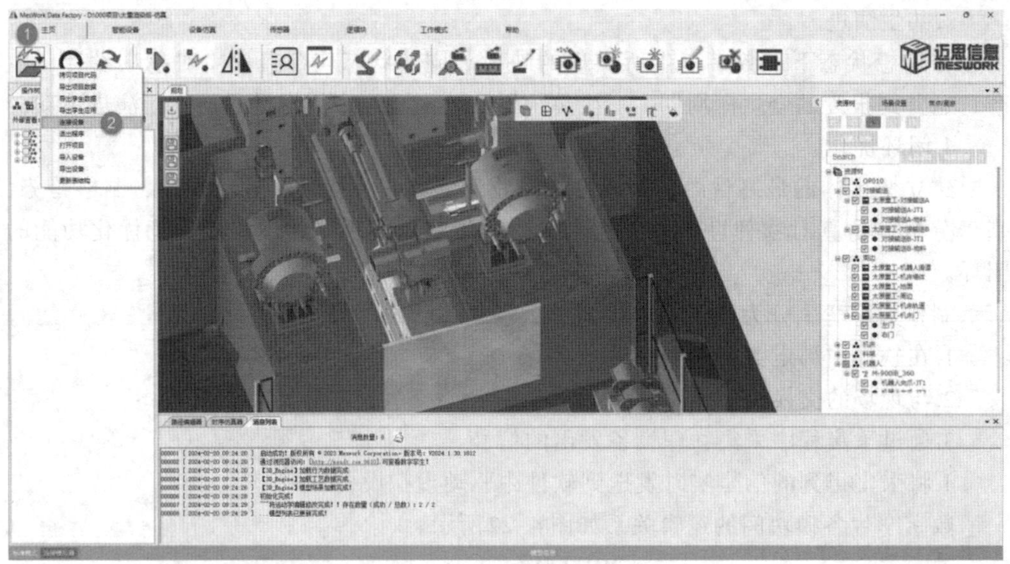

图4-23　连接设备流程

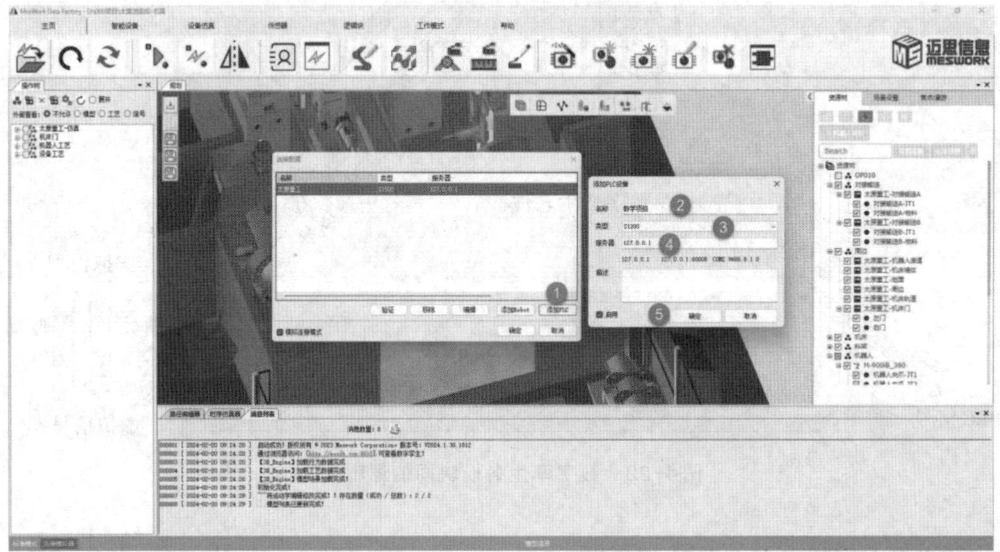

图4-24　更改服务器地址与物理地址一致流程

4.7.2　线性流工艺信号绑定

（1）创建线性流工艺信号。

具体操作步骤为：

第一步，找到要绑定信号的线性流工艺。

第二步，点击“添加开始信号并绑定”。

第三步，点击“信号视图”按钮。

第四步，打开“信号查看器”。

第五步，点击“刷新”按钮（如图4-25所示）。

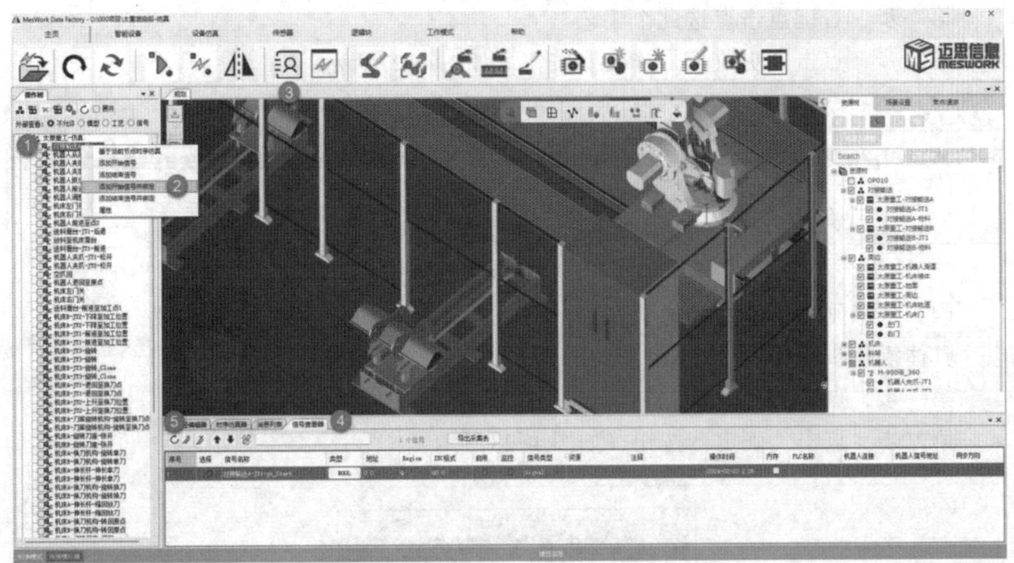

图4-25　创建线性流工艺信号流程

（2）更改信号地址和信号类型。

具体操作步骤为：

第一步，点击“地址”下面的对话框，将信号地址更改为物理PLC中对应动作的地址。

第二步，点击“类型”下面的对话框，信号类型默认为Bool。

布尔类型的信号（Bool信号）一般用于绑定线性流工艺，这种工艺一般都是用于描述气缸打开与关闭这种只触发一次并且是呈直线运动的动作。

布尔类型的信号，也就是我们常说的0和1，也可以理解为True和False，对于PLC来说就是DI或者DO点的输入或输出状态。

对于西门子PLC的DI点，可以使用I0.0表示，DO点用Q0.0，M0.0，V0.0等表示。所以会经常看到I0.0~I0.7，布尔类型只占用1位。

此个工艺使用默认的Bool信号即可（如图4-26所示）。

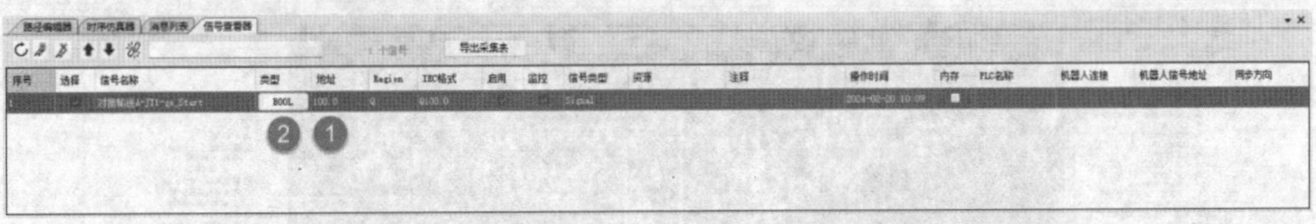

数据类型	位大小	数值类型	数值范围	常数示例	地址示例
Bool	1	布尔运算	FALSE 或者 TRUE	TRUE	• I1.0 • Q0.1 • M50.7 • DB1.DBX2.3 • Tag_name
		二进制	2#0 或 2#1	2#0	
		无符号整数	0 或 1	1	
		八进制	8#0 或 8#1	8#1	
		十六进制	16#0 或 16#1	16#1	

图4-26　信号查看器

（3）打开“更改信号连接”菜单栏。

具体操作步骤为：

第一步，右键点击点选此个工艺。

第二步，点击“更改信号连接”按钮（如图4-27所示）。

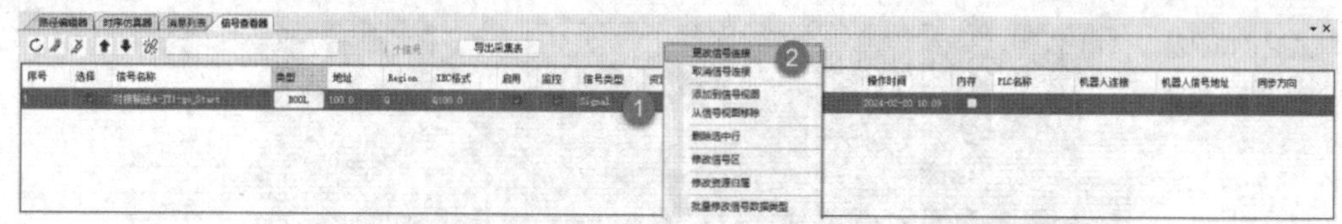

图4-27　更改信号连接流程

（4）选择刚才创建的PLC信息。

具体操作步骤为：

第一步，点击PLC信息。

第二步，点击“确定”按钮（如图4-28所示）。

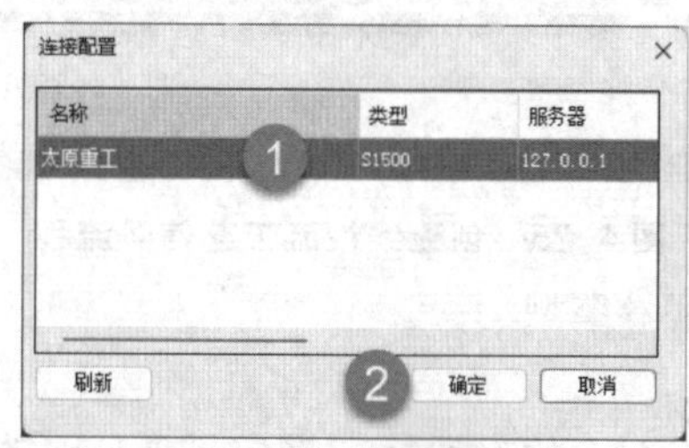

图4-28　连接配置

（5）进入数字孪生模型触发信号。

具体操作步骤为：

第一步，点击“数字孪生模式”按钮。

第二步，弹出“仿真面板”。

第三步，右键点击刚才创建的信号。

第四步，点击写入1。此时信号会触发工艺，若模型按照工艺运动，则信号创建成功（如图4-29所示）。

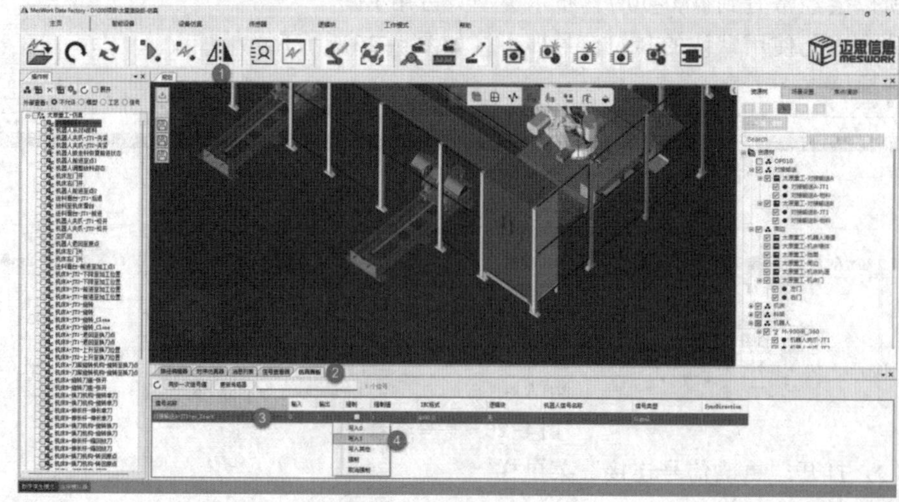

图4-29　触发信号流程

详细操作请扫描二维码4-10，参见视频。

4-10

线性流工艺数字孪生

4.7.3　机器人或机床设备通讯

机器人和机床可通过MQTT通讯服务与虚拟模型创建连接，这样物理机器人或机床模型在运动时可以将各个轴的位置实时发送给虚拟模型，使虚拟模型与物理模型同步运行。

机器人或机床各轴的运动不需要绑定信号来驱动，但机器人抓手上的动作需要绑定线性流工艺信号；机器人抓手上有无工件则需要绑定显示与隐藏信号。

4-11

机器人或机床数字孪生

详细操作请扫描二维码4-11，参见视频。

4.7.4　显示与隐藏信号绑定

在抓料放料时需要把工件从一台设备上转移到另一台设备上，这个过程需要用到显示与隐藏信号。

(1) 创建一个空信号。

具体操作步骤为：

第一步，点击“加号”按钮。

第二步，修改信号名称。

第三步，修改信号类型为INT16。

第四步，点击“地址”下面的对话框，将信号地址更改为物理PLC中对应的此信号的地址。

第五步，右键点击此信号。

第六步，点击“更改信号连接”，选中之前创建的PLC（如图4-30所示）。

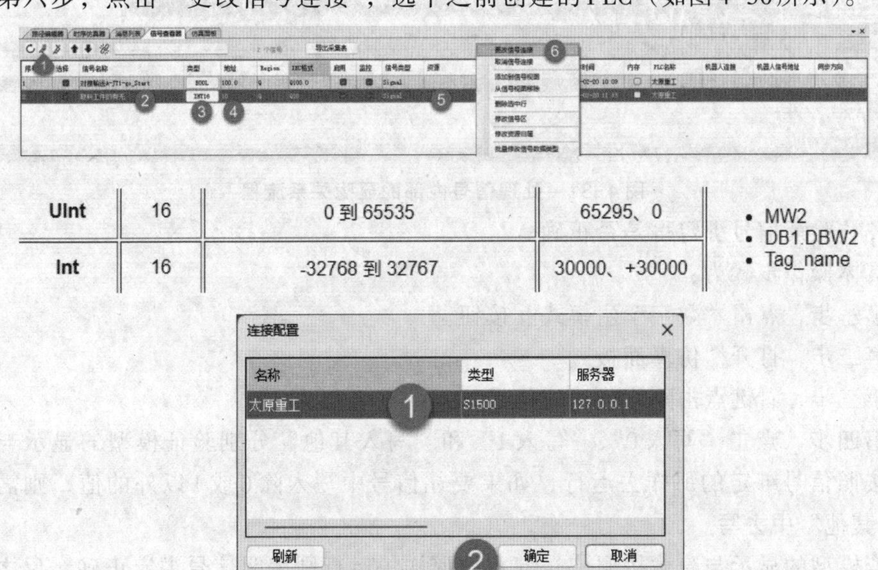

图4-30　创建空信号流程

（2）处理信号内部的显隐关系。

具体操作步骤为：

第一步，点击“信号处理编辑器”按钮。

第二步，弹出对话框之后选中绑定显隐关系的信号。

第三步，在资源树下选中需要做显示与隐藏的模型。

第四步，点击加号，这里需要点击三次加号，分别是写0时对接输送A上工件模型隐藏、机器人抓手上工件模型隐藏；写1时对接输送A上工件模型显示、机器人抓手上工件模型隐藏；写2时对接输送A上工件模型隐藏、机器人抓手上工件模型显示。

TagValue处的值表示PLC触发信号时写的值。

HandlerValue处的值表示模型的显示与隐藏，0表示隐藏，1表示显示。

分别把对接输送A上工件模型和机器人抓手上工件模型的显示与隐藏关系处理好（如图4-31所示）。

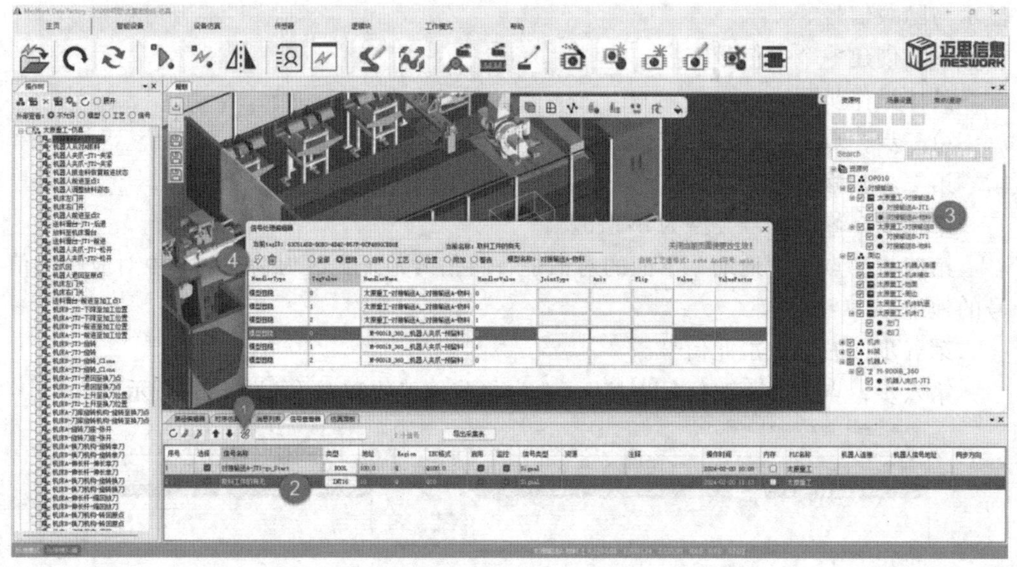

图4-31 处理信号内部的显隐关系流程

（3）验证信号绑定得是否正确。

具体操作步骤为：

第一步，点击“数字孪生模式”按钮。

第二步，打开“仿真面板”。

第三步，右键点击刚才创建的信号。

第四步，点击“写入0”、“写入1”和“写入其他”分别验证模型的显示与隐藏是否按照信号绑定的那样去运行，如果要往信号中写入除0或1以外的值，则需要在“写入其他”中去写。

若模型的显示与隐藏按照信号绑定的那样去运行则表明信号绑定正确，反之则表明信号绑定错误（如图4-32所示）。

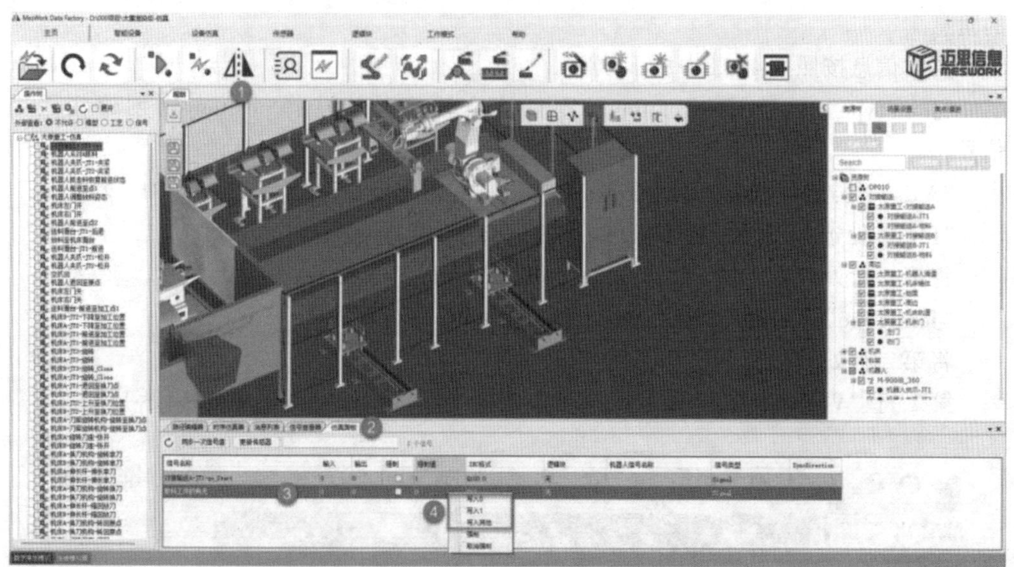

图4-32　验证信号绑定得是否正确流程

详细操作请扫描二维码4-12，参见视频。

4-12

模型显隐数字孪生

4.7.5　模型自转信号绑定

当设备中有自转动作时需要绑定自转信号。

（1）创建一个空信号。

具体操作步骤为：

第一步，点击“加号”按钮。

第二步，更改信号名称。

第三步，更改信号地址。

第四步，右键点击该信号。

第五步，点击更改信号连接（如图4-33所示）。

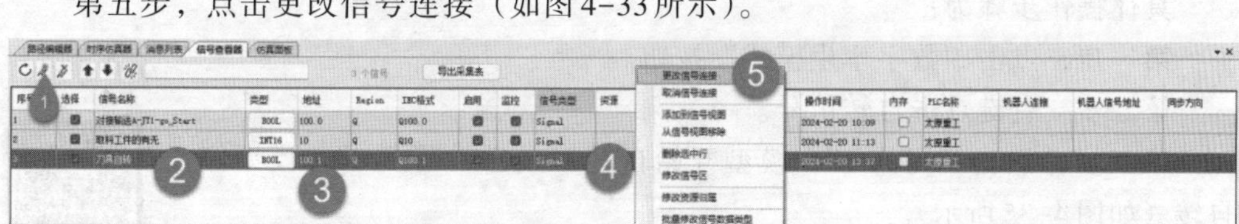

图4-33　更改信号连接流程

（2）为自转信号创建关系。

具体操作步骤为：

第一步，点击“信号处理编辑器”。

第二步，点击信号。

第三步，选中自转模型。

第四步，将信号类型改为自转信号。

第五步，点击两次加号，分别创建写1触发自转信号的信息和写0停止自转信号的信息。

具体信息按照图4-31中所示填写。

“JointType”处选择“rotation”则创建自转信号，选择position则创建伺服类信号。

“Axis”处选择自转轴，可根据3D视图左下角的坐标来选择x轴、y轴、z轴。

“Flip”处选择正转即模型正转，选择反转即模型反转。

将第一行处理信号的“TagValue”和“HandlerValue”处改为0。

“JointType”“Axis”“Flip”处与第二行保持一致。

将第二行处理信号的“Value”处改为0。

第二行“ValueFactor”处输入值越大则模型转得越快（如图4-34所示）。

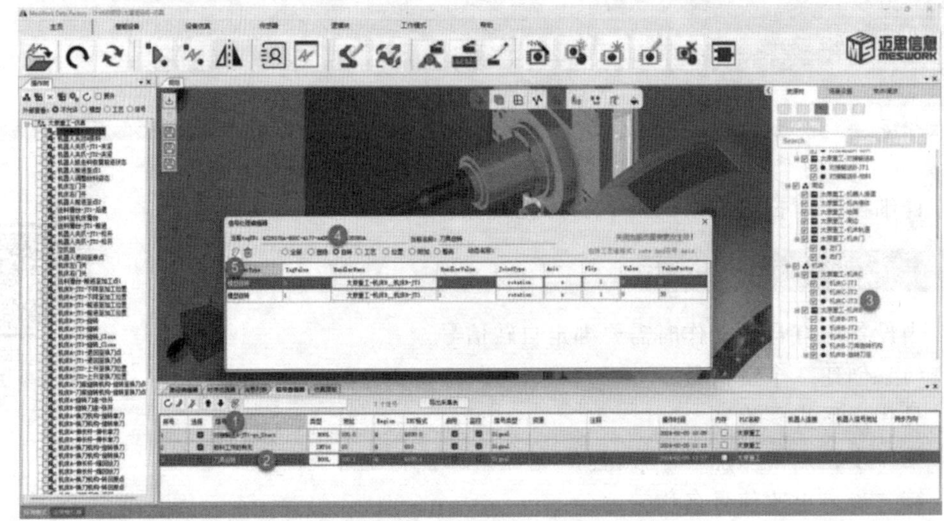

图4-34　为自转信号创建关系流程

（3）验证自转信号绑定是否成功。

具体操作步骤为：

第一步，点击“数字孪生模式”按钮。

第二步，右键点击自转信号。

第三步，点击“写入1”，模型开始自转；点击“写入0”，模型停止自转（如图4-35所示）。

详细操作请扫描二维码4-13，参见视频。

4-13

自转数字孪生

4.7.6　伺服类信号绑定

当遇到伺服电机驱动的设备则需要绑定伺服类信号。

（1）创建一个空信号。

具体操作步骤为：

第一步，点击“加号”按钮。

第二步，更改信号名称。

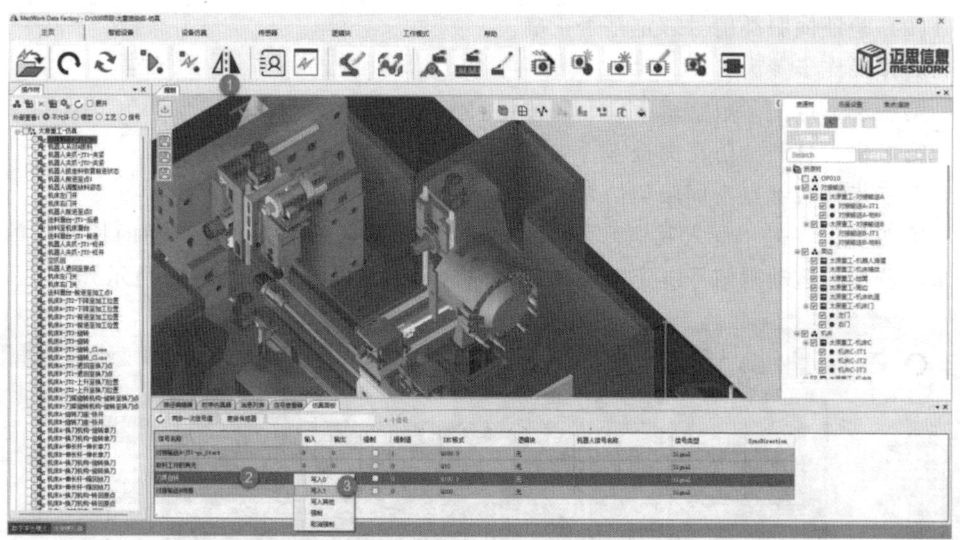

图4-35　验证自转信号绑定是否成功流程

第三步，更改信号类型为Float。

第四步，更改信号地址为物理PLC中对应的地址。

第五步，右键点击此信号。

第六步，点击“更改信号连接”。

第七步，点击“信号处理编辑器”。

第八步，点击自转模型。

第九步，选中信号类型为位置。

第十步，点击加号。按照如图4-36所示的信息去更改信号。JointType处选择position，Axis处选择要沿着哪个轴移动，Flip处选择正向则沿正向移动，选择反向则沿反向移动。Value处改为0，ValueFactor处改为0.001，此处单位为米，0.001米即1毫米。

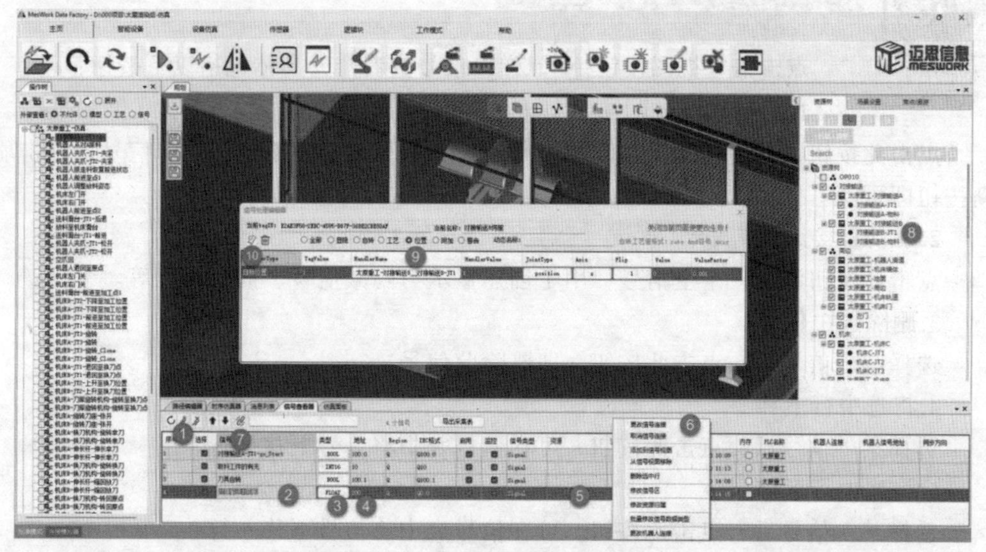

图4-36　绑定伺服类信号流程

（2）验证伺服类信号绑定是否正确。

具体操作步骤为：

第一步，点击“数字孪生模型”按钮。

第二步，打开“仿真面板”。

第三步，右键点击伺服类信号。

第四步，点击“写入其他”，在写入其他页面输入的值为具体移动的长度，单位毫米。若模型运动则信号绑定正确，反之则信号绑定失败（如图4-37所示）。

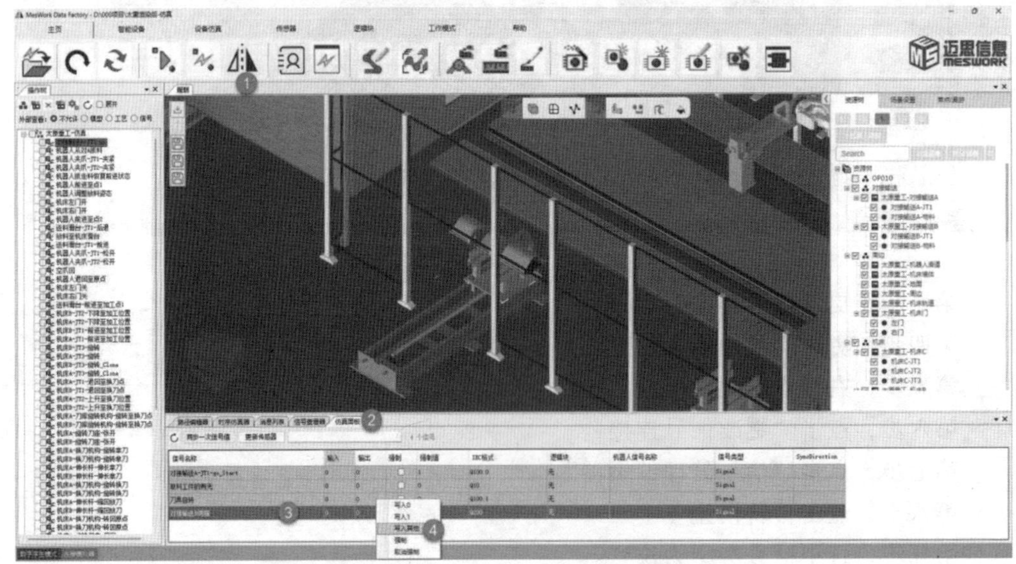

图4-37　验证伺服类信号绑定是否正确流程

4-14

伺服电机
数字孪生

详细操作请扫描二维码4-14，参见视频。

4.7.7　信号查看器功能介绍

点击信号视图按钮，弹出信号查看器，具体包括以下按钮：

1.刷新列表

点击此按钮刷新信号表。在添加信号后，在信号表中看不到新建的信号，点击刷新按钮即可。

2.手动直接添加信号

点击此按钮添加一个空信号，用于创建显示与隐藏信号、伺服信号等。

3.删除选中信号

选择某一信号后，点击此按钮，即删除此信号。

4.将选中行上移

选择某一信号后，点击此按钮，可在信号表中将信号上移一行。

5.将选中行下移

选择某一信号后，点击此按钮，可在信号表中将信号下移一行。

6.信号处理编辑器

点击此按钮进入信号处理编辑器页面。

①tagID处显示的是对应此条信号的工艺的代码。

②当前名称处显示的是对应此条信号的工艺的名称。

③模型名称处显示的是此条信号的模型的名称。

④点击此按钮添加一个新的信号信息。

⑤点击此按钮删除一个信号信息。

⑥此栏显示的是信号类型，添加信号信息之前先选择模型然后再选择信号类型最后点击加号。

⑦HandlerType处显示的是信号类型。

⑧TagValue处可填入正数或0，此处的值的意思是写入TagValue值时触发此条信号。

⑨HandlerName处显示的是模型名称。

⑩HandlerValue处可写0或1，此处1表示触发，0表示停止。

⑪JointType处可选择rotation或position。rotation表示旋转，用于创建自转信号。position表示位置，用于创建伺服位置信号。

⑫Axis处可选择x、y、z。此处值的意思表示为沿哪个轴旋转或移动。

⑬Flip处可选择正向或反向。

⑭Value处一般写0。.

⑮ValueFactor处的值在自转信号中表示旋转速度，在伺服位置信号中表示移动距离单位。

7.可在此处对话框中输入信号名称进行筛选。

8.导出信号表到指定文件夹中（如图4-38所示）。

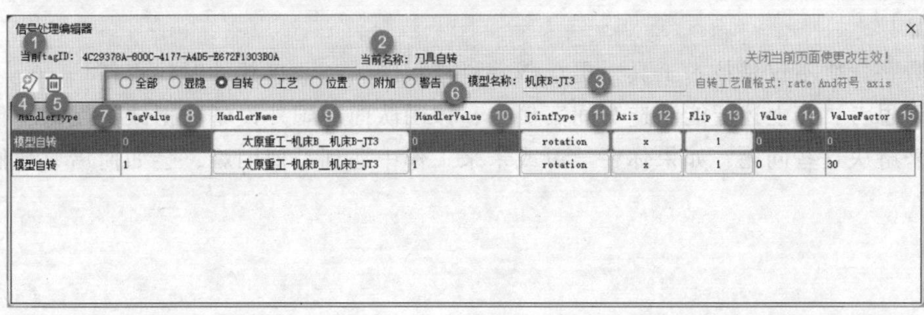

消息列表　信号查看器

4 个信号　导出采集表

序号	选择	信号名称	类型	地址	Region	IEC格式	启用	监控	信号类型
1	☑	对接输送A-JT1-go_Start	BOOL	100.0	Q	Q100.0	☑	☑	Signal
2	☑	取料工件的有无	INT16	10	Q	Q10	☑	☑	Signal
3	☑	刀具自转	BOOL	100.1	Q	Q100.1	☑	☑	Signal
4	☑	对接输送B伺服	FLOAT	200	Q	Q200	☑	☑	Signal

图4-38　信号查看器功能介绍

4-15

数字孪生实例

请扫描二维码4-15，参见真实案例视频。

立德树人

数字孪生赋能智能制造，彰显科技报国使命

在江苏某国家级智能制造示范车间的建设过程中，Mes Work Data Factory数字孪生平台发挥了关键作用，同时也展现了新时代工程师的责任担当与创新精神。

该车间承担着高端装备制造的重要任务，对生产效率、精度和安全性要求极高。然而，在初期调试阶段，团队遇到了设备干涉、节拍不匹配、PLC信号延迟等问题，传统调试方式耗时耗力，且难以精准预测风险。

1.攻坚克难，科技报国

该团队决定引入Mes Work Data Factory数字孪生平台，构建产线的虚拟模型，实现虚实协同调试。在建模过程中，该团队发现部分进口设备的运动学参数缺失，导致仿真精度不足。工程师没有依赖国外技术，而是查阅大量文献，结合设备手册，自主推导出关键参数，并反复验证，最终成功建立了高精度数字孪生模型。

2.精益求精，安全至上

在虚拟调试阶段，该团队通过碰撞检测发现某台机器人的运动轨迹与输送带存在干涉风险。他们立即优化程序，调整布局，避免了数百万元的设备损坏风险。此外，该团队通过时序仿真器优化生产节拍，使整体效率提升20%，远超行业标准。

3.责任担当，智造强国

该项目的成功不仅体现了数字孪生技术的价值，更展现了我国工程师自主创新、严谨务实的精神。

该团队负责人表示："核心技术必须掌握在自己手里，我们要用中国技术，造中国精品！"

数字孪生不仅是技术工具，更承载着科技报国、产业兴邦的时代责任！

请思考：在上述智能制造车间案例中，该团队面对国外设备数据缺失发扬了什么精神来解决这些问题？如果你在学习或未来工作中遇到类似困难，会如何借鉴他们的做法？

第5章

数字孪生软件FDSIM应用

学习目标

了解基本的仿真思想。

了解FDSIM平台的基本知识和使用方法。

了解现实设备，了解该设备与对应仿真组件的联系。

了解使用FDSIM平台搭建数字孪生的知识，掌握相关技能。

理解数字孪生相关知识。

掌握FDSIM平台中各种仿真组件的使用技巧。

掌握使用FDSIM平台搭建仿真场景的能力。

本章思维导图

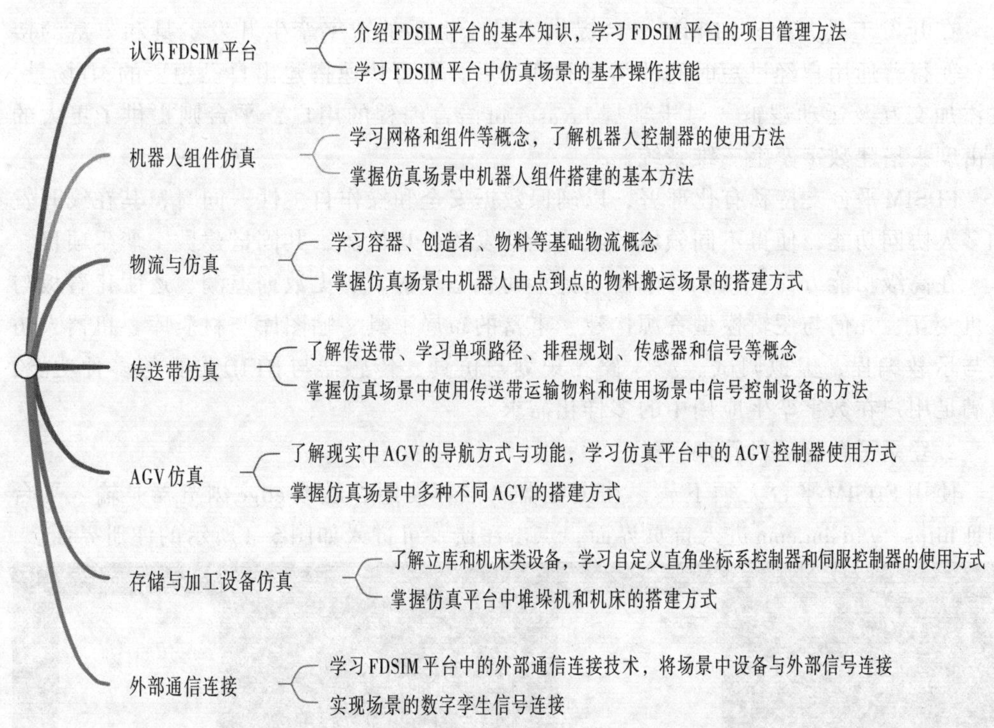

FDSIM数字孪生系统开发平台是一款技术自主可控的国产自研平台，它基于B/S架构，专为工厂仿真、工艺仿真以及三维运维监控而设计。

本章的主要内容为FDSIM仿真平台的相关知识和使用方法。

5.1 认识FDSIM平台

5.1.1 认识仿真平台

仿真是数字孪生的基础，而在仿真的学习和实践中，仿真软件和仿真平台的使用技能尤为重要。本节将对FDSIM仿真平台的功能和使用方法进行初步的介绍。

1. FDSIM平台简介

FDSIM数字孪生系统开发平台（简称“FDSIM平台”）是一款技术自主可控的国产自研平台，它基于B/S架构，专为工厂仿真、工艺仿真以及三维运维监控而设计。该平台不仅支持PC端和移动端的浏览器编辑与查看，还配套了丰富的3D模型库和各项仿真工具，助力用户以低成本、高效率、低代码的方式快速开发各类数字孪生三维应用。

FDSIM平台主要面向离散制造行业，通过该平台，用户能够快速实现物理车间与数字车间的“状态感知—实时采集—精准执行”闭环，实现全要素、全流程、全业务数据的集成与融合。

在开发工具方面，FDSIM平台提供了易于上手的数字孪生开发工具和丰富的接口，使得普通用户经过短时间的学习和训练后，即可快速搭建出自己想要的3D场景，并添加交互及运动逻辑。对于掌握Javascript语言编程的用户，平台则提供了更大的自由度去搭建数字孪生三维系统。

FDSIM平台支持私有化部署，以确保数据安全和操作自主性。同时，其在线开发和多人协同功能，使得不同领域的人才能够发挥各自优势，共同搭建数字孪生项目。

在高级功能方面，FDSIM平台支持车间状态映射、历史数据追溯、透明化看板与人机交互、几何与逻辑模型资源构建、丰富的布局工具、贴图库与材质库、机器人仿真与示教编程、虚拟调试、AGV路径规划与仿真、传感器与RFID仿真等多种功能，以满足用户在数字孪生应用中的多样化需求。

2. 登录平台与项目管理

使用FDSIM平台无须下载，在浏览器（推荐使用谷歌或edge浏览器）输入平台网址https：//fdsim.com进入首页界面，点击注册，可进入如图5-1所示的注册界面。

图5-1 系统注册及登录界面

完成注册后就可以登录平台，平台分首页、登录和在线开发三个界面，如图5-2所示。

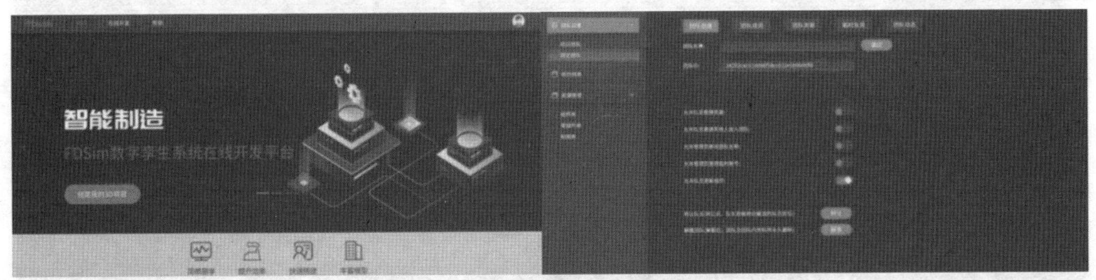

图5-2　平台首页及在线开发页面

（1）首页

完成账号的注册与登录后，首先进入的是平台首页。

（2）在线开发

点击进入如图5-3所示的在线开发界面。用户在在线开发界面中可以实现对项目和团队的创建与管理，同时也能审阅保存的组件、零件和贴图资源。用户将在此处开始FDSIM平台的大部分工作。

图5-3　在线开发界面

点击“团队设置”，在团队界面中可建立团队并对团队人员进行管理，同时可浏览和添加团队资源到团队文件夹中。此外，在团队界面下还可以对用户拥有的团队项目的信息进行查询。

（3）场景的创建和场景处理

在这一部分中，将会展现场景的创建过程以及对创建场景的调整方式。

如图5-4所示，登录FDSIM平台后单击左上角在线开发界面，可浏览与创建工作项目。

一般来说，新建项目会默认命名为“未命名的项目”，而实际工作中也常需要对项目进行复制等工作。为了便于管理，就需要对场景进行重命名。

图5-4　登录后的在线开发界面

单击“新建”按钮，可弹出如图5-5所示的“新建项目”对话框。在此对话框中可以对新项目进行命名，也可以选择新建项目类型。单击“确认”按钮后将生成项目并直接跳转至新建项目。

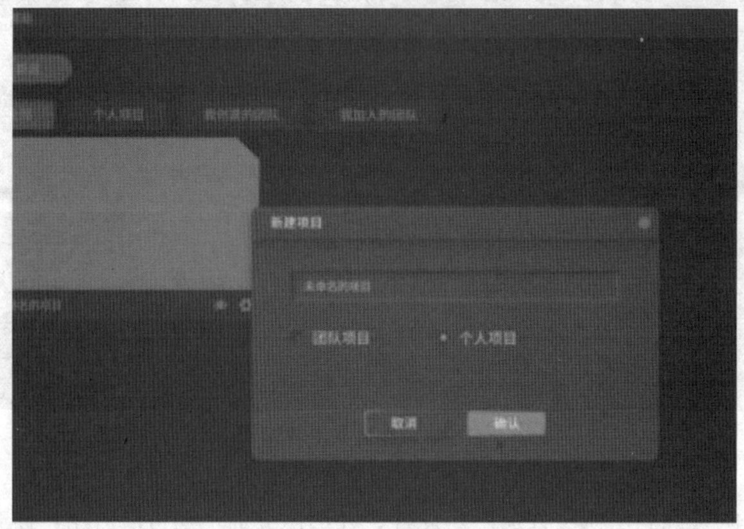

图5-5　“新建项目”对话框

完成创建后，可以在个人项目或全部项目中找到已建立的项目。点击图片右下角的眼睛图标，可以进入项目的展示模式（如图5-6所示）。

如图5-6（a）所示，进入展示模式后只存在仿真演示相关功能，无法对项目进行更改。使用浏览器后退按钮可退出此模式。

如图5-6（b）所示，回到项目列表，找到项目“学习FDSIM1”，单击右下角齿轮图标，可对该项目进行管理。如果需要向其他人发布展示模式，可以点击“发布”按钮。单击“确认”按钮后将生成发布项目的地址，通过地址可进入项目展示模式。点击“重命名”按钮，在“重命名项目”中输入新命名，可以对项目进行重命名。

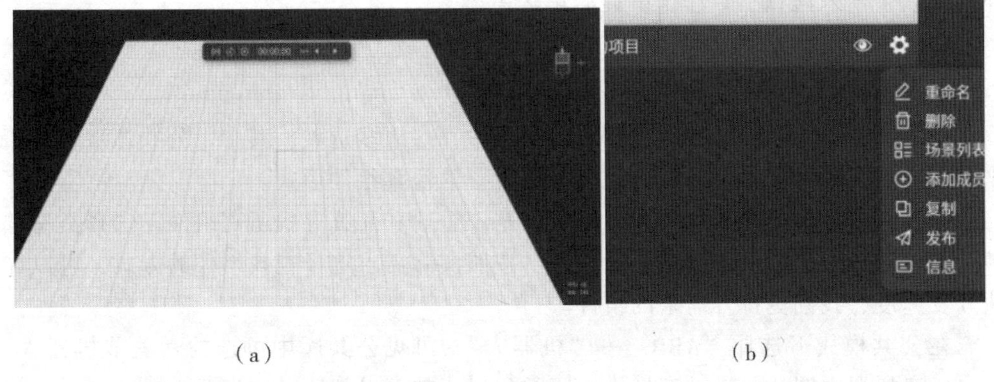

（a）　　　　　　　　　　　　　　　　　（b）

图5-6　展示模式

（4）项目的复制与删除

FDSIM平台不能回溯项目，使用复制功能可以保存旧版项目，为工作添加保障。同时在需要多人合作完成任务，或向其他单位提交项目时，也可以使用复制功能保留项目的母版。

如图5-7所示，点击“复制”按钮，就可以生成项目的副本。场景副本名一般是在原本项目名后标记（c），可通过重命名修改为自己想要的项目名。

图5-7　副本生成

在工作中，使用复制功能，或创建新项目进行练习和实验的行为会产生冗余项目。可以使用删除功能删除多余项目。点击“删除”按钮，项目一旦删除无法恢复，故为了避免误删，需要在“删除项目”中输入完整项目名，才能删除此项目。

（5）团队与项目信息

如需多人完成一项工作，需要使用团队项目。在创建项目时，可直接将项目创建为团队项目，也可在创建单人项目后，将单人项目转变为团队项目。

需要注意的是，单人项目转换为团队项目的过程不可逆，如果需要保存单人项目，可以使用复制功能进行备份。

完成转换后可以设置分享权限和分享限制。点击“生成连接”按钮就可以通过分享连接的方式分享项目。此外，在项目的信息功能中也可以将个人项目转化为团队项目。转化为团队项目后也可以在项目信息功能下通过转让项目将项目拥有者身份转让给团队中的其他用户。

5.1.2　组件与模型导入

组件是FDSIM开发中的重要单元，在仿真过程中常用以代表某一设备的仿真形式。本节主要介绍导入与使用组件的相关流程。

1. 模型资源管理

点击上一章节所建立的项目，进入开发模式。

进入开发模式后可见在右侧资源管理器中存在诸多选项。其中，公共选项包括了平台公有的各种组件，可以找到许多常用设备的仿真组件形式。

在公共模式下使用品牌选项，则可以基于企业和品牌寻找所需组件。选择类型选项，则可以通过所需设备类型寻找组件。按照实际需求选择查找组件的方式，可以加快开发速度，找到更符合需求的组件。

在公共模式下选择“ABB”—“机器人”，可见公共库中可选的六关节机器人，点击任意机器人图片，拖动至场景中所需位置，就可以部署对应机器人。

如图5-8所示，完成操作后可见机器人被部署进入场景中。库内组件都可以用这种办法进行部署。

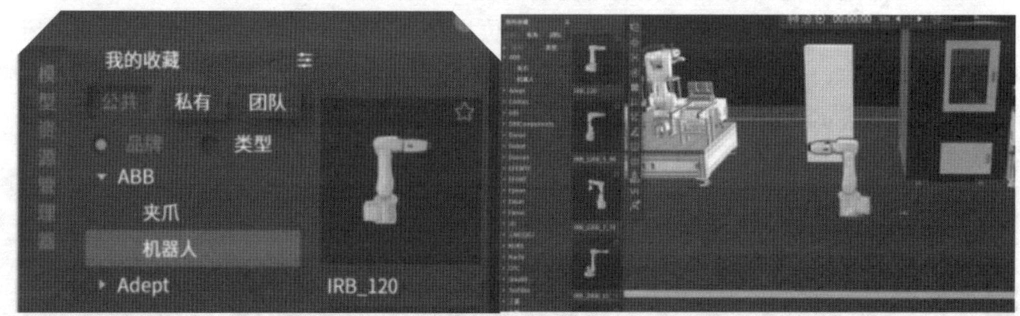

图5-8　机器人模型导入

保存功能允许用户将场景中的组件保存到自己的私有库中。以实现在场景间的组件共用和对平台功能的拓展。选中机器人，点击“保存组件”，可以将组件保存到私有文件夹。

私有模式下，用户可以自行建立文件夹，储存从场景中保存的组件。此时输入文件夹名称，可以把组件存到对应私有文件夹中。如果输入的文件夹名对应文件夹不存在，则平台会先建立对应文件夹。

输入文件夹名后点击“上传”，即在私有库中创建了文件夹机器人1，其中保存了机器人IRB_120。此时保存并离开场景，可以在场景外的私有库中找到刚刚创建的文件夹和保存的组件，因此保存功能也可以被用于跨越场景放置对应组件。如果加入了团队，可以从团队库部署组件。

2. 模型导入

前文已经讲解了模型资源管理器的使用方式。除此之外，平台还支持从平台外导入dxf模型的功能，可以满足用户个性化的放置需求。

如图5-9所示，点击“导入”，在电脑文件中寻找所需dxf文件，选中后点击“打开”就能导入平台。需要注意的是，此处导入只对场景生效，如果想要在自己的私有库中保留这一模型，需要对模型进行保存操作。

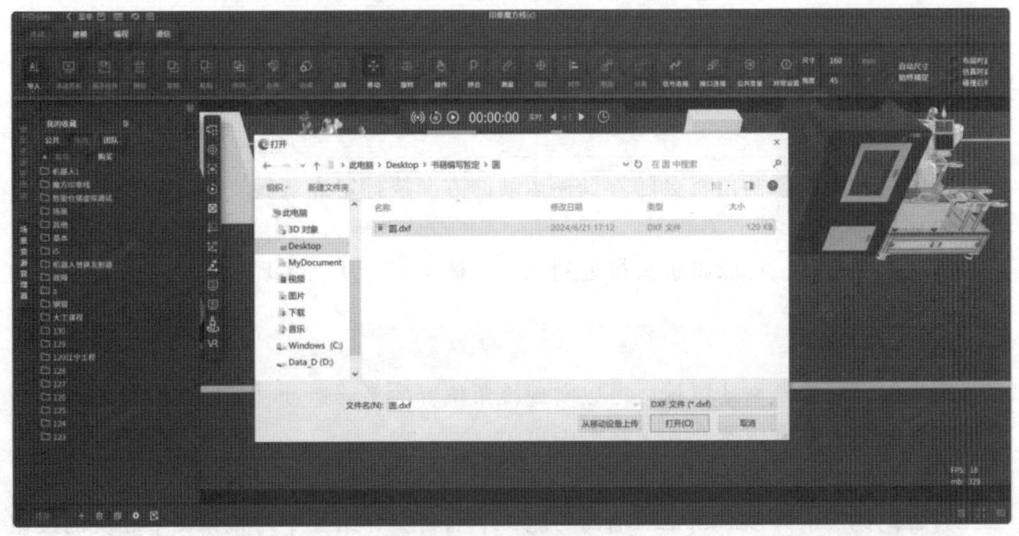

图5-9　DXF模型导入

3. 场景资源管理器

点击场景资源管理器，如图5-10所示，在之前的过程中，导入IRB_120和圆这两个组件。

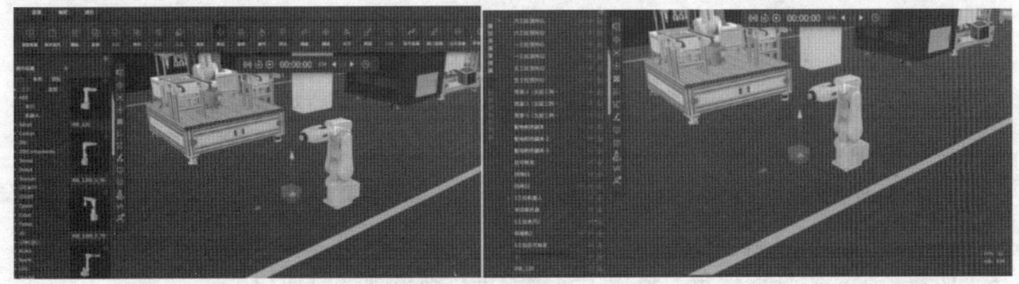

图5-10　场景资源管理器

在场景资源管理器中，便可以看到这两个组件。场景资源管理承担对场景中所有组件的管理工作。场景中所有组件都可以在场景资源管理器中搜索到。

在一些大型复杂场景中，常常存在一些外形被隐藏的特殊组件，在场景中难以寻找，而在场景资源管理器中搜索这些组件的组件名，通常来说，被隐藏的组件在组件名右侧有不可见标记，借此可快速寻找所需组件。

此外，场景资源管理器还可以实现对组件的分类管理工作。

点击“添加分类”，在管理器中增加文件夹。

选择组件，拖动到文件夹中，通过将组件放置于不同文件夹之下，可以实现对场景组件的分类管理。

5.1.3　视角调节

上一节中已经讲述了FDSIM平台中组件的导入方式。在对组件的操作和观察过程中，往往需要转换视角。本节将会讲解视角的控制方式。

1.鼠标调节视角

FDSIM平台中最基础且最常用的视角控制方式就是通过鼠标控制视角。场景的屏幕中心为标定点，通过鼠标操作可以改变视野与标定点的相对位置，实现视角调节。

（1）视角转动

按住右键点击，视角将会随着鼠标运动的方向绕标定点旋转。

（2）拉近与远离

滚动鼠标滚轮，可以将镜头拉近到视野的标定点，从而实现对场景细节的观察和控制。

（3）视角平移

按住鼠标滚轮，拖动鼠标，可以实现视角位置的平移运动，此时视野标定点也会发生平行运动，该点依然存在于视野中央。

2.侧面选项卡识图调节

侧面栏提供了许多对场景的辅助功能，下面将会介绍其中与视角调节相关的按钮的功能：

（1）相机视角

点击“相机视角”按钮，或使用Ctrl+F快捷键，可以保存当前相机视角，保存的视角可以以图片形式在这一功能下进行浏览，并在点击对应视角图片后切换视角。

（2）模型聚焦

在建模模式下选中组件中的某一部分模型，点击“模型聚焦”按钮，可以将视野聚焦到目标模型位置，视角实际所在位置也会接近对应模型，以实现对目标模型的仔细观察和操作。

（3）上帝视角

当场景较为复杂或组件较为分散时，点击“上帝视角”按钮，视角将自动转移至尽可能囊括全部组件的视角，适用于对场景进行整体观察时使用。

（4）相机位置

点击“相机位置”按钮后相机将会回正到场景中心点，适用于需要重置视角的应用情况。

（5）透视/正交相机

通常来说，场景会默认使用透视相机，在使用透视相机的情况下，场景视图符合近大远小的透视标准，适用于常规的场景搭建和展示。

当有进行俯视图观察等需求时，选择正交相机，可以避免由于透视产生的视图变形，展现更简洁清晰的组件图。

5.1.4　四大模式讲解

本节将会对顶部选项卡进行讲解。

顶部选项卡分为布局、建模、编程和通信这四种模式，在不同模式下，用户对场景的浏览和操作对象也有所不同。

1.布局模式

布局模式是FDSIM新用户接触的第一个模式。在这个模式下侧重对组件整体和组件间联系的调节。

在布局模式下页面左侧为资源管理器，可以拖动储存组件进入场景。此外，通过上方操作栏也可以对组件整体的位置、组件间的互动关系等进行调节。

右侧属性栏具备对组件部分属性的调节功能。其中较为通用的是对组件坐标的调整功能和对组件可见性的调整功能。此外，对于不同组件，其一些特殊属性在这一栏中也是可修改的。比如，对机器人而言，其节点的初始运动状态也可以在此处调节，如图5-11所示。

uuid:	DC158ACD-3F36-4268-A396-7652FA06
boolean:	
Axis1:	0
Axis2:	-90
Axis3:	90
Axis4:	0
Axis5:	90
Axis6:	0

图5-11　机器人节点初始状态调节

2.建模模式

在建模模式下，侧重于对组件内部网格和组件内部设置进行调整，用户在此模式下可以选择和浏览组件中的网格、行为和节点等元素的相关数据，并能够加以操作。在这个模式下可以对组件进行搭建和局部修改。

3.编程模式

如图5-12所示，在编程模式下可以通过左侧栏程序列表观察组件的程序。在FDSIM平台中，编程通过在程序列表中排列上侧选项卡中的动作（如线性运动、点对点运动等）实现，拖动程序能改变动作的执行顺序。

图5-12　编程模式

此模式可以实现对机器人组件的编程。需要注意的是，组件需要在建模模式下设置必要行为才能进入可编程状态。当组件完成信号发射和组件控制相关的必要设置后，在编程模式下选中此组件可在左侧栏的程序列表处看见Main标记，表明组件的主程序存在且该组件处于可编程状态。

4.通信模式

在通信模式下，可以实现组件与场景及外部设备的连接，进行虚拟调制和数字孪生项目的搭建和运行时，可以通过这一模式让组件相关节点与外界信号和运动数据连接，从而使得外界控制设备可以控制仿真场景中的组件做出命令动作，实现对现实控制功能的验证和现实受控设备在仿真平台的虚拟映射。

5.1.5 属性讲解

在不同模式下，可以通过右侧属性栏观察组件及其组成部分的各项属性，便捷调整组件状态。

1.组件属性

如图5-13所示，组件右侧有属性栏，可以展示当前组件位置、运行设置、状态、交互方式等信息。

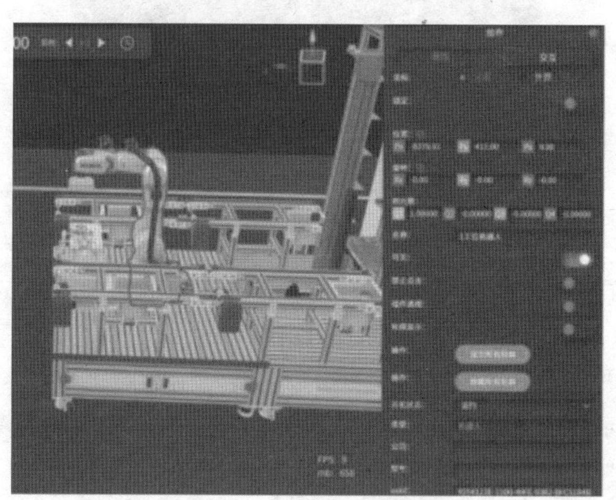

图5-13 组件属性界面

组件的位置和旋转数据意味着组件自身所在坐标位置和坐标角度与参照系坐标的位置和角度差。在世界选项下，参照坐标系为场景自身的坐标系。在父系模式下，参照坐标系是该组件在附加与拼合等操作下所选择的作为父系参照物的坐标。此外，单击Px，Py，Pz标识可让组件自身所在坐标位置及其旋转角度数据归零。

在属性框中，可以调节组件名称，也可以选择组件与轮廓的可见性与可操作性。当关闭可见性时，组件被隐藏，这一技巧可以用来隐藏工作中的信号发射器等控制组件。可以在工作中通过场景资源管理器迅速找到被隐藏的组件。

而Axis相关数据展现了设备节点与关节的当前位置。当机器人组件运动时，可以输入所需数据改变其当前动作。每个组件的uuid是独特的，因此可以通过uuid确定工作中同名设备之间的差异。

2.图形属性

从DBI模型中可以找到一些基础模型组件，通过这些组件可以了解属性的设置方式。

可以在组件的属性中设置变量，这些变量可以被应用于网格模型属性中。当完成number类属性设置后，可以直接在属性栏中修改length、height、width等属性。

进入建模模式，可以观察这一组件所关联的网格模型。而此处关联的长方体，通过直接引用属性的方式与属性产生联系。

在改变属性时，网格模型也将发生变化。

此外，number属性也可以作为变量，通过参与公式运算的方式确定模型各属性间的关系。

5.1.6　通用功能

本节将介绍布局、建模和编程三大模式中的通用功能覆盖各模式的特殊功能，目的是使各位读者对FDSIM平台形成更加具体的认识。

1.同名功能

观察各选项卡，可见在三大模式下，存在同名功能，如删除、移动、旋转、操作、捕捉、对齐。接下来将会对比这些功能之间的差异，展示其在不同环境下的应用。

（1）同名相异功能

一些功能在不同模式下名称相同，但是他们的功能并不相同。

①删除

布局模式下删除主要用于删除组件。在布局模式下选择目标组件，点击“删除”按钮，组件即被删除。

在编程模式下，可以选择目标程序，使用删除功能删除此程序。

在建模模式下，可使用删除功能删除组件行为和组件上的网格。

②移动

移动功能让用户对选中内容进行移动，不同模式下可移动内容和移动的逻辑会有所差异。

在布局模式下选中目标组件，点击箭头，可以沿着箭头方向拖动组件，让组件进行直线运动。也可以直接点击坐标框中心点，拖动物体按照鼠标轨迹做任意运动。此外，还可以通过调整属性列表上位置属性的方式实现和移动类似的功能。在需要精确寻找点位时可以使用此功能代替移动操作。

与删除功能相似，移动功能在建模模式下可以对选中组件上的网格进行移动。此外移动功能也可以用来移动节点，这对机器人和伺服控制设备的设置很重要。

移动网格的特殊性在于，网格具有自己的位置数据，在移动组件时，附属于组件的网格会在移动中保持相对位置，因此网格和网格所属的组件之间的位置差异会影响仿真时组件的运动效果。

如图5-14所示，编程模式下对机器人进行移动并不能使组件或模组本身直线移动，而只能使机器人按照一定规律跟随某一点运动。此处的机器人运动逻辑是由机器人控制器提供的，在实际应用中，这一运动可以移动机器人线性运动、点对点运动等编程设置的运动点，通过运动点组织机器人的运动路径。

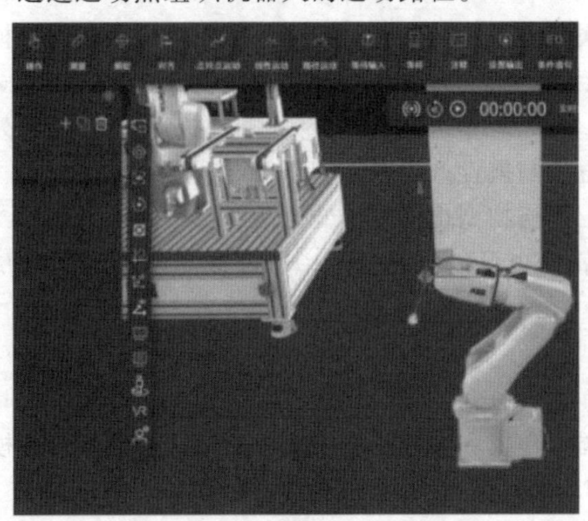

图 5-14　机器人跟随某一点运动

③旋转

旋转功能与运动功能类似，可以允许使用者使得选中目标旋转。

在布局模式下，点击“旋转”后，组件上出现球面坐标，点击坐标轴可以让组件整体向一个方向转动。

与直线运动类似，也可按住球面非坐标轴部分，控制组件按照鼠标运动转动。同时，转动操作会改变组件属性中的旋转属性，也可以通过改变旋转属性来代替旋转操作。

在建模模式下，通常可以用旋转功能来旋转某一网格或自由节点。除了用于优化组件自身的模型外观外，由于部分功能（如模型间交互、容器行动的方向判断）和其绑定的坐标框网格相关，所以旋转这一功能常常被用于改变坐标框方向，提高组件交互时的仿真效果。

旋转功能在编程模式下也可移动组件的运动点，使得组件依照其自身运动逻辑做出动作。此外，在仿真实践的过程中旋转功能也可以帮助组件对自身动作进行细微调节，减少与避免模型碰撞等通常不符合现实工作的现象。

④捕捉

捕捉是一个较为特殊的功能，可以使组件与目标被捕捉点重合，当机器人使用此功能时，其末端点运动将带动机器人运动。

在布局模式下，点击机器人组件，使用捕捉功能，将鼠标移动到平台组件上表面时，系统能够自动标出表面中心点，点击后可见机器人组件被放置于平台表面。建模模式下捕捉常用于对坐标框进行定位，以标定拼合等操作的交互位置。

如图 5-15 所示，在编程模式下捕捉功能会让机器人运动点捕捉到目标位置，这一功能可以有效简化机器人抓取操作在编程时获取运动点位的流程。

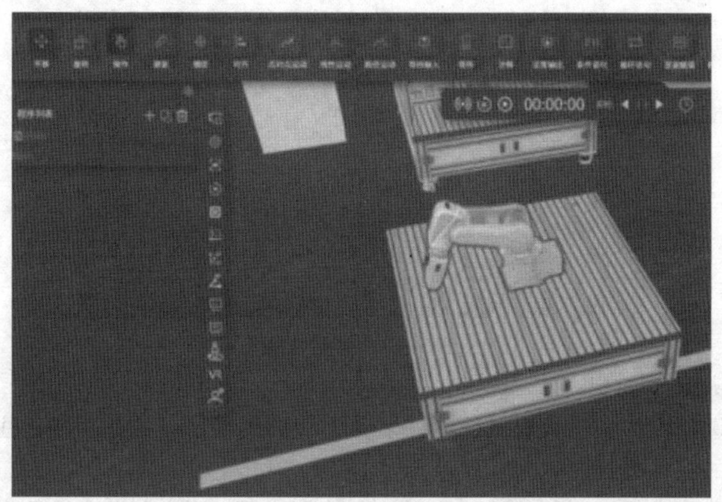

图5-15　编程模式下使用捕捉功能

⑤对齐

对齐功能可以让两个平面保持平行，常用以调整组件间相对位置。

首先选择对齐功能，接着选择机器人组件底部一点，之后点击要对齐的平面，此处选择平台组件上表面。

如图5-16所示，可见机器人底面与平台表面对齐。

图5-16　对齐功能的效果

在建模和编程模式下，对齐也能产生对应效果，实现操作的简化。

（2）同名相似功能

在三大模式中，存在一些名称相同的相似功能。用户在开发过程中可以更轻松地频繁使用这些功能，无须切换模式。

①测量

如图5-17所示，选择测量功能后，鼠标将变成近似于捕捉的点位选择。

选择两点后平台将建立坐标系，展现两点间距离和两点各个轴上的投影距离。借此可以获得组件之间的精确数据，以满足场景对组件间距离的精密要求。

②操作

选择操作功能，可对多节点组件进行操作。操作时只能操作一个节点，而节点变化会依据组件的节点间上下级关系带动相关节点运动。

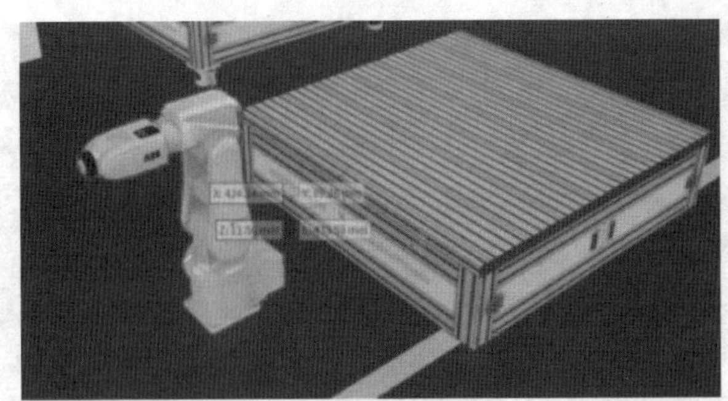

图 5-17 测量功能

2.异名功能

在功能选项卡中，三大模式也有许多各不相同的功能。这些功能往往也体现了三个模式各自的独特之处。

这一部分将介绍复制与粘贴、阵列、合并与选择、附加与分离这几个布局模式下的功能。

（1）复制与粘贴

点击目标组件，选择复制，点击希望粘贴组件的位置，点击粘贴，可在此处生成副本。

需要注意的是，粘贴位置最好是在可选取目标上，在无可选目标的地方粘贴可能导致副本实际位置不符合预期。

（2）阵列

当需要生成规律排列的大量副本时可使用阵列功能。

点击目标组件，通过加号增加阵列列数，通过x，y，z轴设置列延伸方向，通过距离和数量设置列上副本数量和延伸长度，以此可以产生大量副本，如图5-18所示。

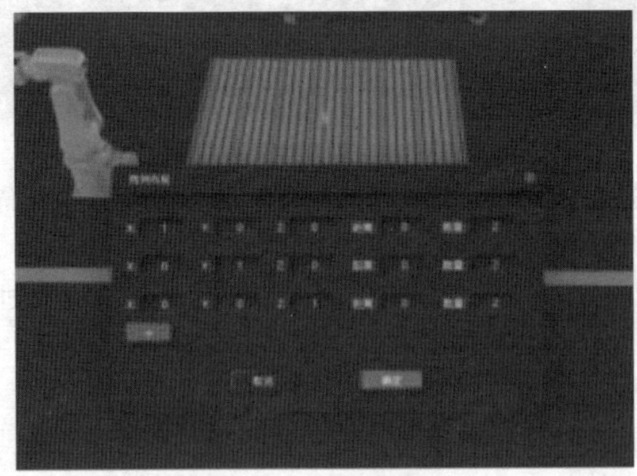

图 5-18 阵列设置界面

（3）合并与选择

使用选择功能可以框选多个组件，以实现批量操作的目的。框选两个机器人组件，点击合并，便可将两个组件合并成一个组件，使用移动操作时，可见两个组件共用一个移动坐标。

需要注意的是，组件的行为等设置可能在合并时消失，同时合并组件也可能无法附加部分功能，建议将合并用于装饰性组件而非功能性组件。

（4）附加与分离

选择附加功能，点击需要附加的组件，再点击被附加目标，可完成附加。

附加后被附加目标移动时，附加组件会与其保持相对距离，一同运动。此时附加组件的父系坐标将会以被附加组件的坐标作为原点。点击附加组件，选择分离，结束附加状态。

5.2 机器人组件仿真

5.2.1 认识六关节机器人

本节将介绍六关节机器人的基本知识，以及其在平台中的仿真方式。

1.六关节机器人

六关节机器人，也称六轴机器人，是工业生产中常用的一种机器人类型。对于六关节机器人而言，其负载大小、转动角度、内部程序决定了其适用的工业范围。负载轻速度快、生产工艺注重无尘化处理的小型六关节机器人可以被应用于食品药品制造和芯片制造等领域。而刚度更大、能够进行更高负载的大型六关节机器人则可被用于大型机械设备生产等重工业领域。

六关节机器人运动方式上的共性构成了其可在虚拟空间中进行仿真的基础。

顾名思义，六关节机器人一般内置六个伺服电机，构成其六轴（也可称关节），其中包含三个转动轴和三个摆动轴，一共为机器人提供了六个自由度。

（1）机器人与自由度

在机器人学中，自由度代表了机构具有确定运动时所必须给定的独立运动参数的数目，简单来说，当机器人运动时，其拥有的自由度对应运动数据都将决定其实际运动的结果。自由度较大时，机器人运动时的灵活性通常也较高，能产生更多样的运动结果。

如果将人类的手臂视作一台机械臂，则可以近似看作从肩到手指一共拥有七个自由度，这带来了人手在自然界与工作中首屈一指的灵活性。但是自由度较大时，机械机构也容易损失刚度，因此六关节机器人常作为一种兼顾灵活性和刚度的设计方案被应用于工业生产中。

（2）机器人结构

人们可以从机器人自由度的视角观察六关节机器人的结构，了解其运动特征。

六轴的具体情况如下：

一轴为转动轴，其伺服电机在与机器人底座的连接处，有较高承重要求，具备旋转的功能，可以实现机器人的左右大幅度转动。

二轴为摆动轴，二轴可以较大幅度控制机器人的前后摆动，实现工作时的伸缩动作。

三轴为摆动轴，可以进行上下摆动，在与二轴配合时，可以控制机器人整体臂展的伸缩，同时也能实现机器人与加工物体距离的精密控制。

四轴为旋转轴，可以在水平上进行较为自由的旋转。

五轴为摆动轴，可以进行上下摆动，精密调节机器人末端和目标的位置。

六轴为转动轴，作为机器人的末端。六轴往往具备法兰接口，因此通过六轴的转动，机器人可以与外接末端工具的法兰接口相连接，让机器人与目标加工工具拼合。同时，六轴也具备在加工中转动工具、调整加工点位的功能。

2.组件与设备

从机器人学的角度来说，可以把机器人的六个关节简化为运动副，而把机器人的部件看作连杆，由此便得到机器人的简化模型。

前文已经介绍了利用模型资源管理器在项目中导入现有组件的方法，但是平台组件库并不能包含所有组件。如果要真正掌握FDSIM平台的使用方法，那么需要对平台中的建模机制进行更加深入的了解。

加入建模模式，可见新建组件选项。在FDSIM平台中，组件往往代表现实空间中的物料和设备，作为仿真中参与交互的最小单元，属性、网格、行为、节点等元素都需要绑定于组件以产生作用。

点击“新建组件”，可以看见两个选项，即创建机器人组件和创建默认组件。当选择创建机器人组件时，会生成一个在节点和行为等方面都完成机器人设置的组件。

如图5-19所示，点击创建机器人组件后，新建组件会以一个组件标记的形式出现在场景中。虽然没有机器人模型，但是在右侧行为一栏中可见已经完成了和资源管理器中机器人相似的设置。

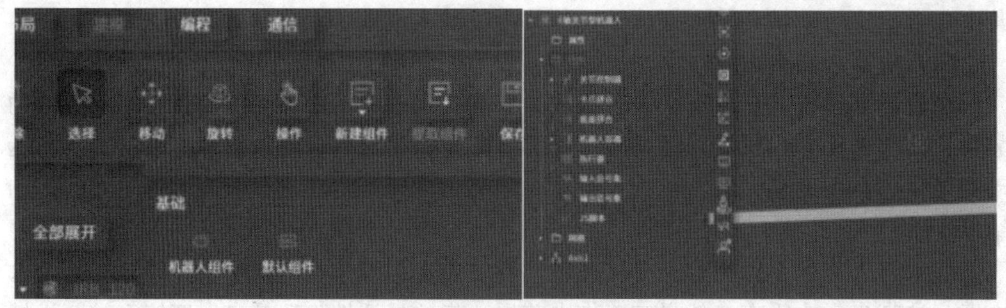

图5-19　创建机器人组件

点击下方Axis1按钮，与资源管理器中拖出的机器人相同，也完成了六个节点的设置。这样的节点设置与行为设置，可以实现从抽象的组件到具体设备虚拟映射的转变。

在组件和节点的下方，可以看见网格文件夹，这代表在此处可以配置网格模型，为组件提供可视化的部分。

行为、网格、属性、节点等元素都依附于组件存在。

网格具有一定的特殊性，其可以联系于组件所拥有的节点之上，此处节点可以视为组件的一种扩展。

在点击选择创建默认组件时，可见产生空白组件。此处默认组件产生最初形态的节点，没有经过任何设置，因而没有任何属性、行为、网格和节点设置。

点击组件后点击上方选项卡中的“新建节点”，可见下方出现新节点，场景中此时也产生了新的节点标识符号，但此时其与组件标识相互重叠，故不可见。

选中节点Axis后，再连续点击新建节点五次，就可以完成六个节点的设置。在连续点击新建节点时，新建的节点会自动接在原节点下方，这样就自动完成了节点在运动中从属关系的设置，位于下一级的节点将会自动跟随上一级节点的运动而运动。这样的机制实现了FDSIM平台对多关节机械臂运动的仿真。

5.2.2　认识网格

本节将会讲解FDSIM平台中网格的基本概念和与网格相关的操作技巧。

1.网格

在点击场景而脱离对组件的选择时，可以发现场景中组件标识符号消失，且无法在场景中选中组件。这是因为组件中并没有在仿真场景中可见和可选中的部分。

在仿真工作中，通常需要可视部分展现仿真结果。要实现这些功能，就需要为场景和组件设置网格。

网格，在计算机图形学中代表着由网格节点和网格边基于一定算法构成的一类图形。基于其对计算机系统的适用性，网格被广泛应用于虚拟场景之中。网格体现了近似和信息化的思想。

FDSIM平台会通过点的位置、图形面积、边缘长度等数据，构建网格的基础图形(如三角形网格)，再通过基础图形组合成所需目标图形。这使得网格可以在组成长方体等简单图形的同时，对不规则曲面等复杂图形进行近似，从而组合成更为多样化的模型，也能够更贴合实际生产中所使用的不同工具。

只要记录网格节点的对应数据，就能通过这些数据重新绘制出网格，也可以对这些数据进行基于算法的模型精度修改，在性能与场景展示效果之间进行取舍，灵活满足各种需求。

FDSIM平台也采用了网格技术来构建自己的模型库，这保障了平台中模型的可塑性和多样性，以应对更多更复杂的工业场景要求。

2.FDSIM中的网格

(1) 基础网格

在FDSIM平台中，可以从建模模式下的导入网格和基础网格这两个选项中获取网格模型。其中，基础网格负责提供简易且通用的网格模型和网格修改方案，通常被用于仿真开发工作中的实验和辅助部分。而导入网格则允许用户将更为复杂的网格模型导入到场景中，一般用来组成场景中的仿真设备。

网格基础中包含了多种简单的几何网格模型。除了坐标框这一特殊网格之外，其他基础网格都是基于点与线构成的基础图形。

为组件选择圆柱体网格后，对应圆柱体网格便出现在组件所在位置。正如前文所提及的，网格模型可以通过算法进行较为简易的修改，在FDSIM平台中，可以通过预设的接口进行无代码修改。

如图5-20所示，此处顶半径和底半径决定了圆柱体顶面和底面的大小。可以按照需要修改此类数据，让模型符合工作需求。

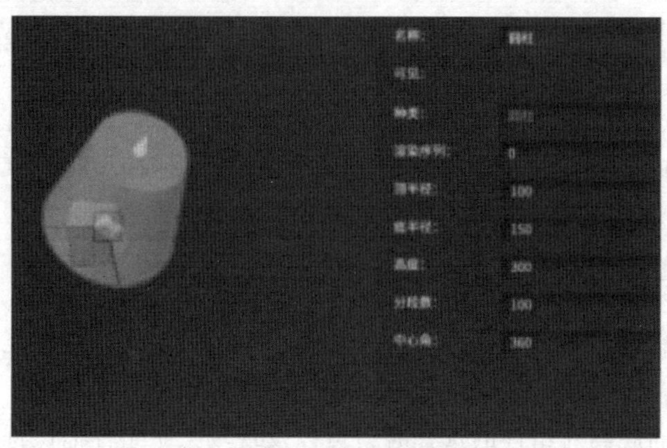

图5-20　基础网格修改

此外，还可以通过修改分段数增减模型的网格节点，改变模型精细度。对底半径进行修改，可见模型从圆柱被转变为圆台。通过提高分段数，模型的曲线更为平滑，模型的精度更高。

此时在场景中直接点击圆柱体，可见左侧显示组件信息，在布局模式中，所选中的是网格所在组件，而在建模模式中选中的则是网格，由此可见，网格模型构成了场景中可看、可与用户交互的部分。

需要注意的是，网格、组件和节点都拥有自身的位置坐标，这意味着可以设置其中一项的位置而不影响其上级位置，而上级位置的变化将影响下级的位置变化。

如图5-21所示，将圆柱网格放置于节点之中，移动节点后，网格随着节点位置的变化而变化，但是组件位置没有变化。

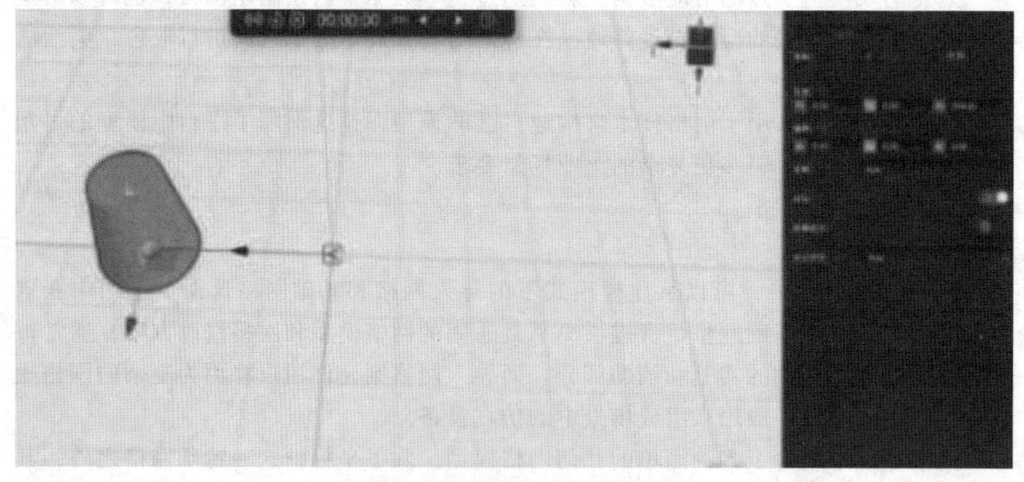

图5-21　通过节点控制网格变化

这样的机制意味着可以通过节点的变化控制网格变化，同时可以让节点不局限于组件，相对更为自由地进行运动。

这使得组件可以在自身整体不受影响的情况下控制其下属节点带动网格模型进行运动，从而使得平台的仿真结果获得了可视性。

（2）网格操作

操作作为网格模型的上级，通过对操作相关参数进行修改可以实现对网格模型的功能扩展。

现在介绍克隆操作。选择克隆操作，将网格放置于其下，可以使得长方体模型受到克隆影响。

点击“克隆”，可对克隆进行设置。其中个数代表克隆体出现的数量，而tx，ty，tz代表克隆体之间间隔的距离和方向。Ry则决定了克隆体每次出现时旋转的角度。克隆体在此处按照设置的间隔距离在对应方向上产生，并发生了旋转。

（3）网格的控制

控制类指令允许用户对网格的基础属性进行修改。与操作相似，将网格置于控制之下，就可以对网格产生影响。

变换是常用的网格控制方式，其可以实现对网格方向和旋转角度的改变，同时还可以对网格的属性进行改变进而控制网格模型变化。

（4）坐标框

此处要介绍一种特殊的网格，被称为坐标框。

和一般网格不同的是，坐标框在场景中显示的模型很小，选中坐标框后，其模型的外观将放大，以便于用户查看和操作。

相较其他网格提供可视可交互的部分，坐标框的主要用处在于确定行为的位置。

坐标框的特殊之处在于，其可以被平台中许多行为所识别，以确定这些行为所在位置。

如图5-22所示，在设置接口坐标时，卡爪位置将会在此处“坐标框”一栏中被识别，可以选中作为拼合的实际位置。

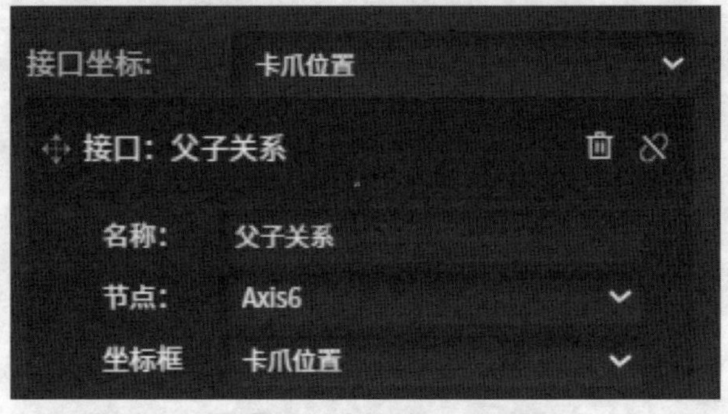

图5-22　卡爪设置坐标框

（5）网格导入

除了基础图形之外，还可以通过网格导入，将更为复杂的图形导入组件中。点击上方网格导入，选择所需设备部件，就可以将网格导入场景之中。

导入功能与组件资源管理器类似，其具备公共库、私有库，同时也支持本地资源导入。

导入功能允许用户将更为精细的模型导入场景，从而构建更为准确的仿真系统。

5.2.3　机器人的搭建

5-1

机器人搭建

本节将继续完善机器人组件的各个组成部分，直到完成机器人的搭建（视频参见二维码5-1）。

1.仿真机器人的行为组成

在浏览了机器人各部分设置后可以发现，一台完整的机器人除了拥有可视且仿真的网格模型之外，其主要设置在于“行为”一栏中。

在FDSIM平台中，“行为”可以理解为设备的功能设置，一般决定设备“可以做”的部分。

接下来将会介绍最基础的机器人行为设置方法。

（1）机器人控制器

如图5-23所示，在建模模式下在上侧栏找到“添加行为”按钮，在其中可以找到“机器人学”这一部分。

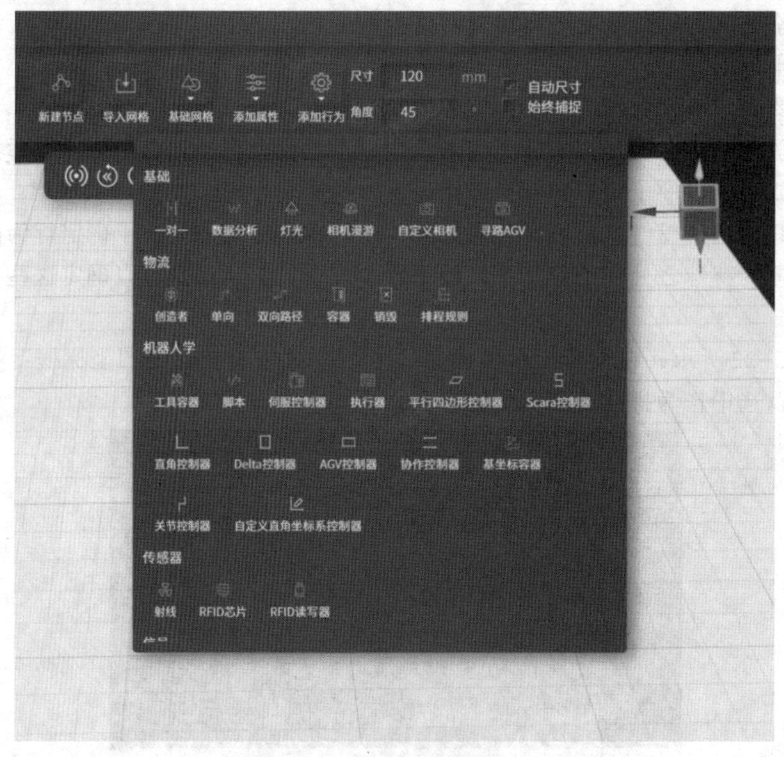

图5-23　机器人控制器添加

此处存在多种控制器。

FDSIM平台中，机器人控制器负责为机器人提供其运动逻辑，对仿真中机器人的动作起到控制作用。

所谓运动逻辑，就是机器人控制器会决定机器人中每个节点在运动中的运动方向、运动幅度等，使得仿真组件的运动与现实中的机器人关节运动相吻合。

本节将主要介绍关节控制器，这是一类对六关节机器人进行仿真的控制器。

点击组件上的关节控制器行为，在右侧的行为信息栏中可见该关节控制器行为的进一步设置选项。

如果使用已导入FDSIM平台的型号进行仿真，可以跳过对这部分数据的具体设置过程，直接获取和导入对应型号数据。

点击型号一栏的选项卡，可见其中存在多种不同品牌与型号的机器人选项。此处示例选择ABB品牌下的IRB_120机器人。

完成机器人型号选择后，需要完成这一型号关节参数的导入。点击节点，可见阵列布局选项。

在FDSIM平台中，不同类型的机器人控制器具有不同数量和从属关系的节点要求，满足节点的数量要求和从属关系的情况下，在阵列布局中正确选择节点排布，才能完成机器人关节参数对节点的导入。

上一节已经完成了符合关节控制器的节点设置，也就是设置六个节点，并且让每个节点从属于上一节点。

接下来需要正确选择节点排布来完成关节参数导入。

如图5-24所示，由于每个关节的参数不同，需要依照从属次序依次选择六个对应节点来保证关节参数的正确导入。

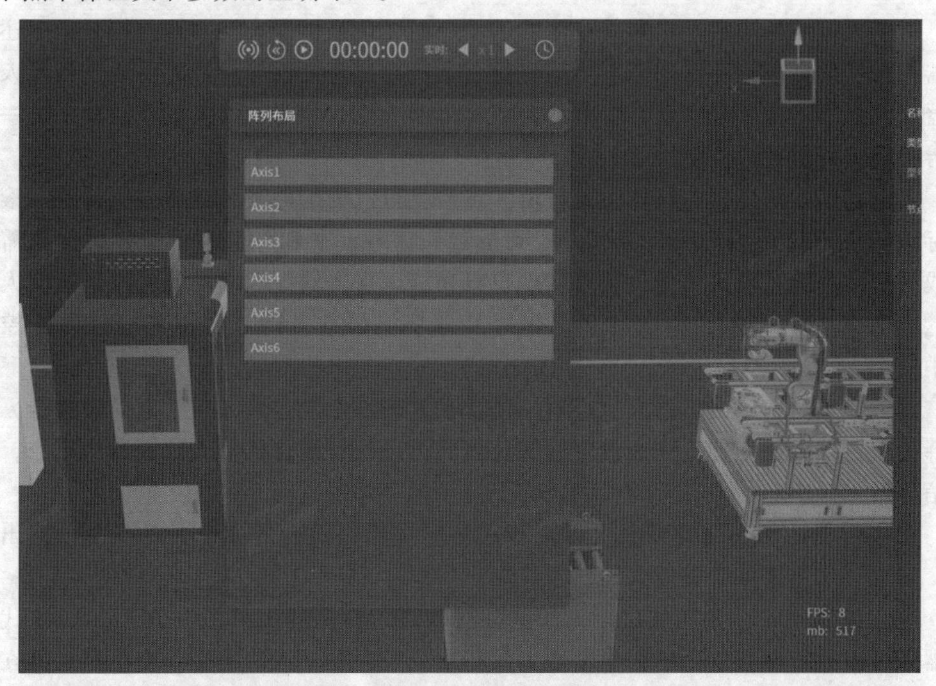

图5-24　机器人关节参数导入

在本节的示例中，采用较为简单的机器人模型，使得关节导入更为简便，但是在实际工作中，也存在带有更多节点的六关节机器人仿真，这些机器人上的额外节点来自机器人的其他功能，并非机器人的关节设置。

面对这种情况，就需要按照节点名称仔细寻找对应节点进行排布。完成顺序选择后，点击应用完成导入。

如图5-25所示，完成导入后可见场景中节点已经按照机器人的关节结构进行排列，点击机器人节点，可以看见机器人的节点已经完成了运动设置。观察行为下机器人控制器中的关节和连杆参数，可见参数也按照ABB_120的要求完成了导入。

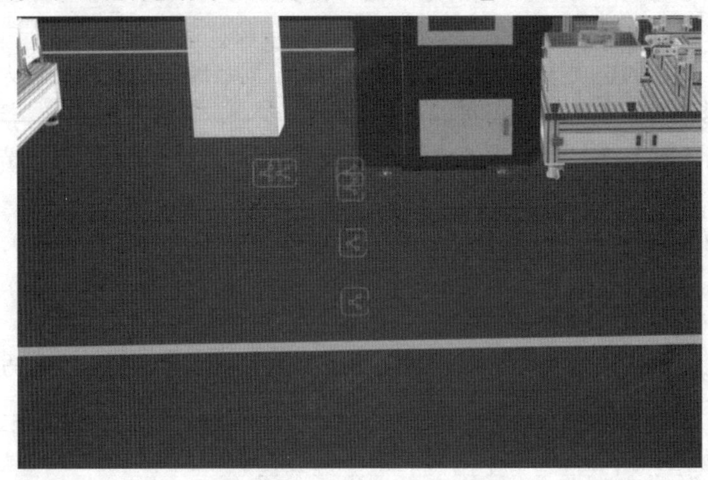

图5-25 完成导入后场景

(2) 机器人执行器与机器人信号

机器人控制器决定了机器人具体的运动，而无论是机器人控制器的控制指令还是机器人自身的抽象指令（如抓取物品、仿真运行中拼合夹爪等）都需要通过机器人控制器以及机器人信号来实现。本节将会结合机器人执行器与机器人信号设置来进一步完善机器人的搭建。

点击行为，可以找到机器人执行器。点击就可以为组件设置机器人执行器。滚动鼠标滚轮以下拉行为选项，就可以找到机器人信号。在FDSIM平台中，机器人需要完成最基础的输入输出信号设置以实现自身功能。点击输入和输出就可以给机器人添加这两种信号。布尔、整数和字符串等其他功能的信号则可用于其他行为的控制之中。

设置完成后，点击机器人执行器，可以在其属性中设定输入与输出信号集合，并选择关节机器人控制器。完成设置后执行器就可以执行来自机器人控制器的指令，并对信号做出反应。

在执行器的动作配置处，可以选择在对时和错时执行的命令，以及命令输出端口。而这一切主要基于机器人的信号控制。

进入编程模式，在完成机器人的基础行为设置后的界面如图5-26所示，这代表机器人可以进行编程，否则会显示缺少执行器或控制器，无法编程。当机器人处在可编程状态时，可以点击上方选项卡中的设置输出按钮，添加第一条程序set out端口0。此处程序的含义是从端口0输出信号。

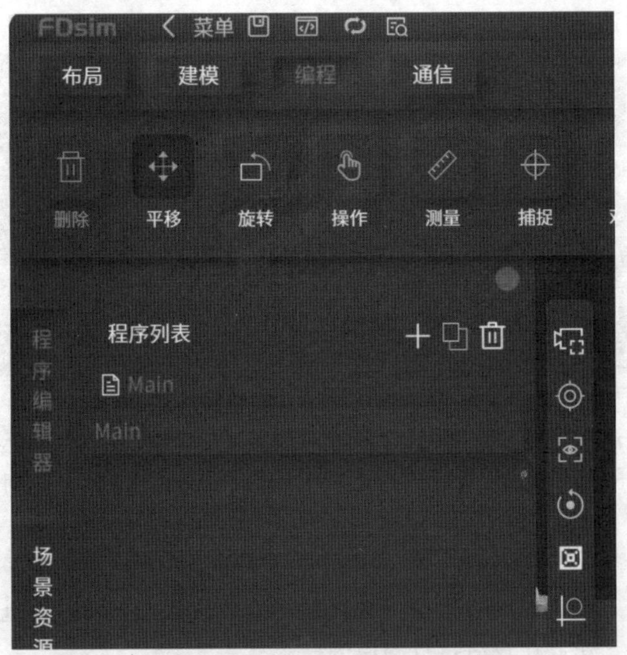

图5-26　基础设置完成界面

点击这一程序，在右侧动作属性栏中可以看见动作类型、端口和值。其中端口代表信号发射端口，值则代表发出信号的正负的对时和错时。

当对应端口输出信号和执行器中设定信号相同时，系统会按照信号的对时与错时执行如抓取、释放等工作。除了对控制器中的动作进行控制外，平台也允许组件与组件之间进行信号连接。点击上方选项卡中的信号连接选项，可以打开信号蓝图，查看信号端口的连接情况。

信号蓝图中“组件”就是我们所创建的机器人的组件名，其左侧0代表输入端口为端口0，右侧0代表输出端口为端口0。

在信号蓝图中可以通过端口间连线的方式连接组件信号。

当现有所有端口全部被占用后，系统会显示新的端口用以连接。机器人最多拥有32个端口，即端口0—端口31。点击端口序号可以更改序号，同时平台也会将这一端口更改为序号所对应端口。

2.网格导入

5-2

机器人网格导入

当完成了机器人的设置后，机器人依然无法在仿真场景中可视，使得进入建模以外的模式时机器人不可见，也难以对机器人进行进交互和修改。现在开始讲解机器人的网格模型导入过程（视频参见二维码5-2）。

回到建模模式，点击导入网格，可以看见此处的网格模型库，因为此处导入的网格模型不是完整设备模型，而只是设备的一部分，所以也称为零件库。

与模型资源库类似，网格模型库中也分为公共、私有和团队三个部分，用来存储不同来源的模型。

点击选择ABB120*，则可以查看ABB120的零件，接下来只要依次导入，就可以完成机器人组件的网格导入工作（如图5-27所示）。

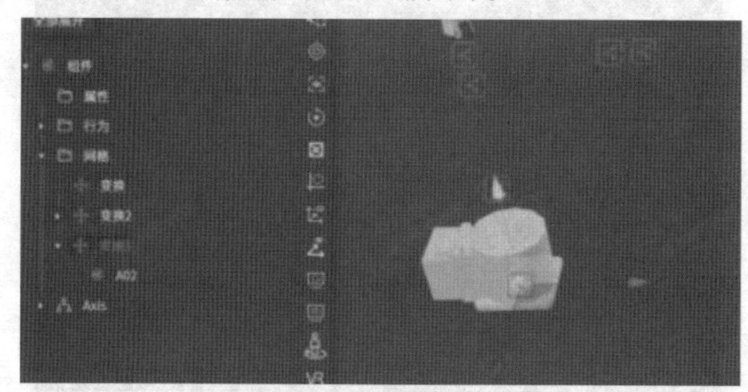

图5-27　机器人网格导入

仿真机器人的网格模型实际上绑定于对应节点，会随着节点的运动而运动，通过这样的方式实现对现实中机器人运动效果的模拟。因此在网格导入时也需要按照机器人节点进行导入。

在之前的章节中，已经通过关节机器人控制器的阵列布局完成了对节点的相关参数设置，因此导入节点的网格模型将会处在正确的位置上，无须再进行调整，这也是将导入模型这项工作放在较后执行的原因。

首先点击组件，导入base模型，这一模型不在节点上，而是作为机器人底座处在组件位置。

如图5-28所示，在节点1中导入joint1，为一旋转轴。其后以此类推，为所有节点依次导入对应模型。

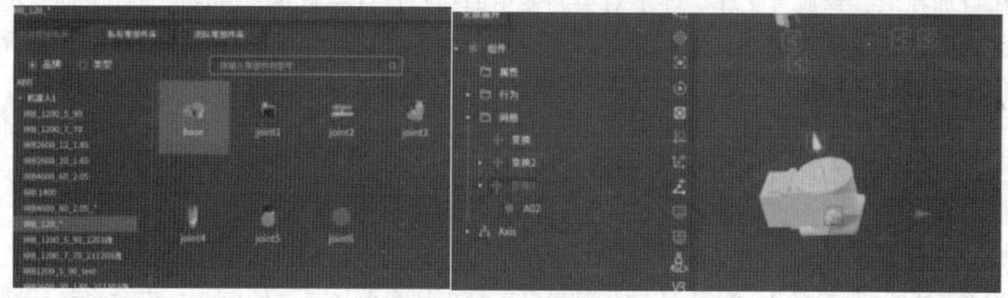

图5-28　机器人第一轴导入

当所有模型导入完成后，便拥有了可视的，且完成行为功能设置、能够进行信号连接可编程的仿真机器人。

下一节中将利用该机器人进行简单编程，并对FDSIM平台的仿真功能进行展示。

5.2.4　仿真展示

在本节中，将通过前文中设置好的机器人展现仿真的基本流程和相关知识。

1.仿真面板

图5-29为仿真场景的基础面板。点击右侧箭头，可以在开始仿真后调节仿真速度，需要注意的是，少数场景可能在高速下出现误差，影响仿真结果。点击结束仿真后，可以将场景中各组件的各个部分属性恢复到初始值。

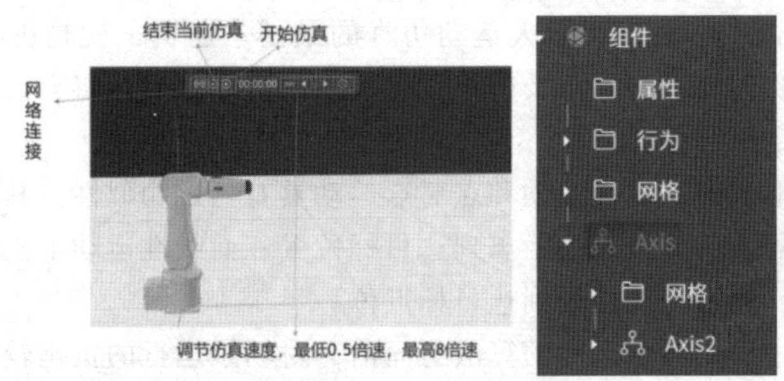

图 5-29　场景仿真基础面板

如图 5-30 所示，选择一个节点，在右侧就可以查看节点参数，其初始值决定了组件在结束仿真后复原的值，在节点中将会影响节点所在位置，从而影响仿真设备的运行结果。

图 5-30　节点参数修改

2. 机器人的运动编程

(1) 三种运动形式

进入编程模式，在上方选项卡可以看见如图 5-31 所示的选项。这三种运动形式具有一定的共性，点击“点对点运动”，可见机器人前端出现点 p1。

图 5-31　运动选项卡

将对机器人进行运动编程的过程看作对机器人示教过程的仿真。此时可以点击机器人前端箭头，也可以通过捕捉功能获取目标点，或直接改变目标点的坐标，最终改变 p1 点的位置到达目标位置。

点击“结束仿真”按钮，让机器人恢复初始值，此时再点击“开始仿真”按钮，会看见机器人运动到目标点所在位置。

在FDSIM平台中，对于机器人运动仿真的最基本逻辑，就是机器人在收到运动指令后，会按照机器人控制器以及节点设置提供的运动逻辑，将自己的运动端点从当前位置移动到指令坐标位置。

在三种运动形式中，线性运动和点对点运动具有一定相似性。其中点对点运动会更倾向于旋转机器人，从最近的距离到达目标位置，而线性运动下机器人会尽可能避免运动中的旋转，通过直线路径到达目标点位。

在实际工作中，点对点运动的算法更简洁，对场景运行的负担较小，可以避免因此出现的场景运行错误，因此应用较多。但是在某些情况下需要避免机器人的多余动作，则使用线性运动。

选择路径运动后，点击“选择路径”，再点击想要获取路径的曲线，可以选择这一路径。点击“生成路径”，会生成对应路径的运动点位。通过这种方法可以较为简易地获得曲线路径。

（2）异常设置

仿真的作用之一，就是在虚拟场景中发现现实仿真对象的设计和运行错误，对实际生产工作做出指导。如图5-32所示，FDSIM仿真平台可以对场景中的运行异常进行提示和暂停仿真。

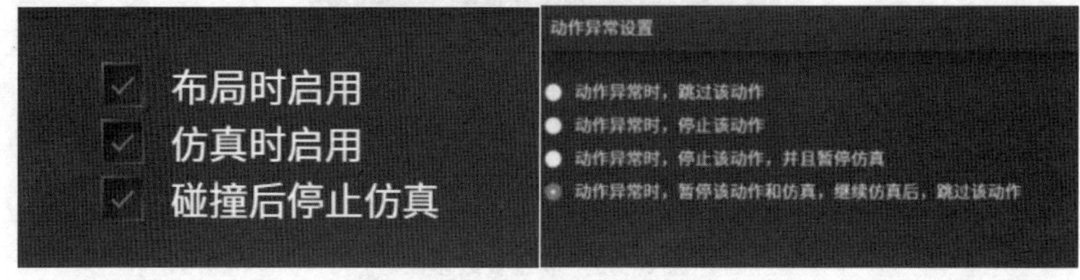

图5-32　仿真异常设置及提醒

①碰撞停止

设备的碰撞在现实中很多生产场景下是非常危险的，当要搭建一个仿真场景验证现实方案中碰撞的可能性时，就可以使用FDSIM平台中的碰撞警报功能。进入布局模式，选择“碰撞后停止仿真”，一旦场景中出现碰撞，场景将会停止。

②动作异常设置

除了碰撞之外，在实际产线中也要避免出现动作异常的情况，通常来说，要避免机器人离目标点过远，或者目标点在机器人的运动死角处，导致机器人无法完成设定程序的情况。在FDSIM平台中，可以进行动作异常设置，对异常情况进行监控。

在布局模式下点击上方选项卡中的“异常设置”选项，选择异常设置，可以按照需求设置遭遇动作异常时的仿真场景。此处展示第四种，也就是默认选项中的仿真结果。

在进行运动编程时，可以设置一点在机器人运动范围之外，可见此时场景已经检测到动作不可行，显示为红色。

当执行到不可行命令时，机器人将会停止运动，此时仿真场景暂停，不再进行下一步运动。

依据设置，此时再次点击“开始仿真”按钮，机器人将会跳过这一命令，完成第三条命令。

用户可以按照需求选择对场景错误的应对方案，以实现对仿真系统的充分利用。

3.机器人等待

（1）等待输入

等待输入指令的含义是，机器人需要等待自身对应端口接收到信号，才能进行下一步运动（等待输入指令端口如图5-33所示）。

图5-33 等待输入指令端口

再放入一个机器人，如果需要让小型机器人在大型机器人运动后再运动，就可以为小型机器人设置“等待输入”指令，同时为大型机器人添加“设置输出”指令。

如图5-34所示，进入信号蓝图，连接机器人信号。将大型机器人IRB2600的输出0端与小型机器人IRB120的输入0端连接。

运行场景，小型机器人会在大型机器人运动之后运动，这是因为大型机器人在运动结束后会执行设置输出命令，大型机器人输出端口0与小型机器人输入端口0连接，所以其输出端口0命令结束了小型机器人对自身输入端口0命令的等待。

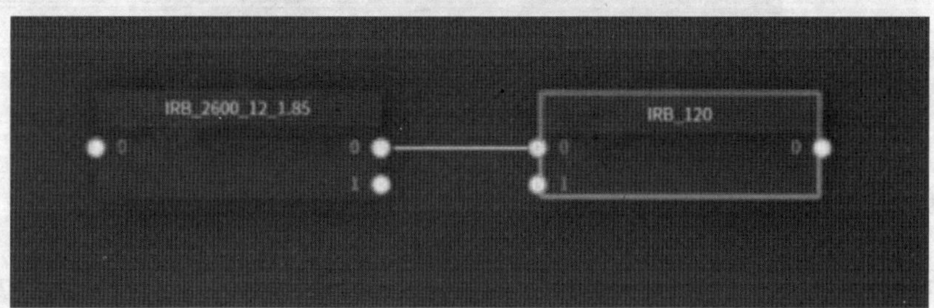

图5-34 机器人信号连接

（2）等待

当只需要等待固定时间时，也可以直接使用“等待”指令。设置等待指令，就可以让机器人等待固定时间，在动作属性中可以调整等待的时长，其单位是毫秒。

5.2.5 机器人的轴配置

六关节机器人存在奇异点，同时存在自由度丢失的可能性，为此仿真平台中也完成了对机器人轴配置的模拟，并且完善了其控制方式。

在编程模式下为机器人设置点对点运动后，该运动具备配置这一选项。

机器人默认配置序号为0，一共有七种可供选择的配置，而用户如果更改配置，那么机器人的运动方式就将发生变化，在某些情况下设置可能导致原本的运动出现错误。

要理解轴配置的意义，就需要了解机器人的控制方式。

1.示教模拟

在FDSIM平台中，基于六关节机器人末端执行器所在点确定机器人运动轨迹的方式是对现实工作中机器人示教器使用的一种模拟。这种模式直接从用户对机器人的动作需求出发，用户在示教过程中为机器人确定了末端点位置，从而确定了机器人的运动的路径。

如图5-35所示，在机器人被搭建时，其连杆相关参数（也称为“DH参数”）可以映射其末端执行器的位置和姿态，同时雅可比矩阵可以在动态运动中映射出末端执行器的速度和角速度。

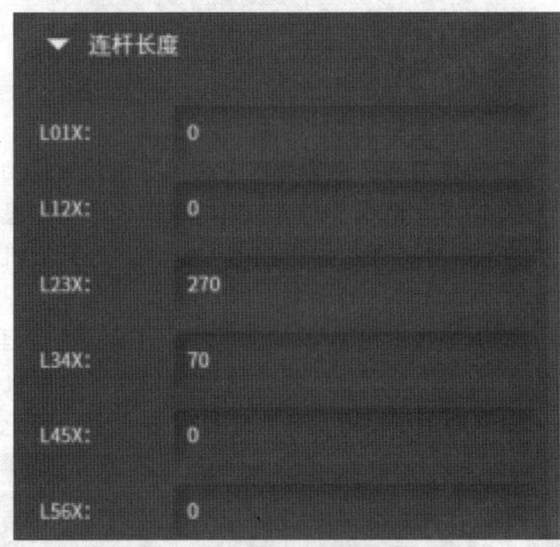

图5-35　机器人连杆参数

由此可见，机器人的运动是通过对机器人的结构信息和运动信息的计算得以实现的。

当机器人完成基本的设置后，其具备了相对确定的连杆长度，以及机器人运动速度等信息，而要实现机器人的具体运动，则需要在这些基本信息的基础上，对末端点位置进行雅可比矩阵的逆解，即借助末端点的位置和姿态，结合机器人完成设定的运动速度等信息反推出运动中各个时间点其他点所在的位置和姿态。

2.奇异点

当对雅可比矩阵进行逆运算时，需要面对奇异点问题。

从数学角度来看，雅可比矩阵在奇异点下行列式计算结果为零，无法进行逆运算，即无法逆运算出各节点的运动状态。

从机器人的角度来看，在奇异点下，雅可比矩阵的秩将会丢失，机器人对应节点的自由度也将丢失，这使得机器人无法进行运动。

当机器人4、6关节平行，其存在不同关节运动情况下末端点运动状态不变的情况。这意味着关节运动对末端点运动的控制能力丢失，此时便可以称为机器人自由度丢失。如果在此处将机器人实际运动和数学含义相结合，就可以认识到奇异点对机器人的影响。当出现机器人关节运动无法影响末端点位置的情况时，雅可比矩阵的逆运算无法得出单一解，也就无法计算出机器各个节点的运动状态。

为了解决这一问题，需要引入机器人配置功能。六关节机器人存在3个奇异点，分别为腕部奇异点、肘部奇异点、肩部奇异点，其中腕部奇异点与4、6关节的运动状态有关，肘部奇异点与3关节的运动状态有关，肩部奇异点与1、6关节的运动状态有关。在奇异点的影响下，1、4、6这3个关节（转动轴）在末端点确定情况下分别面临两种转动情况（按照转动角度，可以简单划分为正与负两种状态）。这意味着虽然不能直接通过对末端点进行雅可比矩阵逆解得出机器人准确的运动状态，但是机器人实际运动状态只有8种状态（2^3）。因此只需要分类讨论8种状态下机器人的运动状态，就能覆盖机器人的所有运动情况。这也是配置序号0–7的来源，其实际代表的节点间位置关系如图5–36所示。

cfx	相对于axis 1的中心	相对于lower arm的中心	axis 5角度
0	在前面	在前面	正
1	在前面	在前面	负
2	在前面	在后面	正
3	在前面	在后面	负
4	在后面	在前面	正
5	在后面	在前面	负
6	在后面	在后面	正
7	在后面	在后面	负

图5–36　机器人节点位置关系

3.仿真应用

默认情况下，机器人的配置序号为0，其节点1，4，6的转动为正。当配置序号为3时，其节点1为正向，节点4与节点6为负向，此时其运动状态便如图5–37所示。在通常的工作中，只需要使用配置1的形式就能完成任务，但是实际生产和仿真的过程中，可能需要让机器人节点在其他方向上进行运动，以避免机器人出现模型碰撞等情况，此时就可以更改配置以改变机器人的运动形式。

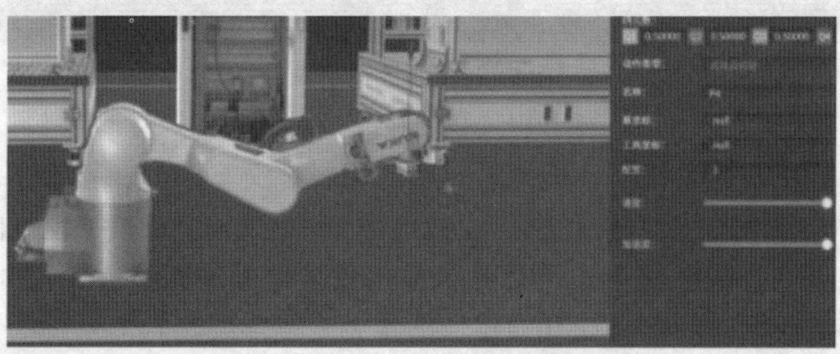

图5–37　机器人运动姿态

5.3 物流与仿真

5.3.1 物料流

本节开始将讲解组件与组件之间交互方式，作为一款以生产线仿真为主的虚拟仿真平台，FDSIM平台最常见的组件间交互便是基于物料流的交互。本节会讲述物料流的基本知识和仿真平台中与物料交互相关的基本概念。

1.物流与物料流

在上节中，完成了对关节机器人的搭建。关节机器人常用于抓取与搬运等运输功能，也会进行螺丝装配和喷涂这样的加工功能。若是失去了搬运抓取和加工的对象，那么机器人的作用也就无从体现。因此，无论是在虚拟平台还是在现实生产中，与设备交互的物料和物料流都是生产流程的重要组成部分。

在现实中，生产企业习惯将最终产品之外的、在生产领域流转的一切材料（不论其来自生产资料还是生活资料）、燃料、零部件、半成品、外购件以及生产过程中必然产生的边角余料、废料以及各种废物统称为“物料”。而物料流是指原材料、外购件、半成品、零件、组件、部件，从加工、检验、装配、试验、存储、运输直到产品出厂的全过程。

在虚拟仿真中，物料的概念则会包含各种基于物料流流类程序设计参与组件交互的特殊对象，其所反映的现实对象可能包含最终产品。这是因为机器人与最终产品的交互和机器人与原料等物料的交互在运动方式和抓取逻辑上存在一定相似性，可以使用相近设备实现。因此在虚拟平台中可以用类似的运动模型和组件对物流进程进行仿真。现实中对于最终产品的“物流”管理工作也是虚拟仿真平台的仿真对象之一。

在FDSIM平台中，将此类与虚拟平台定义下物料交互直接相关的组件行为称为物流行为，承担对现实中物流与物料流的管理和具体操作的仿真工作。物流选项卡如图5-38所示。

图5-38 物流选项卡

2.虚拟物料

在上一部分中阐述了现实和虚拟平台中的物料定义与差异，接下来，将更具体地介绍FDSIM平台中的虚拟物料概念。在前面的章节已经讲述了一般组件的部署、搭建和基本仿真概念。但是这类组件通常只使用信号控制等间接方式与其他组件互动，如果需要进行抓取这样的直接交互动作，则首先需要部署物料类组件。

在FDSIM平台中，物料被定义为一种特殊的组件，这类组件是场景中其他组件通过物料类行为（如创造者）在仿真开始后产生的某一组件的副本。物料类组件可以与其他组件产生直接互动，例如，被设备类组件抓取、被传送带运输或被组件行为产生和删除。物料实现了FDSIM平台对生产运输等实际生产过程的动态仿真。

物料通常选取项目场景内的组件作为其复制对象，产生的复制品可以复制目标组件的组件设置（如行为、属性、节点等），同时复制品依然具备物料特性。这意味着物料同样可以进行行为设置，在一些场景中承担产品容器或工作设备的角色。在下一节中，将会详细阐述物料的创生及其在仿真中的作用。

5.3.2　物料与点对点物流

在上一节中介绍了物料及物料流的基本知识，接下来将讲解如何在FDSIM平台中创建物料。

1.创造者与容器

在FDSIM平台中，物料的创建方式和一般组件不同，通常通过预设在一般组件上的创造者行为在仿真开始后创建物料。

在创建物料前，首先要创造者所在的组件。如图5-39所示，在魔方—音响线场景中，我们将复制一个载物台作为创造者和物料容器。为了讲解物料的生产和放置过程，此处去除了其上的容器行为。

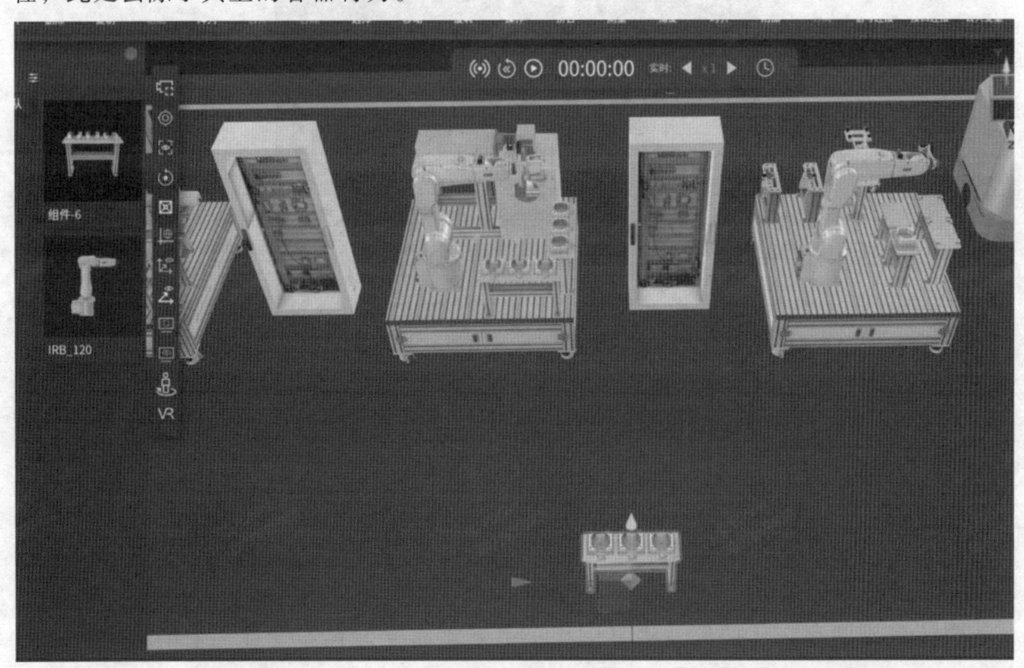

图5-39　创建载物台

复制场景中的载物台，也可以将载物台保存至私有库中，点击“添加行为”，在物流中找到创造者行为，点击添加创造者。

在载物台组件的行为中选择创造者，在右侧属性中可以对行为进行调整。其中，在产品一栏中可以选择物料的复制对象，通过对间隔和数量的调节可以决定物料的生成频率和物料生成的最大数量。

信号这一栏决定是否使用信号接收的方式控制物料生成，未选择信号时，创造者将会在仿真开始后按照频率和数量生成选定的物料组件，而选择对应信号后，创造者将会在接收到对应信号时生成一个选定物料，此时物料生成的频率和数量将由控制信号决定。

此处使用场景中的音响成品作为物料原型，需要注意的是，物料原型必须先放置在场景中，之后生成的物料都将是这一原型的复制品。

除了创造者之外，要让物料出现在场景中，还需要为创造出的物料选择其在场景中所存在的位置，在FDSIM平台中，需要通过容器行为实现这一功能。在添加行为的物流选项中可以找到容器行为，点击后可见组件获得容器。

如图5-40所示，点击容器，查看容器属性，此处所调整的主要是容器的容量、位置和控制信号。

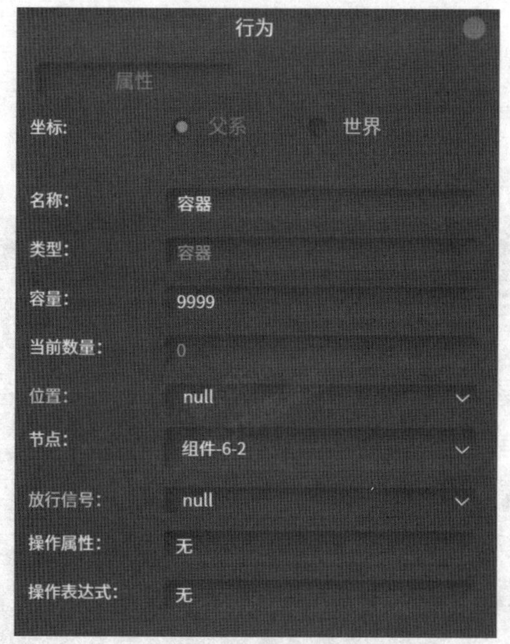

图5-40　查看容器属性

容器的容量，顾名思义，就是容器所能装载的物料组件数量。当容器内物料数量已满时，容器就会停止接收来自上一环节的物料，等容器容量出现新的空缺时，上一环节滞留的物料可以继续进入容器中。

要让容器的存在从抽象变得具体，接下来就需要为容器设置一个场景中的实际位置。

在上节中已经提到了“网格”中的坐标框一般被用于定位。

在容器定位工作中，位置决定了容器的位置，而节点则决定了容器所绑定的节点。

通常让容器位置选定的坐标框的位置和节点中所选择位置相同，这样定位用坐标框的位置在任何情况下都与容器实际位置相同，通过调整坐标框也可以迅速改变容器的实际位置。

如图5-41所示，为载物台添加坐标框。点击坐标框，可以用捕捉功能将坐标框放置到目标位置，作为一种网格，也可以使用旋转和移动对坐标框位置进行调整。

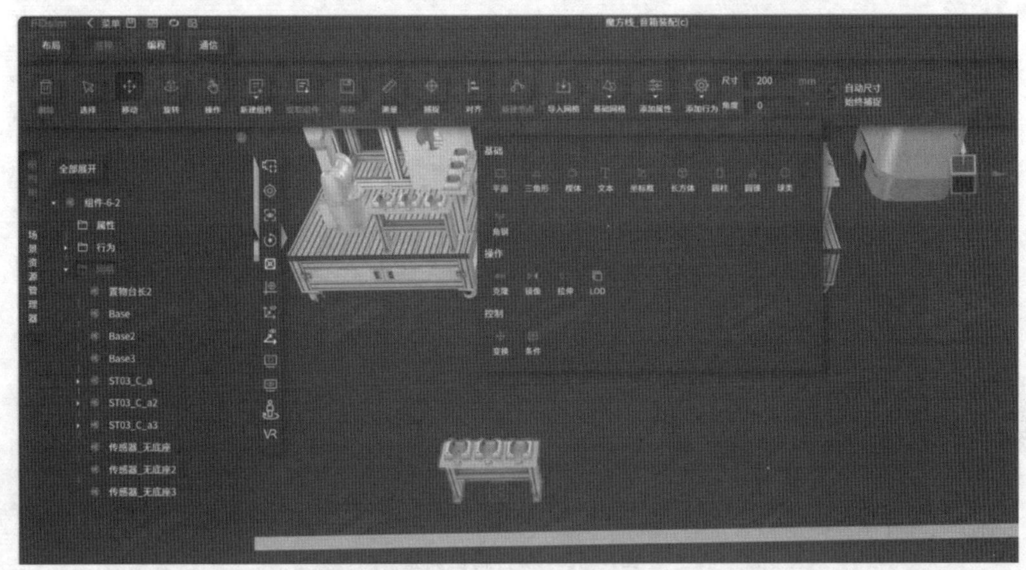

图5-41　为载物台添加坐标框

在位置选项中，可以查看容器行为所在组件的所有坐标框，此处选择坐标框作为位置，而节点默认为组件本身，则此处无须修改。在对机器人等有较复杂节点的组件进行容器设置时需要注意选择所需节点，如关节机器人末端节点等与工作直接相关的节点。

完成坐标框设置后，需要将容器与创造者进行出入口连接，从而让创造者中的物料进入容器中。点击创造者，其中有input和output，即创造者的输入输出接口（如图5-42所示）。

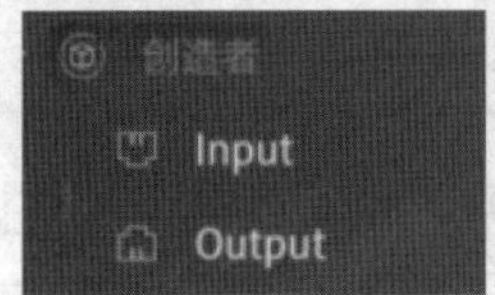

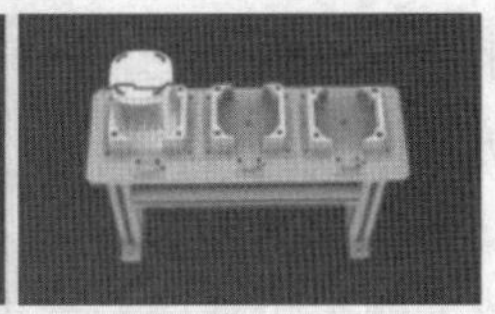

图5-42　容器与创造者出入口连接

在右侧属性栏中设置连接容器，端口为input，也就是与容器的输入端口连接，这一创造者生成的物料组件就可以进入容器中。

运行仿真，可见置物台上方出现物料。

可以点击“暂停”并查看物料信息，理解物料性质。

但是当结束仿真重置场景时，物料也会消失。

2.物料的组件性质

在前文中已经提及，物料是具备物料性质的特殊组件，前文中所展现的物料在仿真中被创造，在仿真结束后消失的特性正是其物料性质的体现。而物料的组件性质虽然容易被忽略，却构成了物料组件功能的重要组成部分。

简单来说，物料的组件特性就是，除了作为物料所特有的物料特性之外，物料组件和其所复制的组件母本几乎一样。

如图5-43所示，当选中音响成品物料时，可见其名为音响成品的副本。而其同时也具备作为组件的属性、行为、网格以及节点等设置。同时其也具备坐标等设置，因此可以手动调节或使用坐标调节物料的位置。同样也可以调节物料的网格属性，对物料大小进行修改。此类调整只会影响当前所调整的物料组件，不会影响其他物料组件。

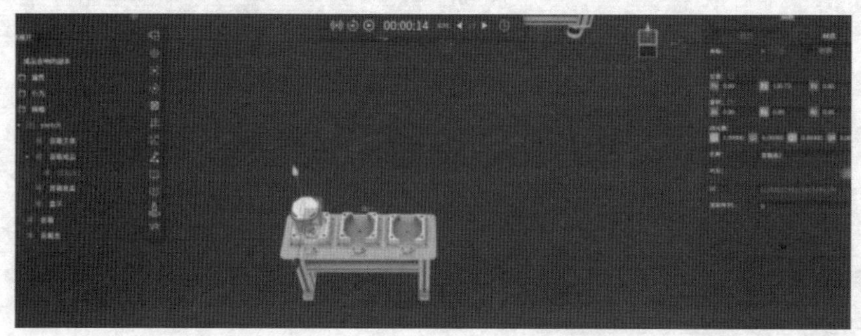

图5-43　物料属性调整

如果对物料所复制的组件母本做出修改，那么依据该组件新生成的副本也会发生改变，这决定了不能通过关闭组件母本可见性的方式隐藏组件母本，因为这会导致其生成的物料失去可见性。一般选择将母本放置到地板以下，或者用其他组件遮盖母本。

副本会复制母本的行为等设置，如仿真中常见的托盘类组件，如果需要这些组件在仿真开始时就具备物料，那么可以为其母本设置创造者和容器功能。

复制出来的托盘依然具备创造者和容器功能，依然会产生盒子物料。这一特性在仿真中可以被用于生产具备容器功能的物料（如托盘等），这些物料在仿真中即可以用来装载其他物料，同时其自身也可以被其他组件的物流行为运输，从而增强了场景的仿真能力。

需要注意的是，因为物料会复制母本的节点，而过多的节点可能拖慢仿真进度，造成卡顿、仿真误差等不利影响，因此在仿真中还是需要避免产生如多关节机器人这样的多节点物料。

在仿真过程中，可以使用创造者进行物料计数，也可以利用物料行为搭建立体仓库等设施，使得物料的取用流程和存储数量变得可视化，从而满足对物料管理中定点定量定容等要求的观测，实现对物料管理的仿真。

5.3.3　机器人物流设置

在上一节中完成了对置物台的物流设置。而机器人作为生产线中交互的主体，在基础设置之外需要更多调整。

1.抓取容器设置

在FDSIM平台中，存放物料的组件都需要进行物流设置，机器人同样需要进行容器设置以保存其抓取的物料。

按照上节方案搭建机器人。

如图5-44所示，为机器人进行容器设置，方法与置物台的容器设置相似，但是需要对节点的设置多加注意。机器人容器设置的第一步依然是为机器人设置容器行为。

图5-44　机器人容器设置

点击容器行为，调节容器属性，此处需要调节的主要是机器人容器的所在位置。如图5-45所示，点击机器人的第六节点Axis6，在此处添加基础网格中的坐标框作为容器位置。机器人中可能需要设置多个坐标框以承担不同的定位任务，所以在此处改名为容器位置以便于后续工作中查看。

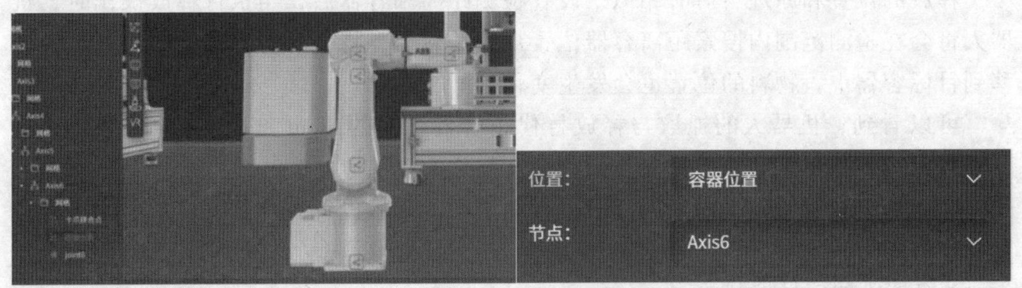

图5-45　机器人第六节点网格添加

使用捕捉功能，将坐标框定位于机器人末端，因为此坐标框设置在机器人第六节点上，所以其会随着第六节点运动而运动，坐标框将一直与机器人末端所绑定，这使得后续将这一坐标框设置为机器人容器位置后，机器人容器和抓取动作的实际发出点更容易掌握也更符合直觉。

重新进行容器设置，将位置设置为容器位置，也就是以刚刚设立的坐标框为定位标准，将节点设定为Axis6，也就是机器人的第六节点。在完成上述操作后，符合机器人抓取功能要求的容器就设置完成了。

2.机器人执行器设置

不同于之前置物台的设置，机器人容器无须设置物流的输入与输出，但是要实现抓取功能，还需要让机器人容器与机器人的动作执行相绑定。

点击机器人执行器，在之前的工作中，其已经完成了机器人执行器的基本设置，在本节中主要修改的是机器人的动作配置部分。点击动作配置，可见此处默认显示信号端口为0，对时和错时分别代表机器人发出高电平信号和低电平信号的情况，在此处可以设置机器人的动作。

点击对时，可以看见此处有三种动作，而本节将先介绍其中的抓取（与释放）动作。

点击对时选择抓取动作，可以看见选择后出现抓取动作相关设置。当前容器处可以选择机器人上的容器，在此处选择实现设置的容器。

机器人抓取的实际机制是，当抓取被信号触发时，机器人会自动选择在距离检测范围内与容器最接近的物料，将其放置入容器中，并且坐标也会来到容器位置。检测距离的单位可以看作毫米（其标准依据虚拟放置场景中的数据而定），一般来说只要设置适宜距离，不影响物料抓取即可，但是在特殊情况下，可能需要组件用较为特殊的方式抓取物料（比如携带和使用多功能夹爪），此时为了保证机器人在不同抓取姿态下都可以使用同一抓取指令进行控制，会采用更大的检测距离。相对位置功能会暂时影响被抓取物料和抓取容器间相对位置的关系，这一知识点会在本章的仿真优化部分详细讲解。

完成对时动作设置后，可以继续进行错时动作设置，可以看到错时动作设置同对时动作相反，可以在此处选择释放，用以释放物品。

释放的设置和原理与对时相似，设置检测距离和容器后，当执行释放操作时，机器人将会在检测范围内搜索距离容器位置最近的容器，将自身的容器中的物料组件转移到目标容器中，物料的位置也会发生变化。

可以看到，机器人的抓取与释放替代了容器自身的input和output的功能，让机器人可以用一种更主动的方式参与到物料交互之中。

完成如上设置后，机器人就完成了行动层面的基础设置，具备了最基本的抓取和释放物料能力。

3.机器人的信号控制

在完成了上一部分的设置后，机器人可以实现抓取与释放功能，而对抓取与释放功能的控制则通过机器人的信号得以实现。

在之前的章节中，通过完成机器人执行器中输入输出信号集的设置，机器人拥有共32个信号输入输出端口（0—31号端口）。这32个端口不但可以让机器人接收和释放信号以参与场景中各组件之间的信号控制，而且可以让机器人通过自身发出信号来控制在执行器中设置行为的对应端口以启动这些行为，这些行为就是前文中展示的抓取释放、物流拼合等功能。

在信号动作中，可以浏览全部32个端口，选择对应端口后，就会显示对应端口的行为设置状况，浏览其他端口时这些设置并不会消失。在编程界面，点击设置输出就可以为机器人添加一条输出指令。

如图5-46所示，在此处面板上可以输入指令输出端口，而这一端口与前文中的执行器行为端口相对应，当在执行器行为端口中设置端口为0时启动抓取与释放动作，此处端口0的发出信号将会决定执行器在端口0处设置的抓取与释放动作。

图5-46　指令输出端口

此处值开启时发射高电平信号，执行对时命令。值关闭时发射低电平信号，执行错时命令。

5.3.4　物流仿真

在完成了置物台和机器人的基础点对点物流设置后，可以进行仿真实验以验证操作的准确性。

1.仿真前准备

（1）储物台设置

储物台只需要进行容器设置，可以将置物台进行复制，再删除其中的创造者。完成储物台设置后，在开始编程前可以先开启一次仿真以查看置物台物料是否正常生成。

（2）机器人编程

物料正常生成，接下来可以对机器人进行基本的编程工作，结束仿真，打开编程模式。

如图5-47所示，此处所设置机器人的工作相对简单，只需要从置物台抓取物料球体，放置到储物台即可。此时，可以先完成最直接的编程工作。

首先选择点对点运动，使用捕捉功能，将机器人的运动点直接定位到目标点上。设置输出，当机器人完成第一步动作后，在端口0发射一个对时信号，触发抓取动作。完成抓取后，再设置点对点运动，让机器人移动到储物台的对应点上。在端口0发射一个错时信号，让机器人在此时释放物料。

至此，一个机器人抓取与释放物料的放置场景便搭建完成了，目前，这一场景十分简陋，接下来将随着仿真对此一一进行修改。

图5-47 机器人动作示例

2.仿真与动作优化

开启仿真，在前文中粗放的编程和设置下，场景存在诸多不合理之处，如机器人的动作更像是拖动球体前往目标位置，这就需要对抓取作出更多修改。

对于抓取和释放动作的优化，可以通过添加动作来实现。

点击抓取动作之前的点对点运动，再次设置一个点对点运动，这一运动的运动点会与原本运动相同。

通过这个办法，可以设置机器人到抓取位置之前的准备运动，也就是在抓取之前让机器人进行在被抓取物料上方悬停的动作。同理，在抓取完成后，也可以设置一个额外动作实现将被抓取物料抬起的动作效果。

将之前所设置的悬停动作的运动点坐标复制给抓取完成后的抓取动作，实现两个动作的整齐划一。

在释放动作完成后也可以设置类似抬起动作，为了与之前的抓取动作保持一致，可以复制抓取时的高度坐标，将其设置为释放前后动作的高度坐标，让动作保持统一高度。

最后，设置一个机器人回正动作，只需要结束仿真，再设置一个点对点运动，以记录机器人在回正状态下的运动点位就可以了。

在本节最后，我们所看到的机器人运行过程依然有一些不合理性，下一节将会对这些不合理之处进行总结，并提出修正方案。

5.3.5 认识夹爪

在之前的仿真中，机器人缺少抓取设备，需要添加夹爪。

如图5-48所示，本节将会介绍组件夹爪在现实和仿真中的作用，以及夹爪相关功能在仿真中的实现方式。

1.末端执行器与夹爪

(1) 末端执行器

本节所称的夹爪隶属于机器人末端执行器这一设备分类。

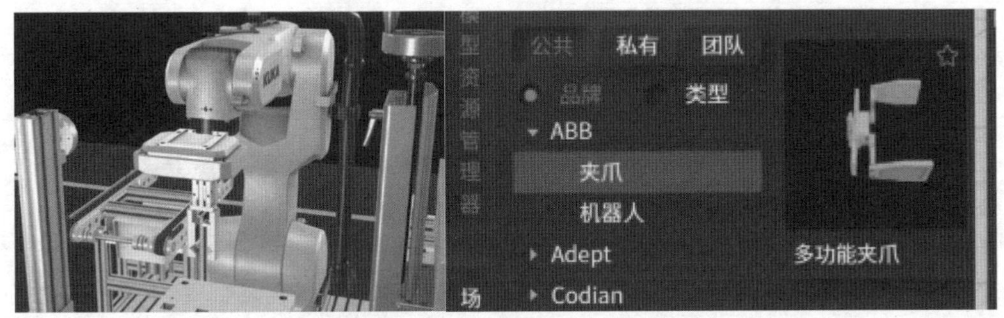

图5-48　机器人夹爪及设置

机器人末端执行器指的是任何连接在机器人末端关节且具有一定功能的工具。其包括喷涂设备、夹爪、焊枪等工具，还包含快换等辅助工具。

机器人执行器存在多功能化的趋向，使其可以在不需要更换末端执行器的情况下完成使用夹爪搬运物料和使用吸盘搬运托盘这两项任务，这样可以提高机器人的工作效率，在工位空间紧张时可以节省放置夹爪更换点所需要预留的空间。

此外，轻量化、智能化、精确化和模块化也是机器人末端执行器的发展方向。

(2) 夹爪

夹爪是末端执行器的一种，也是关节机器人末端执行器中最常见的一类。

夹爪是装在工业机器人机械臂上直接抓握工件或执行作业的部件。机器人夹爪主要通过夹持和张合的方式来抓取物品。它们通常由两个或更多的吸盘、钳子或爪子组成，这些部件可以根据需要开合或旋转。

夹爪的夹持和张合动作通常由电机、气动或液压系统驱动，以实现精确的控制和操作。

夹爪是一种范围较广的设备类型，为了适应不同工作对象、不同连接设备、工作环节和成本要求，存在多种类型的夹爪。

本节将以ABB的多功能夹爪为例对夹爪的设置与使用进行讲解。

2.夹爪的拼合

从资源管理器中将ABB下的多功能夹爪拖动到场景中，如果要运用夹爪，那么首先需要让夹爪与机器人的末端点拼合，这样夹爪才会随着机器人末端点移动，正确地参与到机器人的工作中去。

(1) 直接拼合

最简单的拼合方式是在仿真场景开始前进行直接拼合。

要完成直接拼合，需要使用布局模式下的拼合功能。在开始拼合之前，首先需要对机器人和夹爪进行预先设置。

如图5-49所示，点击机器人，在“添加行为”——“基础”一栏中选择“一对一拼合”，可见机器人的行为一栏中出现“一对一拼合”。点击“一对一拼合”，进行拼合设置。

点击“一对一拼合”之后，首先可以看到接口坐标选项，与容器设置类似，拼合也需要设置坐标框为其标定位置。设置坐标框，并命名为“卡爪拼合点”。

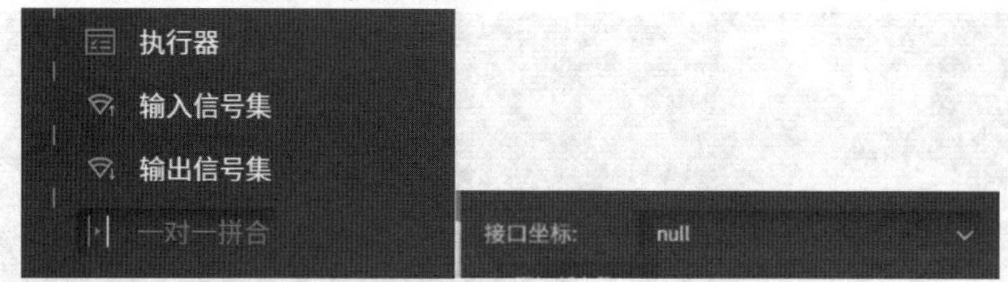

图5-49 选择“一对一拼合”

回到“一对一拼合”界面，将接口坐标设置为“卡爪拼合点”，接下来打开添加字段，可以设置拼合关系。

在卡爪拼合时，主要需求是让卡爪随机器人末端点的移动而一起移动，也就是说以机器人为父系，以卡爪为子系相连接，让父系的运动带动子系运动。因此，在此处选择父子关系。

如图5-50所示，点击“父子关系”，完成进一步设置。此处将节点设置为“Axis6”，也就是机器人的末端节点，坐标框也设置为“卡爪拼合点”，同时打开parent，确定机器人在拼合中的父系身份。至此，机器人上的拼合设置就完成了。

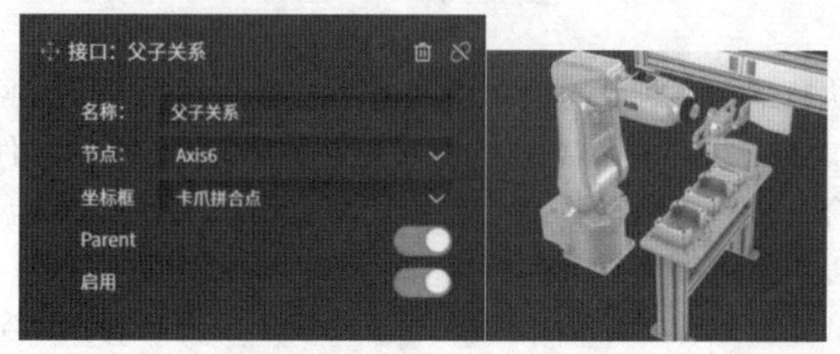

图5-50 父子关系设定

点击卡爪，卡爪在资源管理器中已经完成了预设，但是在此处依然可以观察卡爪的设置，可见卡爪上也设置了对应的坐标框和节点，其父子关系中parent关闭，意味着其为子系。

点击拼合，手动拖动夹爪靠近机器人的拼合点，可见两组件的拼合点之间出现绿色连线，意味着二者可以拼合，此时放开鼠标，夹爪就拼合于机器人之上。完成拼合后，点击仿真，就可以看到此时夹爪随机器人一同运动。

（2）仿真中拼合

在开始讲述夹爪如何夹紧释放之前，还需要对另一种拼合方式进行讲解，那就是仿真中拼合。

当观看现实中工业机器人的工作时，也常常会看见工作中的机器人自行更换末端执行器的情况，在前文中的手动拼合并不能完成这样的功能，因此需要在编程中实现这一动作。

如图5-51所示，将夹爪放置于机器人附近，现在的工作就是让机器人在仿真运动时可以与夹爪进行拼合。

打开机器人执行器，在端口0处设置了抓取与释放命令后，接下来可以更换端口，设置其他命令。

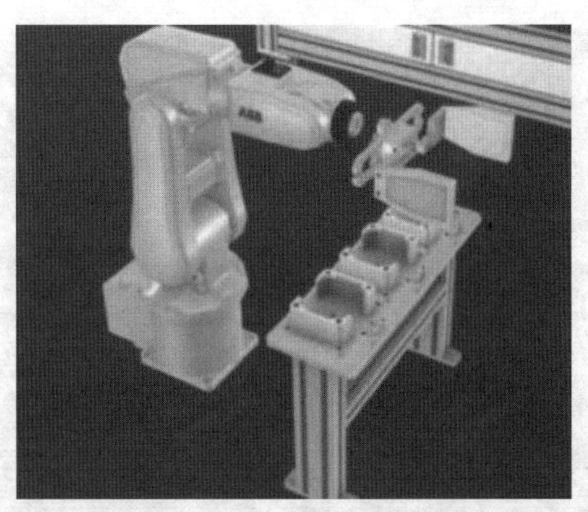

图5-51　机器人与夹爪仿真拼合

切换到端口1，在对时和错时分别设置安装和卸载工具的命令。同时在下方把节点设置成“一对一拼合”。

完成设置后，机器人只要在某一端口发送信号，就能让机器人按照一对一拼合中的坐标设置，与附近可拼合目标进行以此拼合。

在编程中设置点对点运动，使用捕捉将机器人定位到夹爪拼合点。

完成定位后设置从端口1发射的高电平信号，按照前文中的设置，机器人在此处发射信号后，将会与夹爪拼合。

点击“开始仿真”按钮，机器人会在仿真过程中完成夹爪拼合，并在之后的运动中带动夹爪运动。之后可以再设置一个点使得机器人运动到达原本夹爪所在位置，释放错时信号释放夹爪。

完成以上设置后，机器人就可以在仿真中完成夹爪拼合，并在完成搬运工作后归还夹爪，恢复初始状态。

3.夹爪运动

(1) 夹爪的设置

完成了对夹爪拼合的学习后，若要让仿真过程真正合理，则需要使夹爪运动，完成夹紧与释放的动作。

观察夹爪行为栏，其具备伺服控制器，并设置了打开关闭信号以及卡爪信号。点击伺服控制器时，可见其上设置了卡爪信号，并设置了节点，这意味着当卡爪接收到对应信号时，伺服控制器将会驱动对应节点进行运动。

如图5-52所示，点击axis节点，其移动类型为“limited”，这一运动类型下节点可以被伺服控制器控制。而旋转方向为逆意味着其运动方向为反。交互类型为“translate”，意味着其运动为直线运动（rotate则是旋转）。交互轴z代表了运动在三维坐标中的方向。

在此处各项数值代表其运动幅度，一般需要契合抓取物体的大小，需要在实验中按照实际情况调节。其中初始值代表结束仿真、场景回正后的值，而当前值反映了夹爪现在的运动值。

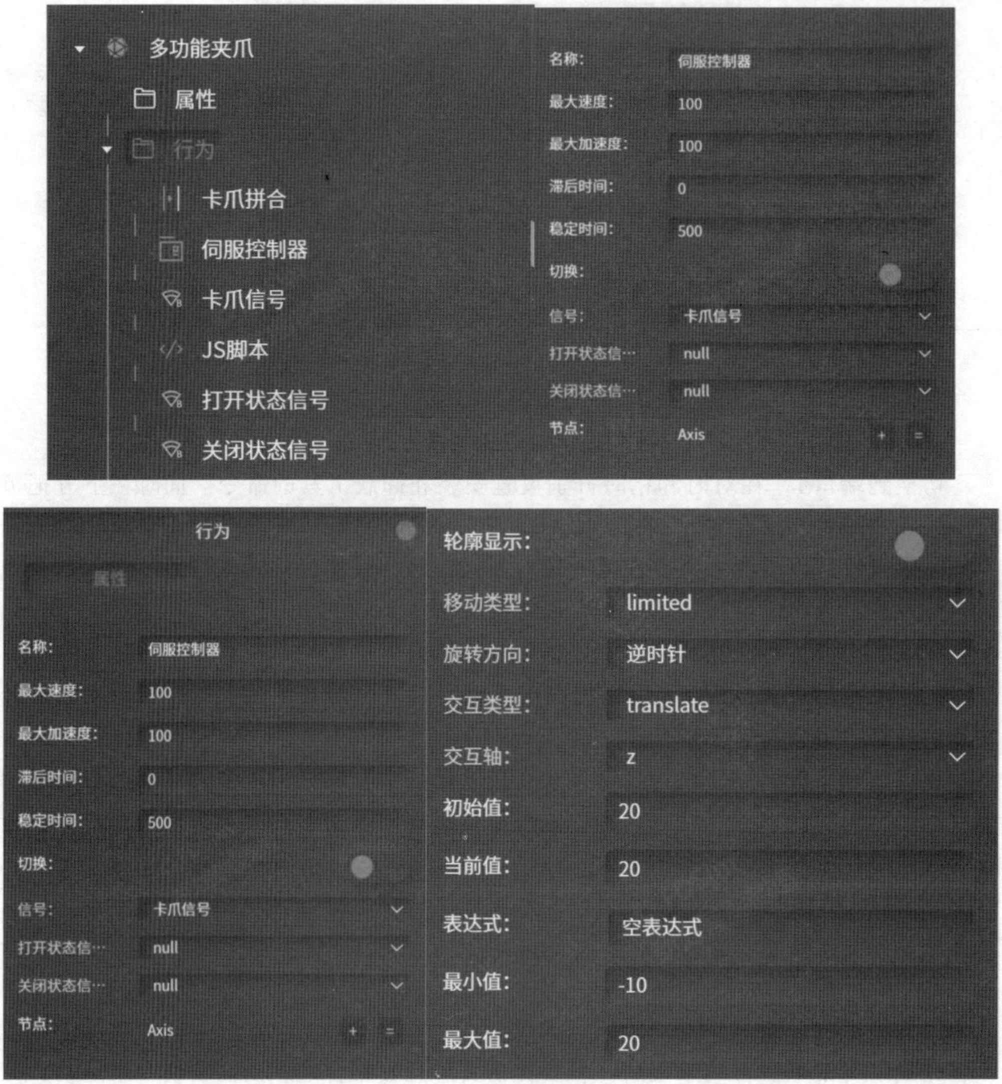

图 5-52　夹爪设置

值的正负决定了节点的运动方向，在其他设置不变的情况下，顺时针的正值运动等同于逆时针的负值运动。继续观察场景，选择Axis的网格，可见Axis所带动的网格实际上是夹爪的一侧，接下来可以查看另一侧来认识夹爪的运动方式。

如图5-53所示，此处的移动类型为“driven”，意味着这一节点的运动方式由其他节点驱动。而下方的{Axis}表达式，正意味着这一节点是由Axis节点驱动运动的。其旋转方向为逆时针，与Axis相反，所以其回驱动夹爪另一侧网格与Axis相向运动。

（2）夹爪运动编程

要使得机器人可以驱动夹爪的运动，需要让机器人信号与夹爪连接，点开信号蓝图，可见如5-54所示的场景。

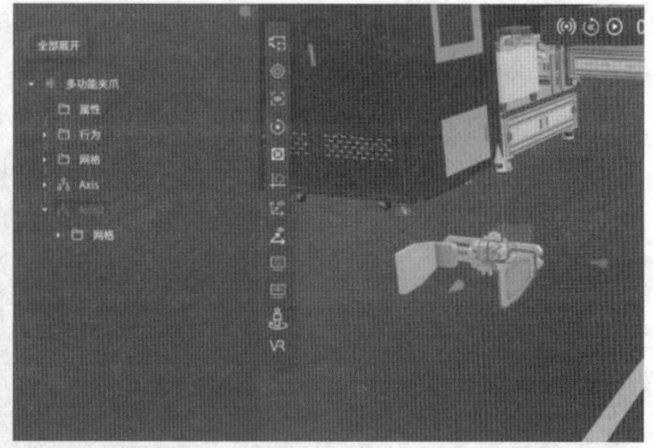

图5-53　机器人运动方向定义

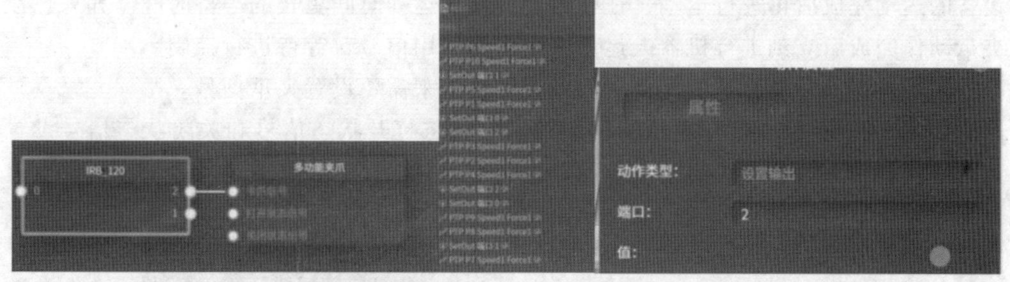

图5-54　机器人夹爪信号连接

连接机器人与卡爪的信号端口。此处机器人端口设置为2，因为端口0和端口1已经拥有功能，为了避免误触发的情况，此处选择新端口。

在抓取和释放信号（即端口0信号）之前添加夹爪控制信号，需要注意的是，因为卡爪设置原因，夹爪在接收错时信号时夹紧，在接收对时信号时释放。因此在抓取前从端口2释放错时信号，在释放物料前从端口2释放对时信号，就可以在抓取和释放前正确控制夹爪的开合。

4.等待动作完成

如图5-55所示，实际运行后，发现还存在部分问题，包括机器人抓取音响的位置并不正确，夹爪开合大小与物料大小不契合，以及夹爪在完成开合之前，机器人就已经进入了下一个动作。

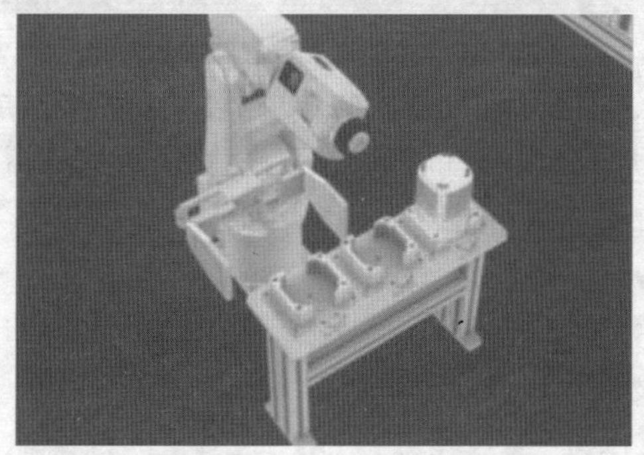

图5-55　机器人抓取音响物料

前两个问题将会在下一节完成对抓取位置的调节后再进行解决。本节最后，将会解决动作触发时间问题。

（1）直接等待

如果要等待一个动作完成，最直接也最简单的方式就是设置等待时间。

点击“等待”，可以在机器人编程中添加等待时间，将等待时间添加到夹爪控制信号发出之后。

设置合理的等待时间等待夹爪完成运动，就可以避免夹爪无法正常完成夹紧与释放的问题了。

（2）等待信号控制

设备完成动作的时间和等待消耗的时间往往并不相同，为了保证目标设备在其他设备的运动完成后再进行运动，往往需要设置比运动时间更长的等待时间。如果想让夹爪动作完成后立刻进行机器人运动，则需要使用信号对等待进行控制。

用等待输入替换原本的等待时间设置，接下来需要设置夹爪信号。

如图5-56所示，打开夹爪的伺服控制器，将打开状态信号和关闭状态信号设置到对应栏位中，这意味着当伺服控制器控制节点完成夹紧和释放运动后，会再次发出对应信号。

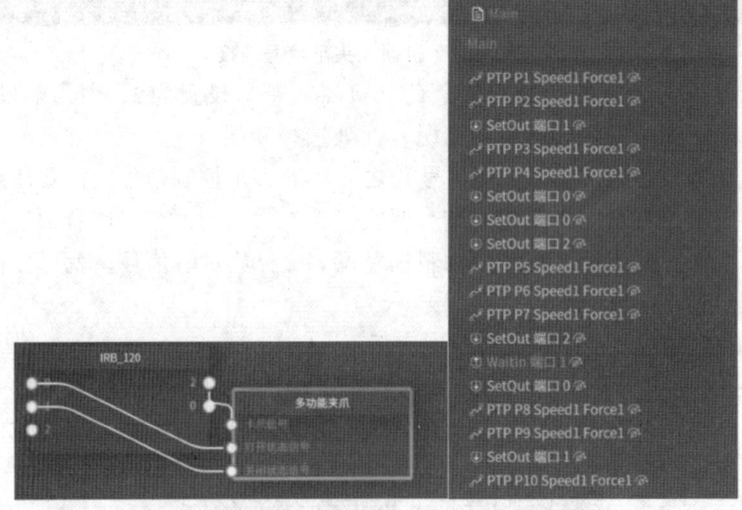

图5-56　夹爪信号设置与编程应用

使夹爪的打开与关闭信号与机器人的端口1、端口0相连接，使得机器人可以用这些端口接收对应信号、完成端口设置、运行仿真。可见机器人此时可以正常运行，且会在完成夹爪的开合工作后再进行下一步运动。

5.3.6　物料转移优化

本节将主要讨论物料转移过程中出现的不合理现象以及解决方案。

1. 工具坐标和相对位置

在之前的实验中，为了便于确定点位，直接让机器人捕捉容器所在位置，这导致抓取过程中的模型干涉问题。

当使用夹爪后，这个问题显得更为严重。为了解决该问题，可以采用工具坐标功能。

如图5-57所示，点击关节控制器，即可为关节控制器设置工具坐标。工具坐标允许机器人在运动过程中将工具点位视作机器人的一部分，便于确定运动点位。

图5-57　关节控制器设置工具坐标

点击添加工具坐标，点击工具坐标后可以先为坐标框设置绑定的节点。

工具坐标的节点绑定允许绑定在其他组件的节点上，这使得工具坐标能更好地适应不同工具的使用，不过参考本次示例中的点位要求，依然先绑定机器人自身的Axis6节点。完成绑定后，机器人Axis6节点处显示的坐标就是工具坐标。通过拖动坐标框就可以调节工具坐标的实际点位。

为了寻找合适的点位，可以先开启仿真，让机器人与夹爪拼合，再评估工具坐标的合适点位。

开启仿真，待机器人与夹爪拼合后，点击其他点对点运动，寻找一个适于观察夹爪的运动点。

调整夹爪到合适位置，此时可以拖动工具坐标到达物料底部位置，这样工具坐标就设置完成了。

只需要点击对应动作，在右侧工具坐标中设置工具坐标，就能调用工具坐标。点击这一完成工具坐标设置的点位添加新点位时，新点位也将默认设置工具坐标。拥有工具坐标的点位会在定位时将工具坐标作为组件的末端，从而预设机器人连接工具时的正常工作点位。

工具坐标不改变容器的实际位置，因此需要在机器人执行器中适当调大抓取和释放的判断范围，为其他抓取和释放前点位设置工具坐标，开启仿真。

可见，虽然抓取时机器人不再会主动穿模，但是抓取后物料依然会直接进入组件容器，导致仿真结果不合理。因此需要使用相对位置进行调节。

点击机器人执行器，在执行器的动作配置处就存在相对位置选项。

开启相对位置后，机器人抓取判断成功后，被抓取物料组件的位置不会被修改到容器位置，而是会固定三维空间中被抓取物料与容器当前的相对位置。通过该方法可以避免出现物料“瞬移”进入容器，以及由于进入容器和机器人组件相互干涉的问题。

同理，将释放设置相对位置，当机器人释放物料时，物料的位置坐标不会进入对应容器中，而是与此容器保持相对位置。

开启仿真，此时机器人可以更合理地抓取和释放物料。

2.夹爪动作调节

完成对抓取点位的正确设置后，可以评估夹爪动作的合理性。

如图5-58所示，当夹爪使用默认方式抓取目标时，其无法夹紧目标。

图5-58　无法夹紧以及夹爪穿模现象

如果夹爪闭合数值过大，则会导致穿模。因此，需要对夹爪的闭合动作进行调整。

如图5-59所示，调节夹爪动作，只需要调节Axis中的数值，Axis2的运动会对应Axis的改变而改变。

图5-59　夹爪动作调节

夹爪在接收到对时信号时会向最大值运动，而接收到错时信号时会向最小值运动，Axis中的数值代表了组件在某一方向上的运动距离。

根据实验可知，需要改变的是夹爪闭合时的值，此时夹爪接收错时信号，因此需要改变的是夹爪的最小值。

通过调节当前值，就可以直接看到夹爪在这个值下的运动变化，可以直接调节当前值来寻找夹爪的最小值。

结束调节，可见在值为-30时夹爪与物料刚好相切，因此选择-30作为最小值。

如图5-60所示，将节点的最小值改为-30，开始仿真，可见场景可以较为合理地对夹爪的运动进行仿真。

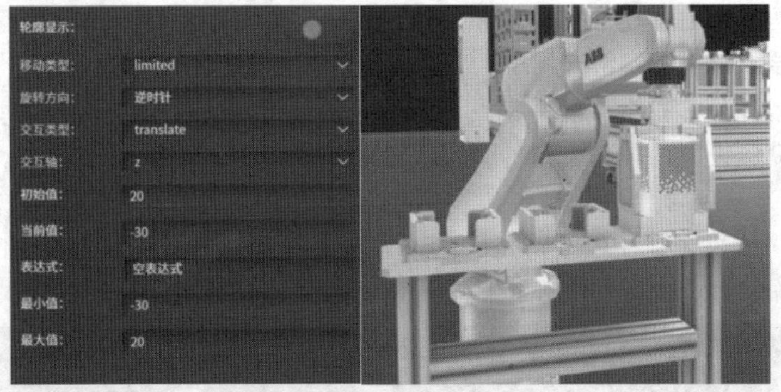

图5-60 优化后的零件夹取

5.4 传送带仿真

5.4.1 传送带与路径

除了通过机器人抓取功能在点与点之间进行物流运输之外，在现实生产过程和仿真环境中都存在物料数量多、物料移动距离远、生产涉及工位多的运输情况。在现实生产中，此类运输往往依靠传送带实现，而在仿真环境中，则通过对路径等物流行为的使用得以实现。

现代的传送带发展可以分为两个方面。

一方面，当今的传送带变化是“质”的变化，随着材料学和机械设计的进步，当今的传送带可以在更复杂的环境和更高的负载下运行，能够满足不同的运载要求，从对负载和耐高温要求较高的冶金行业，到对生产卫生环境和精密度要求更高的医药等生产领域，传送带成为现代工业生产中不可分割的组成部分。质的变化允许传送带参与更多品类的工业产品生产，同时也可以契合现代工业更高的生产要求，生产出符合现代标准的产品。

另一方面，当今传送带的进步也是“智”的进步。第二次工业革命中电气系统对工业生产带来的革命性结果，在当今智能技术的影响下，通过仿真技术与数字孪生技术对生产流程的预演和优化也可以反馈到流水线排布设计之上，而传送带设计中的传感器和控制模块设计也让传送带成为智能制造中信息的收集者和决策的执行者之一。

在FDSIM平台中，路径是对现实中物体线性运动的抽象，在仿真环境下，进入路径的物料将会沿着路径节点所勾勒出的线路运动。

基于这样的运动逻辑，FDSIM平台中的路径可以完成对传送带、装配流水线乃至管道运输等需要物料进行线性运动的工业流程的仿真。同时FDSIM平台也支持更为复杂的组件交互，可以实现对传送带中各类控制行为的仿真，以及对现代工业生产线的仿真、规划和预测。

5.4.2 传送带的基础仿真

若要在仿真平台中建立传送带和路径，首先需要对相关组件设置进行了解。

1.直接导入传送带模型

传送带组件是一种生产线中常见且常用的运输组件。FDSIM平台中保存了一些传送带模型和完成设置的传送带组件，可任意取用。

图5-61为一种常用的传送带仿真形式。总的来说，其核心行为在于路径行为，入口拼合和出口拼合则提供了路径的输入与输出对象，称为线性运输中的两个端口，利用拼合操作，该组件可与其他组件进行拼合，从而搭建更为复杂的物料运输线路。

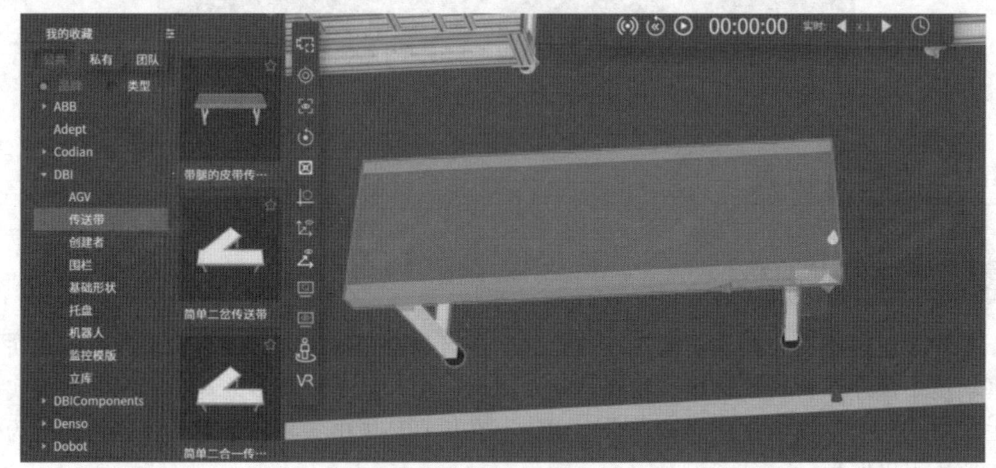

图5-61 基础传送带

在预设传送带中，完成了其网格模型与端口坐标同组件属性的关联设置，借此只要改变属性中组件的对应数据，就能改变组件的模型和对应节点位置。

2.传送带组件的搭建

在上一部分中对于模型资源管理器中提供的传送带组件进行了介绍，接下来将通过搭建简易传送带的方式对传送带的行为的具体含义和设置方法进行展示。

（1）传送带组件与网格模型设置

设置默认组件，此处使用未设置行为的组件，用以展示传送带组件基础的搭建和设置过程。

如图5-62所示，可以在传送带属性中修改数值，与之对应的网格将会发生变化，通过这样的方式可以设置传送带的长短以及其他数据，以此让传送带适应不同的应用场景。

（2）传送带的行为和坐标设置

完成传送带的组件和网格模型设置后，需要继续完成对传送带行为和对应坐标的设置。

如图5-63所示，点击“添加行为”，在物流中可见路径相关设置，点击此处的“单向”，可为组件设置单向路径。

图5-62　传送带网络模型

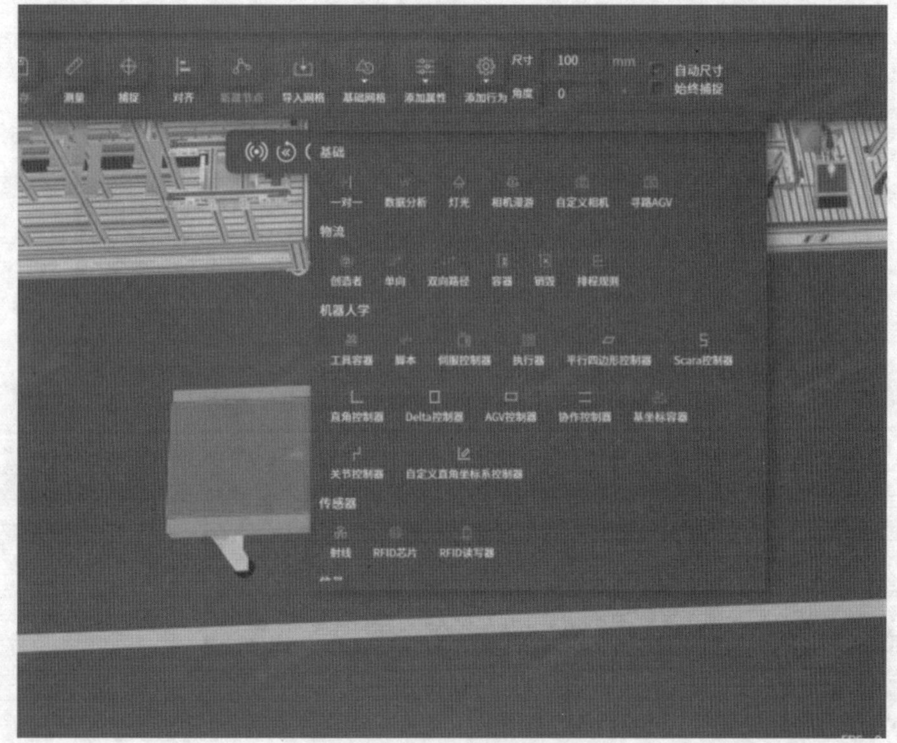

图5-63　传送带方向设置

在单向路径的阵列布局一栏中可以设置路径点，将组件中预设的出口和入口坐标框依次选择绑定于路径行为上。进入路径的物料将按照此处选择坐标框的顺序依次经过各坐标框。

如图5-64所示，为传送带设置起点与终点，二者分别位于传送带两端。在路径中依次选择传送带的起点和终点。

为了演示物料在路径中的运动效果，此处设置创造者为组件添加物料，选择印章产线中的装盒成品作为物料。

在创造者中设置成品盒子，并将其输出端口与单向路径的输入端口连接，设置过程如图5-65所示。

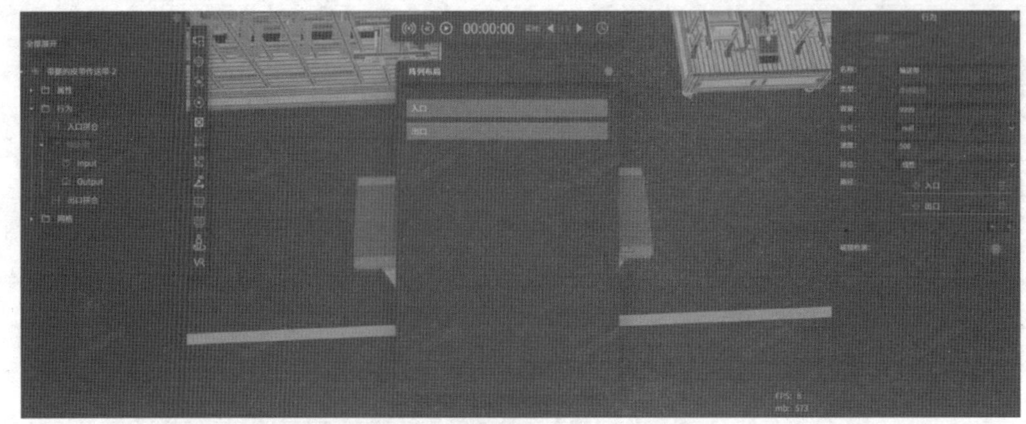

图 5-64　传送带起点终点设置

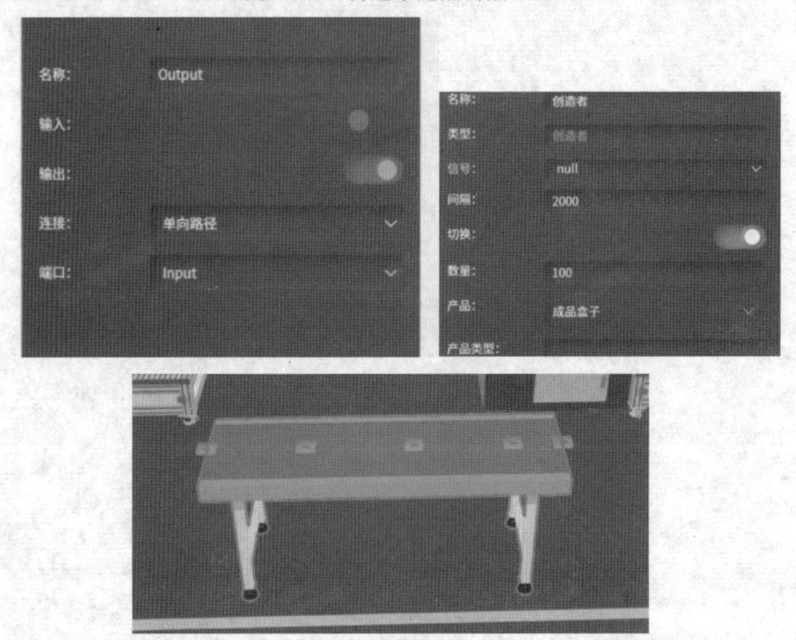

图 5-65　传送带物料设置

点击“开始放置”，可见此时盒子沿设定路径从起点移动到终点。

5.4.3　传感器与信号

在工业生产中，为实现对生产过程的监控和对生产流程的控制，往往需要在生产线中安置传感器。

本节将会介绍传感器的现实意义及其在仿真平台中的映射和工作方式。同时，传感器的工作离不开信号的传递，本节也会介绍信号在仿真平台中的工作方式。

1.传感器

传感器是能感受到被测量的信息，并能将感受到的信息按一定规律转换为电信号或其他所需形式的信息输出，以满足信息的传输、处理、存储、显示、记录和控制等要求的检测装置。

在数字孪生的实现过程中，传感器的工作具备了更多维度的含义。

对于实体而言，它们需要承担两项工作，一是对生产中传统监测对象的监测，二是收集生产过程中的其他生产数据，辅助数字孪生体的搭建。

对于数字孪生体而言，传感器既是孪生体的仿真对象，又是数字孪生体的重要构建者。

数字孪生体既需要对传感器进行虚拟仿真，监控自身虚拟生产状态，同时又要对传感器上传的数据进行分析和验证，对现实产线进行监测和指导。

总的来说，在数字孪生的实现中，传感器不但是系统的监测者，同时也是实体与数字孪生体交互的重要组成部分。

2.仿真中的传感器与信号控制

在FDSIM平台中，可以直接选择射线类传感器作为产线的目标，但是这并不代表平台中只兼容射线类传感器形式。可以将FDSIM平台中的传感器作为一类传感器的抽象，其代表基于射线监测原理的传感器。

射线传感器的监测机制可以分成两个部分，一是传感器所监测的目标容器，二是传感器自身的射线监测，当两个监测机制均被满足时，将触发传感器的信号变化。当物料出现在传感器的监测容器中，且出现在传感器的射线范围内时，传感器被触发，带来所设定的布尔信号改变。

通过调整采样时间和最大采样距离，可以对传感器自身的射线监测机制进行一定调节。

因此，在使用射线传感器时需要保证传感器的射线可以监测对应容器或路径。一般来说，传感器位置设定在对应容器中或对应路径上。在此处设置中间点，位于路径上两点之间，用以监控路径。

目标组件功能使得射线传感器可以监测其他组件上的物料变化，当选择目标组件后，可以通过监测容器选项选择目标组件上的容器，而其监测逻辑与正常监测相同，传感器将在该容器内物料触发射线时作出反应（如图5-66所示）。

图5-66　传感器红色射线

为传感器设置对应布尔信号，如图5-67所示，当传感器被触发时，布尔信号为正。反之，当射线未被触发时，布尔信号将重新变为负。

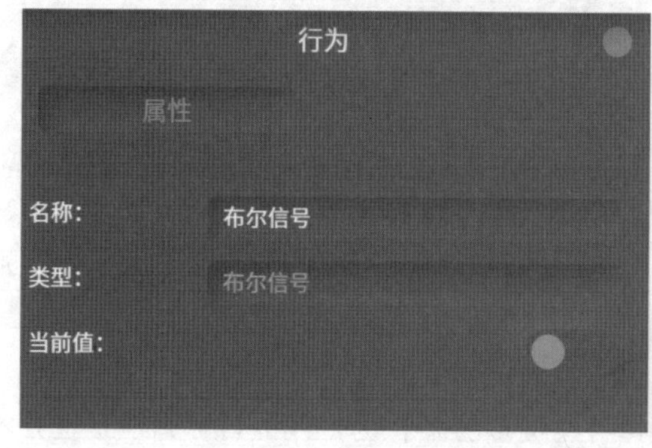

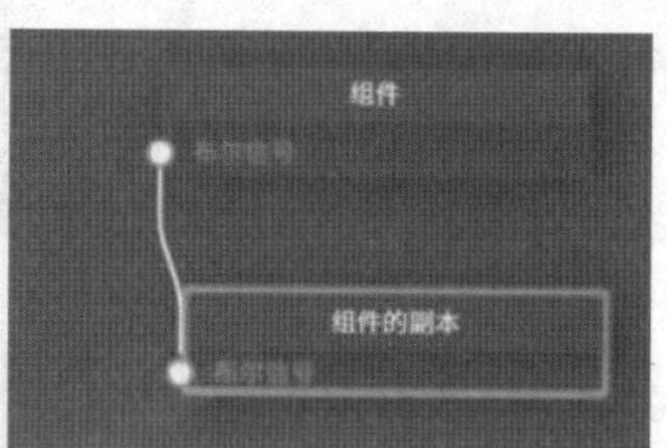

图5-67　传感器信号

综上所述，FDSIM平台中的传感器实现了对现实中射线传感器将自身激光信号转化为布尔信号这一过程的仿真目的。与上一节中所展示的信号连接方式相同，组件间的布尔信号可以参与蓝图中的信号连接，控制其他组件工作。在下一节中将会对传送带的信号控制方式作详细介绍。

5.4.4　传送带的信号控制

本节将基于上一节所提出的传送带传感器与信号使用规则，展现信号在FDSIM平台中具体的工作方式及其对传送带工作的影响。

1.到位信号

上一节已经展示了射线传感器在传送带中基础的工作方式，即传感器会监测对应容器或路径内处于传感器监测范围内的物料，并将监测结果以布尔信号变化的方式体现出来。

射线传感器的这一功能最直接的应用就是作为到位信号。所谓到位信号，就是在物料到达指定位置时对场景中所需组件做出提示，让这些组件开展下一步工作。

设定创造者将创造一个物料进入传送带，并在传送带末端点设置容器，现在传送带末端设置六关节机器人，令机器人在物料达到传送带末端容器时抓取该物料。

在图5-68的场景中，当仿真开始时物料还未到机器人的可抓取位置，如果在仿真开始时机器人便运行抓取程序，则机器人无法正常抓取物料。

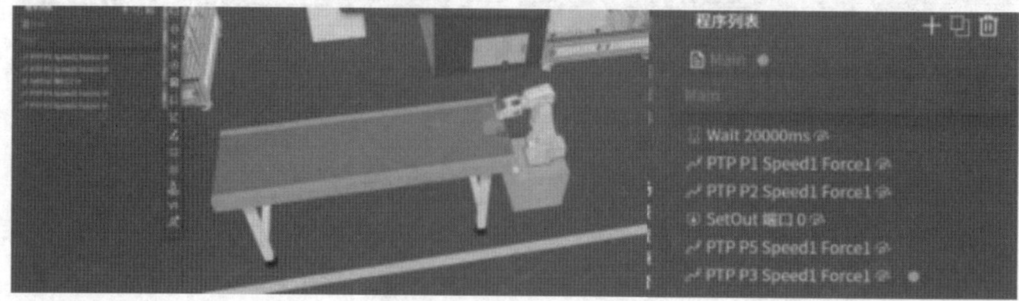

图5-68　机器人物料抓取

如图5-69所示，此时最简单的方法是采用编程中的等待功能，只要在编程中设置足够长的等待时间，等物料进入容器后机器人就可以正常抓取目标物料。

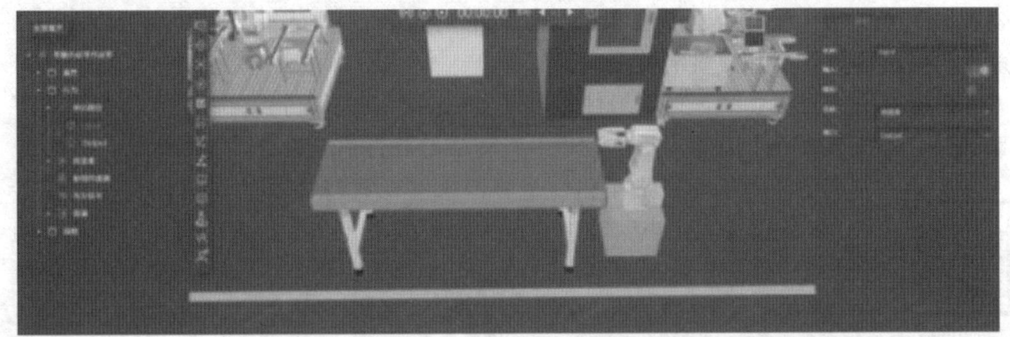

图5-69　机器人抓取等待程序

但是这种场景设计和编程方法存在一定缺陷，等待必然带来时间上的浪费，当场景较为复杂时，如果场景中充斥着大量等待动作必然减缓场景的运行速度，同时工业生产中许多工作也要求及时进行，如在生产线中分拣不合格产品工作需要在传送带中完成。为了解决这些问题，就需要使用新的控制策略。

在编程模式下，存在等待输入这一指令，该指令允许机器人在接收到目标端口的信号之前保持等待，接收到信号后立刻行动。

在本次任务中，选择端口0为接收端口，接下来，只要将物料到位时的消息转化成信号输入机器人，就可以让机器人及时完成抓取任务，信号设置如图5-70所示。

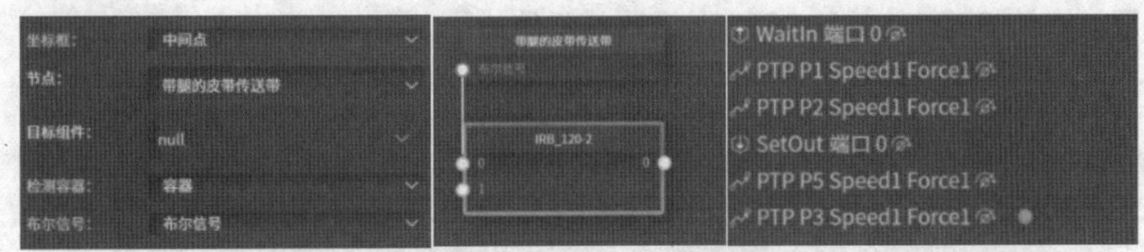

图5-70　抓取信号设置

选择机器人上的传感器，让其监测容器中组件，并将自身监测点的坐标框设置在容器所在的终点坐标框位置。

设置布尔信号与传感器连接。此时当组件进入容器，到达终点位置后，传感器就会立即发出布尔信号。

点击信号连接选项，进入信号蓝图模式，按照前文中所描述的方式将组件的布尔信号与机器人的输入端口0连接。

当组件到位时，传感器驱动布尔信号变化，而布尔信号变化通过蓝图中的连接输入端口0。当接收到信号后，机器人的等待输入指令结束，可见此时机器人立即抓取了目标组件。

在以上方法中，传感器和信号的结合发挥了到位信号的作用，也就是报告组件到位就绪的结果，让场景可以及时进入下一步工作，提高场景中设备的敏感性和工作效率。

2.放行信号

在传送带工作中，常常会看见这样的场景：前方工位正被占用，为了避免物料继续进入工位造成管理混乱，传送带上挡块升起，阻止物料进入此组件，当工位占用结束后，挡块落下放行，物料继续进入工位中。

在仿真中，同样会设置挡块组件，对现实中的挡块进行仿真，但是在仿真环境下真正产生阻挡与放行作用的，是传送带中行动中的放行信号设置。

5-3

信号放行试验

需要设置两条路径和一个容器来实现放行命令的作用。在本次实验中，容器设置在中点，将中点设为物料的阻挡和放行点，因此需要设置两条路径，分别作为起点到中点的路程和中点到终点的路程。接下来可以按照二维码5-3中的视频方案进行信号放行实验。

在仿真中，通过以上方法设置信号发射器，实现对传送带运行中放行行为的控制。

5-4

信号控制创造者

3.控制创造与销毁

首先恢复组件到第一次实验时的状态，本次实验将展示利用信号实现控制创造与销毁的方法。具体操作见二维码5-4中的视频。

（1）控制创造

如图5-71所示，点击创造者，可见创造者存在间隔和数量设置。这意味着当仿真开始时，创造者将会立刻开始以设置间隔的方式创造对应数量的组件。这种创造方式基于预设值运行，是难以控制的，不符合柔性生产的要求，同时其生产数量有限，在长期运行的项目中可能导致物料不足。

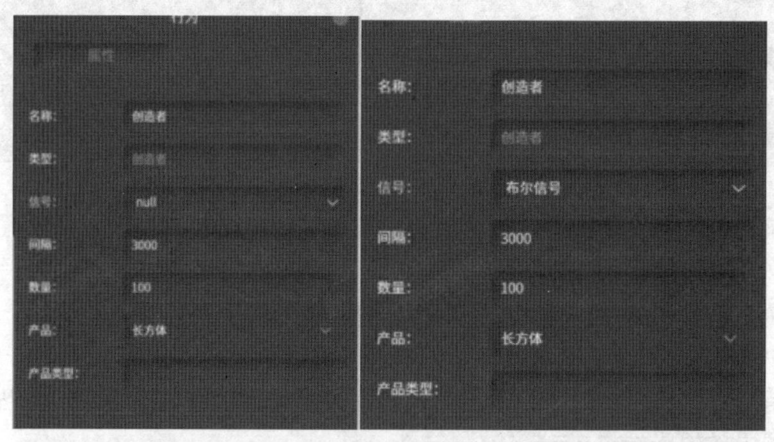

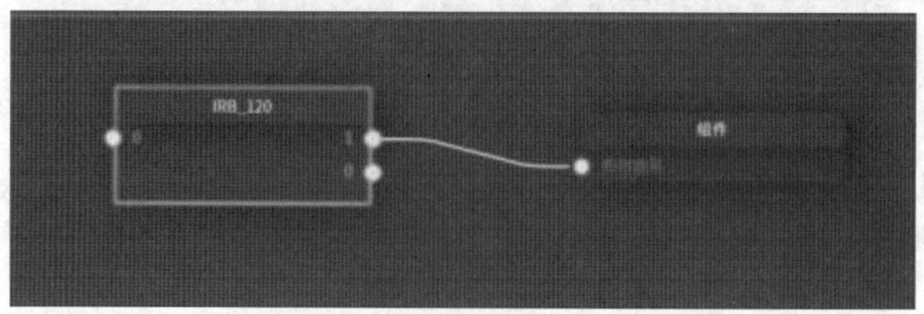

图5-71　控制创造示例

可以使用信号控制创造的方式解决此类问题。解除之前设置的布尔信号与传感器的连接，转而将布尔信号与创造者的信号连接，接下来可以通过布尔信号对创造者进行控制。

（2）控制销毁

销毁是物流中的行为之一，其作用是消除进入其中的物料，在仿真中常用作传送带的末端，代表生产线仿真的结尾。

控制销毁（如图5-72所示）的方法和前文中所述的控制创造的方法相类似。取消前文中创造者的布尔信号控制，并为组件设置销毁。销毁只有输入端口，在之前的实验中将容器作为组件的末端，故让其与组件连接。运行后，可见当物料进入销毁后消失。

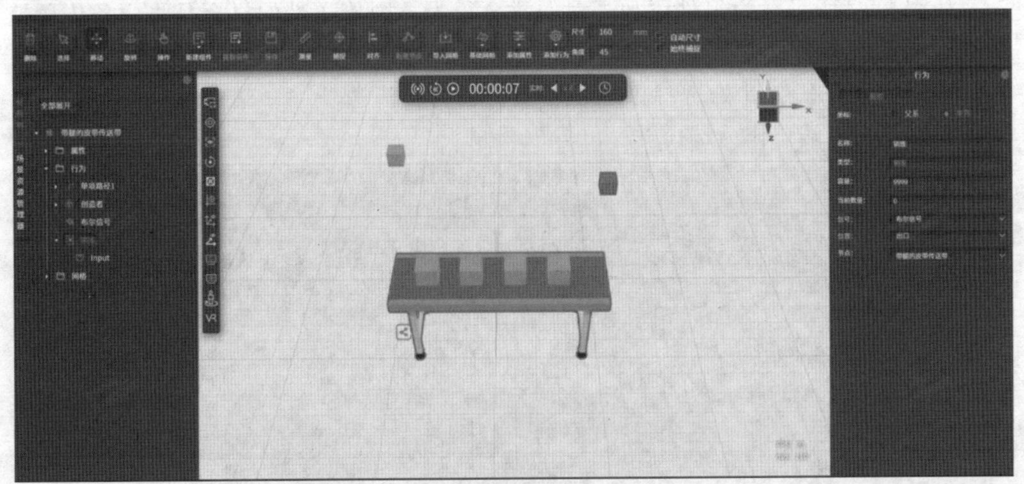

图5-72　控制销毁

对于销毁而言，同样也可以使用布尔信号对其销毁行为继续控制，其原理与创造者接近，每当布尔信号接收对应信号发生改变时，执行一次销毁指令，消除销毁中的一件物料。

通过这种办法，可以对场景中的组件进行可控的销毁。在实际工作中，也可以选择为末端与销毁连接的容器添加放行信号，通过控制对销毁的放行的方式实现对销毁的信号控制。

5.4.5　传送带的拼合

虽然可以为一条传送带组件设置大量网格模型和组件行为，但是在实际工作中这样的工作方式往往更为复杂且难以做出修改，因此采用多条传送带的拼合以满足大型场景需求是仿真中的常见情况。

1.传送带的手动拼合

在仿真中，传送带最常用的拼合方式是手动拼合。手动拼合方式主要适用于在仿真开始后（即对应现实中开始工作的情况下）拼合关系不发生变更的情况，在实际工作中大多数传送带都是静态的，在工作时设备自身不会发生位移，因此大部分传送带都符合这一特征。

如图 5-73 所示，复制当前传送带组件，并删除其创造者。接下来本节将会讲解将两条传送带拼合的流程。

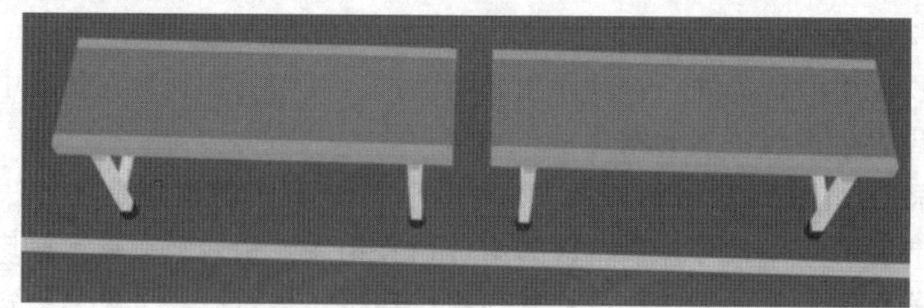

图 5-73　传送带复制

如图 5-74 所示，为组件添加一对一拼合行为，则传送带的拼合是将一条传送带的终点与另一条传送带的起点相互拼合，此处传送带选择终点坐标框作为其接口坐标。点击添加字段，此处选择添加物料流。在物料流选项中，选择单向路径作为物流，并以其输出端口作为端口。

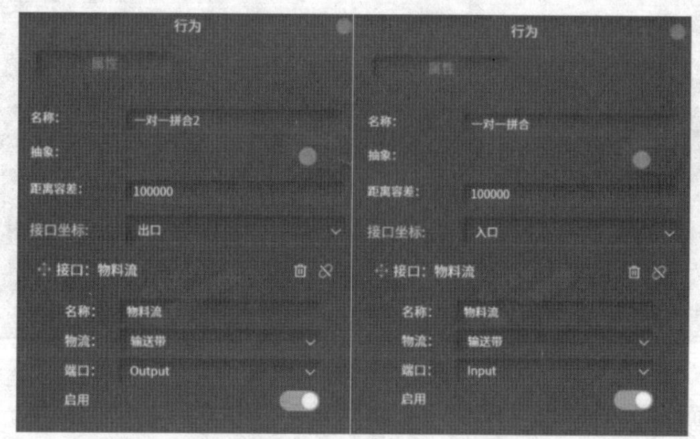

图 5-74　传送带拼合设置

同理，为另一传送带组件设置一对一拼合，但是设置起点为接口坐标，并选择输入端口作为连接端口。通过这样的设置，在拼合完成后物料将从另一传送带末端输出，从此传送带起点进入，实现两条传送带的连接。

在布局模式下选择拼合，完成拼合后，点击“开始仿真”按钮。可见，当仿真开始后，一条传送带上产生的物料可以进入另一条传送带的路径上，借此可以判断两条传送带的拼合完成。

2. 传送带的信号拼合

在仿真工作中，要实现 AGV 小车获取物料，也需要小车上传送带与固定传送带的物料拼合，但是这一拼合往往发生在仿真开始后，此时不适用前文中所讲解的在仿真开始前的手动拼合方式，而是需要使用信号拼合来实现这一目的。

在本节中，将继续通过简易传送带展现信号拼合的工作。

如图 5-57 所示，此时两条传送带已经解除拼合关系，一条传送带上的物料无法进入另一条传送带。

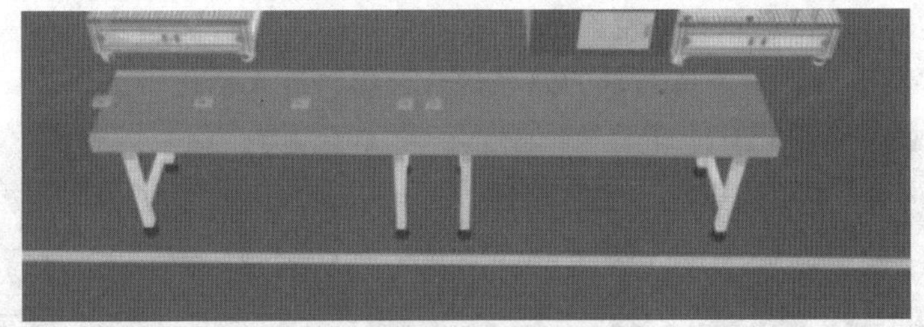

图5-75　一条传送带上的物料无法进入另一条传送带

此时需要对两条传送带进行信号设置。在使用信号前，需要为至少一条传送带添加信号发射能力。

前文提到过，添加机器人控制器可以为组件增加信号发射功能。选择第一条传送带，为其添加AGV控制器，机器人执行器和输入输出信号。

如图5-76所示，完成行动设置后点击AGV控制器。AGV控制器有程序控制和信号控制两种控制方式。在本节中先选择程序控制。点击机器人执行器，在执行器中选择输入信号集合和输出信号集合，完成设备的32个信号端口设置，实现设备的信号收发能力。完成后在控制器中选择AGV控制器，机器人需要通过该设置获得发出路径拼合指令的能力。

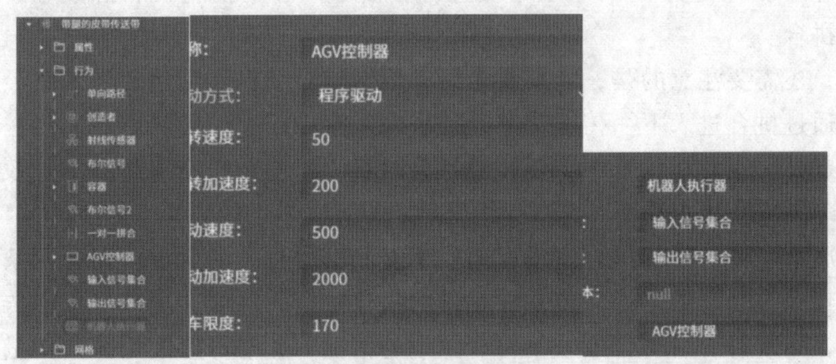

图5-76　AGV控制器设置

在动作配置中可以为信号设置拼合物流以及分离物流的指令，这意味着当机器人从此端口发出信号时将执行拼合物流或分离物流的动作。

完成动作设置后，可以在下方进行动作的细节设置。监测距离决定了两个接口坐标之间可发生拼合的最小距离，而接口则意味着发生拼合时所参考的拼合行为。拼合行为中的接口坐标、物流路径和拼合端口都会影响拼合的实际结构。此处选择一对一拼合，则拼合方式来自该组件的一对一拼合行为。

如图5-77所示，完成设置后，点击编程模式，可见此模式下该传送带已经进入可编程状态，此时可以令该传送带发射信号0，实现路径拼合。

图5-77　信号控制物料流动

如图5-78所示，当信号0发射的程序被注释后，物料无法进入另一传送带。而当信号0正常发出后，两条传送带的路径拼合，物料进入传送带。

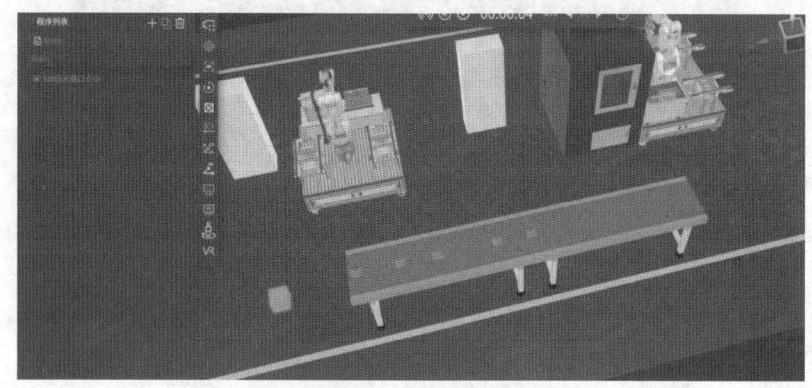

图5-78 注释信号

通过信号的发射设置，可以在仿真开始后较为自由地拼合物料流，实现对生产线中传送带连接的仿真。

此处也可以发现在传送带信号拼合时，只需一条传送带接收信号拼合命令。因此在仿真工作中，只需要对AGV小车设置拼合信号，小车就能依照指令与其他各种传送带相互拼合。

另外，还需要注意的是，物料拼合后，物料拼合前已经到达传送带路径终点的物料是无法通过拼合进入下一传送带路径的，在观察中，它们会滞留在原传送带中设置的路径终点处。因此在仿真中需要注意拼合时机，避免物料滞留影响仿真效果。

3.传送带与公共变量

前文展示了传送带的拼合过程，通过手动和信号拼合的方法可以让两条传送带拼合，以搭建完整复杂的路径。但是在场景的搭建阶段，可能会出现场景中传送带宽度等不一致，导致拼合后拼合效果不符合预期的情况，此时可以使用公共变量的功能来统一传送带尺寸。

如图5-79所示，图中两条传送带的高度与宽度均不相同，如果强行拼合则外观呈现不和谐。

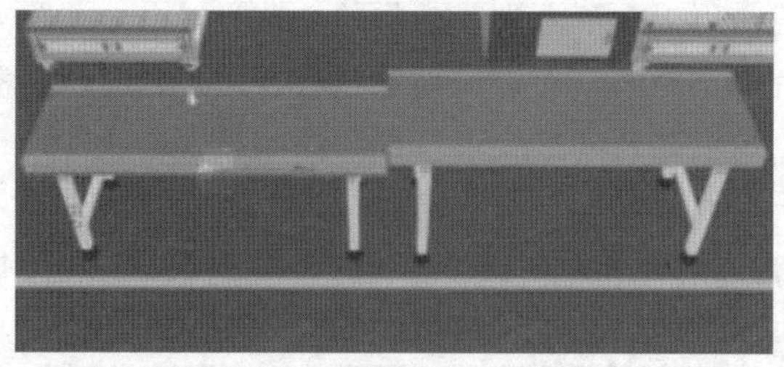

图5-79 尺寸不同的传送带拼合

如图5-80所示，在布局模式下可以点击公共变量。

所谓公共变量，就是可以被场景内所有组件引用，实现统一组件尺寸目的的变量。此处设置width，heigth两个数值类变量为公共变量，分别代表组件的宽度和高度。同时需要添加更改重建功能，让值的变更直接反映到组件上。

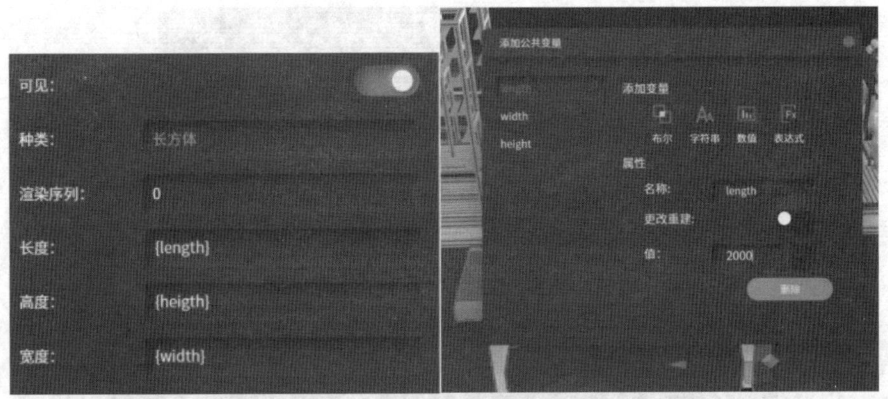

图5-80　公共变量设置统一尺寸

在两个传送带组件的网格模型中引用两变量，现在可见网格的长度引用自身变量，而高度和宽度引用公共变量。可见，引用后两条传送带的组件尺寸统一，可以正常而和谐地连接与拼合。

公共变量在场景中起到了统一组件间尺寸、优化场景间组件联系的作用，在拼合之外的其他仿真工作中也可以被应用，而这些应用将在之后的章节中得以展现。

5.4.6　传送带的排程规划

在实际生产过程中，有很多具备多条分支的传送带，这些传送带被用以提高物料的加工效率，或用以承担检查分流不同物料的工作，在FDISM平台中常使用排程行为来实现对此类传送带以及工作情况的仿真。

1.循环规则

在生产场景中，可能会出现这样的情况：相同的物料需要被运输到不同目标，其目的可能是参与不同加工项目、运输到不同单位或者仅仅是区分不同生产线以便于工作规划。

在FDSIM仿真平台中可以使用排程的循环功能来满足此类需求。

（1）搭建分岔传送带

在模型资源管理器中，可以找到多种分叉传送带，同时也可以搭建带分叉的简易模型。

如图5-81所示，选取模型放入场景中，对模型进行行为设置，添加新的路径。分别需要添加入口路径和走向两个岔路的两条路径，且需要设置入口位置、分岔位置和两个路口终点等至少四个坐标框。

如图5-82所示，完成路径设置后，我们将为组件添加排程。

（2）添加排程和循环规则

点击“添加行为”，可以在物流中找到排程规划，点击就可以为组件添加排程规划行为。添加后，可见排程规划可以增加输入和输出端口，这些设置决定了排程规划连接输入其中和自其输出的排程的数量。此处以起点至终点的路径为输入，以另外两条路径为输出，因此先选择一条Input，两条Output，如图5-83所示。

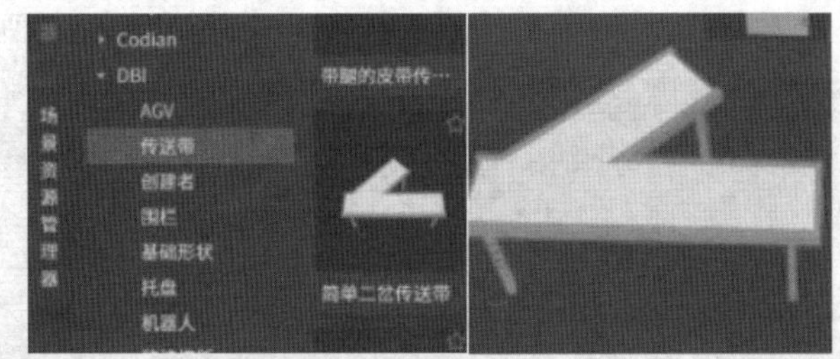

图 5-81　分叉传送带搭建

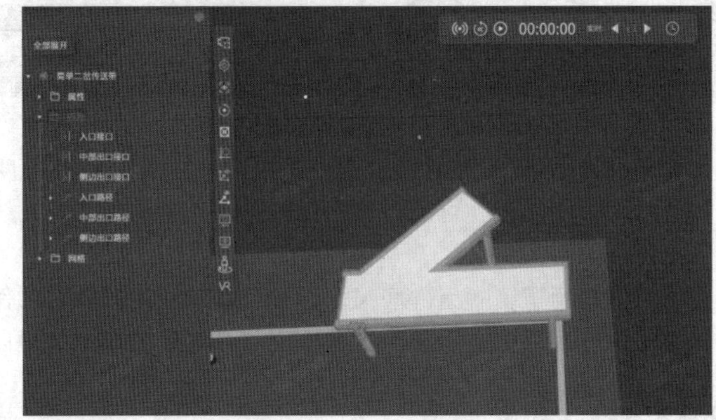

图 5-82　分叉处点位设置

图 5-83　分叉输入输出设置

接下来需要完成对应路径与排程的端口连接，为循环规则添加两个输出端口，在循环规则下，排程将控制两个端口依次输出物料。运行仿真，物料在岔路上依次输出，通过这种方式可以实现对从一般传送到需要岔路输出的情况进行模拟。

2. 百分比规则

在某些生产环节中，需要对质检等工序进行模拟，当已知良品率但是无法获取生产线中的实际生产数据时，可以利用百分比规则决定每条岔路的分流情况。

在不改变其他设置的情况下，点击排程规划，修改规则为百分比规则，此时可以修改两个输出端口的比率，如此时端口 1 为 100，端口 2 为 50，则两个端口的输出概率比为 2 : 1。

运行仿真，此时自端口 1 输出的物料概率将显著大于端口 2，以实现对实际产线中概率的模拟。

5.5　AGV 仿真

在上一节中，我们学习了传送带在现实与仿真中的意义和使用方法。

在现代生产设施的物料运输中，常需要面对运送物料品类多、运送路径复杂的状况。面对这样的运输需求时，规划和搭设传送带变得十分困难，而AGV可以满足日益提升的物流运输需求、推动产业的自动化与智能化。

5.5.1 AGV介绍

1.AGV简介

AGV（Automated Guided Vehicle）是一种包括导引设备、沿规划路径前进、具备一定负载能力的无人车辆。其设计的基础目的在于在生产和物流流转过程中代替工人搬运重物和其他不适宜人工参与搬运的物料，以发挥提高生产自动化、降低工人工作强度的作用。

如今，AGV已经被广泛应用于多个领域。如在物流领域中，AGV设备可以协助参与货物的分拣，并能够运载较大质量的货物，有效降低工人的工作强度。在某些情况下，AGV还可以携带更高精度的视觉检查设备，主动参与货物分拣，提高对自身系统和组件的利用程度。

2.AGV的导航

相较于其他通用的具备运动和负载能力的有人载具和无人车辆，AGV最重要的技术特征在于其导航技术。AGV的导航技术通常可以分为三类，即固定路径导航技术、自由路径导航技术和组合路径导航技术。

3.相似设备辨析

AGV并非唯一的无人运输车辆，不同的需求和技术能力产生了许多与AGV路线不同的无人运输设备。这些设备与AGV存在一定相似性，但是也存在一定差异，在仿真中可以基于AGV对此类设备的仿真进行模拟。

RGV（Rail Guided Vehicle），又称有轨导引车辆，这种设备可以在环形或直线轨道上运行，与AGV相比降低了导引要求，抗干扰能力较强，且其路线确定。在高密度仓储区域使用时更适应狭窄的通过环境，并适用于高频率和强度的提取和存放货物工作，运行效率和安全性更高。但是导轨设置成本较高，完成部署后拓展路线的时间和物质成本较高。

AMR（Automated Mobile Robot）又称自主移动机器人，拥有绘制区域地图和依据绘制或导入的地图自主寻路的能力，相较于AGV其对导引设施的要求低，但是此类设备存在较高计算要求，会提高对使用环境的要求和使用成本。

IGV（Intelligent Guided Vehicle）又称智慧型引导运输车，这类设备处于概念阶段，目前存在技术上的较大限制，尚待实验和开发。这一概念要求运输设备具备自主导航、自主规划路线的能力，可以配合智能制造与柔性生产，是无人运输设备在未来制造业中的发展方向之一。

5.5.2 仿真AGV行为设置

前文讲解了AGV的基础知识和其导航方式。现在可以在仿真中搭建仿真AGV设备。

1.AGV的仿真控制方式

作为一种运输设备，其与传送带等在之前章节中所提到的运输设备所不同的是，AGV主要通过自身在生产场地中的位移来实现运输物料的位移。这种行动上的特性也决定了仿真中AGV的特殊之处。

在仿真中，AGV是少数在仿真开始后以组件为单位进行自主位移的设备。这种差异带来了其控制方式上的差异。

在进行AGV的行为设置前，首先依然需要在场景中放置AGV组件，并为其设置网格模型。

点击“添加行为”，可以看到，在行为中存在两种以AGV命名的行为类型，分别是机器人学中的AGV控制器和基础中的寻路AGV。其中，AGV控制器的适用性较广，其主要侧重于AGV组件对自身的位移控制，也可用以控制场景中其他类型的车辆，以及使用编程模式下的编程功能进行AGV的路径规划，在虚拟调试中也具备与现实中AGV控制系统连接的能力。而寻路AGV则侧重在仿真场景中实现其他组件对AGV的控制，用以模拟现实中AGV和其他设备的交互关系。本节中，将会对AGV控制器进行重点讲解，并对寻路AGV的功能进行简单展示。

2.AGV控制器

如图5-84所示，此处采用场景中的AGV模型。在行为中找到AGV控制器，为组件设置AGV控制器，和其他机器人控制器相同，AGV控制器的使用需要添加机器人执行器，输入信号和输出信号集合。

图5-84　AGV控制器设置

相较于其他控制器，AGV控制器具备两种驱动方式，分别是数据驱动和程序驱动。

数据驱动需要在进行虚拟调试和数字孪生时连接外部数据，实现对机器人的控制。程序驱动则和其他机器人控制器的功能相同，选择后允许AGV进行编程控制。在此处选择程序驱动，完成信号和控制器设置。

在FDSIM平台的仿真模式下，AGV的程序控制模式需要用户预定AGV的运动路径，如果要加强对AGV导航功能的模拟，一般需要在虚拟调试或数字孪生时连接外部环境，让AGV与接收数据相连。在本节中，将主要讲解预设路径情况下的AGV使用方式。

在AGV控制器的编程模式下，可以为组件添加点对点运动。AGV控制器和之前所讲解的其他机器人控制器一样，都是让被控制部分从一个点运动到另一个点，通过点对点的方式记录控制对象的允许轨迹，但是其他机器人控制器多为控制某一关节，让机器人的其他部分依据设置跟随与辅助此关节运动，且不影响被控制组件的位置，而AGV控制器则直接控制组件运动，其运动会以组件位移的形式呈现。

如图5-85所示，为简易AGV设置了点1，记录AGV的起点，后设置点2，拖动点2时，AGV的位置也跟随运动。此时再点击点1，和其他机器人一样，AGV也回到了该点的状态，其体现形式就是AGV方块回到了点1位置。

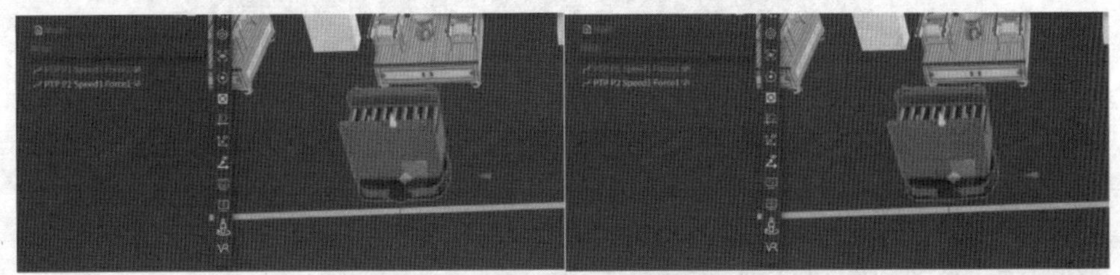

图5-85　AGV点位设置

点击“开始仿真”按钮，可见此时小方块逐渐从点1向点2运动，需要注意的是，组件是存在方向的，一般来说组件会以X轴为正方向，旋转自身，以正方向正对目标位置。

到达目标位置后，组件也会让自身坐标轴与目标点位的坐标轴保持一致，在仿真过程中，这就带来了AGV机器人的旋转，如果要让仿真场景看起来更合理，就需要在编程时注意AGV运动中各点位的关系。

经过上面的讲解，可见AGV控制这一行为的使用方法十分简单且直观，这也为后续给AGV组件添加各种AGV功能带来了便利。

3.寻路AGV

通过前文可以发现，AGV控制器的控制逻辑主要是从AGV自身出发的，通过让AGV控制自身的运动来达成场景中对AGV的任务需求。这种控制方式的优点在于将视角集中于AGV，用户可以更轻松地实现AGV所需的功能。但是这种控制方式也存在一定弊端，如现实中AGV的路径规划等指令往往来自AGV系统中的其他组件，AGV的运动也是由其他设备的需求所决定的。

在一些仿真需求下，采用AGV控制器会导致AGV在仿真中的运行逻辑以及和其他组件的关系和现实产生较大冲突，不利于构建符合需求的仿真场景，此时便需要一种由其他组件需求出发的AGV控制方式，即寻路AGV。

如图5-86所示，为组件添加寻路AGV功能，可在右侧查看寻路AGV设置，此时可见AGV的ID为agv1，这一ID将作为该AGV的重要标识，在其他设备的请求中被运用。

如图5-87所示，在场景中放置一台机器人，此时如果需要机器人呼叫AGV到达其附近以完成某些装卸任务，可以使用编程模式下的“呼叫AGV”功能实现这一目标。在编程模式下，可以为机器人设置呼叫AGV功能，这一功能将允许机器直接将AGV呼叫到目标位置。

如图5-88所示，在呼叫AGV的动作属性中，可见存在AGVID、位置、等待、类型等设置内容。

图 5-86　AGV 寻路功能

图 5-87　机器人呼叫 AGV

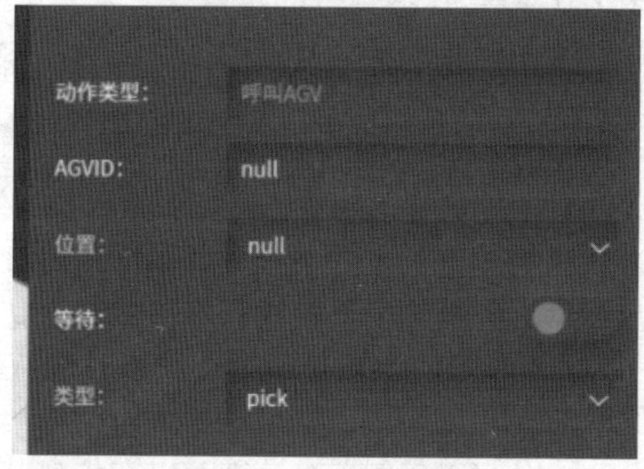

图 5-88　AGVID 设置

此处 AGVID 就是所呼叫 AGV 的 ID，此处输入 agv1。

位置需要通过机器人自身的坐标框来确定，此处为机器人设置一坐标框，位置设置在机器人附近。此时点击允许，AGV 会自动移动到目标位置。

如果设置等待，那么机器人将会在 AGV 到位后再执行下一动作，否则机器人将在发出命令后立即执行下一动作。而动作类型分为 pick 和 put，可以在寻路 AGV 的行为属性中设置该指令所对应的拼合，通过这种方法让机器人控制 agv 完成上一节中所提到的传送带拼合工作。

这种控制方式也使得 AGV 的中央控制得以被模拟，可以设置某一可编程组件作为 AGV 系统中总控设备的仿真，让这一组件调动场景中的 AGV 运动。如果用户具备 javascript 技能，也可以进一步编写脚本控制 AGV 运动。

5.5.3 AGV的应用

在了解现实和仿真平台中AGV的运动方式后，接下来所要关注的是AGV自身所具备的功能。这些功能决定了AGV构造的具体设计方式和应用方式。

1.背负式AGV

这种AGV用以直接装载和运输物料。背负式AGV是最常见和简易的AGV之一，侧重于负载能力。在某些情况下也会在背负式AGV上装载料架或其他容器，用以扩大其运载物料类型的范围、提升运载能力。

对于设计较为简单的背负式AGV而言，要将物料放置于其上，往往需要人工或者其他辅助设备（如六关节机械臂）的辅助，在一些工作环境下工作效率较低，而且设备应用的成本较高。但是这类AGV运载量大，适用于在多个节点进行物料运输。

2.顶升式AGV

这类AGV具备顶升结构，可以举起物料。通过这样的结构，机器人获得了从物料存放点自动获取物料的能力，无须使用机械臂或者人工搬运执行物料转移的工作，从而提高了物流效率。

此外，顶升AGV还能通过顶升机构抬起传送带等设备，对接不同高度的物料流，适用于柔性制造要求。

3.潜伏式AGV

潜伏式AGV可以潜伏进入物料架下方，通过顶升或拖拽的方式搬运物料。

这类AGV可以减少在货架下方预留给机器人搬运的空间，增强了货架的运载能力，同时扩大了AGV的使用范围。

4.滚筒式AGV

滚筒式AGV安装了传送带滚筒，其与传送带拼合，缩短了设备间物料交换时间，提高了运行效率。

滚筒式AGV对以传送带为主的环境适应性较强，可以提高这些环境下的工作效率，实现上下料以及运输过程中更高水平的自动化。

5.叉车式AGV

叉车式AGV的结构与载人叉车有相似之处，其常被作为传统工厂革新以及智能工厂建设中叉车的替代品。

与其他AGV设备相比，叉车式AGV可以直接从物料存放处叉取所需物料，并能够自行对物料进行堆垛，具备较高的自主性，可以提高工厂的自动化程度，也可以减少人类在一些危险环境下的工作次数和工作时长，保障生产的安全性。

6.复合式AGV

复合式AGV将AGV小车与其他设备（如六关节机器人）相结合，让AGV弥补了这些设备的运动能力劣势。

而AGV上的设备也拓展了AGV的工作范围，通过连接其他工业设备，让AGV在运输功能之外可以承担焊接、喷涂等功能，提高工业生产的自动化程度。

复合式AGV使用者可以更轻松地对生产线和工位进行调整，实现智能制造和柔性制造的目的。

5.5.4 AGV的应用功能仿真

在上一节中，介绍了不同形式AGV在现实中的应用。在本节中，将会展现部分AGV功能在FDSIM平台中的仿真实现方式。

1.背负式AGV

在仿真平台中，对背负式AGV的建模较为简单，为AGV组件设置容器行为后，AGV可以装载物料，作为背负式AGV参与到物料运输中，如图5-89所示。

图5-89 场景中的背负式AGV

2.滚筒式AGV（结合顶升功能）

滚筒式AGV是AGV与传送带功能的混合，可以为AGV添加单向路径功能，实现对传送带的模拟。为AGV设置坐标框，用以设置路径。

滚筒式AGV常与顶升功能结合，以适应不同高度的传送带，提高其泛用性。如图5-90所示，设置创造者，生成物料。与容器连接，并为容器添加放行信号。

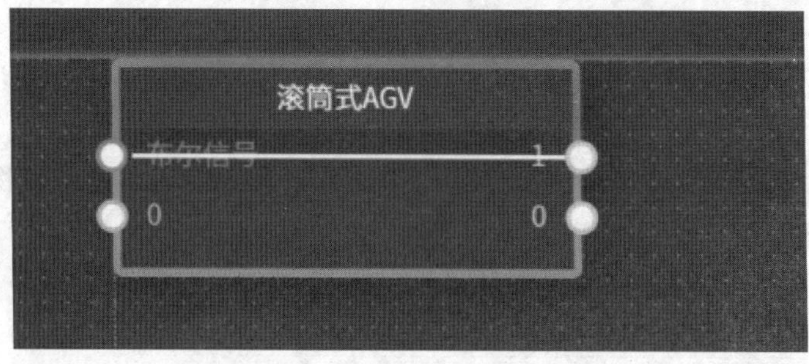

图5-90 滚筒式AGV放行信号

设置AGV和传送带的物料流拼合，确定从AGV输出、自转送带输入。在信号蓝图界面连接AGV自身的输出端口1和布尔信号，使AGV自身信号可以控制容器放行。

如图5-91所示，在机器人执行器中完成拼合物流设置，将端口1设为拼合信号发出端口，并选择之前所设一对一拼合为拼合接口。

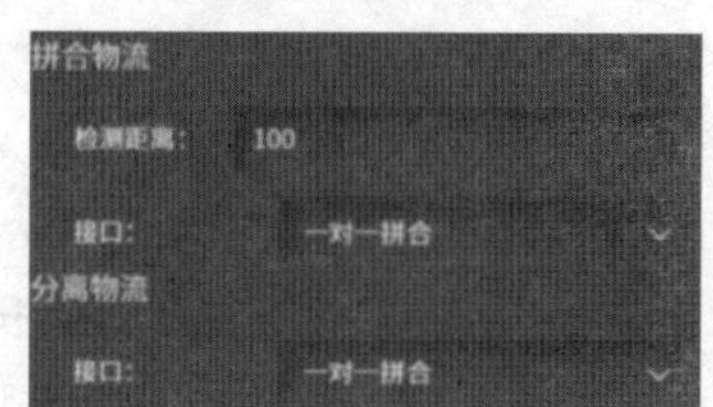

图5-91 机器人执行器拼合物流设置

为AGV编程，设置AGV到达目标位置后发射信号0实现物料拼合，再发射信号1使容器放行。完成后发射对应错时信号，断开物料流连接，并关闭容器放行。在本示例中，物料离开容器，但是可见传送带与AGV的高度不匹配，无法拼合物流实现目标仿真效果。

如图5-92所示，FDSIM平台所提供的AGV存在顶升结构设计，但是需要进行设置以完善顶升功能。设置顶升机构节点交互类型为translate，交互轴设为y，传送带在运动将变为上下位移，并在编程模式下选择AGV与传送带交互的点位，在此处通过修改当前值确定顶升高度。

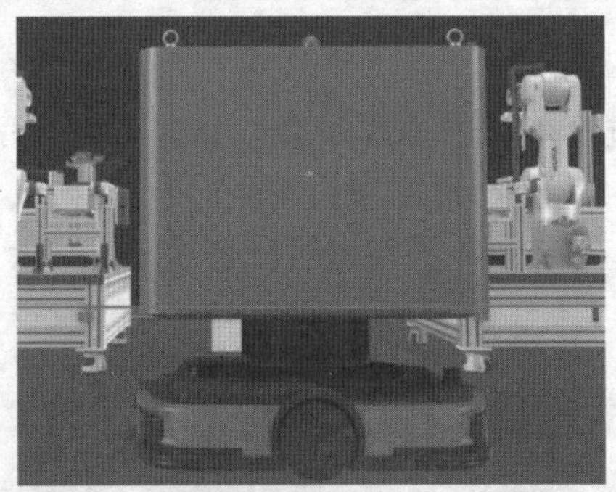

图5-92　顶升机构添加

确定高度后，调节节点最大值和最小值，让其最大运动到目标高度，最小恢复运动前位置。修改容器所在节点，并更改坐标框，使其容器和坐标框都从属于节点1，并让坐标框在三维空间中的位置处于节点1中顶升机构的网格模型上。

如图5-93所示，添加伺服控制器和布尔信号2，设定布尔信号2控制节点1顶升。在蓝图中连接布尔信号2与端口2，通过端口2信号控制布尔信号2。在到达位置后，从端口2发射信号，使传送带顶升，实现了两条传送带的拼合，至此完成了滚筒带式传送带的顶升式AGV仿真。

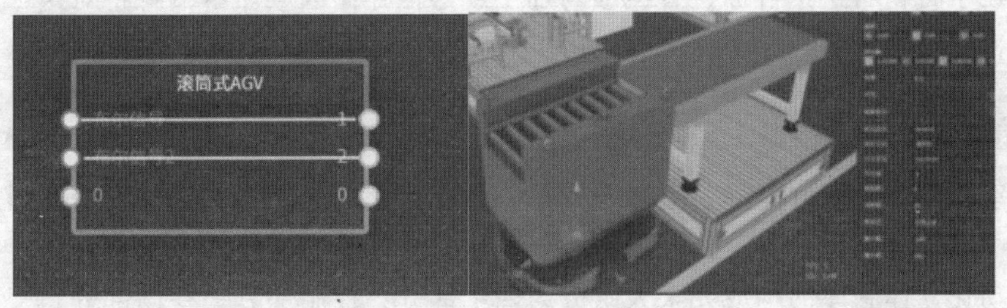

图5-93　顶升信号设置

3.复合式AGV

为机器人设置底座拼合，就能将机器人拼合到AGV上，实现复合式AGV的搭建。在蓝图中实现机器人和AGV的信号连接，如图5-94所示。

利用编程中的等待信号功能，AGV到位后使机器人结束等待，当机器人结束工作后发送信号使AGV继续前往下一位置，从而实现机器人和AGV的协同工作。

当AGV到位后，发射信号使得机器人结束等待，机器人抓取目标物料之后，AGV可以运送机器人到其他位置。

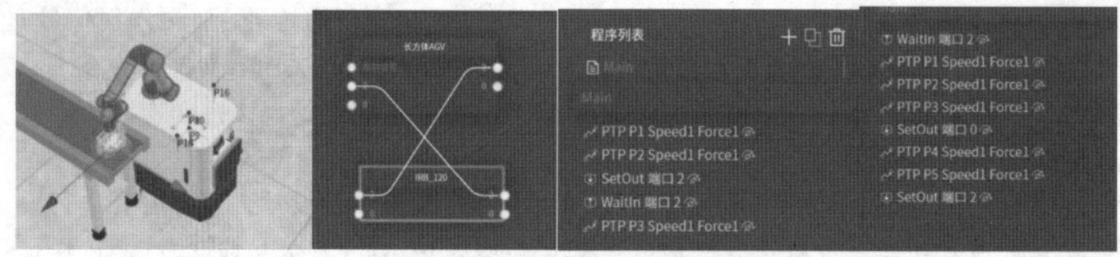

图 5-94　复合式 AGV 搭建

复合式 AGV 实现了机器人和 AGV 的协同作业，实现了工位的动态分布，推动了柔性生产线的实现。

4. 其他 AGV 控制器仿真对象

AGV 控制器的仿真范围不止于 AGV 设备。如图 5-95 中的工人及叉车，在仿真环境中和 AGV 具备相似特性的工作单位（如需要远距离移动，需要运载物料的工作单位）都可以在仿真平台中使用 AGV 控制器进行仿真。

图 5-95　其他 AGV 控制器仿真对象

5.6　存储与加工设备仿真

无论是在现实生产线中还是仿真生产中，为物流而物流显然是脱离实际的。物流的目的在于将物料送达目标位置，参与加工或送往存储区域。本节就将对这一类工作流程进行介绍。

5.6.1　立库

自动化立体仓库（简称“立库”）是一种现代化的仓储形式，这种仓储形式通过在空间中集成自动化设备与控制设备，以及建立立体仓库的形式来实现存储目的。

自动化立体仓库的构成元素大致分为四个部分：控制部分、存储部分、交互部分和执行部分。

其中，存储部分指的是立库自身的存储空间，其包含了搭建立库所用的金属框架等结构，在货架上可以搭载传感器以监控与收集货物数据。

控制部分在现实中包含了对立库中自动化设备进行控制的总控设备和对立库信息进行分析的计算机主机，这二者在实际工作中可能是相同的设备，这类设备可以基于立库的数据进行分析和上传，协助立库的管理人员对于立库提出决策方案。同时，其也会通过控制人员发出的指令，对立库的自动化出纳设备进行控制，以实施立库的自动出库入库，以及立库的自动整理等。

交互部分包含了人机面板等设备，帮助使用者查看立库信息，高效完成从立库中取放物料的工作。

执行部分负责执行控制指令，包括堆垛机等负责完成出库入库工作的设备。

在学习中，可以搭建一个较为简单的小型自动化立体仓库系统来加深学习者的认识。

如图5-96所示，小型立库主要包含了刚刚所提及的两个部分，也就是立库货架即存储部分，其中的堆垛机即执行部分。在仿真平台中，人机交互和计算机控制需要依靠编程等设置实现。在虚拟调试中也会采用接入外部控制设备信号的方式实现相关功能。

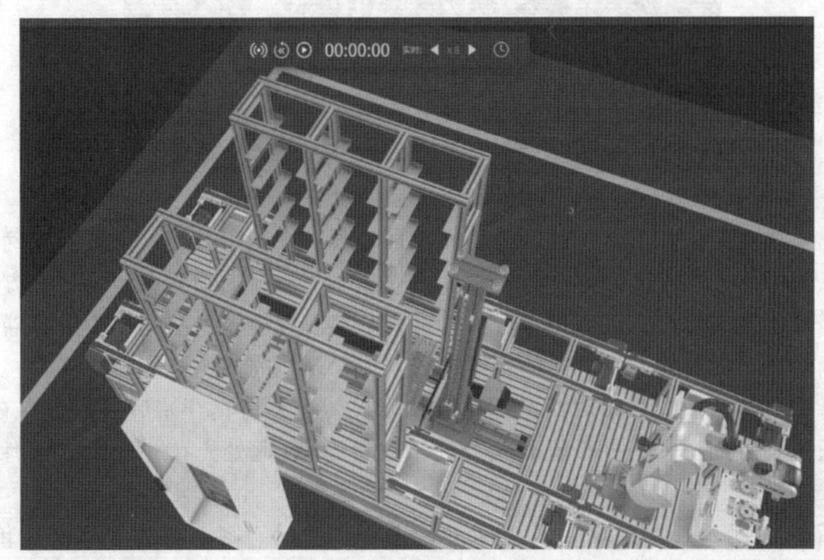

图5-96　小型立库装置

堆垛机器人作为立库主要的执行单元，负责对立库中物料的出纳工作。其工作方式就是按照控制要求到达立库目标位置，使用机械臂和托盘获取目标，将其放置到立库外的传送带上。而在收纳物料时则相反，堆垛机器人会从传送带上收取物料，将其放置到立库中的对应位置。

堆垛起重机也称堆垛机，是立库中最重要的起重运输设备，是代表立库特征的标志。

堆垛起重机的主要作用是在立体仓库的通道内来回运行，将位于巷道口的货物存入货架的货格，或者取出货格内的货物运送到巷道口。

5.6.2　立库系统仿真

本节将会讲解立库系统的仿真形式，对其中所采用的仓库以及堆垛机的仿真方式进行讲解。

仿真立库系统包括三个部分，即立库、堆垛机以及其控制箱。

在仿真过程中，可以使用多种方式实现对控制系统的仿真，控制系统部分可以不用对应某一具体设备。而立库和堆垛机则在仿真场景中存在直接映射。

在立库系统中，最基础的部分便是立库本身。

如图5-97所示，立库是一个2 000mm×6 000mm×6 000mm的金属框架，这一结构意味着其可以存储72单元的物料。

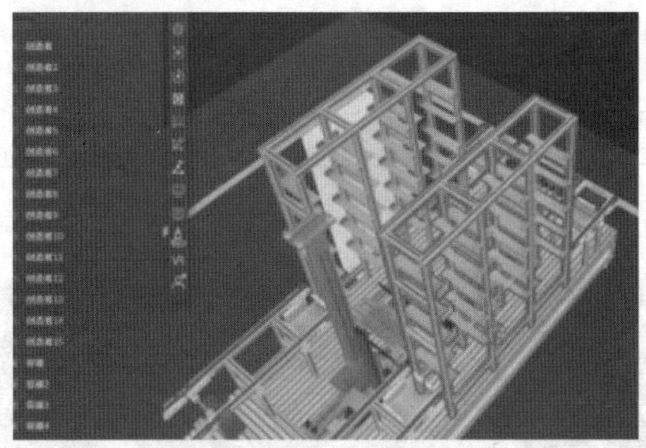

图5-97 立库存储单元

为了实现立库仿真，首先可以为立库添加容器，并确定其容器位置。在确定位置时，可以先为部分容器连接创造者，并生成立库所需储存的物料，通过这种方式可以实现对容器位置的校准，以便于容器位置符合物料放置要求。在完成少量容器的定位后，可以通过坐标框的方式对其他容器进行定位，最终完成所有容器的安置。

如果需要进行放置开始时的立库出料仿真，就需要仿真开始后立库中存在物料，这可以通过设置创造者，并设置其生产物料数量为1（此处先在一处设置物料生产作为试验）实现。

如图5-98所示，如果需要对立库进行进一步优化，则需要为立库添加传感器。每个存储位上的传感器会感知这一存储位是否被使用，并反馈相应的信号，以反映立库自身的存储状态。通过这种方法可以让立库的信息系统获得物料在立库中的存在和位置信息。

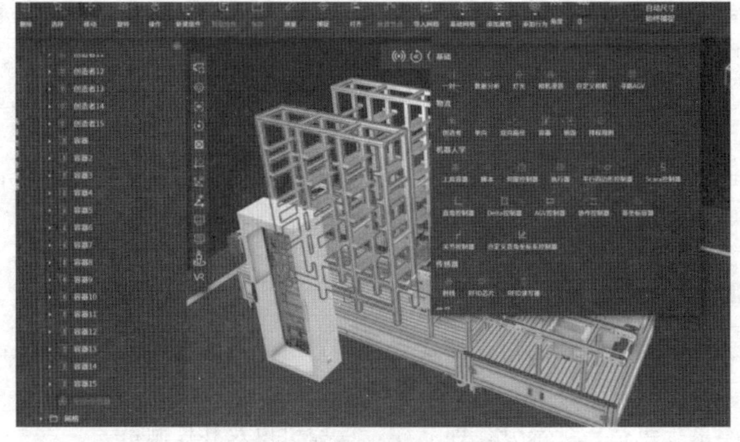

图5-98 立库传感器设置

在完成立库仿真后，需要开始对堆垛机的仿真。在本节中所使用的堆垛机为有轨堆垛机，在仿真中，其沿轨道运动，且其上组件可以进行上下左右的运动，以使得堆垛机可以触及立库中的每一个存储区域。

如果观察现实中堆垛机的运动方式，可以发现，运动中堆垛机的各个部分是相互垂直的，其节点都会在某一轴的正方向上进行运动。对于这种运动方式，在仿真中可以使用直角类控制器对其进行控制。

如图5-99所示，当打开行为页面时，可以发现两种控制器，分别为直角控制器和自定义直角坐标系控制器。这两种控制器都是针对作直角运动的设备仿真而设计的，但是二者在使用上存在一定差异。其中直角控制器的节点排布更适于对航架机器人的控制，而自定义直角坐标系控制器则可以较为自由地选择节点进行控制，不影响节点排布，因而此处则使用自定义直角坐标系控制器对堆垛机进行控制。

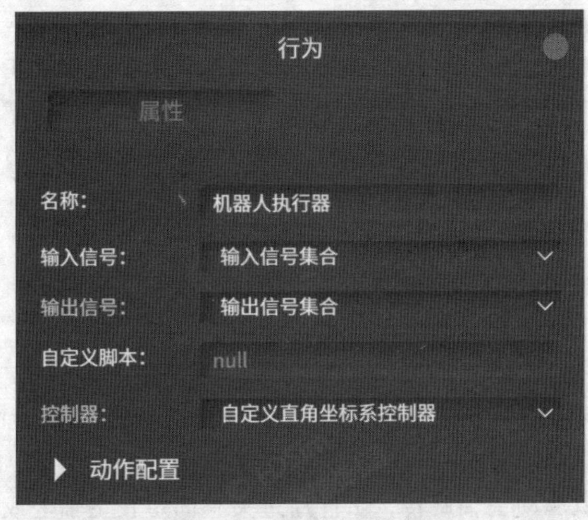

图5-99　立库控制器选择

一般控制器则存在固定数量的控制节点要求，当节点数少于节点要求时，就需要和直角坐标控制器一样设置空白节点以填充需求。而自定义直角坐标系控制器可以自由选择应用1~3个节点进行控制。

此外，自定义直角坐标系控制器还存在一个特殊之处，就是其他控制器都会基于控制器类型以及控制器自身设置完成节点属性设置，而自定义直角坐标系控制器会直接应用自身所选择的节点设置。这使得自定义直角坐标系控制器具备了更强的自定义能力，可以对更多种类的设备进行仿真，但是在应用自定义直角坐标系控制器前，需要先对节点进行基础的limited设置，否则将无法完成节点导入。

此处可以导入三个节点，并依据前文中自定义直角坐标系控制器使用中的节点设置节点运动。

至此，完成了对于立库系统的仿真。从下一节开始，将会讲解对加工系统的仿真和伺服控制器更进一步的使用方式。

5.6.3 机加工与机床

除了物流从生产到储存的过程仿真外，生产线中的另一个重要环节是物料的加工过程。而加工过程的代表便是机床进行的机械加工（简称“机加工”）环节。本节将会对机加工过程进行简单的介绍，在对机加工过程的模拟仿真开始前对机床设备的工作内容进行展示。

1.机加工

机加工指的是通过机械设备对工件的外形和尺寸做出改变的过程。

典型的机加工过程，包含了切削、压力加工等加工过程。其中切削加工是指通过刀具和工件相对位置变化去除工件上多余材料的工作流程。而压力加工则是通过冲压等施加压力造成工件形变，促成工件成型的加工过程。此外机加工还包括热加工、电加工等其他加工过程。

在今天，机械加工也可以使用多种先进技术，代表了机械加工技术的未来发展方向，其包括重视加工精度的超精密度加工技术，以及重视工作效率的快速成型技术等针对不同需求的加工技术，而人工智能技术和仿真技术等辅助手段的加入也为机加工注入了全新的动力。

2.机床

机床是制造机械的设备，是机加工过程的核心设备。同时，机床也是不同加工设备的统称，本节接下来将会对此类设备进行介绍。

（1）车床

车床是一种用于旋转工件并通过切削工具进行加工的机床，工件在主轴上旋转，刀具沿着工件移动以切削材料。

车床通过主电机驱动主轴旋转，工件通过夹具固定在主轴上或通过尾座支撑。刀具相对于工件进行直线或曲线的车削，通过切削运动去除工件材料，从而获得所需的尺寸和表面粗糙度。

（2）铣床

铣床是一种重要的金属切削机床，它利用铣刀对工件进行切削加工，从而改变工件的形状和尺寸。

铣床的工作原理是将旋转的切削工具（即铣刀）与固定或移动的工件相结合，实现精准的切削。铣刀以旋转运动为主运动，而工件和铣刀的移动则为进给运动。操作者通过控制铣床的各种参数，如转速、进给速度等，实现最佳加工效果。

（3）钻床

钻床是一种主要用于在工件上加工孔的机床。钻床的工作原理是以钻头旋转为主运动，钻头轴向移动为进给运动。

在加工过程中，工件保持不动，刀具（即钻头）进行旋转和进给运动，以实现对工件的钻孔加工。

此外还有镗床、刨床、拉床、曲轴机床等不同功能的机床。随着控制学理论和计算机技术的进步，机床的自动化程度逐步提高，数控机床与智能机床成为未来机床的重要发展方向，本节接下来将会以铣床作为案例，展现机床的仿真方式。

3.铣床与伺服控制器

本节将以铣床为代表，展现机加工设备在组件中的仿真实现方式，同时也将对其中所用的伺服控制器的使用方式进行进一步的讲解与列举。

（1）铣床仿真

FDSIM平台更侧重于对生产线中生产流程和机械臂动作的仿真，对于机加工的仿真主要集中在机加工中涉及设备零件的运动或机加工在生产任务中所消耗的时间上，而对于零件在加工过程中和铣刀产生的具体交互以及变化过程则较为粗浅，且在仿真平台中对机床动作的详细规划可能会带来较高时间成本，因此需要按照实际需求选择仿真的实现方式。

本节将会以使用铣床的图章雕刻流程仿真作为对机加工的仿真案例。

如图5-100所示，在FDSIM平台中准备了铣床模型，但是尚未完成模型的设置和编程。

图5-100　铣床模型

机床等设备结构复杂、型号众多，难以用某一标准机器人控制器对其进行控制。对于此类设备，可以将其内部结构分类，按照运动顺序以及仿真需求分别进行节点设置。我们将会把仿真需求较为粗略地分为初步仿真需求和进阶仿真需求两个部分，采用不同的动作程度，以及不同的对节点控制方式完成仿真工作。

①初步仿真需求

在初步仿真需求下，只需要完成较为简单的仿真流程，此过程对机床的动作进行了较多简化，适用于对机床动作仿真程度要求较低的仿真需求。

可以将节点分成以下部分：

节点1：控制铣床门部件，负责铣床门的开关。

节点2：工件给进机构，在此处负责协助工件移动到加工位置。其上设置有液压夹紧装置用以固定组件。液压夹紧装置一般设置为独立组件，液压夹紧装置具备运动节点以展示夹紧过程。通常拼合在机床的节点2处。需要设置容器以实现放置物料目的。

节点3：铣刀给进机构，负责协助铣刀移动。

节点4：铣刀机构，如果要提高仿真程度，可以在此添加铣刀的动作，使铣刀转动。此处也需要铣刀随改进机构运动而运动，因此将铣刀设置于节点3下。

此外还需要在物料的放置位置设置容器，以实现其物料放置的功能。

在本次仿真中，对动作点位只进行粗略控制，只需要让节点达成对时信号和错时信号的各个运动的运动幅度。

伺服控制器接收到对时信号时，节点当前值将趋向节点最大值变化，使节点运动，直到当前值与最大值相同。

伺服控制器接收到错时信号时，节点当前值将趋向节点最小值变化，使节点运动，直到当前值与最小值相同。

接下来只需设置伺服控制器和信号发射器，在所需时刻完成相应动作即可。

如图5-101所示，此处采用信号发射器与铣床各节点信号连接，当需要放置物料时，可以发射对应信号控制节点1开门，完成物料放置动作，机器人离开铣床后，可以发射对应信号控制铣床的各个节点开始运动，待铣床的加工运动结束后，按照动作结束的顺序依次发射错时信号，使得铣床依次结束动作，并最终在机器人拿取物料后发射信号关闭铣床门。

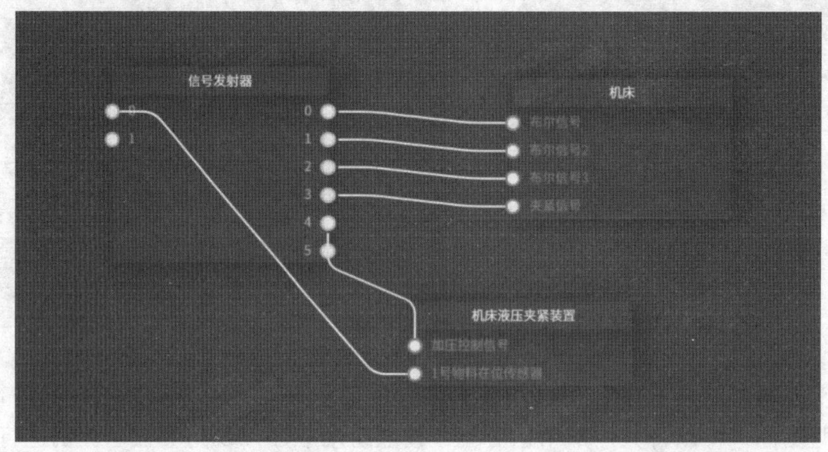

图5-101　信号发射器与铣床各节点以及液压夹紧装置信号连接

如果需要简化信号发射过程，可以利用在5.3节中学习的到位信号功能，让一些节点的动作结束后自动触发下一节点动作，如此，只需要发射少量信号就可以完成控制工作。

FDSIM平台中的加工过程并不会带来物料的变化。

如果需要实现“加工后从铣床获取加工后物料”的目的，则需要为铣床设置创造者和销毁，将容器与销毁连接，并设置放行信号和创造者信号。当加工完成后，可由信号发射器发射信号使得容器放行，将原先容器上物料销毁，使用信号关闭放行后再向创造者发送对应信号，让创造者生产成品组件。

初步仿真过程实现了机加工过程在仿真环境中的一个简单映射，在实际仿真过程中通常用以标识机加工工位的运转，需要按照要求对动作速度和等待时间进行设置，以实现对该工位运行效率的仿真。

②进阶仿真需求

在某些情况下，初步需求的达成无法满足仿真工作要求，此时需要进行更高精度的仿真工作。

如果仅仅采用伺服控制器的基本功能对组件的节点进行控制，则节点的具体运动数值就是所设置的节点运动的最大值和最小值，这降低了节点运动的灵活性。为了满足节点运动需求，提高动作精度，可以采用序号发射器控制机床运动。

在进阶仿真中，保留其中某一节点控制器，让这一控制器控制所有节点。

为组件在一对一拼合中选择抽象拼合，并选择关节导出。完成关节导出后在其中设置对应伺服控制器。

接下来只需再给信号发射器设置对应的抽象拼合和关节导出，并在接口连接中连接两组件，就可以将机床中的关节导入信号发射器中。

在信号发射器编程模式下的点对点运动中可以设置机床中各个组件的具体数值。

通过这种办法，只需在编程中对各个数值进行输入，当运行这一运动时机床上的节点就会按照设置做出对应变化。

这种仿真方式增强了伺服控制器对节点的控制能力，让组件可以做出更为精密的动作。但是要做出越精确的动作，运行中所需要输入的点数也就越多，这会使得仿真的时间成本上升，而在现实中数控机床等设备会在运行的每时每刻产生对应的点位数据，因此用这样的方式进行较高还原的模拟是不可能的。要真正实现动作的统一，依然需要外部数据对仿真程序的实时输入，而这便是虚拟调试和数字孪生中所需完成的工作。

5.7　外部通信链接

通过FDSIM平台内置的信号链接系统，可以实现仿真场景中的组件与外部信号的链接，从而实现虚拟调试与数字孪生，拓展仿真平台与仿真项目的应用范围。

虚拟调试的工作主要是将外部控制设备与仿真平台中的组件连接，从而实现让外部控制系统控制仿真组件，以仿真设备验证控制系统的控制逻辑、硬件功能以及控制程序的可行性和准确性，并提供更为简便的调节空间。

数字孪生则需要仿真平台中的数字孪生体实现与现实设备的信号交流，以通过虚拟数字孪生体完成对现实设备的全生命周期监控。无论是虚拟调试还是数字孪生，都需要仿真平台中虚拟设备与现实中设备的信号连接。

对于仿真平台而言，其正确的关键在于导出所需节点，使得用户将节点与现实中设备进行正确连接。

需要注意的是，此处节点概念不再局限于FDSIM平台仿真中的组件节点概念，信号、属性、接口等在仿真平台中可以操控的仿真实体在对外连接过程中都可以导出为节点。

在FDSIM平台中，大多数存在于组件上的节点都可以通过平台内置功能直接导出，但是一些平台功能，如执行器的发射信号操作，则需要用户进行设置。

在场景中设置一台六关节机器人，如图 5-102 所示，该机器人的节点数据等属性均可以通过节点配置直接导出并操控，但是其执行器中对特定信号的操作指令则需要用户进行配置。

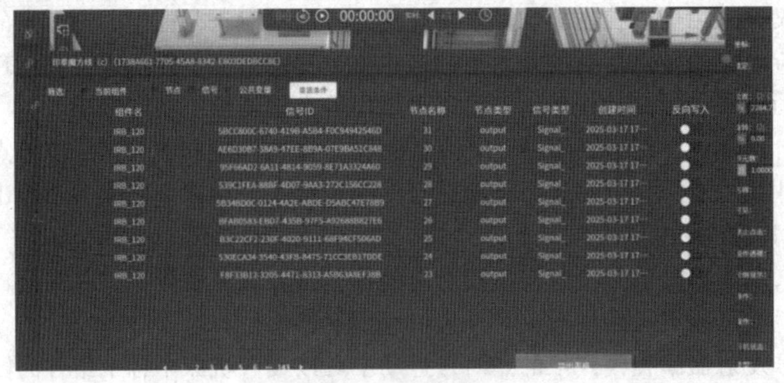

图 5-102　可配节点显示

如图 5-103 所示，根据所采用的信号类型，为机器人设置对应类型信号，并命名为自己可识别类型。

图 5-103　为机器人设置对应类型信号并命名为可识别类型

如图 5-104 所示，为机器人加入脚本，设置添加如下代码，使得信号与机器人执行器中的对应信号端口相连接。通过这一的方式，完善场景中的信号设置，为节点导出作准备。

```
if (signal.name == "安装" && signal.value == true) {
    this.OutputSignal.signal_list[0].value = true
}
if (signal.name == "拆卸" && signal.value == true) {
    this.OutputSignal.signal_list[0].value = false
```

图 5-104　为机器人加入信号连接脚本

在完成了节点设置后，可以进行节点导出。先保存场景，在点击可配节点，就可以看到场景中导出的节点。

对于较复杂组件（如六关节机器人），机器人的各个关节，以及信号发射端口都可以作为节点导出，在实现外部设备对这些端口数值控制的同时也让仿真平台中的信号发射到现实设备的端口中。对于长方体等图形，其决定其长宽高的数据端口也会被导出为节点。

当点击导出表格时，可以将这些数据归纳为excel表格导出，便于数据发送（如图5-105所示）。

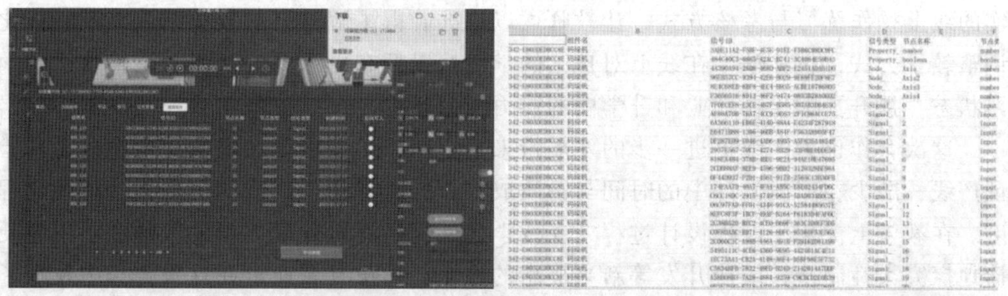

图5-105　将数据归纳为excel表格导出

一般通过服务器完成虚拟组件与现实设备的连接，在通信模式下可以选择服务器（如图5-106所示）。依据虚拟调试和数字孪生中需要外部连接的端口需求，从导出的端口表格中整理所需端口发送到服务器后台，可以通过fdsim后台服务完成控制设备与虚拟组件间对应端口的信号连接，实现仿真平台与现实设备的信号交互，完成虚拟与现实的相互映射。

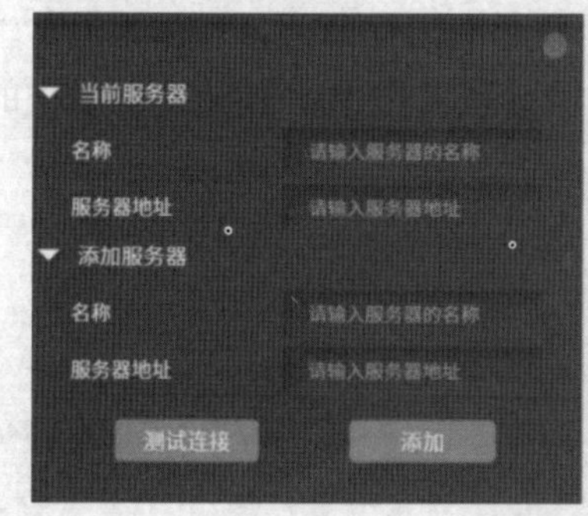

图5-106　服务器选择

至此，我们完成了对FDSIM平台各项基本功能的学习，接下来，本书在第8章将展示几个基于FDSIM平台完成的数字孪生案例。

立德树人

校企合作助力产学研一体化发展

在疫情期间，许多高校的教学与学生的学习和实践工作受到较大影响。某高校通过校企合作，引入数字孪生新技术，克服现实阻力，提高了教学质量。

在疫情背景下，学生难以到达现场，无法亲手完成生产线上的实习操作工作，同时受限于线上教学模式，学生对生产线上的各种设备及其结构的理解也较为抽象与孤立，无法产生更为生动、体系化的认识，带来了就业与实践上的风险。面对新的挑战，该高校通过加强校企合作，引入仿真与数字孪生技术赋能教学过程，提高学生的实践水平，保障教学成果。

学校与企业合作搭建了线上仿真产线，并建立了与现实产线相互关联的数字孪生产线和线上实践系统。这一举措突破了原本实习中设备“僧多粥少”的局限，赋予了每个学生“专属”的仿真产线，让学生可以仔细观摩与学习产线中的各个设备的结构与概念。而在仿真基础上更进一步的数字孪生体产线和线上实践系统提供了更接近现实的线上操作练习与考核方式，让教师可以更准确得了解自己的教学结果，及时优化调整教学方式，也让学生在线上对自己的学习情况拥有更深刻的认识，调整自己的学习状态，提升了学生在就业和升学中的能力与信心。

这次合作也为产线更进一步的发展带来了空间，学校可以在虚拟平台中改进并验证产线，减少在产线设计中的时间与物质成本，同时提高了产线的信息化、智能化程度。在教学上优化了课程设计过程，在教学之外提高科研效率，帮助教师和学生更便捷地探究柔性制造、敏捷开发等新兴概念的内涵。而仿真企业也在这次合作中发现了新的发展方向，在进一步深入教学领域产品开发的同时，借助学校和其他合作企业的需求与建议完善自身技术，推进数字孪生技术从搭建虚拟参照到促进现实生产力进步的跨越。

学校与合作企业的共同发展所产生的新需求、新产品、新的生产技术，也推进了上下游企业共同发展。新质生产力在赋能教学的同时，也让教学作用于科研进步和产能提升，实现产学研一体化发展。

请思考：本案例展现了先进技术、教育与生产实践之间怎样的关系？作为一名学生，面对不断发展的技术与产业，你认为在如今的学习和工作中，需要具备怎样的品质？

第6章 其他软件应用及特点

学习目标

了解数字孪生系统各类模型的构建方法。

了解主流商业软件数字孪生系统搭建流程。

理解一种以上通用数字孪生搭建平台软件的使用流程及方法，能进行简单数字孪生系统的搭建。

掌握主流三维模型绘制软件及轻量化软件使用方法，如SolidWorks、Blender等。

本章思维导图

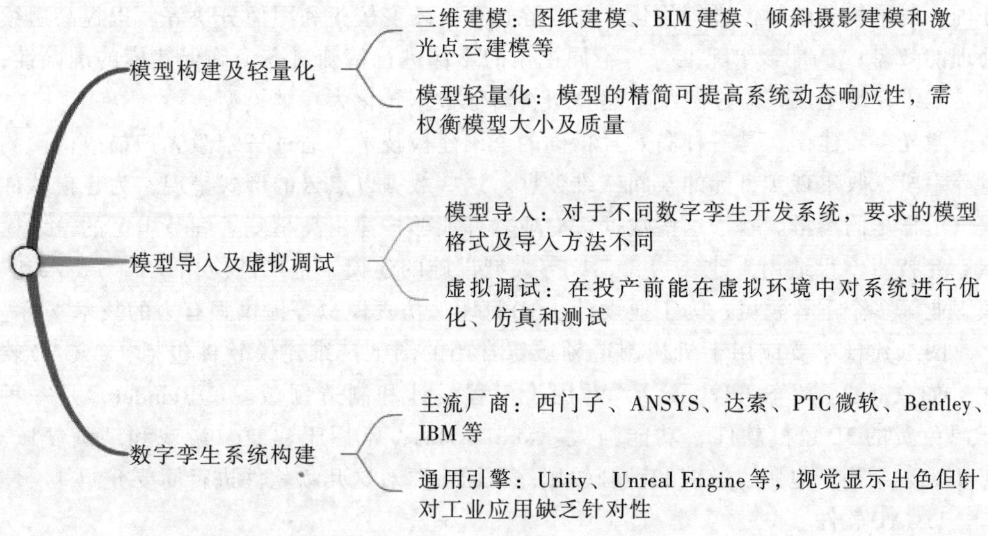

6.1 模型构建及轻量化

6.1.1 三维模型构建

在构建数字孪生的过程中，通常需要经过数据采集、三维建模、模拟与分析、优化与改进以及三维可视化等多个步骤。其中，三维建模环节负责将采集到的数据转化为三维模型，这一步骤被视为数字孪生技术的核心所在。而数字孪生系统中构建的模型包括几何模型、物理模型、行为模型和规划模型等。

数字孪生系统借助高保真的三维模型实现设备、场景、人员、数据等信息的可视化。数字孪生中的三维建模主要有图纸建模、BIM建模、倾斜摄影建模和激光点云建模等。其中，图纸建模、BIM建模需要应用建模软件制作，倾斜摄影建模则主要通过无人机设备拍摄生成。本节针对物理世界物体的三维建模技术及工具进行简要说明以比较与前两章中的两款软件在三维模型搭建方面的异同。

BIM建模是一种广泛应用于建筑领域的建模方式，其代表软件是Revit，在建筑信息模型领域具有显著优势。Revit不仅提供了全面的建筑设计和构建工具，还支持参数化设计，使得建筑模型能够实时响应设计者的意图。此外，其高效的协作功能和丰富的文档生成能力，进一步提升了团队的工作效率和项目透明度。除了Revit，还有BIM5D、Digital Project等其他BIM建模软件，它们各自拥有独特的功能和优势，共同推动了数字孪生三维建模技术的发展。

无人机倾斜摄影技术，作为一种高效的三维建模方法，融合了无人机与倾斜摄影测量技术的优势。其工作原理是通过无人机搭载的倾斜摄影系统，进行多角度、多方向、多视角的拍摄，从而获取海量影像数据。这些数据经过一系列处理，如图像预处理、配准和拼接等，最终转化为三维模型。其技术流程包括四个关键步骤：一是无人机采集数据，使用无人机从不同视角拍摄获取高清晰度、高精度的影像；二是影像预处理，对采集到的影像进行优化，如去除边框、畸变校正和图像分块等，以提高后续处理的效率；三是影像配准，将不同视角的影像进行精确对齐，确保建模的准确性；四是三维模型生成，通过三维重建算法将影像数据转化为三维模型。

激光点云建模，是一种高效且精确的三维建模技术，通过三维激光扫描或摄影测量等手段，收集现实目标的空间三维数据。这些数据以点云的形式呈现，为建模软件提供了详尽的参考。基于这些数据，专业软件能够构建出高精度、细节丰富的三维模型。此技术不仅适用于建筑物、工厂等大型设施的建模，也广泛应用于电力、水利、核工业等多个重要领域，为工业设计、3D打印、仿真模拟等提供强有力的技术支持。

图纸建模主要应用于机械制造领域。常用的图纸三维建模软件包括：①CAD软件（如AutoCAD、SolidWorks），常用于工程设计和制造领域。②Blender，是一种开源免费的3D建模软件，功能强大。③3Ds Max，常用于建筑、游戏和动画领域。④Maya，常用于电影、游戏和动画领域。下面主要对这几款软件进行简要介绍。

1. CAD软件

AutoCAD、SolidWorks、NX、Creo、CATIA等作为制造业普遍使用的3D建模软件，利用参数化设计方法，其构建的三维模型具有尺寸精度高、配合关系明确、易于添加各类物理属性等特点。该类软件在数字孪生设计中的应用主要体现在以下几个方面：

（1）CAD技术能够生成精确的三维模型，为数字孪生的建立提供了基础。

通过CAD软件，设计师可以根据产品的要求和标准进行模型的设计和优化，实现产品的完整建模。

（2）数据采集与处理。

CAD技术可以与其他传感器和测量设备相结合，实现数据的采集和处理。通过CAD软件与测量设备的连接，可以实时获取产品或系统的运行数据，这些数据用于数字孪生模型的建立和验证。

（3）仿真与优化。

CAD技术提供了强大的仿真和优化工具，可以对产品进行各种测试和验证。通过CAD软件，设计师可以进行结构强度分析、流体力学仿真、热分析等，帮助找出产品的潜在问题并进行优化。

（4）故障诊断与维修。

CAD技术结合虚拟现实（VR）和增强现实（AR）技术，可以帮助技术人员进行故障诊断和维修操作。通过数字孪生模型，技术人员可以将虚拟图像与真实场景相结合，快速定位和解决问题，提高故障处理的效率和准确性。

CAD技术在数字孪生设计中的优势包括：

（1）高精度建模。

CAD技术能够以较高的精度生成产品的模型，提供直观的可视化效果，便于设计师进行交互和修改。

（2）数据集成。

CAD技术可以与其他传感器和测量设备相结合，实现数据的采集和处理，确保数字孪生模型的准确性和实时性。

（3）仿真与优化工具。

强大的仿真和优化工具可以帮助设计师进行各种测试和验证，找出产品的潜在问题并进行优化。

（4）故障诊断与维修。

结合VR和AR技术，CAD技术能够提高故障诊断和维修的效率和准确性。

2.Blender软件

Blender是一款功能强大的开源3D建模工具，它集成了模型创建、动画制作、渲染、合成、视频剪辑等多种功能于一体，适用于专业级别的艺术创作和视觉效果制作。作为一个免费且开源的软件，Blender为用户提供了一个灵活且不断更新的平台，以满足日益发展的3D技术需求。

在建模方面，Blender提供了多种建模方法，包括多边形建模、细分表面建模、曲线建模以及雕刻建模等。多边形建模是最基础的建模方式，通过添加、删除和编辑顶点、边和面来创建3D形状。细分表面建模则利用平滑的表面细分算法，将低细节的几何体转换成高细节的光滑表面。曲线建模允许用户通过绘制曲线来创建3D对象，非常适合制作管道、线条或文字。而雕刻建模则提供了一系列的雕刻工具，使用户能像雕塑一样在3D模型上进行精细雕刻。

Blender的界面布局可以自定义，以适应不同用户的习惯。它的工作区（Workspaces）可以根据不同的任务类型（如建模、纹理、渲染等）进行定制，确保用户能快速访问所需的工具。此外，Blender还拥有一个强大的节点系统，让用户可以创建复杂的视觉效果。

Blender 2.6版本目前支持脚本导入特定的文件格式。用户可以通过编写Python脚本来扩展Blender的功能，导入特定格式的数据，这对于与其他软件交互或处理非标准数据格式非常有用。虽然这个特性在后续版本可能有所改变或增强，但Blender一直以其强大的脚本能力和API吸引开发者进行扩展和自定义。

除了建模，Blender的动画系统也是其亮点之一。它包括骨骼绑定、蒙皮、关键帧动画、运动捕捉和非线性编辑等。用户可以为角色设置复杂的动画，并利用内置的物理引擎模拟真实世界中的重力、碰撞和其他自然现象。

在渲染方面，Blender有内置的Cycles和EEVEE两个渲染引擎。Cycles是基于物理的渲染引擎，能够模拟光线的散射，创造出逼真的光影效果。而EEVEE是一个实时渲染引擎，提供接近照片级的图像质量，更适合游戏开发和实时预览。借助强大的渲染引擎，Blender可以对轻量化处理后的模型进行渲染和动画制作。

3. 3Ds Max

3Ds Max是一款专业的三维建模、动画制作和渲染软件，广泛应用于游戏开发、电影制作、建筑可视化和产品设计等领域。3Ds Max不仅可以快速勾画建筑物的轮廓线构建建筑白模，还可以通过现场照片采集进行真实纹理贴图，从而创建出具有真实感的三维模型。3Ds Max制作的模型可以导出并加载到引擎中，配合平台模拟光照环境进行材质纹理的二次编辑，以适应数字孪生技术中对模型的真实感和细节表现的需求。其优点有：

（1）提供了丰富的建模工具和材质编辑器，可以创建高质量的建筑和场景模型。

（2）支持高级的渲染和照明技术，可以生成逼真的光影效果。

（3）具有强大的动画和模拟功能，可以创建流畅的动画和物理模拟效果。

（4）支持与其他软件的集成，如AutoCAD和Revit。

6.1.2 模型轻量化

常见的3D模型格式有FBX、OBJ、glTF、STL、PLY等，以下是各种格式的优缺点及使用场景：

FBX：广泛支持的格式，兼容性强，适用于游戏开发、建筑可视化和动画制作等领域。缺点是文件较大，可能需要额外的转换或调整。

OBJ：简洁的文本格式，适用于3D打印和基础模型交换。缺点是不包含动画和复杂的材质信息。

glTF：具有可扩展性和压缩性，适用于游戏开发、虚拟现实和增强现实等领域。缺点是文件较大，可能需要额外的转换或调整。

STL：适用于3D打印和快速原型制作。缺点是不包含材质、纹理和动画信息。

PLY：适用于各种3D应用，但不如其他格式常见。

随着数字孪生系统中模型精度和复杂度的提高，其数据量也相应增加，导致计算、存储和传输成本的上升。

轻量化是解决这一问题的关键方法，但在进行轻量化时，必须权衡数据大小和质量之间的关系。

常见的轻量化技术包括：几何简化、纹理压缩等。这些方法旨在降低模型的数据量，同时保持尽可能高的视觉质量。但是，在实际操作中，轻量化过程可能会导致模型精度损失、纹理模糊等副作用，因此需要找到合适的平衡点。

要将三维模型轻量化，可以尝试以下方法：

1.减少面数

面数是影响模型复杂度和大小的主要因素。可以使用多个软件进行简化，例如：Blender具有减少面数的功能，可以使用Blender选择模型，然后按下“Decimate”按钮来减少面数。利用Blender模型减面处理前后对比如图6-1所示。MeshLab是一种免费的三维网格处理软件，具有减少网格面数的功能。可以打开OBJ文件并使用“Simplification”滤镜来减少面数。

图6-1 模型经Blender减面处理前后对比

2.删除不必要的部分

删除不必要的部分可以使模型变小。例如，可以删除不可见的面或隐藏的面。可以使用Blender或其他三维建模软件执行此操作。

3.减少纹理

纹理会占用大量的内存。可以尝试减少纹理，例如，降低纹理的分辨率或将纹理格式从高质量的PNG格式或JPEG格式转换为低质量的JPG格式。

4.合并网格

将多个网格合并成一个网格也可以使模型的变小。可以使用Blender或其他三维建模软件执行此操作。

5.降低精度

在某些情况下，可以适当降低模型的精度，例如减少顶点的数量或降低纹理的颜色深度。可以使用Blender或其他三维建模软件执行此操作。

6.使用LOD（Level of Detail）技术

使用LOD技术可以根据观察者的距离自动调整模型的细节级别，从而实现轻量化。可以使用Unity或其他三维游戏引擎实现此操作。

针对OBJ格式三维模型，其轻量化处理软件主要有：

1.MeshLab

MeshLab是一款免费且强大的开源三维模型处理软件，支持多种文件格式，包括OBJ。它提供了一系列的工具和过滤器，可以进行网格简化、纹理压缩、法线优化等操作。MeshLab具有直观的用户界面和丰富的功能，适合初学者和专业用户使用。

2.Blender

Blender是一款免费的三维建模和动画制作软件，也支持OBJ格式的导入和导出。它提供了丰富的建模工具和功能，可以进行网格简化、纹理优化、顶点合并等操作。Blender还具有强大的渲染引擎，可以对轻量化处理后的模型进行渲染和动画制作。

3.Instant Meshes

Instant Meshes是一款基于自适应网格简化算法的轻量化处理软件，可以有效地简化复杂模型并保持模型的形状特征。它具有简单易用的界面，只需要加载模型并设置简化参数，即可自动生成简化后的模型。Instant Meshes支持OBJ格式的导入和导出，适合快速生成轻量化的模型。

4.Simplygon

Simplygon是一款专业的三维模型优化和轻量化处理软件，广泛应用于游戏开发和虚拟现实领域。它能够智能地简化模型，并根据目标平台和需求进行优化，以提高性能和加载速度。Simplygon支持OBJ格式文件的导入和导出，并提供了丰富的优化选项和调整参数，可以灵活地进行轻量化处理。

5.3DReshaper

3DReshaper是一款专业的三维重建和处理软件，支持多种文件格式，包括OBJ。它提供了多种轻量化处理工具，如网格简化、纹理压缩、法线优化等，可以快速缩小模型的数据文件。此外，3DReshaper还具有强大的数据分析和可视化功能，适合工程、地质和测绘等领域的应用。

eshLab、Blender、Instant Meshes、Simplygon和3DReshaper都是常用的三维模型OBJ格式轻量化处理软件。它们提供了丰富的功能和工具，可以帮助用户简化网格、优化纹理、压缩数据等，以缩小模型的数据文件并提高性能。用户可以根据自己的需求和技术水平选择合适的软件进行处理。

大型室外场景倾斜摄影三维模型OSGB格式是一种常见的三维数据格式，但由于数据量大、复杂性高等因素，处理和存储这些数据可能会带来很大的计算和空间成本。为了解决这些问题，许多轻量化软件被设计出来，用于处理和优化OSGB格式的三维模型。

以下是常用的三维模型OSGB格式轻量化处理软件的介绍：

1.FME

FME是一种通用的数据转换和处理工具，它可以将不同格式的数据转换为OSGB格式，并实现OSGB格式数据的压缩和简化。

该软件还支持一些数据清理和减小数据文件的技术，包括数据抽样、删除不必要的数据、采用更低分辨率的LOD等。

2.MeshLab

MeshLab是一个免费的开源3D模型编辑器，它可以处理STL、PLY、OBJ等格式的三维模型，并重建、简化和优化OSGB格式的模型。

该软件提供了许多强大的功能，如点云处理、拓扑管理、纹理映射等，同时也支持导出到其他格式。

3.CloudCompare

CloudCompare是一款专门针对点云数据处理的软件，可以将点云数据转换为OSGB格式的三维模型，并实现优化和简化。

该软件主要用于处理地形数据、建筑物等大型三维模型，支持点云过滤、拟合平面、坐标变换等一系列功能。

4.OpenSceneGraph

OpenSceneGraph是一个开源的跨平台3D图形引擎，支持OSGB格式的三维模型导入和展示。

该软件提供了丰富的可视化效果和优化功能，如纹理映射、LOD控制、遮挡剔除等，可以帮助用户快速可视化和处理OSGB格式的三维模型。

5.ArcGIS Pro

ArcGIS Pro是一种专门用于GIS分析和可视化的软件，同时也支持OSGB格式的三维模型处理和展示。

该软件提供了强大的空间分析和数据管理功能，并支持OSGB格式数据压缩、简化和渲染等操作，可以帮助用户高效地处理和管理OSGB格式的三维模型数据。

FME、MeshLab、CloudCompare、OpenSceneGraph和ArcGIS Pro是常用的三维模型OSGB格式轻量化处理软件。这些软件提供了各种不同的功能和工具，可以帮助用户实现OSGB格式数据的转换、压缩和简化，并可实现高效的数据管理和可视化。

6.2　模型导入及虚拟调试

6.2.1　模型导入

物理世界的各类模型构建完成后，需要以一定的格式和方式导入到数字孪生系统开发工具中。本节以通用游戏引擎Unity 3D为例，简要说明模型导入的过程及注意事项。

Unity支持多种模型文件格式导入，如：.fbx，.dae（Collada），.dxf，.obj。

Unity内部使用.fbx文件格式作为其导入链。

Unity可以从3D建模软件（如Maya，Blender，Modo，Cheetah3D等）中导入专有文件，然后将其转换为.fbx文件。

Unity通过.fbx格式导入3Ds Max文件（.max），支持以下内容：所有节点以及位置及旋转和缩放、轴心点和名称、网格以及顶点颜色、法线和一个或多个UV集、材质以及漫射纹理和颜色、每个网格多种材质、动画、基于骨骼的动画、变形目标（混合形状）、可见性等。

Unity通过.fbx格式导入Blender（.blend）文件，支持以下内容：所有节点以及位置旋转和缩放、轴心点和名称、网格以及顶点、多边形、三角形、UV和法线、骨骼、蒙皮网格、动画等。

在Unity中首先创建一个项目，然后导入.fbx格式文件。将计算机文件夹的模型文件拖拽到assets的根目录里面，然后将assets里的模型拖拽到Unity左侧的层次树上。

模型导入界面如图6-2所示。

图6-2 Unity三维模型导入界面

在Unity中导入模型后，可能遇到模型损失问题，如：几何精度损失、纹理质量下降、动画与骨骼系统不匹配、材质与光照不一致等。可以通过减少模型的三角面数、使用低多边形（LOD）模型、压缩纹理、预处理模型、优化Unity设置、动画与骨骼系统的优化和材质与光照的匹配来解决这个问题。

在模型导入Unity并经过优化后，需要进行几何精度、纹理质量、动画效果、渲染效果等的验证与调试，以确保模型的几何精度、纹理质量、动画效果和渲染效果都符合预期。

6.2.2 虚拟调试

虚拟调试（Virtual Commissioning）是“生产”数字孪生技术的应用拓展，面向广泛离散制造行业的设备制造商、线体及系统集成商，为不同的生产层级提供可应用于单机设备、工艺产线、工厂及物流仓储、设备性能优化的数字化企业模块；帮助企业在实际投入生产之前在虚拟环境中优化、仿真和测试，在生产过程中也可同步优化整个企业流程，实现高效的柔性生产、快速的创新上市，锻造持久竞争力。

典型的虚拟调试项目的实施步骤通常是：

首先，工程师需要规划好生产线的布局和设备资源。布局搭建后，需验证布局（Layout Commissioning）的可达性（Reachability）和碰撞（Collision）。接着，工程师应优化机器的动作流程。集成好数据模型后，下一步是工艺仿真程序，分析加工的路径与工艺参数，对机器人或机床设备编程验证。最后进入调试阶段，接入机电信号，与电器行为同时调试验证，比如传感器、阀门、PLC程序和HMI软件等。

虚拟调试系统可分为软件在环（Software in Loop，SIL）与硬件在环（Hardware in Loop，HIL）两类环境。SIL把所有设备资源虚拟化，由虚拟控制器VRC、虚拟HMI、虚拟PLC模拟器、虚拟信号及算法软件等进行模拟仿真。HIL则是把全部设备硬件连接到仿真环境中，使用真实物理控制器、真实HMI、真实的I/O信号与虚拟环境交互仿真。在SIL环境中验证通过后，可替换任一虚拟资源为真实设备，进行部分验证，最终全替换为HIL，完成物理与虚拟映射的调试。

现以西门子SIL为例，对其虚拟调试过程进行简要说明。要执行虚拟调试，需要真实设备的数字孪生体。

在数字孪生技术帮助下，虚拟世界中各组件之间的交互可以被模拟和优化，而不需要物理的部件。

为了降低实际调试的风险和工作量，对设备进行虚拟调试是一个有效的方案，便于缩短设计时间，调高调试质量且节约成本，使得定制化产品设计更易实现。

LMSIM ADV支持软件在环的PLC虚拟调试，SIMIT可以模拟外围设备，如液压、气动元件、驱动元件等。

NX MCD（Mechatronics Concept Design，机电概念设计）提供基于设备的数字化模型运动仿真，并且实时与控制系统进行信号交换。

图6-3为SIL虚拟设备通信过程。

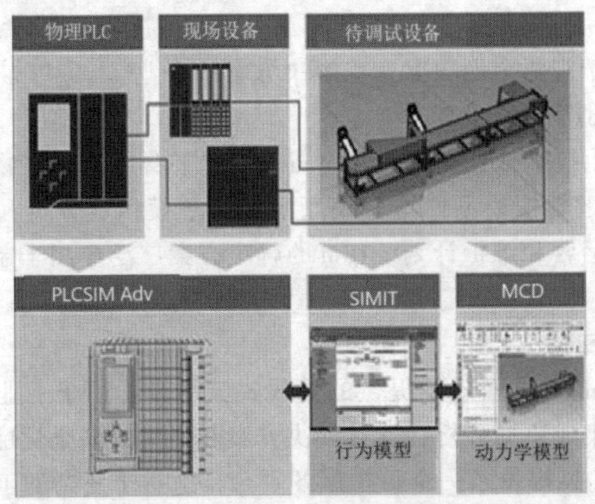

图6-3　SIL虚拟设备通信过程

要搭建这样的软件在环虚拟调试平台，需要虚拟PLC、SIMIT和MCD，将STEP 7中的PLCSIM Advanced、TIA Portal（Totally Integrated Automation Portal）博途、NX MCD等软件及模块安装到计算机或虚拟机上。

虚拟PLC和SIMIT之间通过SIMIT中的PLCSIM Adv coupling进行通信。

SIMIT和MCD之间通过Share Memory coupling进行通信，如图6-4所示。

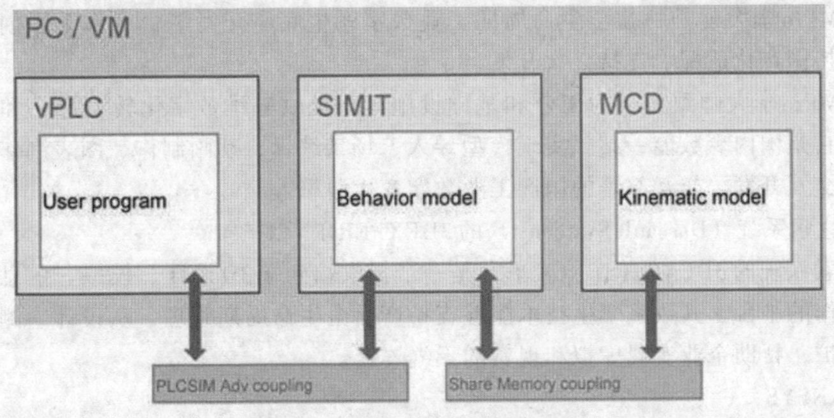

图6-4　软件在环虚拟调试通信

6.3 数字孪生系统构建

西门子、ANSYS、达索系统、PTC、微软、Bentley、IBM等行业龙头企业均积极关注数字孪生技术，并围绕产品设计、制造和服务等方面开展了一系列数字孪生探索。以下是目前较为主流的数字孪生系统开发平台简介。

1.Azure Digital Twins

Azure Digital Twins是微软推出的一个平台即服务（PaaS）软件，它支持创建精细的数字模型来模拟各种环境如建筑、工厂等。该平台利用数字孪生定义语言（DTDL）来定义模型，并且可以与IoT设备和Azure生态系统集成，实现实时数据的收集与分析。Azure Digital Twins提供了强大的查询API，3D可视化工具以及与其他Azure服务的集成能力，适用于需要全面数字孪生解决方案的企业。

2.IBM Watson IoT

IBM的数字孪生技术依托其强大的Watson IoT平台，通过在物理对象上安装传感器，收集数据来创建虚拟模型。这些模型可以用于模拟、分析和预测物理实体的行为，帮助企业优化运营和维护计划。IBM的解决方案广泛应用于制造业、能源和公用事业等。

3.Siemens MindSphere

Siemens MindSphere是西门子提供的开放式云平台，用于工业互联网。它支持创建数字孪生，通过集成数据分析、连接解决方案和强大的安全性能，帮助企业实现数字化转型。MindSphere提供了一个可扩展的平台，适用于复杂的工业应用场景。

4.Bentley Systems

Bentley Systems是一家提供综合基础设施工程软件解决方案的公司。

其数字孪生技术结合了其MicroStation平台的3D建模能力，支持创建精细的城市和工程基础设施模型。Bentley的数字孪生技术特别适用于城市规划、建筑设计和基础设施管理。

5.CIMPro孪大师

CIMPro孪大师是一款全生命周期工业数字孪生底座开发平台，作为原创三维引擎，支持国产化适配、支持二次开发。

CIMPro孪大师致力于为工业和基础设施行业提供三维数字化转型产品和专业化服务。它是国内少数能一站式实现模型导入、场景编辑、动画制作、图表制作、数据对接、交互开发、交互部署的国产工业数字孪生引擎。

6.达索系统（Dassault Systèmes）的3DEXPERIENCE

达索系统的3DEXPERIENCE平台是一个提供端到端3D设计、模拟、信息智能和社交协作的平台。其数字孪生技术能够支持产品全生命周期管理，从设计、测试到生产和维护，帮助企业实现虚拟和现实的无缝连接。

7.ANSYS

ANSYS提供先进的工程仿真软件，其数字孪生技术允许用户对复杂的物理系统进行详细的模拟和分析。ANSYS的解决方案广泛应用于汽车制造、航空航天和电子等行业，帮助企业在产品开发过程中减少物理原型的需求。

8.PTC ThingWorx

PTC的ThingWorx平台是一个面向工业创新的平台，它提供工具来快速开发和部署物联网应用程序。ThingWorx支持创建数字孪生，结合了物联网、增强现实和机器学习技术，帮助企业实现智能互联产品。

9.施耐德电气（Schneider Electric）的 EcoStruxure

施耐德电气的EcoStruxure平台集成了物联网、边缘计算、云计算、分析和网络安全技术，支持创建数字孪生。该平台特别适用于能源管理和自动化领域，可以帮助企业优化能源使用和提高运营效率。

10.Autodesk Forge

Autodesk Forge是一个云服务平台，提供API和服务，支持创建和管理数字孪生。Forge平台结合了Autodesk强大的3D设计和工程软件能力，适用于建筑设计、工程和施工行业。

11.Unity

Unity Manufacturing Toolkit是Unity团队针对智能制造推出的数字孪生工具包。该工具包具有易上手、易操作、低代码和高质量等特点，可快速搭建柔性制造的数字孪生系统。通过模型优化、场景搭建、信号集成、功能聚合、多平台发布五个步骤，即可搭建一整套智能制造数字孪生系统。

Unity数字孪生系统整体搭建流程如图6-5所示。

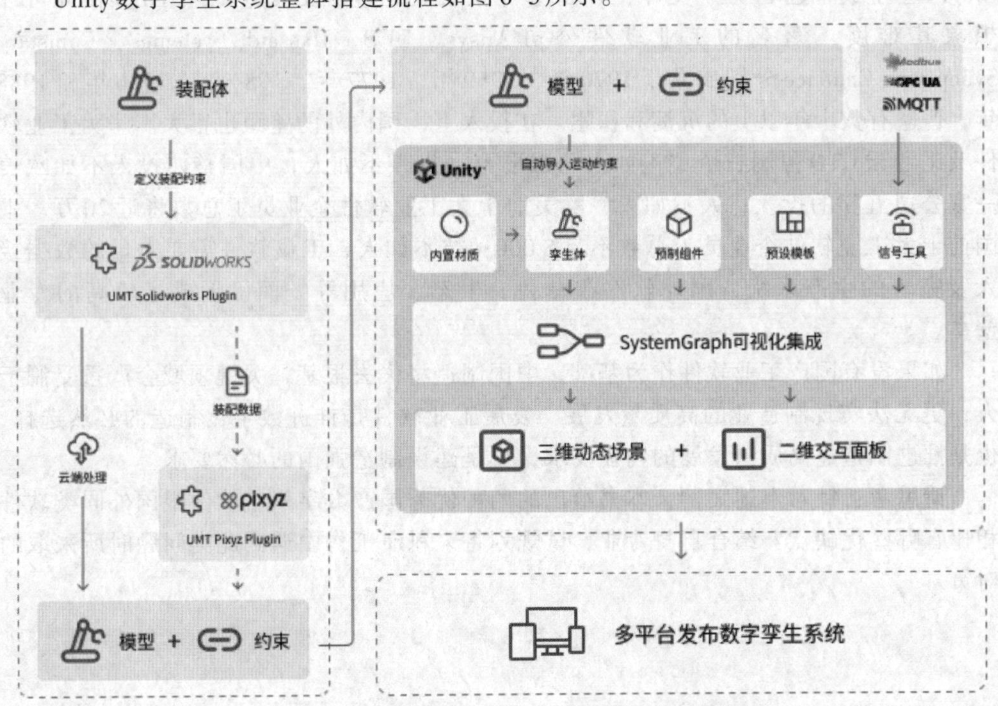

图6-5　利用Unity数字孪生系统整体搭建流程

立德树人

国产工业软件何时能突出重围?

工业软件，被公认为“工业制造的大脑和神经”，是数字经济时代工业领域的“皇冠”。

在我国大力推行智能制造的今天，各类国产工业软件发展的滞后严重影响制造业的转型升级进程及数据安全性。

以被称为“芯片之母”的EDA工具市场为例，其主要由Synopsys、Cadence、西门子三大欧美巨头所垄断。相关数据显示，这三大巨头企业的市场份额占比超过7成。CAD软件市场的境况同样如此，达索系统、西门子、PTC以及Autodesk在中国市场的合计占有率高达90%，国内中望软件、苏州浩辰、数码大方三家公司的总份额不到10%。

在过去的几年里，我国在工业软件应用上频频被卡脖子。2019年5月，华为被美国列入实体清单，无法使用最新的EDA设计芯片。2020年6月，哈尔滨工业大学、哈尔滨工程大学等多个科研机构和公司，被美国列入实体清单，无法使用数理分析软件MATLAB。2022年3月，设计工具Figma被迫停掉了大疆公司的账号使用权。

面对国外工业软件的种种限制，国产软件的替代化工作却进展缓慢。究其原因主要是工业软件门槛高、投入大、系统复杂度高和开发时间长等。工业软件往往是规模宏大、多学科深度交叉、技术高度融合的复杂系统。一个数据可以佐证，安装一款CATIA会生成将近17万个文件、4 000多个文件夹，整个安装包高达7GB，由此可以想象其难度。著名的工业软件公司Ansys、UGS、Dassault Systemes、Camstar、Synopsys、Cadence分别成立于1970年、1969年、1977年、1984年、1986年和1988年，普遍有数十年以上的沉淀和积累。在投入上，国内外的差距也很大。华为工业软件及工业云CTO曾用三个“不如人”来形容：投入不如人，中国整体投入不如欧美一家公司五年的投入；人不如人，欧美前十大工业软件企业员工总数将近20万，中国前十大工业软件企业员工总数不足5 000；技不如人，工业软件需要大量的数据接入及完善的生态系统，国外软件在专利、生态、应用等方面已形成了较高的专业壁垒。

如果没有国产工业软件作为基础，中国制造将失去根基，关键领域会严重受制于人，更无法实现制造业的高质量发展。发展工业软件是推进数字化制造的必然选择，也是推进制造业高质量发展的内在要求，更是建设制造强国的必然要求。

请思考：针对上述案例，本书给出的两种优秀国产数字孪生软件跟国外同类软件相比有哪些优缺点？结合自身专业，试规划将来科研工作中遇到此类问题时所采取的对策。

第3篇 数字孪生应用案例

第7章

基于Mes Work Data Factory的产线数字孪生案例

学习目标

了解基于Mes Work Data Factory平台构建产线数字孪生的核心思想。

了解小型挖掘机铲斗连接座产线的工艺流程。

理解数字孪生技术在智能制造中的应用场景及其重要性。

理解数字孪生技术在提高生产效率、降低试错成本、优化生产流程中的作用。

理解机器人搬运、机床加工、滑台运输等关键工艺的操作流程。

理解通过时序图和事件编辑优化工艺逻辑，以确保仿真的准确性和流畅性。

掌握产线各工位的功能及设备布局，包括上料、加工、检测、下料等环节。

掌握Mes Work Data Factory软件的基本操作，如创建和配置工艺类型分组、模型导入、坐标系创建、路径编辑、事件标签编辑等核心功能的使用方法。

掌握仿真过程中可能出现的碰撞、路径规划、坐标系对齐等问题的解决方法。

掌握根据实际需求调整参数，完成复杂工艺链的仿真设计的流程及实施方法。

本章思维导图

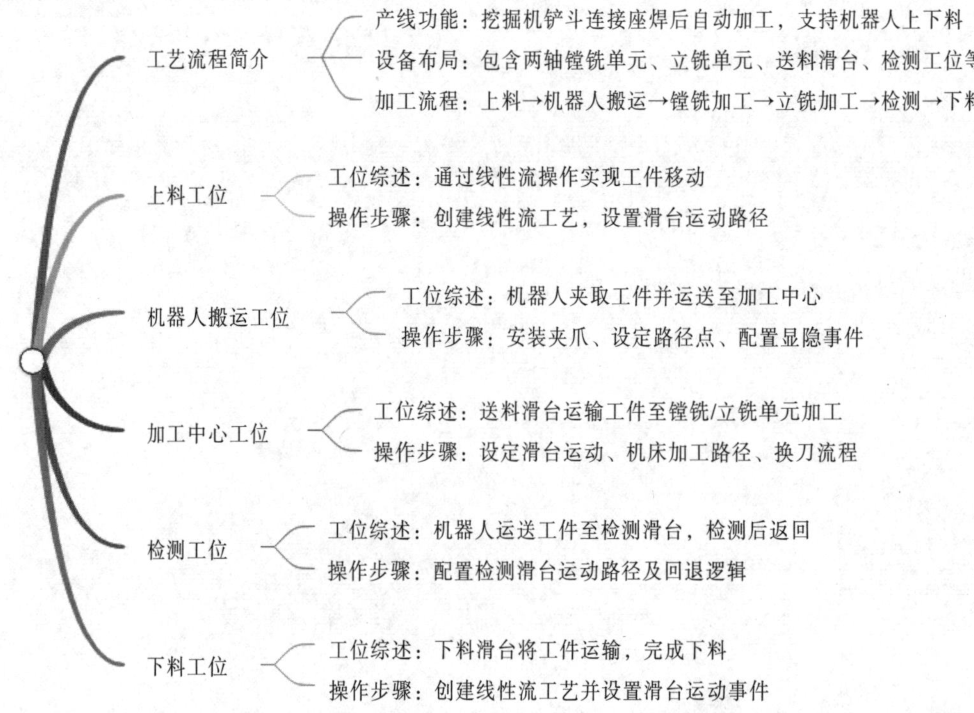

7.1 工艺流程简介

本产线主要用于小型挖掘机铲斗连接座焊后的自动加工，机床配自动化夹具，夹具可适应机器人自动上下料。小型挖掘机铲斗连接座零件图及产线设备布局如图7-1和图7-2所示。

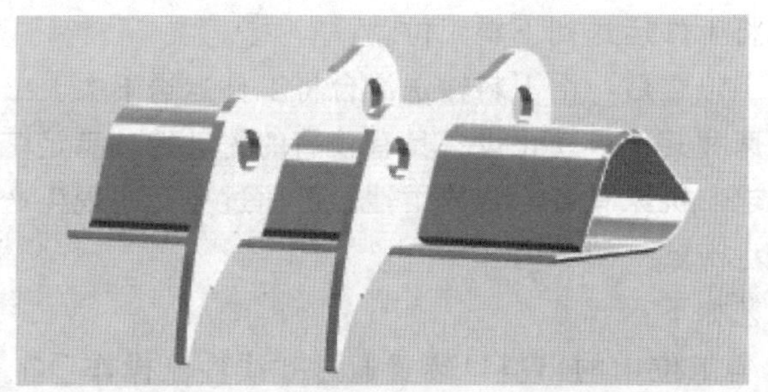

图7-1　小型挖掘机铲斗连接座零件图

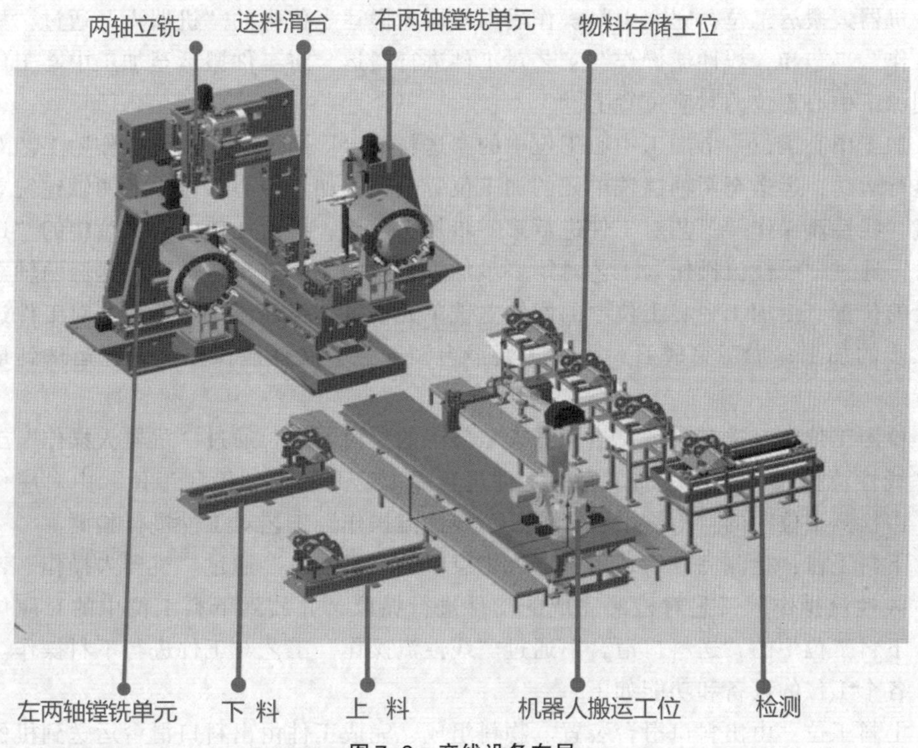

图7-2　产线设备布局

产线加工工艺如下：

先由上料输送滑台将工件运输到抓取位置。

到达抓取位置后，机器人启动开始抓取工件，抓起工件之后将工件运送到加工中心前；加工中心将门打开后，机器人将工件放入加工中心中的送料滑台上。

送料滑台将工件运送到两轴镗铣单元的加工位置上，两轴镗铣单元对工件进行加工。

两轴镗铣单元加工完成后，送料滑台继续将工件送至两轴立铣单元加工位置，由两轴立铣单元进行加工。

两轴立铣单元加工完成后，工件由送料滑台运送到最初位置。

机器人抓取加工完成的工件，抓取完成后运送到检测工位上的检测滑台。

检测滑台运送工件前去检测，检测完成后将工件运送到最初位置，机器人抓取检测完成后的工件，将工件运送到下料工位。

工件放到下料工位之后，由下料输送滑台将工件运送下去。

本项目中的机床和其他自动化设备具有较高的先进性，满足工厂智能化数据采集的各类输出接口需求。机床具备一定的柔性，可通过夹具实现生产大纲范围内多个型号连接座的自动化生产。

各个工位的工艺如下：

上料工位：上料工位中的出料口装置通过“线性流操作”工艺对工件进行上料操作。

机器人搬运工位：完成上料操作后由机器人搬运工位中的“机器人”通过“机器人操作”工艺和“线性流操作”工艺对工件进行搬运，将工件搬运至加工中心工位并放到加工中心工位的对应位置上。

加工中心工位：由加工中心工位中的“送料滑台”通过“线性流操作”工艺对工件进行运送，运送至两轴镗铣单元的加工位置上；由加工中心工位中的两轴镗铣单元通过“线性流操作”工艺对工件进行第一步加工操作；再由加工中心工位中的“送料滑台”通过“线性流操作”工艺对第一步加工完成的工件进行运送，运送至两轴立铣单元的位置，由加工中心工位中的两轴立铣单元通过“线性流操作”工艺对工件进行第二步的加工；加工完成后，由“送料滑台”通过“线性流操作”工艺运送到最初位置。

检测工位：运送完成后，由机器人工位中的“机器人”通过“机器人操作”工艺和“线性流操作”工艺对加工完的工件进行抓取，并放到“检测工位”中对应位置上；由检测工位中的“检测滑台”通过“线性流操作”工艺对工件进行检测。

下料工位：检测完成后，由机器人工位中的“机器人”通过“机器人操作”工艺和“线性流操作”工艺对检测完成的工件进行抓取，并放到下料工位中的对应位置上；下料工位中的“送料口滑台”通过“线性流操作”工艺对工件进行下料操作。

各个工位的设备和功能如下：

上料工位：由出料口滑台装置、物料组成，完成工件由出料口滑台运送到机器人夹取位置的操作（如图7-3所示）。

机器人工位：由M-900iB_360机器人、滑道组成，完成工件的夹取和运输操作（如图7-4所示）。

加工中心工位：由送料滑台、两轴镗铣单元、两轴立铣单元组成，完成对工件运送和加工操作（如图7-5所示）。

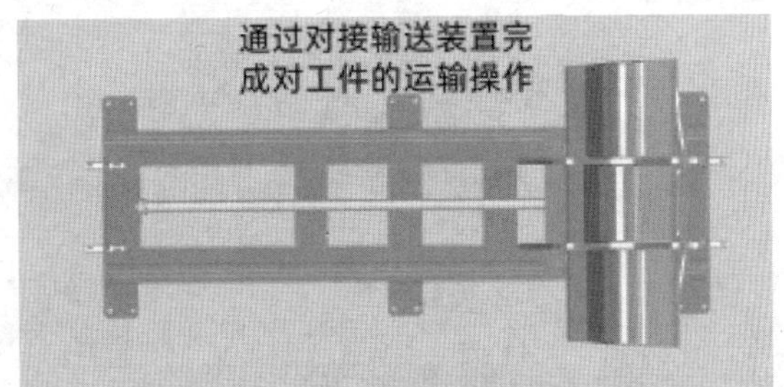

图7-3　上料工位

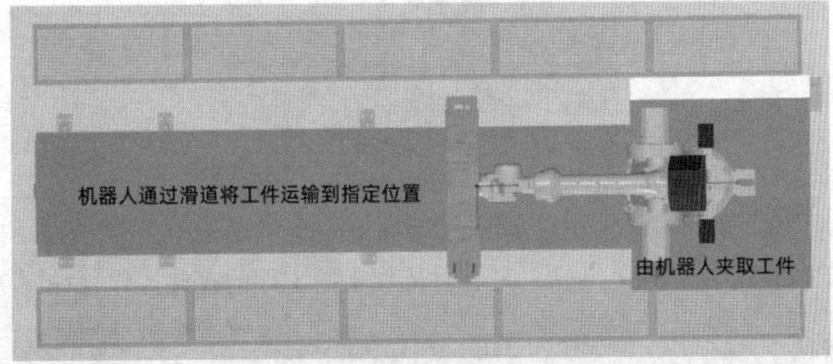

图7-4　机器人工位

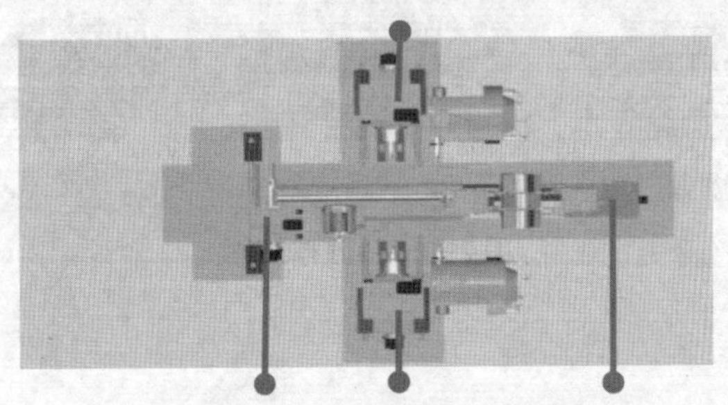

图7-5　加工中心工位

检测工位：由检测滑台组成，完成对工件的检测工作（如图7-6所示）。

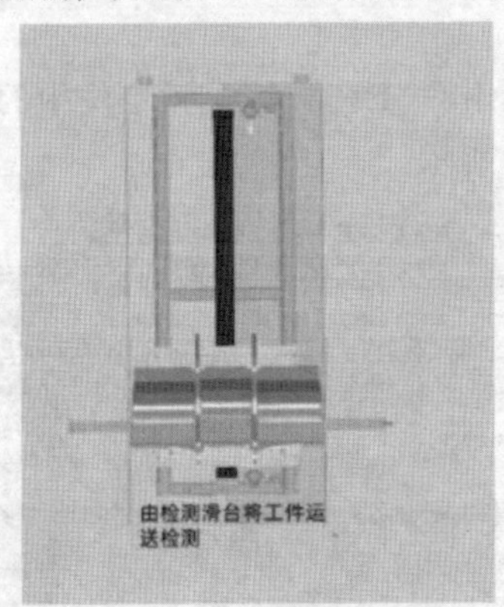

图7-6　检测工位

下料工位：由送料口滑台装置组成，完成对加工好的工件的下料操作（如图7-7所示）。

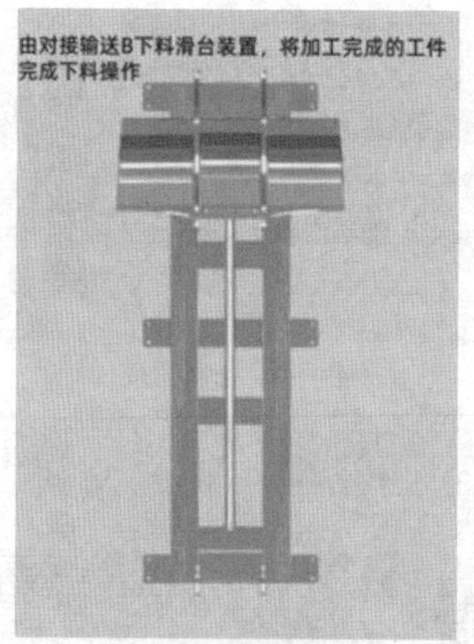

图7-7　下料工位

料存储工位：由三个料架组成，完成对待加工的工件的存储操作（如图7-8所示）。

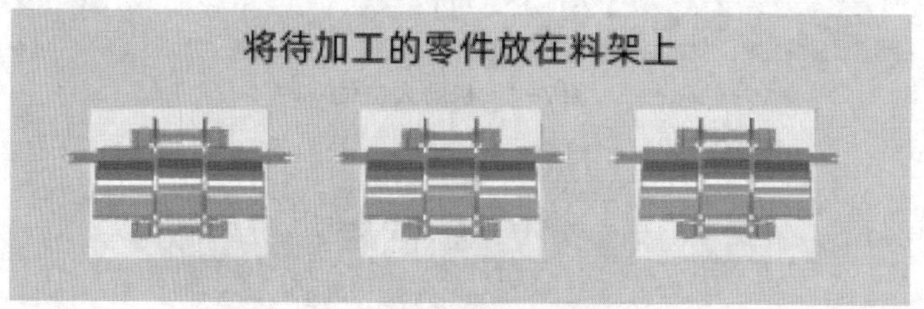

图7-8　料储存工位

7.2　上料工位

7.2.1　工位综述

通过软件中的“线性流操作”工艺，使上料工位中的“出料口滑台”料进行上料运送。工位整体布局如图7-9所示。

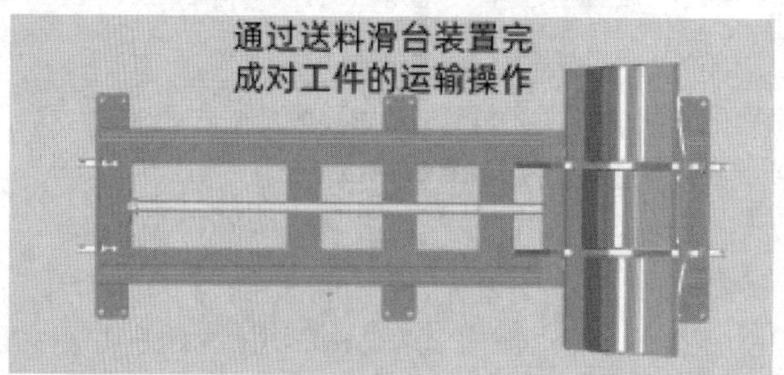

图7-9　工位整体布局

该工位的工艺：通过送料口工件运送到机器人夹取位置。

上料工位：由送料口滑台、物料组成，通过上料滑台装置将工件由送料口A点运送到机器人夹取位置B点，通过“线性流操作”实现工艺仿真（如图7-10所示）。

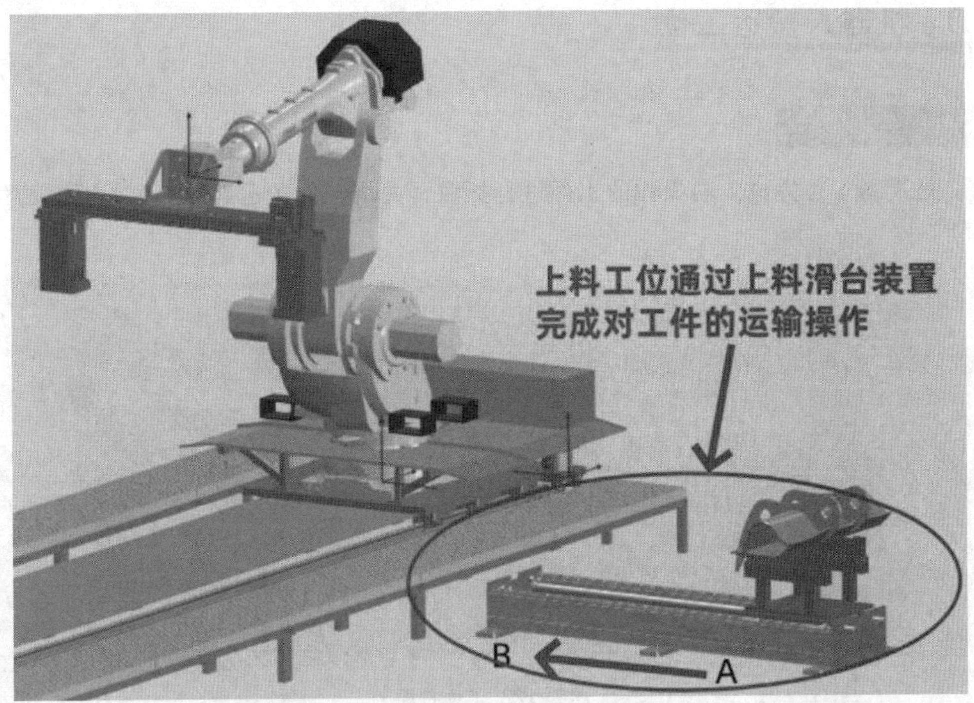

图7-10　上料工位

该工位工位上料时序图如图7-11所示。

上料工位时序表																			
序号	工序内容	时间（秒）																	
		1	2	3	4	5	6	7	8	9	10	11	12	13	14	15	16	17	18
1	上料工位																		
2																			
3																			
4																			
5																			
6																			
机器人动作节拍：（1秒/件）																			

图7-11　工位上料时序图

7.2.2　操作步骤

首先打开项目：双击打开软件，软件打开后，点击“选择或创建项目文件夹”，找到“说明书标准文档”文件夹，打开找到“太原重工”文件夹，打开之后鼠标左键单击“标准项目”，然后点击“选择文件夹”，点击“打开已经存在的项目”。

7-1

上料工位

接着创建上料工位的“线性流操作”工艺。

详细操作请扫描二维码7-1，参见视频。

7.3 机器人搬运工位

7.3.1 工位综述

对上料工位完成上料操作的工件进行抓取，并将工件运送到加工中心对应的位置上。

工位布局如图7-12所示。

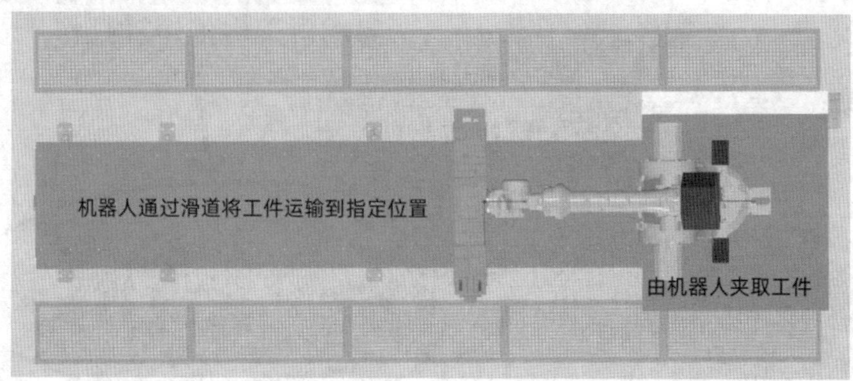

图7-12　工位布局

该工位的工艺如下：机器人夹取上料工位上的工件，通过滑轨运送到加工中心工位前，然后放到加工中心工位中的“送料滑台”装置上。

机器人工位：由M-900iB_360机器人、滑道组成，完成工件的夹取和工件的运输操作（如图7-13所示）。

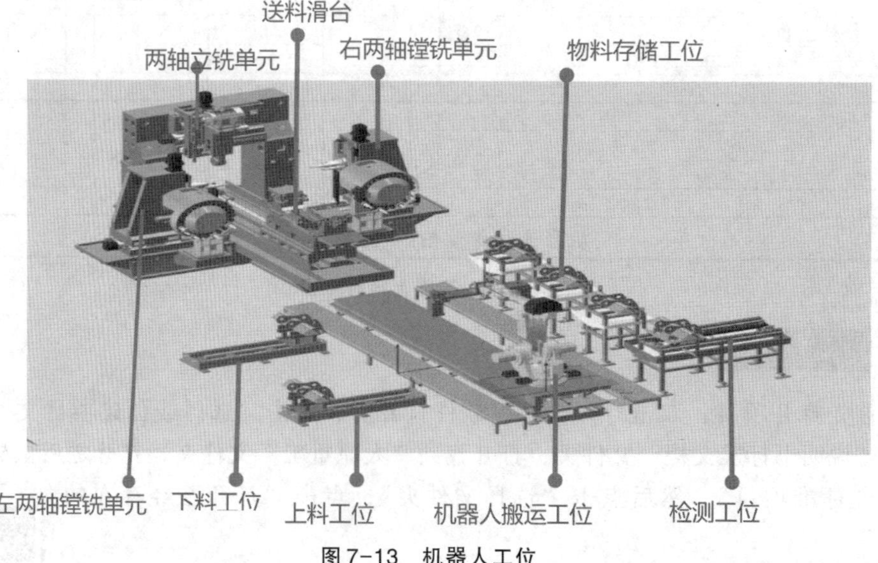

图7-13　机器人工位

该工位的时序表如图7-14所示。

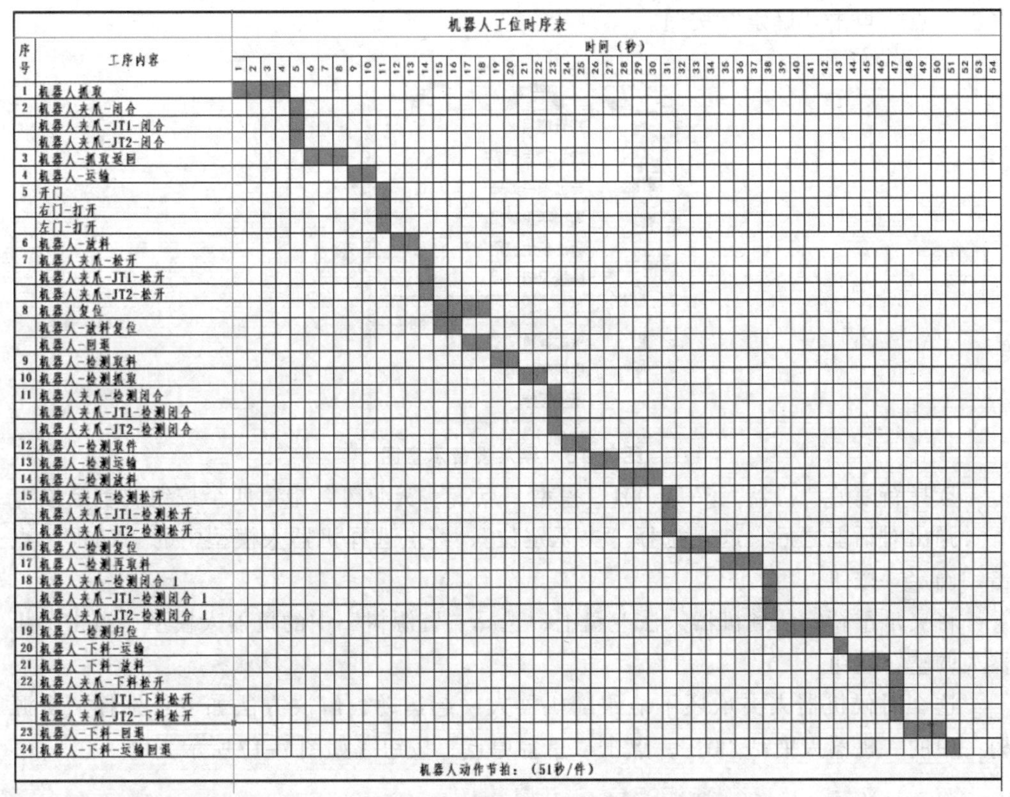

机器人工位时序表

序号	工序内容
1	机器人抓取
2	机器人夹爪-闭合
	机器人夹爪-JT1-闭合
	机器人夹爪-JT2-闭合
3	机器人-抓取返回
4	机器人-运输
5	开门
	右门-打开
	左门-打开
6	机器人-放料
7	机器人夹爪-松开
	机器人夹爪-JT1-松开
	机器人夹爪-JT2-松开
8	机器人复位
	机器人-放料复位
	机器人-回退
9	机器人-检测取料
10	机器人-检测抓取
11	机器人夹爪-检测闭合
	机器人夹爪-JT1-检测闭合
	机器人夹爪-JT2-检测闭合
12	机器人-检测取件
13	机器人-检测运输
14	机器人-检测放料
15	机器人夹爪-检测松开
	机器人夹爪-JT1-检测松开
	机器人夹爪-JT2-检测松开
16	机器人-检测复位
17	机器人-检测再取料
18	机器人夹爪-检测闭合 1
	机器人夹爪-JT1-检测闭合 1
	机器人夹爪-JT2-检测闭合 1
19	机器人-检测归位
20	机器人-下料-运输
21	机器人-下料-放料
22	机器人夹爪-下料松开
	机器人夹爪-JT1-下料松开
	机器人夹爪-JT2-下料松开
23	机器人-下料-回退
24	机器人-下料-运输回退

时间（秒）：1–54

机器人动作节拍：（51秒/件）

图7-14　机器人工位时序表

7.3.2　操作步骤

（1）机器人夹爪安装

当导入的机器人模型没有夹爪时，在软件功能栏中找到“文件”（如图7-15所示）。

图7-15　机器人夹爪安装

点击“文件”后再点击“导入设备”（如图7-16所示）。

展开其中的“机器人”文件夹，找到“KUKA”文件夹，点击其中的“机器人夹爪”文件，点击导入模型。

选择“资源树”中新建的“机器人夹爪.001”，点击“资源树”工具栏中的第三个按钮“创建坐标系”。

在弹出的对话框中，将名称改为“夹爪定位”，选择“三点圆心”方式，点击软件页面工具栏中的“选择模型点”按钮，在工件中圆形区域中沿着左上一点逆时针选择三个点，点击“确定”按钮。

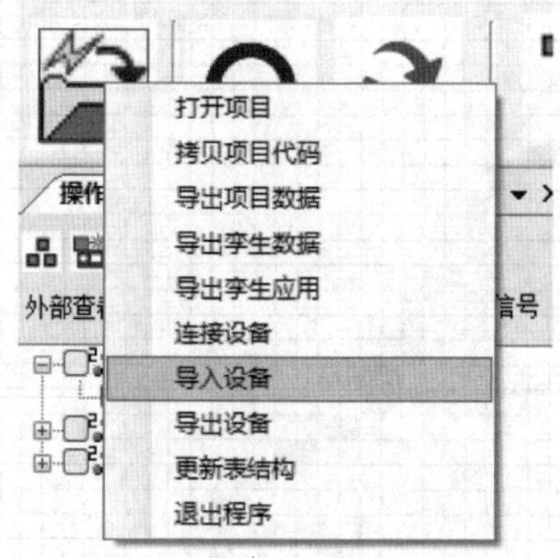

图7-16 导入设备示意图

选择新建的“机器人夹爪.001”模型，点击“资源树”中第四个按钮“重定位”。

弹出对话框之后，起点选择“夹爪定位”，终点选择机器人模型中的“Tool”，点击“确定”按钮。

将夹爪重新安装到机器人法兰盘上；选择“资源树”中的机器人模型，点击“机器人调整”按钮。

这个时候机器人夹爪还不能跟随机器人一起运动，解决方法如下：选择“资源树”中的“机器人夹爪.001”，点击“重置原点”按钮（如图7-17所示）。

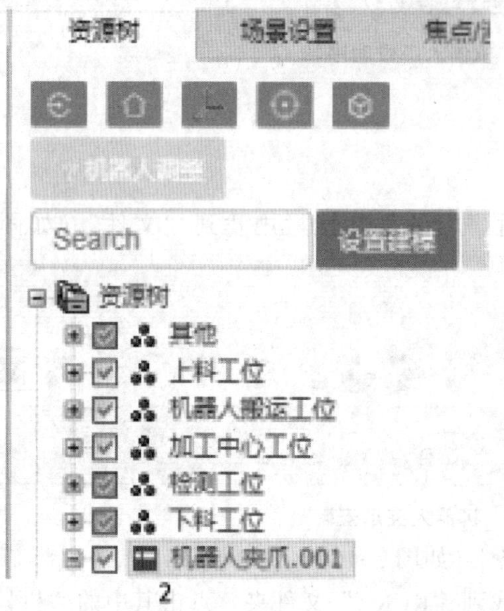

图7-17 “重置原点”按钮示意图

弹出对话框之后，在“调整原点到坐标”中选择“夹爪定位”，点击“确定”按钮。

点击“资源树”中的“机器人夹爪.001”模型，点击“设置建模”按钮，然后选择“M-900iB_360”模型，点击“设置建模”按钮，分别展开。

接着选择“机器人夹爪_1”，将其拖拽到“M-900iB_360-JT7”下。

选择“机器人夹爪.001”，鼠标右键点击后，选择“删除”。

然后选择“M-900iB_360”模型，点击“机器人调整”按钮。拖动机器人，这个时候机器人夹爪也会跟着运动。

（2）机器人夹取

建立抓取定位坐标：在软件功能栏中点击“文件”。点击“导入设备”。展开其中的“机器人”文件夹，找到“KUKA”文件夹，点击其中的“机器人夹爪”文件，点击导入模型。然后将“机器人夹爪”拖拽出来，选择“资源树”中的“机器人夹爪”，再点击第三个按钮“创建坐标系”。

弹出对话框之后，将名称改为“上料定位1”，方式选择“两点之间”，点击软件页面工具栏中的第四个按钮“选择模型点”，第一个点和第二个点分别选择“机器人夹爪”零件的两个端点，拖拽栏选择“50”，点击“确定”按钮，关闭对话框；

选择“资源树”中的“上料滑台”，点击第三个按钮“创建坐标系”。

弹出对话框之后，将名称改为“上料定位2”，方式选择“两点之间”，点击软件页面工具栏中的第四个按钮“选择模型点”，第一个点和第二个点分别选择“上料滑台”零件的两个端点，拖拽栏选择“50”，点击“确定”按钮，关闭对话框（如图7-18所示）。

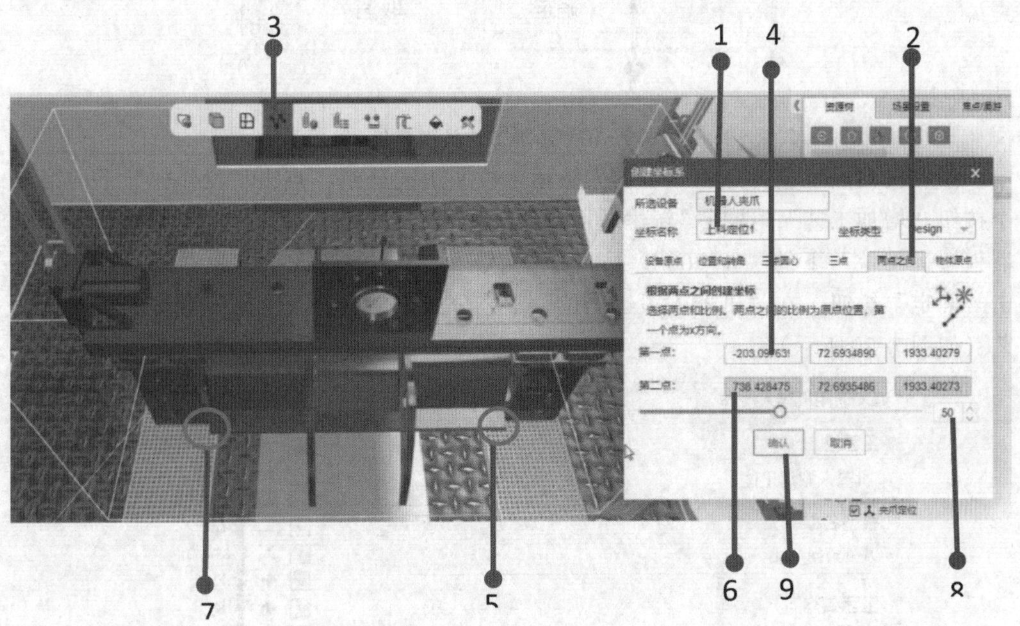

图7-18　创建坐标系对话框

点击“机器人夹爪”模型，观察其“上料定位1”的坐标系方向与“上料滑台”中的“上料定位2”的坐标系方向是否一致，若不一致，选择“上料定位1”坐标，点击页面工具栏中的第一个按钮“放置控制器”，选择旋转，沿着X轴方向，将步长改为“90”，进行修改，使这两个坐标系的位置相同。然后选择“机器人夹爪”模型，点击“资源树”工具栏中的第四个按钮“重定位”，弹出对话框之后，起点选择

“上料工位1”，终点选择“上料工位2”，点击“确定”按钮，观察“机器人夹爪”中的零件与上料滑台的零件是否重合。

添加工艺类型分组：在“操作树”下点击第一个按钮“增加工艺类型分组”，增加一个机器人类型工艺分组，将节点名称改为“机器人搬运工位”（如图7-19所示）。

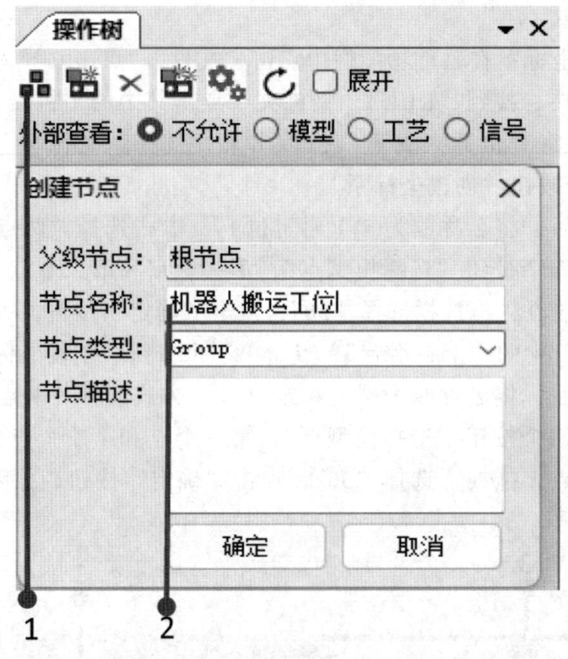

图7-19　添加工艺类型分组

添加机器人工艺：点击“机器人搬运工位”工艺分组，点击“操作树”下的第二个按钮“增加工艺”，选择“新建通用机器人操作”。模型名称选择“资源树”中“机器人搬运工位”下的“M-900iB_360”机器人，将工艺名称改为“机器人-抓取”，点击“确定”按钮，在“机器人搬运工位”工艺分组下就会出现刚刚建立好的机器人工艺（如图7-20所示）。

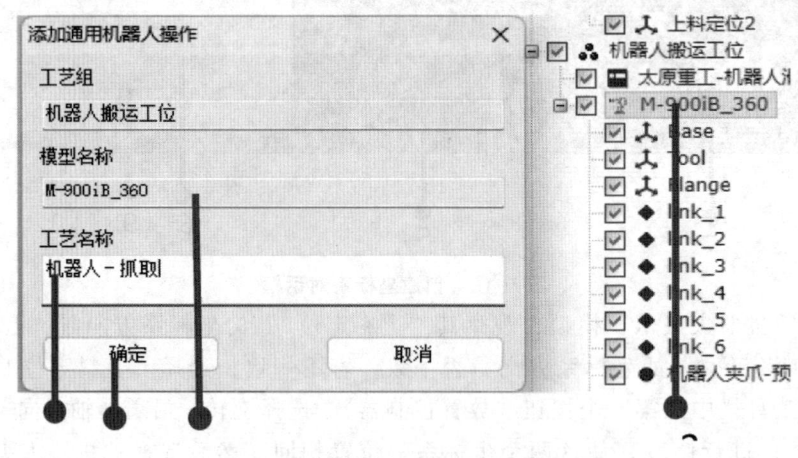

图7-20　机器人工艺

路径位置点设定：机器人由“Home点”移动到“过渡点1”再移动到“过渡点2”最后移动到“抓取点”；工件抓取完成后，由“抓取点”移动到“过渡点2”再移动到“过渡点1”最后移动到“Home点”。

Home点：当机器人运动时遇到奇异点，需要改变机器人最初的姿态，新姿态就是机器人的Home点。

过渡点1：在机器人Home点到机器人抓取位置点中间会建立一个过渡点，这个点是防止机器人在运动过程中遇到碰撞点或极限点；这里将机器人沿着Z轴旋转了60°。

过渡点2：一般设定在抓取点的正上方，这个点是为了与工件抓取位置点对齐。

抓取点：这个点是机器人抓取工件的点。

Via_5点：这个点是防止机器人与加工中心碰撞点。

机器人定位物料操作：选择刚刚建立的“机器人-抓取”工艺，在“路径编辑器”中勾选“允许修改”，点击第一个路径位置点，弹出对话框之后，在“关节”栏中微调一下机器人初始状态，防止机器人遇到奇异点，点击“记录当前”。

点击“路径编辑器”中的“在选中点后面增加一点”按钮，勾选“允许修改”，点击第二个路径位置点，弹出一个对话框，在joint1关节处输入“60”，代表机器人第一轴旋转了60°，点击“记录当前”，这个位置为过渡点1。

点击“路径编辑器”中的“在选中点后面增加一点”按钮，勾选“允许修改”，点击第三个路径位置点，弹出一个对话框，在对话框中点击“选择坐标点”，点击“资源树”中建立好的“夹爪定位”坐标系，然后在“平移”栏中，沿着Z轴正方向，将步长改为20，移动至合适位置，这个点就是机器人的过渡点2。

点击“路径编辑器”中的“在选中点后面增加一点”按钮，勾选“允许修改”，点击第四个路径位置点，弹出一个对话框，在对话框中点击“选择坐标点”，然后点击“资源树”中建立好的“夹爪定位”坐标系，这个点就是机器人上料抓取点。

机器人夹爪开合操作：选择“机器人搬运工位”工艺分组，点击“操作树”下第一个按钮“增加工艺类型分组”，将节点名称改为“机器人夹爪-闭合”。

然后选择“机器人夹爪-闭合”工艺分组，点击“操作树”下的第二个按钮“增加工艺”。

选择“新建线性流操作”工艺（如图7-21所示）。

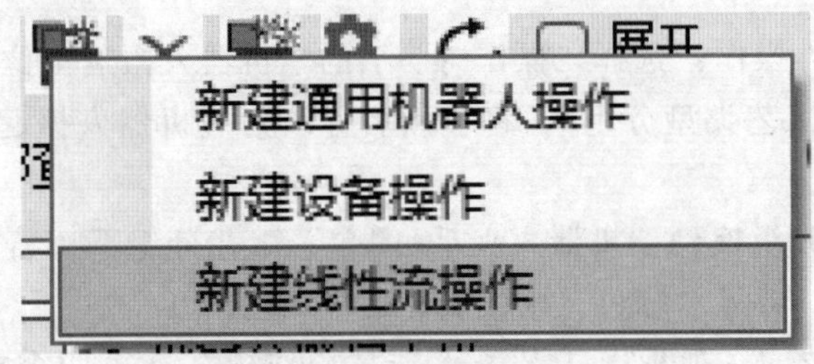

图7-21　新建线性流工艺

在弹出对话框之后，模型名称选择“机器人夹爪-JT1”，工艺名称在原有的工艺名称后添加“闭合”，点击“确定”按钮，在“机器人夹爪-闭合”工艺分组中就会出现“机器人夹爪-JT1-闭合”工艺，选择“机器人夹爪-JT1-闭合”工艺，在“路径编辑器”中点击“在选中点后面增加一点”按钮，勾选“允许修改”，点击新建的路径位置点，在弹出对话框之后，在“平移”工作栏中沿着X轴正方向，将步长修改为10，点击单步移动，修改位置至合适位置（如图7-22所示）。

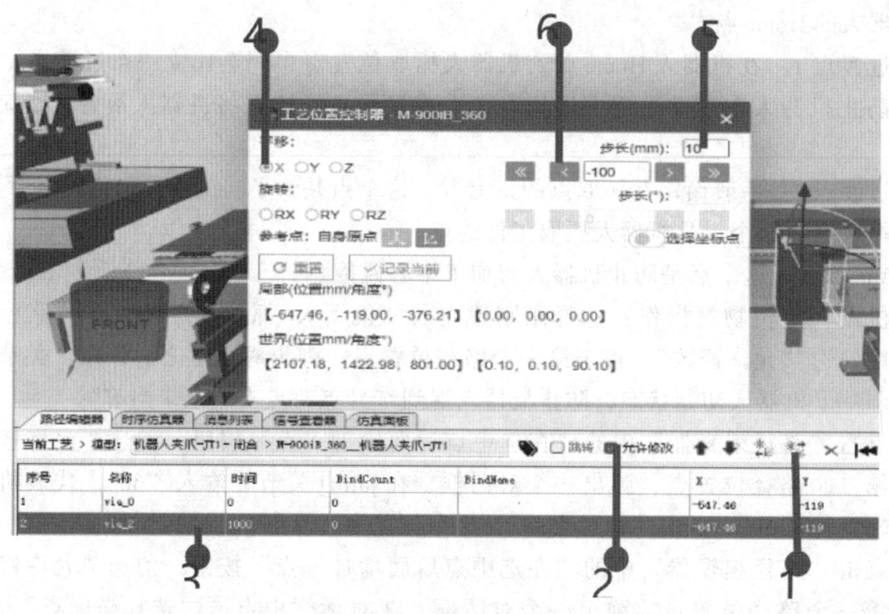

图7-22　“机器人夹爪-闭合”工艺分组

同理，选择“机器人夹爪-闭合”工艺分组，点击“操作树”下的第二个按钮“增加工艺”。

选择“新建线性流操作”工艺。在弹出对话框之后，模型名称选择“机器人夹爪-JT2”，工艺名称在原有的工艺名称后添加“闭合”，点击“确定”按钮，在“机器人夹爪-闭合”的工艺分组中就会出现“机器人夹爪-JT2-闭合”工艺，点击“机器人夹爪-JT2-闭合”工艺，在“路径编辑器”中点击“在选中点后面增加一点”按钮，勾选“允许修改”，点击新建的路径位置点，在弹出对话框之后，在“平移”工作栏中沿着X轴正方向，将步长修改为“50”，点击单步移动，移动至合适位置，关闭对话框，点击“路径编辑器”下的“路径倒序”按钮，点击“播放”按钮，观察夹爪是否正确闭合。

机器人抓起工件操作：选择“操作树”下的“机器人搬运工位”工艺分组，点击第一个按钮“增加工艺类型分组”，将节点名称改为“机器人抓起工件”（如图7-23所示）。

将新建的工艺分组拽到“机器人夹爪-闭合”工艺分组下，若显示蓝色，代表在这个工艺分组下方，若显示绿色，则代表在这个工艺内。

然后点击“机器人-抓取”工艺，点击“操作树”下第四个按钮“克隆选择工艺”，点击“确定”按钮。

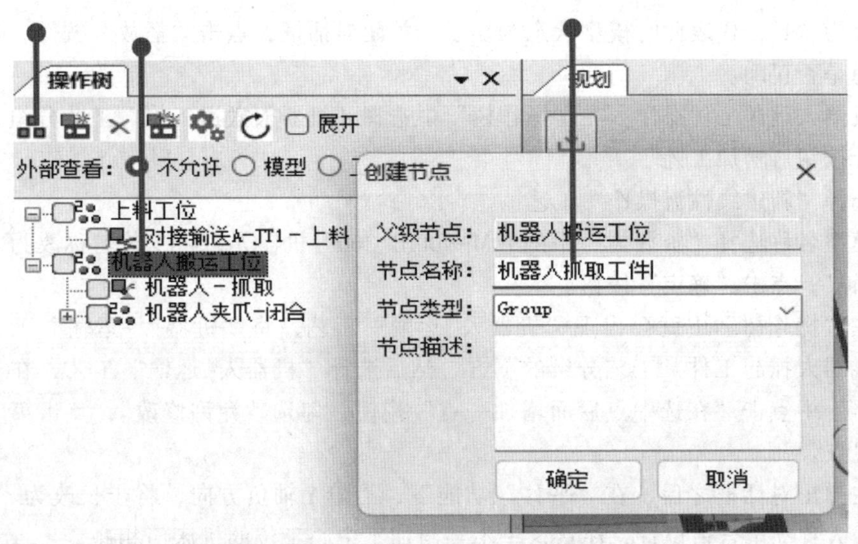

图7-23　“机器人搬运工位”工艺分组

将克隆出来的工艺名称修改为“机器人-抓起”并拽到“机器人抓起工件”工艺分组内。

点击“机器人-抓起”工艺，点击“路径编辑器”下的“路径倒序”按钮，将第二个路径位置点和第三个路径位置点的“MoveType”改为“MoveJ”，点击“播放”按钮（如图7-24所示）。

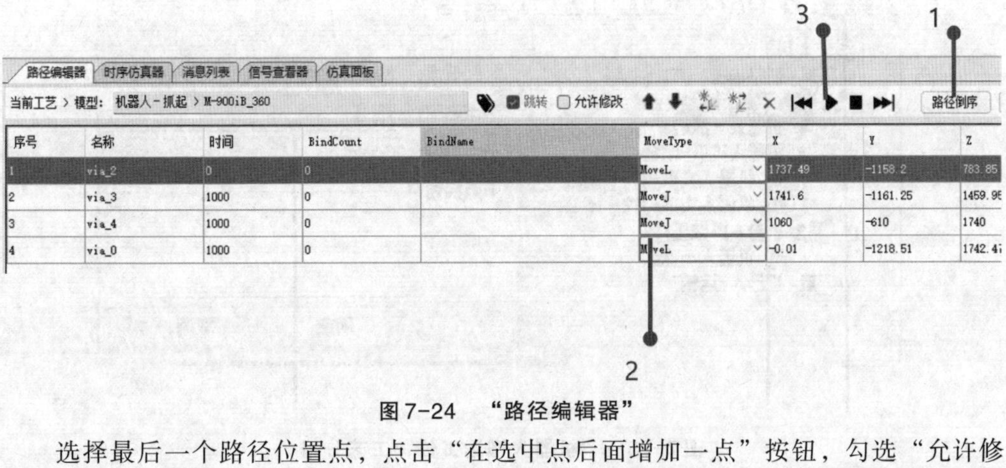

路径编辑器　时序仿真器　消息列表　信号查看器　仿真面板

当前工艺 > 模型：机器人-抓起 > M-900iB_360　跳转　允许修改　路径倒序

序号	名称	时间	BindCount	BindName	MoveType	X	Y	Z
1	via_2	0	0		MoveL	1737.49	-1158.2	783.85
2	via_3	1000	0		MoveJ	1741.6	-1161.25	1459.9[illegible]
3	via_4	1000	0		MoveJ	1060	-610	1740
4	via_0	1000	0		MoveL	-0.01	-1218.51	1742.4[illegible]

3　1　2

图7-24　“路径编辑器”

选择最后一个路径位置点，点击“在选中点后面增加一点”按钮，勾选“允许修改”，点击新建的路径位置点，弹出对话框之后，在“平移栏”中，沿着Z轴正方向，将步长改为“200”，进行移动，移动至合适位置，目的是防止机器人将工件运输到加工中心过程中与周边墙体发生碰撞。

抓取工件的显隐：在“操作树”中选择“机器人-抓起”工艺，点击“路径编辑器”下的第一个路径位置点，点击“事件编辑器”。在“选中信号”中选择“资源树”中上料工位里的“对接输送A-物料”，事件类型选择“可见”，点击添加，将输出信号改为“0”，代表这个模型在此时是隐藏状态；在选中模型中选择“资源树”中机器人搬运工位里的“机器人夹爪-预留料”，事件类型选择“可见”，点击添加，输出信号为“1”，代表此时模型状态为显示；关闭对话框，点击“播放”按钮，观察工件显隐是否正确。

机器人运送工件操作：在“操作树”中选择“机器人搬运工位”工艺分组，点击第二个按钮“增加工艺”。

选择“新建线性流操作”工艺。

模型名称选择“资源树”中的“M-900iB_360”机器人，将工艺名称改为“机器人-运输”，点击“确定”按钮。

在“操作树”中就会出现“机器人-运输”工艺，将“机器人-运输”工艺拖拽到“机器人抓起工件”工艺分组的下方，然后选择“机器人-运输”工艺，在“路径编辑器”中点击“在选中点后面增加一点”按钮，勾选“允许修改”，点击第二个路径位置点。

在弹出对话框之后，在“平移”功能下，沿着Y轴负方向，将步长改为“500”，将机器人移动至合适位置，注意这里不要与加工中心工位的机床门相碰。

加工中心开门操作：在“操作树”中选择“机器人搬运工位”工艺分组，点击“操作树”中的第一个按钮“增加工艺类型分组”，将节点名称改为“开门”（如图7-25所示），然后将“开门”工艺分组，拖拽到“机器人-运输”工艺的下方。

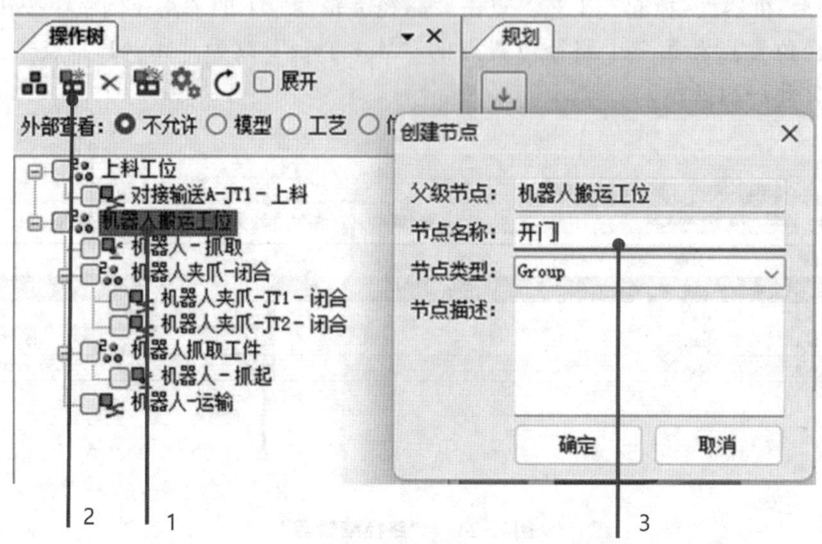

图7-25 “机器人搬运工位”工艺分组

在“操作树”中选择“开门”工艺分组，点击“操作树”中的第二个按钮“增加工艺”。

选择“新建线性流操作”工艺。

然后将“资源树”中的加工中心工位展开，模型名称选择其中的“右门”模型，工艺名称在原来的工艺名称后添加“打开”，点击“确定”按钮。

在“开门”的工艺分组下就会出现刚刚建立好的工艺；选择“右门-打开”工艺，在“路径编辑器”下点击“在选中点后面增加一点”按钮，勾选“允许修改”，点击新建的路径位置点。

在弹出对话框之后，在“平移”栏，使模型沿着X轴负方向移动，将步长改为“100”，移动至合适位置。关闭对话框，点击“播放”按钮，观察门是否能够正常打开。

同理，在“操作树”中选择“开门”工艺分组，点击“操作树”中第二个按钮“增加工艺”

选择“新建线性流操作”工艺。

模型名称选择其中的“左门”模型，工艺名称在原来的工艺名称后添加“打开”，点击“确定”按钮。

在“开门”的工艺分组下就会出现刚刚建立好的工艺。

选择“左门-打开”工艺，在“路径编辑器”下点击“在选中点后面增加一点”按钮，勾选“允许修改”，点击新建的路径位置点。

在弹出对话框之后，在“平移”栏，使模型沿着X轴正方向移动，将步长改为“100”，移动至合适位置（如图7-26所示）。

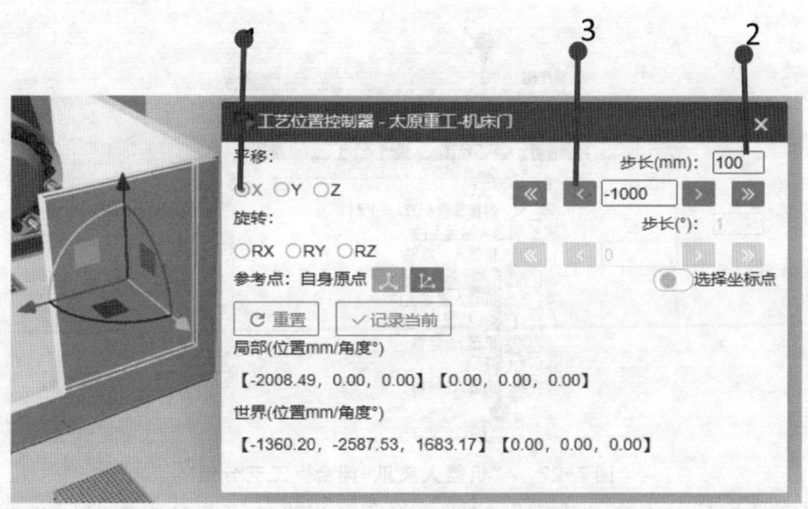

图7-26　路径编辑器

机器人放料操作：选择“资源树”中的加工中心工位并展开“送料滑台”，选择“送料滑台”，点击“资源树”中的第三个按钮“创建坐标系”。

在弹出对话框之后，将坐标名称改为“送料定位”，选择“两点之间”定位，点击页面工具栏中的“选择模型点”，第一个点选择“送料滑台-预留料”一端端点，第二个点选择“送料滑台-预留料”另一端端点，拖拽栏选择“50”，点击“确定”按钮。

在“资源树”中就会出现“送料定位”；在“操作树”中选择“机器人搬运工位”工艺分组，点击第二个按钮“增加工艺”。

选择“新建通用机器人操作”。

模型选择“资源树”中的“M-900iB_360”机器人，将工艺名称改为“机器人-放料”，点击“确定”按钮。

然后将建立好的“机器人-放料”工艺拖拽到“开门”工艺分组下方。

选择“机器人-放料”工艺，在“路径编辑器”中点击“在选中点后面增加一点”按钮，勾选“允许修改”，先点击第一个路径位置点，在弹出对话框之后，点击“记录当前”，然后关闭对话框，点击第二个路径位置点。

在弹出对话框之后，将“选择坐标点”打开，然后点击“资源树”中的“送料定位”使机器人夹爪上的预留料与送料滑台上的预留料重合，然后在“平移”栏中，沿着Z轴正方向，将步长改为“100”，移动至合适位置，此位置为放料过渡点。

关闭对话框，在“路径编辑器”中选择第二个路径位置点，点击“在选中点后面增加一点”按钮，勾选“允许修改”，点击第三个路径位置点。

在弹出对话框之后，将“选择坐标点”打开，然后点击“资源树”中的“送料定位”使机器人夹爪上的预留料与送料滑台上的预留料重合。

关闭对话框，点击“播放”按钮。

机器人夹爪松开操作：点击“操作树”中的“机器人夹爪-闭合”工艺分组，点击第四个按钮“克隆选中工艺”（如图7-27所示）。

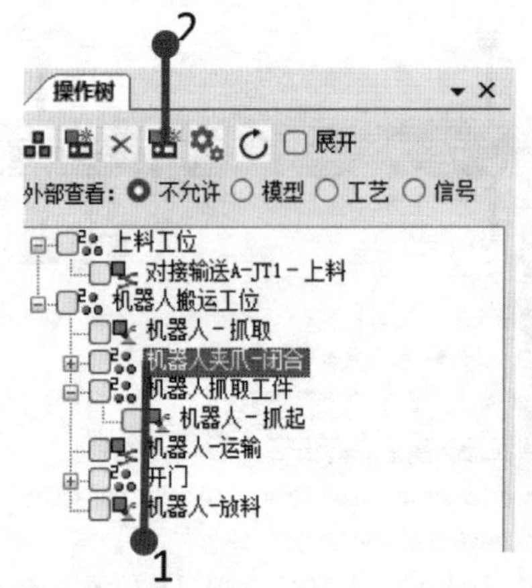

图7-27 “机器人夹爪-闭合”工艺分组

弹出对话框后，点击“确定”按钮，将克隆出来的工艺分组拖拽到“机器人-放料”工艺下方点击两下（不要双击）克隆出来的工艺，将名称更改为“机器人夹爪-松开”，以同样的方式，将“机器人夹爪-松开”工艺分组下的工艺也修改一下名称。

点击“机器人夹爪-JT1-松开”在“路径编辑器”中点击“路径倒序”。然后点击“播放”按钮，观察夹爪JT1是否有松开动作。同理，点击“机器人夹爪-JT2-松开”，在“路径编辑器”下点击“路径倒序”。然后点击“播放”按钮，观察夹爪JT2是否有松开动作。

机器人复位操作：在“操作树”中选择“机器人搬运工位”工艺分组，点击第一个按钮“增加工艺类型分组”，将节点名称改为“机器人复位”，将其拖拽到“机器人夹爪-松开”工艺分组下方。

选择“机器人-放料”工艺，点击“操作树”中的第四个按钮“克隆选中工艺”，弹出对话框后点击“确定”按钮，将克隆出来的工艺拖拽到“机器人复位”工艺分组中，点击两下克隆的工艺，将名称更改为“机器人-放料复位”。

点击“路径编辑器”中的“路径倒序”（如图7-28所示）。

路径编辑器　时序仿真器　消息列表　信号查看器　仿真面板

当前工艺 > 模型：机器人夹爪-JT1-松开 > M-900iB_360_机器人夹爪-JT1　跳转　允许修改　路径倒序　单步播放

序号	名称	时间	BindCount	BindName	X	Y	Z	RX	RY	RZ
1	via_0	0	0		-547.46	-119	-376.21	0	0	0
2	via_2	500	0		-697.46	-119	-376.21	0	0	0

图7-28　路径编辑器

再选择此时的第一个路径位置点，点击“事件标签编辑”。弹出对话框后，选中信号选择“资源树”中“送料滑台-预留料”，点击添加，输出信号为“1”；然后选择“资源树”中的“机器人夹爪-预留料”，点击添加，输出信号为“0”；然后关闭对话框，点击“播放”按钮，观察模型显隐是否正确。

选择“操作树”中的“机器人-运输”工艺，点击第四个按钮“克隆选中工艺”，弹出对话框后点击“确定”按钮，将克隆出来的工艺拖拽到“机器人复位”工艺分组中，并在“机器人-放料复位”工艺的下方，点击两下，将名称更改为“机器人-回退”。

选择“机器人-回退”工艺，点击“路径编辑器”中的“路径倒序”。点击“播放”按钮，观察机器人是否回到最初位置。

检测工位夹爪定位：选择“资源树”中的“检测滑台”，点击第三个按钮“创建坐标系”。

弹出对话框之后，将名称改为“检测定位”，选择“两点之间”点位方法，在页面工具栏中选择第四个按钮“选择模型点”，第一点和第二点分别选择“检测滑台-预留料”的两个端点，拖拽条选择“50”，点击“确定”按钮（如图7-29所示）。

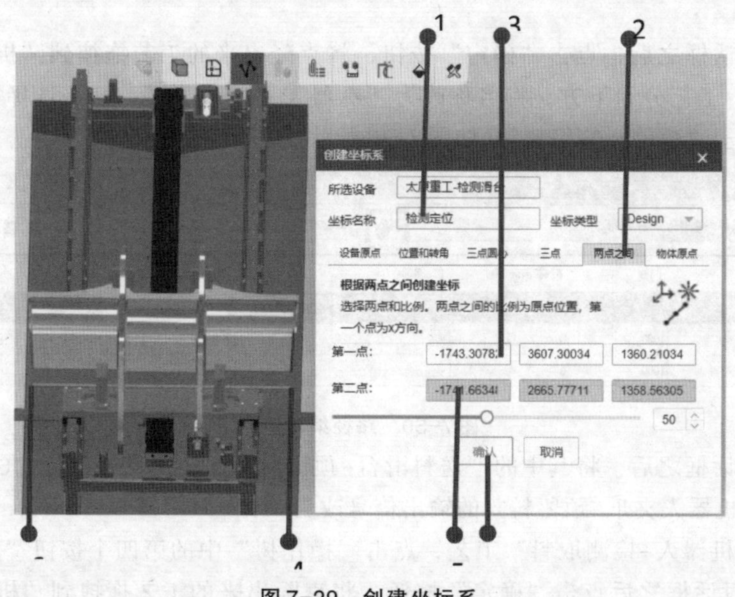

图7-29　创建坐标系

建立好之后，选择“资源树”中单独的“机器人夹爪”模型，点击第四个按钮“重定位”。

弹出对话框之后，起点选择“上料定位1”，终点选择“检测定位”，点击“确定”按钮。

机器人搬运检测工件：在“机器人搬运工位”工艺分组中选择“机器人-回退”工艺，点击“操作树”中的第四个按钮“克隆选中工艺”。

在弹出对话框之后，点击“确定”按钮，将克隆出来的工艺拖拽到“机器人复位”工艺分组中，修改名称为“机器人-检测取料”；点击“机器人-检测取料”工艺，在“路径编辑器”中点击“路径倒序”。点击“播放”按钮，机器人通过第七轴运动到抓取位置；再次选择“机器人搬运工位”中的“机器人-放料复位”，点击“操作树”中的第四个按钮“克隆选中工艺”。

弹出对话框之后，点击“确定”按钮，将克隆出来的工艺拖拽到“机器人-检测取料”工艺下方，并将名称改为“机器人-检测抓取”。

选择“机器人-检测抓取”工艺，在“路径编辑器”中点击“路径倒序”，然后点击路径编辑器。弹出对话框之后，点击最后一个路径位置点，将其中的显隐关系删除。

点击“播放”按钮，机器人准备抓起加工完成的工件；选择“机器人搬运工位”工艺分组中的“机器人夹爪-闭合”工艺分组，点击“操作树”中的第四个按钮“克隆选中工艺”。

弹出对话框之后，点击“确定”按钮，将克隆出来的工艺分组拖拽到“机器人-检测抓取”工艺下方，将名称改为“机器人夹爪-闭合-检测”，并展开将其中的工艺名称也改为“机器人夹爪-JT1-闭合-检测”和“机器人夹爪-JT2-闭合-检测”。

选择“机器人-放料复位”工艺，点击“操作树”中第四个按钮“克隆选中工艺”。

弹出对话框之后，点击“确定”按钮，将克隆出来的工艺拖拽到“机器人夹爪-闭合-检测”工艺分组下方，将名称改为“机器人-检测取件”。然后选择第一个路径位置点，点击“事件标签编辑”（如图7-30所示）。

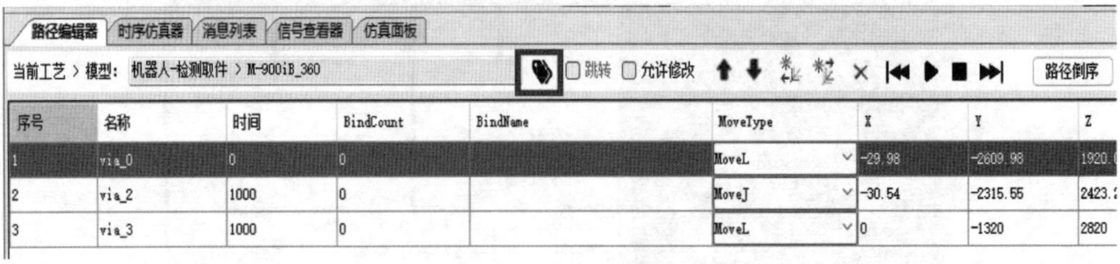

路径编辑器 时序仿真器 消息列表 信号查看器 仿真面板

当前工艺 > 模型: 机器人-检测取件 > M-900iB_360　跳转　允许修改　路径倒序

序号	名称	时间	BindCount	BindName	MoveType	X	Y	Z
1	via_0	0	0		MoveL	-29.98	-2609.98	1920.(
2	via_2	1000	0		MoveJ	-30.54	-2315.55	2423.:
3	via_3	1000	0		MoveL	0	-1320	2820

图7-30　路径编辑器

弹出对话框之后，将其中的“送料滑台-预留料”的输出信号改为“0”；将“M-900iB_360_机器人夹爪-预留料”的输出信号改为“1”。

选择“机器人-检测取料”工艺，点击“操作树”中的第四个按钮“克隆选中工艺”。弹出对话框之后点击“确定”按钮，将克隆出来的工艺拖拽到“机器人-检测抓起”工艺下方，将名称改为“机器人-检测运输”；选择“机器人-检测运输”工艺，在“路径编辑器”中点击“路径倒序”。

然后选择“机器人搬运工位”工艺分组，点击“操作树”中的第二个按钮“增加工艺”，选择“新建通用机器人操作”。

弹出对话框之后，模型名称选择“M-900iB_360”机器人，将工艺名称改为“机器人-检测放料”，点击“确定”按钮，将新建的工艺拖拽到“机器人-检测运输”工艺下方。点击“在选中点后面增加一点”按钮，勾选“允许修改”，点击新建的路径位置点。弹出对话框之后，在joint1关节处，输入“-90”，当机器人姿态发生变化后，点击“记录当前”(如图7-31所示)。

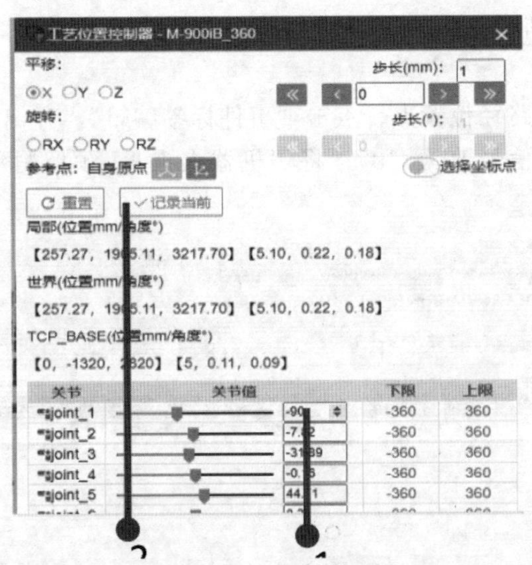

图7-31 工艺位置控制器

点击“在选中点后面增加一点”按钮，勾选“允许修改”，点击新建的路径位置点。弹出对话框之后，将“选择坐标点”打开，选择“资源树”中的“夹爪定位”，在“平移”栏中，沿着Z轴正方向，将步长改为“100”，移动夹爪至合适位置，此位置为过渡点2。

选择“机器人搬运工位”工艺分组中的“机器人夹爪-松开”，点击“操作树”中的第四个按钮“克隆选中工艺”。将克隆出来的工艺名称改为“机器人夹爪-松开-检测”，将其工艺分组下的两个夹爪松开的工艺也分别改名为“机器人夹爪-JT1-松开-检测”和“机器人夹爪-JT2-松开-检测”。

选择“机器人-检测放料”，点击“操作树”的第四个按钮“克隆选中工艺”。将克隆出来的工艺拖到“机器人夹爪-松开-检测”工艺下方，将名称改为“机器人夹爪-检测复位”。

选择“机器人-检测复位”工艺，在“路径编辑器”中点击“路径倒序”按钮。选中第一个路径位置点，点击“事件标签编辑”。弹出对话框之后，在选中模型中选择“机器人夹爪-预留料”，事件类型选择“可见”，点击添加，输出信号改为“0”；再次在选中模型中选择“送料滑台-预留料”，事件类型选择“可见”，点击添加，输出信号改为“1”。

关闭对话框，点击“播放”按钮，机器人回到初始位置；然后选择“机器人-检测放料”工艺，点击“操作树”的第四个按钮“克隆选中工艺”。弹出对话框之后，将名称改为“机器人-检测再取料”。

点击“播放”按钮，机器人重新到抓取位置，选择“机器人夹爪-检测闭合”工艺，点击“操作树”的第四个按钮“克隆选中工艺”。

弹出对话框之后，点击“确定”按钮，将名称改为“机器人夹爪-闭合-检测_1”，点击“播放”按钮，机器人夹爪会再次闭合。选择“机器人-复位”工艺，点击“操作树”的第四个按钮“克隆选中工艺”。弹出对话框之后，将名称改为“机器人-检测归位”，选择“机器人-检测归位”工艺，在“路径编辑器”中点击“路径倒序”按钮。

然后选择第一个路径位置点，点击“事件标签编辑”。弹出对话框后，将“检测滑台-预留料”输出信号改为“0”；将“机器人夹爪-预留料”输出信号改为“1”（如图7-32所示）。

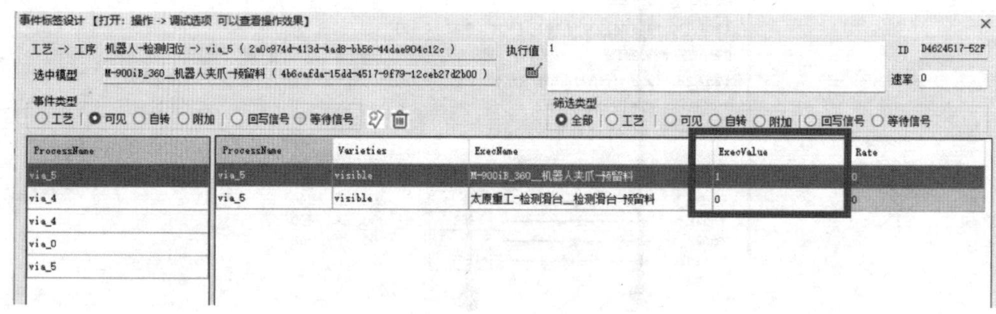

图7-32 事件标签设计

关闭对话框，点击最后一个路径位置点，点击“在选中点后面增加一点”按钮。选择“机器人-抓取”工艺，将“跳转”勾选，点击第一个路径位置点。

当机器人姿态发生变化后，将“跳转”取消勾选，回到“机器人-检测归位”工艺中，勾选“允许修改”，点击新建的路径位置点，弹出对话框之后点击“记录当前”。

点击“播放”按钮，机器人将抓起检测完毕的工件。

先选择“资源树”中的“下料滑台”模型，点击第三个按钮“创建坐标系”。弹出对话框之后，将名称改为“下料定位”，选择“两点之间”方法，点击页面功能栏第四个按钮“选择模型点”，第一点和第二点分别选择工件上的两个端点，拖拽条选择“50”，点击“确定”按钮。

选择“资源树”中的“机器人夹爪”模型，点击第四个按钮“重定位”。

在弹出对话框之后，起点选择“上料定位1”，终点选择“下料定位”，点击“确定”按钮。

点击“机器人搬运工位”选择“新建线性流操作”工艺，弹出对话框之后，模型名称选择“M-900iB_360”机器人，将工艺名称改为“机器人-下料-运输”，点击

“确定”按钮（如图7-33所示）。

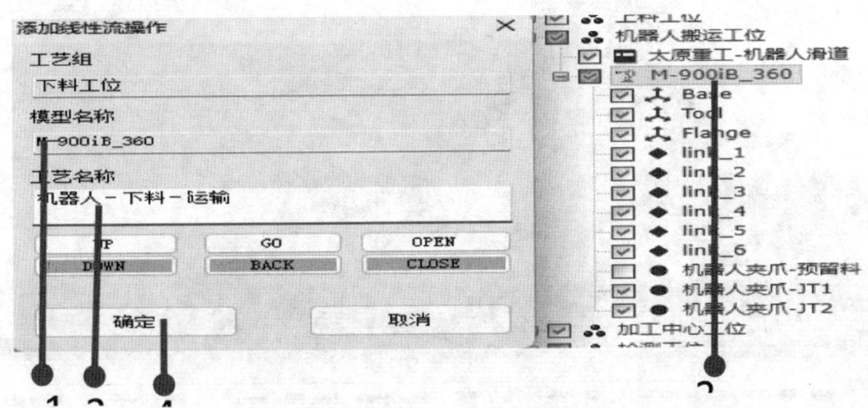

图7-33　添加线性流操作

选择新建的“机器人-下料-运输”工艺，在“路径编辑器”中选择第一个路径位置点，点击“在选中点后面增加一点”按钮，勾选“允许修改”，点击第二个路径位置点。

弹出对话框之后，在“平移”栏中，沿着Y轴负方向，将步长改为“200”，移动至合适位置。

关闭对话框，点击“播放”按钮，机器人通过第七轴移动到修改位置；在“操作树”中选择“机器人搬运工位”工艺分组，点击第二个按钮“增加工艺”，选择“新建通用机器人操作”工艺。

弹出对话框之后，模型名称选择“M-900iB_360”机器人，将工艺名称改为“机器人-下料-放料”，点击“确定”按钮。

选择“机器人-下料-放料”工艺，在“路径编辑器”中勾选“允许修改”，点击第一个路径位置点。

弹出对话框之后点击“记录当前”。

选择第一个路径位置点，点击“在选中点后面增加一点”按钮，勾选“允许修改”，点击第二个路径位置点。

弹出对话框之后，在机器人第一个关节处输入“60”。

选择第二个路径位置点，点击“在选中点后面增加一点”按钮，勾选“允许修改”，点击新的路径位置点，弹出对话框之后将“选择坐标点”打开，点击“资源树”中“机器人夹爪”的“夹爪定位”，然后在“平移”栏中沿着Z轴正方向，将步长改为“100”，移动至合适位置，点击“记录当前”。

选择第三个路径位置点，点击“在选中点后面增加一点”按钮，勾选“允许修改”，点击新的路径位置点，弹出对话框之后将“选择坐标点”打开，点击“资源树”中“机器人夹爪”的“夹爪定位”，点击“记录当前”。

关闭对话框之后，此位置为机器人放料位置（如图7-34所示）。点击“播放”按钮，机器人将工件搬运到下料滑台上；在“机器人搬运工位”工艺分组中，找到“机器人夹爪-松开”工艺分组，点击“操作树”中第四个按钮“克隆选中工艺”。

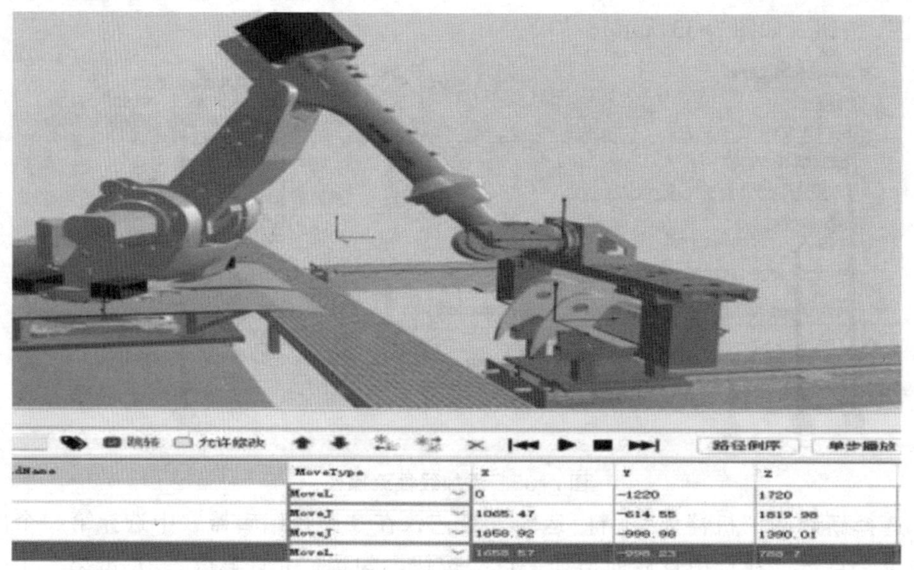

图7-34　机器人放料位置

将克隆出来的工艺拖拽到“下料工位”中的“机器人-下料-放料”工艺的下方，并将名称修改为“机器人夹爪-下料松开”，将其工艺分组下的两个夹爪工艺名称分别改为“机器人夹爪-JT1-下料松开”和“机器人夹爪-JT2-下料松开”，选择“机器人-下料-放料”工艺，点击“操作树”中的第四个按钮“克隆选中工艺”。

将克隆出来的工艺拖拽到“机器人夹爪-下料松开”工艺分组的下方，并将名称修改为“机器人-下料-放料回退”。选择“机器人-下料-放料回退”工艺，在“路径编辑器”中点击“路径倒序”按钮（如图7-35所示）。

路径编辑器　时序仿真器　消息列表　信号查看器　仿真面板

当前工艺 > 模型: 机器人-下料-放料回退 > M-900iB_360　跳转　允许修改　路径倒序

序号	名称	时间	BindCount	BindName	MoveType	X	Y	Z
1	via_2	0	2	M-900iB_360_机器人夹爪-预留料 =...	MoveL	1658.58	-1798.22	788.7

图7-35　路径编辑器

然后选择第一个路径位置点，点击“事件标签编辑”

弹出对话框之后，在“选中模型”中选择“机器人夹爪-预留料”，事件类型选择“可见”，点击添加，输出信号为“0”，然后在选中模型中选择“对接输送B-物料”，事件类型选择“可见”，点击添加，输出信号为“1”。

7-2

机器人工位

关闭对话框，点击“播放”按钮，机器人将物料放到下料滑台上之后回到的原始位置。

详细操作请扫描二维码7-2，参见视频。

7.4　加工中心工位

7.4.1　工位综述

加工中心工位对送料滑台上的工件进行加工，加工完成后再由送料滑台送到最初位置。

工位布局图如图 7-36 所示。

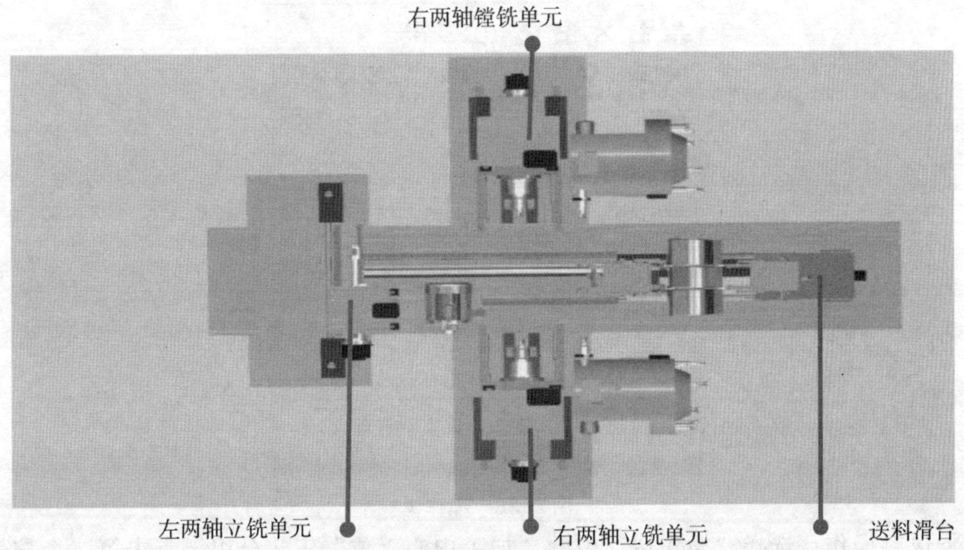

图 7-36　工位布局图

加工中心工位：由送料滑台、两轴镗铣单元和两轴立铣单元组成，完成对工件运送和加工工艺。该工位的时序表如图 7-37 所示。

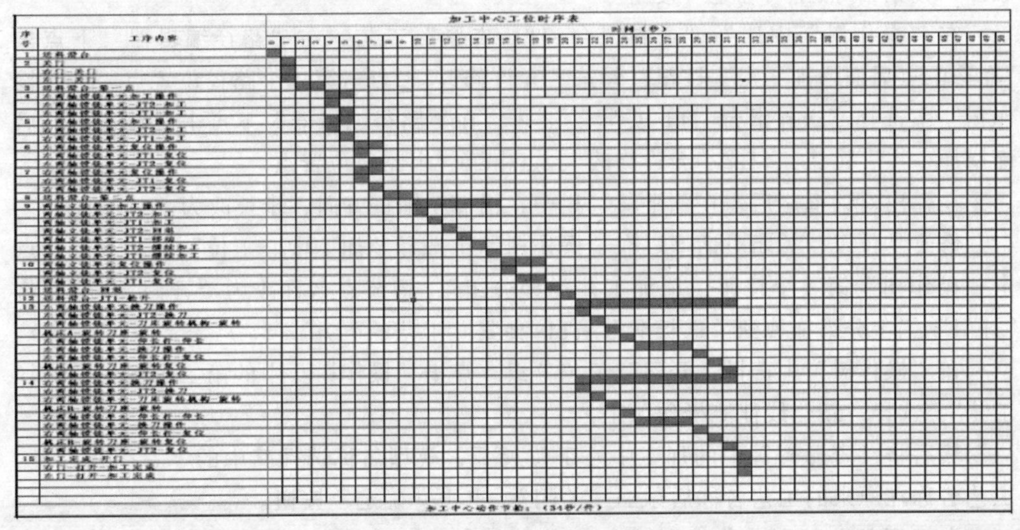

图 7-37　工位时序图

该工位的工艺如下：送料滑台将待加工的零件依次运输至两轴镗铣单元和两轴立铣单元加工位置，等三台机床都对零件加工完成后，送料滑台再将工件送回到最初位置。

7.4.2 操作步骤

建立分组：建立“加工中心工位”工艺分组：在“操作树”下点击第一个按钮“增加工艺类型分组”，将节点名称改为“加工中心工位”（如图7-38所示）。点击“确定”按钮，在“操作树”中就会出现“加工中心工位”工艺分组。

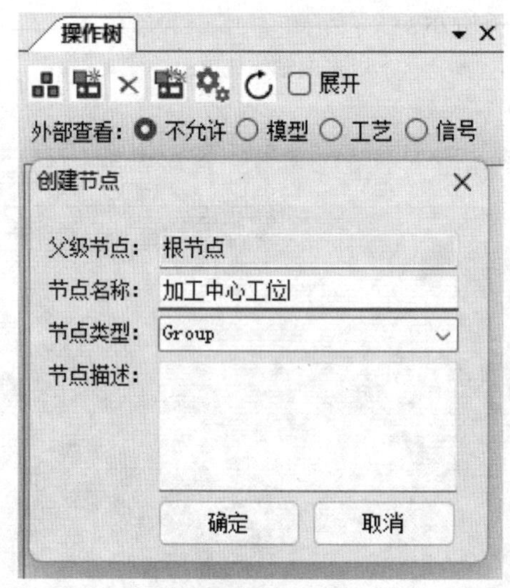

图7-38 操作树

送料操作：选择“操作树”中的“加工中心工位”工艺分组，点击第二个按钮“增加工艺”，选择“新增线性流操作”工艺。

模型名称选择“资源树”下的“送料滑台-JT1”，工艺名称在原有的工艺名称后添加“夹紧”，点击“确定”按钮。

在“操作树”中选择“送料滑台-JT1-夹紧”工艺，在“路径编辑器”下点击“在选中点后面增加一点”按钮，勾选“允许修改”，点击第二个路径位置点。在“操作树”中选择“送料滑台-JT1-夹紧”工艺，在“路径编辑器”下点击“在选中点后面增加一点”按钮，勾选“允许修改”，点击第二个路径位置点。

在弹出对话框之后，在“平移”栏中，沿着Y轴正方向，步长改为“100”。

修改其位置，关闭对话框。在“操作树”中选择“加工中心工位”工艺分组，点击“操作树”第一个按钮“增加工艺类型分组”，将节点名称改为“开门”，然后将“开门”工艺分组拖拽到“送料滑台-JT1-夹紧”工艺的下方。

在“操作树”中选择“开门”工艺分组，点击“操作树”中的第二个按钮“增加工艺”，选择“新建线性流操作”工艺。

然后将“资源树”中的加工中心工位展开，模型名称选择其中的“右门”模型，工艺名称在原来的工艺名称后添加“关闭”，点击“确定”按钮。

在“开门”的工艺分组下就会出现刚刚建立好的工艺；选择“右门-打开”工

艺，在“路径编辑器”下点击“在选中点后面增加一点”按钮，勾选“允许修改”，点击新建的路径位置点。

在弹出对话框之后，在“平移”栏，使模型沿着X轴正方向移动，将步长改为“100”，移动至合适位置。关闭对话框，然后点击“路径倒序”（如图7-39所示）。

路径编辑器 | 时序仿真器 | 消息列表 | 信号查看器 | 仿真面板

当前工艺 > 模型： 右门-关闭 > 加工中心-机床门_右门 　□跳转 ■允许修改 　路径倒序

序号	名称	时间	BindCount	BindName	X	Y	Z	RX
1	via_2	0	0		-2008.49	0	0	0
2	via_0	1000	0		-1008.49	0	0	0

图7-39　路径编辑器

点击“播放”按钮，观察门是否正常打开。

同理，左门的关闭操作与右门一致，移动的方向相反；可根据右门关闭方式，建立左门的关闭工艺

选择“操作树”中的“加工中心工位”工艺分组，点击第二个按钮“增加工艺”，选择“新建线性流操作”。模型名称选择“送料滑台”，工艺名称在原有的名称后添加“第一点”，点击“确定”按钮。

然后将“送料滑台-第一点”工艺拖拽到“关门”工艺分组下方。点击“送料滑台-第一点”工艺，在“路径编辑器”中点击“在选中点后面增加一点”按钮，勾选“允许修改”，点击新建的路径位置点。

在弹出对话框之后，在“平移”栏中，将轴改为“Y”轴，将步长改为“100”，沿着Y轴负方向移动至合适位置。

左两轴镗铣单元加工操作：在“操作树”中选择“加工中心工位”工艺分组，点击第一个按钮“增加工艺类型分组”，将节点名称改为“左两轴镗铣单元加工操作”，点击“确定”按钮。

将建立好的“左两轴镗铣单元加工操作”工艺分组拖拽到“送料滑台-第一点”工艺下方，选择“左两轴镗铣单元加工操作”工艺分组，点击“操作树”中的第二个按钮“增加工艺”，选择“新建线性流操作”工艺。

在弹出对话框之后，模型名称选择“资源树”中“左两轴镗铣单元”下的“左两轴镗铣单元-JT2”，工艺名称在原有的工艺名称后面添加“加工”，点击“确定”按钮。

选择创建好的“左两轴镗铣单元-JT2-加工”工艺，在“路径编辑器”下点击“在选中点后面增加一点”按钮，勾选“允许修改”，点击新建的路径位置点。

弹出对话框后，在“平移”栏中，沿着Z轴负方向，将步长改为“100”，修改其位置。关闭对话框，点击“播放”按钮。

点击“事件标签编辑”。选择第二个路径位置点，选中模型选择“资源树”中“左两轴镗铣单元”下的“左两轴镗铣单元-JT3”，事件类型选择“自转”，点击添加，转轴为X轴，转速为36。

关闭“事件标签编辑”对话框，点击“播放”按钮，观察“左两轴镗铣单元-JT3”是否在指定位置进行自转。

在“操作树”中选择“左两轴镗铣单元加工操作”工艺分组，点击第二个按钮“增加工艺”，选择“新建线性流操作”工艺。

在弹出对话框之后，模型名称选择“资源树”中“左两轴镗铣单元”下的“左两轴镗铣单元-JT1”，工艺名称在原有的工艺名称后面添加“加工”，点击“确定”按钮。

点击“左两轴镗铣单元-JT1-加工”，在“路径编辑器”中点击“在选中点后面增加一点”按钮，勾选“允许修改”，点击第二个路径位置点。

在弹出对话框之后，在“平移”栏中，沿着X轴负方向，步长改为“100”（如图7-40所示），移动至合适位置。关闭对话框，点击“播放”按钮，观察是否正确。

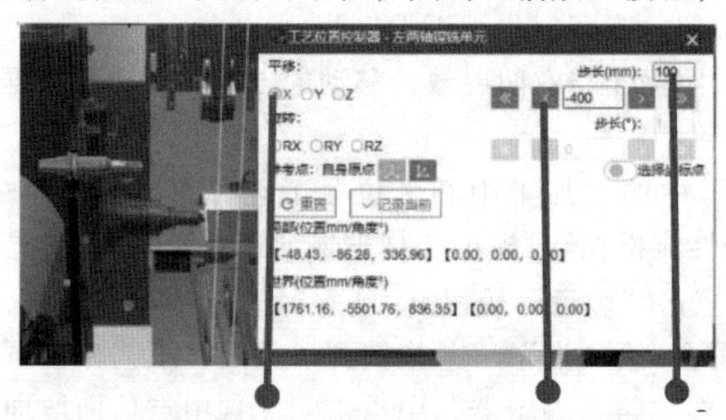

图7-40　工艺位置控制器

右两轴镗铣单元加工操作：根据左两轴镗铣单元加工操作方法进行操作，因为左右两轴镗铣机床加工方式相同，所以操作方法也是一样的。

两轴镗铣单元复位操作：选择“操作树”中的“左两轴镗铣单元加工操作”工艺分组，点击第四个按钮“克隆选中工艺”。

弹出对话框后点击“确定”按钮，将克隆出来的工艺名称修改为“左两轴镗铣单元复位操作”并将其拖拽到“右两轴镗铣单元加工操作”工艺分组下方。

展开“左两轴镗铣单元复位操作”工艺分组，将里面的工艺名称也修改一下，分别为“左两轴镗铣单元-JT2-复位”和“左两轴镗铣单元-JT1-复位”，再将“左两轴镗铣单元-JT2-复位”工艺拖拽到“左两轴镗铣单元-JT1-复位”工艺下方。

点击“左两轴镗铣单元-JT1-复位”工艺，在“路径编辑器”中点击“路径倒序”按钮。点击“左两轴镗铣单元-JT2-复位”工艺，在“路径编辑器”中点击“路径倒序”按钮，再点击“事件标签编辑”。弹出对话框后，点击第一个路径位置点，将转速改为“0”。关闭对话框，点击“播放”按钮，观察模型是否停止自转并回退。

右两轴镗铣单元复位操作：根据左两轴镗铣单元复位操作方法进行制作，因为左右两轴镗铣机床加工方式相同，所以操作方法也是一样的。

两轴立铣单元加工操作：在“操作树”中选择“加工中心工位”工艺分组，点击第二个按钮“增加工艺”，选择“新建线性流操作”工艺。

在弹出对话框之后，模型名称选择“送料滑台”，工艺名称在原有的工艺名称后添加“第二点”，点击“确定”按钮。在“操作树”中就会出现“送料滑台-第二点”工艺，将其拖拽到“右两轴镗铣单元复位操作”工艺分组下方（如图7-41所示）。

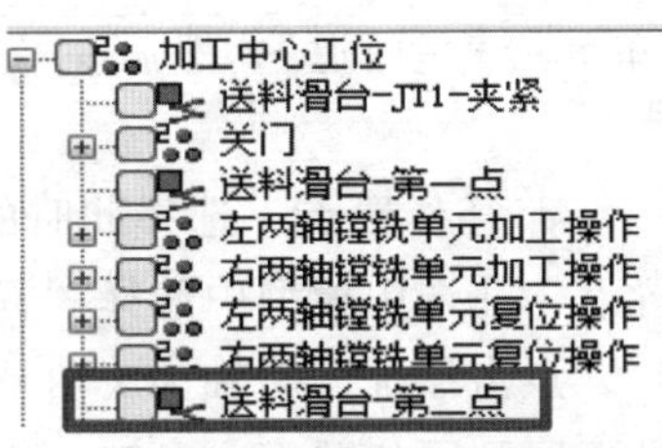

图7-41　操作树

选择“送料滑台-第二点”工艺，在“路径编辑器”中点击“在选中点后面增加一点”按钮，勾选“允许修改”，点击第二个路径位置点；在弹出对话框之后，在“平移”栏中，沿着Y轴负方向，将步长改为“100”，移动至合适位置。关闭对话框，点击“播放”按钮，观察是否移动正确。

在“操作树”中选择“加工中心工位”中点击第一个按钮“增加工艺类型分组”，在弹出对话框之后，将名称改为“两轴立铣单元加工操作”，点击“确定”按钮。在“操作树”中就会出现“两轴立铣单元操作”工艺分组。

选择“两轴立铣单元加工操作”工艺分组，点击“操作树”中的第二个按钮“增加工艺”，选择“新建线性流操作”工艺。

在弹出对话框之后，模型名称选择“资源树”中“两轴立铣单元”下的“两轴立铣单元-JT2”，工艺名称在原有的工艺名称下添加“加工”，点击“确定”按钮。

在“两轴立铣单元加工操作”工艺分组下就会出现“两轴立铣单元-JT2-加工”工艺，选择“两轴立铣单元-JT2-加工”工艺，在“路径编辑器”中点击“在选中点后面增加一点”按钮，勾选“允许修改”，点击第二个路径位置点。

在弹出对话框之后，在“平移”栏中，沿着Z轴负方向，将步长改为“10”，移动至合适位置。

关闭对话框，点击“播放”按钮，观察是否移动正确；接着点击“事件标签编辑”。在弹出对话框之后，选择第二个路径位置点，选中模型选择“资源树”中“两轴立铣单元”下的“两轴立铣单元-JT3”，事件类型选择“自转”，点击“添加”，旋转轴为X轴，转速改为“36”。

选择“两轴立铣单元加工操作”工艺分组，点击“操作树”中的第二个按钮“增加工艺”，选择“新建线性流操作”工艺。

在弹出对话框之后，模型名称选择“资源树”中“两轴立铣单元”下的“两轴立铣单元-JT1”，工艺名称在原有的工艺名称下添加“加工”，点击“确定”按钮。

在“两轴立铣单元加工操作”工艺分组下出现“两轴立铣单元-JT1-加工”工艺。选择“两轴立铣单元-JT1-加工”工艺，在“路径编辑器”下点击“在选中点后面增加一点”按钮，勾选“允许修改”，点击第二个路径位置点，弹出对话框后，在“平移”栏中，沿着X轴负方向，将步长改为“10”，移动至合适位置。关闭对话框，点击“播放”按钮，观察路径是否正确。

选择“两轴立铣单元-JT2-加工”点击“操作树”中的第四个按钮“克隆选中工艺”。点击“确定”按钮，将克隆出的工艺拖拽到“两轴立铣单元-JT1-加工”工艺下方，将名称改为“两轴立铣单元-JT2-回退”，然后在“路径编辑器”中点击“路径倒序”。

在弹出对话框之后，在第一个路径位置点，选择此时的自转事件，点击“删除”按钮。然后选择第二个路径位置点，在选中模型中选择“资源树”中的“两轴立铣单元-JT3”，事件类型选择“自转”，点击添加，转轴为X轴，转速改为“0”，关闭对话框，点击“播放”按钮，观察是否回到原位并停止自转。

选择“两轴立铣单元-JT1-加工”工艺，点击“操作树”中的第四个按钮“克隆选中工艺”，弹出对话框之后点击“确定”按钮，将克隆出来的工艺拖拽到“两轴立铣单元-JT2-回退”下方并修改名称为“两轴立铣单元-JT1-移动”。

选择“两轴立铣单元-JT1-移动”工艺，在“路径编辑器”中，将第一个路径位置点删除，然后双击剩下的路径位置点中的时间，修改为“0”，然后点击“在选中点后面增加一点”按钮，勾选“允许修改”。

点击第二个路径位置点，弹出对话框之后，在“平移”栏中，沿着X轴的负方向，将步长改为“100”，移动至合适位置。点击“播放”按钮，观察设备是否移动至修改位置。

选择“两轴立铣单元-JT2-加工”，然后点击“操作树”中的第四个按钮“克隆选中工艺”，点击“确定”按钮，将克隆出来的工艺拖拽到“两轴立铣单元-JT1-移动”下方，并将名称改为“两轴立铣单元-JT2-继续加工”，点击“播放”按钮，观察其是否进行加工。

选择“两轴立铣单元-JT1-加工”，然后点击“操作树”中的第四个按钮“克隆选中工艺”，点击“确定”按钮，将克隆出来的工艺拖拽到“两轴立铣单元-JT2-继续加工”下方，并将名称改为“两轴立铣单元-JT1-继续加工”，点击“播放”按钮，观察其是否进行加工（如图7-42所示）。

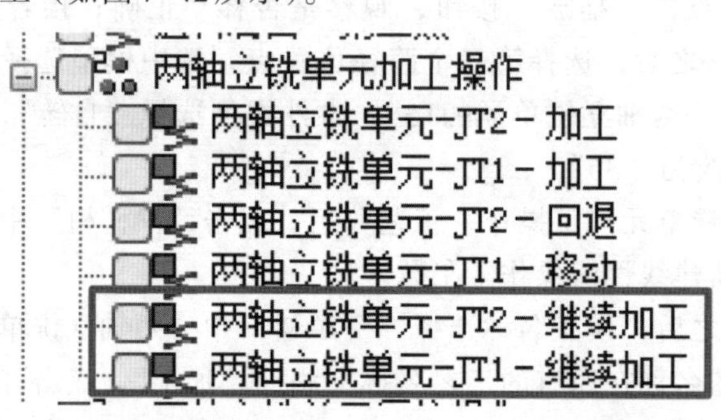

图7-42 “两轴立铣单元-JT1-加工”操作树

选择“操作树”中的“加工中心工位”工艺分组，点击“操作树”中的第一个按钮“增加工艺类型分组”，在弹出对话框之后，将节点名称改为“两轴立铣单元复位操作”，并将其拖拽到“两轴立铣单元加工操作”下方。

选择“两轴立铣单元-JT2-回退”工艺，点击“操作树”中的第四个按钮“克隆选中工艺”，在弹出对话框之后，点击“确定”按钮，将克隆出来的工艺拖拽到“两轴立铣单元复位操作”工艺分组中，并将名称改为“两轴立铣单元-JT2-复位”。

点击“播放”按钮，观察模型是否回到最初位置；选择“操作树”中的“两轴立铣的单元-JT1-继续加工”工艺，点击操作树”中的第四个按钮“克隆选中工艺”，弹出对话框后点击“确定”按钮，将克隆出来的工艺拖拽到“两轴立铣单元复位操作”工艺分组中，并将名称改为“两轴立铣单元-JT1-复位”。

选择“两轴立铣单元-JT1-复位”工艺，在“路径编辑器”中选择第一个路径位置点，点击“删除”按钮，选择唯一的路径位置点，点击“在选中点后面增加一点”。

然后将第一个路径位置点的时间改为“0”，勾选“允许修改”，点击第二个路径位置点。弹出对话框后，在“平移”栏中，沿着X轴正方向，将步长改为“100”，修改至合适位置。

关闭对话框，点击“播放”按钮，观察模型是否回到初始位置；选择“操作树”中的“加工中心工位”工艺分组，点击“操作树”中的第二个按钮“增加工艺”，选择“新建线性流操作”工艺。

在弹出对话框之后，模型名称选择“资源树”中“送料滑台”，工艺名称在原有的工艺名称后添加“回退”，点击“确定”按钮。

在“操作树”中找到建立好的工艺，将其拖拽到“两轴立铣单元复位操作”下方。

选择“送料滑台-第一点”工艺，在“路径编辑器”中将“跳转”勾选，点击第一个路径位置点。然后选择“送料滑台-回退”工艺，点击“在选中点后面增加一点”按钮，勾选“允许修改”，点击第二个路径位置点。弹出对话框之后，点击“记录当前”。

关闭对话框，点击“播放”按钮，观察是否回到最初位置。

选择“加工中心工位”工艺分组中的“送料滑台-JT1-夹紧”工艺，点击“操作树”中的第四个按钮“克隆选中工艺”，弹出对话框之后点击“确定”按钮，将克隆出的工艺拖拽到“送料滑台-回退”工艺的下方，修改名称为“送料滑台-JT1-松开”。

选择“送料滑台-JT1-松开”工艺，在“路径编辑器”中点击“路径倒序”按钮。

点击“播放”按钮，观察模型是否进行松开操作。

详细操作请扫描二维码7-3，参见视频。

7-3

加工中心工位加工操作

左两轴镗铣单元换刀操作：在“操作树”中选择“加工中心工位”工艺分组，点击第一个按钮“增加工艺类型分组”，将节点名称改为“左两轴镗铣单元换刀操作”，点击“确定”按钮。

将建立好的工艺分组拖拽到“送料滑台-JT1-松开”工艺下方。

选择“左两轴镗铣单元换刀操作”工艺分组，点击“操作树”中的第二个按钮“增加工艺”，选择“新建线性流操作”工艺。

在弹出对话框之后，模型名称选择“资源树”中“左两轴镗铣单元”下的“左两轴镗铣单元-JT2”，工艺名称在原有的工艺名称后添加“换刀”，点击“确定”按钮（如图7-43所示）。

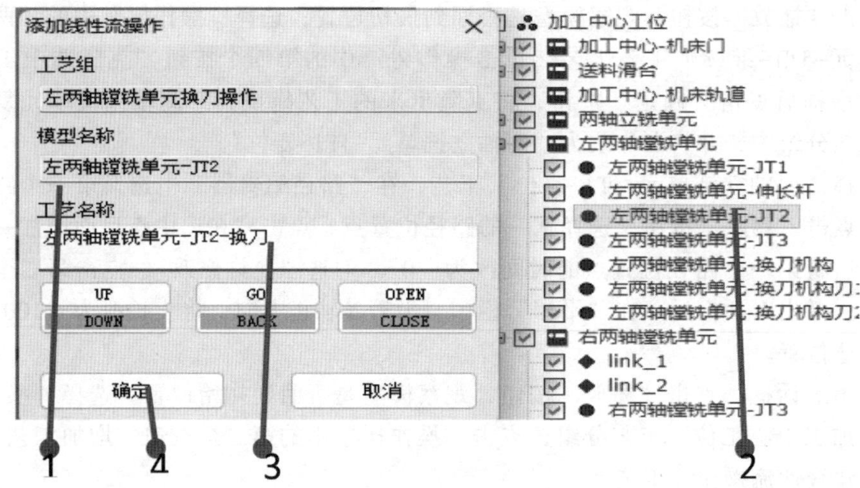

图7-43 添加线性流操作

选择新建的“左两轴镗铣单元-JT2”工艺，在“路径编辑器”中点击“在选中点后面增加一点”按钮，勾选“允许修改”，并选择新建的路径位置点。

弹出对话框后，在“平移”栏，沿着Z轴负方向，将步长改为“50”，移动至合适位置。关闭对话框后点击“播放”按钮。

选择“左两轴镗铣单元换刀操作”工艺分组，点击“操作树”中的第二个按钮“增加工艺”，选择“新建线性流操作”工艺。

弹出对话框之后，选择“资源树”中的“左两轴镗铣单元-刀库旋转机构”，将名称改为“左两轴镗铣单元-刀库旋转机构-旋转”，点击“确定”按钮。

点击“左两轴镗铣单元-刀库旋转机构-旋转”工艺，在“路径编辑器”中点击“在选中点后增加一点”按钮，勾选“允许修改”，点击新建的路径位置点。

弹出对话框之后，在“旋转”栏中，沿着Y轴正方向，将步长改为“10”，旋转移动至合适位置后关闭对话框。

选择“左两轴镗铣单元换刀操作”工艺分组，点击“操作树”中的第二个按钮“增加工艺”，选择“新建线性流操作”工艺。

弹出对话框之后，选择“资源树”中的“机床A-旋转刀座”，将名称改为“机床A-旋转刀座-旋转”点击“确定”按钮。

点击“机床A-旋转刀座-旋转”工艺，在“路径编辑器”中点击“在选中点后增加一点”按钮，勾选“允许修改”，点击新建的路径位置点。

弹出对话框之后，将坐标改成世界坐标，在“旋转”栏中，沿着Z轴正方向，将步长改为“10”，旋转至合适位置后关闭对话框。

选择“左两轴镗铣单元换刀操作”工艺分组，点击“操作树”中的第二个按钮“增加工艺”，选择“新建线性流操作”工艺。

在弹出对话框之后，模型名称选择“资源树”中“左两轴镗铣单元”下的“左两轴镗铣单元-伸长杆”，工艺名称在原有的工艺名称后添加“伸长”，点击“确定”按钮。

选择新建的“左两轴镗铣单元-伸长杆-伸长”工艺，在“路径编辑器”中点击“在选中点后面增加一点”按钮，勾选“允许修改”，并选择新建的路径位置点。

在弹出对话框之后，在“旋转”栏中，沿着X轴负方向，将步长改为“90”(如图7-44所示)，移动至合适位置关后闭对话框。微调一下位置，使其不会发生跳转现象。

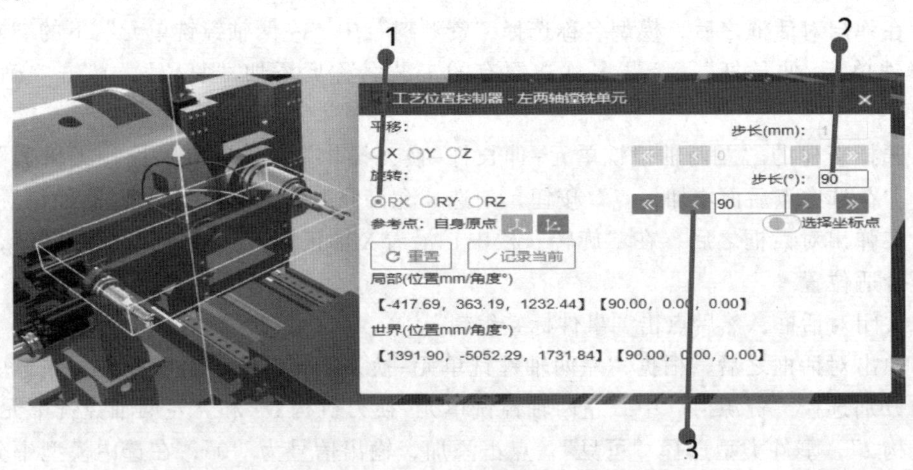

图7-44　工艺位置控制器

选择“左两轴镗铣单元换刀操作”工艺分组，点击“操作树”中的第二个按钮“增加工艺”，选择“新建线性流操作”工艺。

在弹出对话框之后，模型名称选择“资源树”中“左两轴镗铣单元”下的“左两轴镗铣单元-伸长杆”，工艺名称在原有的工艺名称后添加“换刀操作”，点击“确定”按钮。

选择新建的“左两轴镗铣单元-伸长杆-换刀操作”工艺，在“路径编辑器”中点击“在选中点后面增加一点”按钮，勾选“允许修改”，并选择新建的路径位置点。

在弹出对话框之后，在“平移”栏中，沿着X轴负方向，将步长改为“50”，移动至合适位置。

关闭对话框，然后选择新建的路径位置点。再次点击“在选中点后面增加一点”按钮，勾选“允许修改”，并选择新建的路径位置点。

在弹出对话框之后，在“旋转”栏中，沿着X轴顺时针旋转，将步长改为“180”。

关闭对话框，然后选择新建的路径位置点。再次点击“在选中点后面增加一点”按钮，勾选“允许修改”，并选择新建的路径位置点。

在弹出对话框之后，在“平移”栏中，沿着X轴正方向，将步长改为“50”，移动至合适位置。

关闭对话框，然后选择第一个路径位置点，点击“事件标签编辑”。

弹出对话框之后，在选中模型中分别选择“资源树”中“左两轴镗铣单元-换刀机构1”和“左两轴镗铣单元-换刀机构2”，事件类型选择“可见”，点击添加，输出信号为“1”；在选中模型中分别选择“左两轴镗铣单元-JT3”和“机床A-可拿刀”，点击添加，输出信号为“0”。

关闭对话框，微调一下位置，防止发生跳转；点击“播放”按钮，观察模型显隐和位置变化。

左两轴镗铣单元换刀操作和复位操作：选择“左两轴镗铣单元换刀操作”工艺分组，点击“操作树”中的第二个按钮“增加工艺”，选择“新建线性流操作”工艺。

在弹出对话框之后，模型名称选择“资源树”中“左两轴镗铣单元”下的“左两轴镗铣单元-伸长杆”，工艺名称在原有的工艺名称后添加“复位”，点击“确定”按钮。

选择新建的“左两轴镗铣单元-伸长杆-换刀操作”工艺，在“路径编辑器”中点击“在选中点后面增加一点”按钮，勾选“允许修改”，并选择新建的路径位置点。

在弹出对话框之后，在“旋转”栏中，沿着X轴正方向，将步长改为“90”，旋转至合适位置。

关闭对话框，然后点击“事件标签编辑”。

弹出对话框之后，根据“左两轴镗铣单元-换刀操作”中的显隐操作，在选中模型中分别选择“资源树”中“左两轴镗铣单元-换刀机构1”和“左两轴镗铣单元-换刀机构2”，事件类型选择“可见”，点击添加，输出信号为“0”；在选中模型中分别选择“左两轴镗铣单元-JT3”和“机床A-可拿刀”，点击添加，输出信号为“1”。关闭对话框，点击“播放”按钮，观察是否有误。

选择“左两轴镗铣单元-JT2-换刀”工艺，点击“操作树”中的第四个按钮“克隆选中工艺”。

弹出对话框之后，点击“确定”按钮，将克隆出来的工艺拖拽到“左两轴镗铣单元-伸长杆-复位”下方，并修改名称为“左两轴镗铣单元-JT2-复位”，在路径编辑器下点击“路径倒序”。

点击“播放”按钮，观察模型是否回到原位。

7-4

换刀操作

详细操作请扫描二维码7-4，参见视频。

右两轴镗铣单元换刀操作和复位操作：根据左两轴镗铣单元换刀操作和左两轴镗铣单元复位操作的方法进行操作，因为左右两轴镗铣单元的换刀操作和复位操作是一致的，所以操作方法是一样的。

开门操作：选择“关门”工艺分组，点击“操作树”中的第四个按钮“克隆选中工艺”，弹出对话框后点击“确定”按钮。

点击两下克隆的工艺分组，将名称更改为“加工完成-开门”，并将克隆出来的工艺分组中的两个工艺名称分别修改为“右门-打开-加工完成”“左门-打开-加工完成”。

7-5

换刀操作

点击“右门-打开-加工完成”工艺，在“路径编辑器”下点击“路径倒序”。

同理，点击“左门-打开-加工完成”工艺，在“路径编辑器”下点击“路径倒序”。

详细操作请扫描二维码7-5，参见视频。

7.5　检测工位

7.5.1　工位综述

机器人抓取加工完成的工件，抓取完成后运送到检测工位上的检测滑台，检测滑台运送工件前去检测，检测完成后将工件运送到最初位置，机器人抓取检测完成后的工件，将工件运送到下料工位。

工位布局及设备如图7-45和图7-46所示。

该工位的工艺如下：机器人将加工中心加工完成的零件夹取到检测工位中的检测滑台上，检测滑台将工件运送检测，检测完毕将零件运回最初位置。

该工位的时序表如图7-47所示。

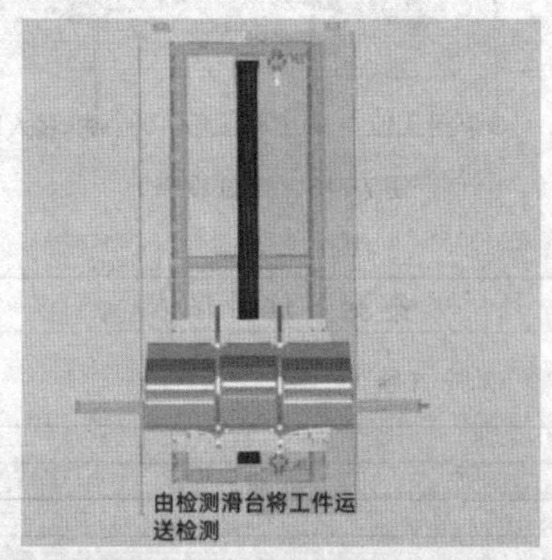

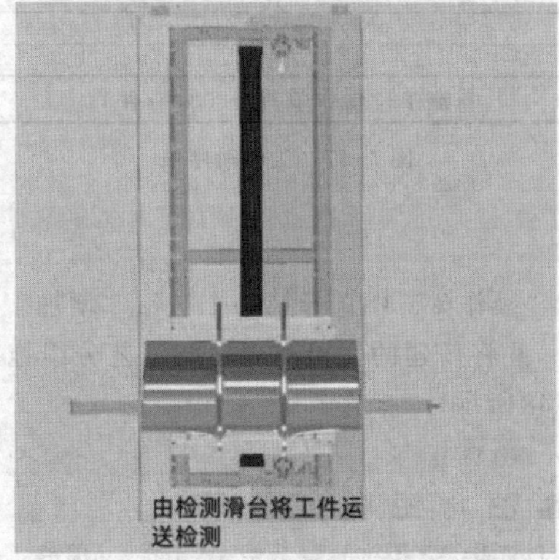

图7-45　工位布局与设备

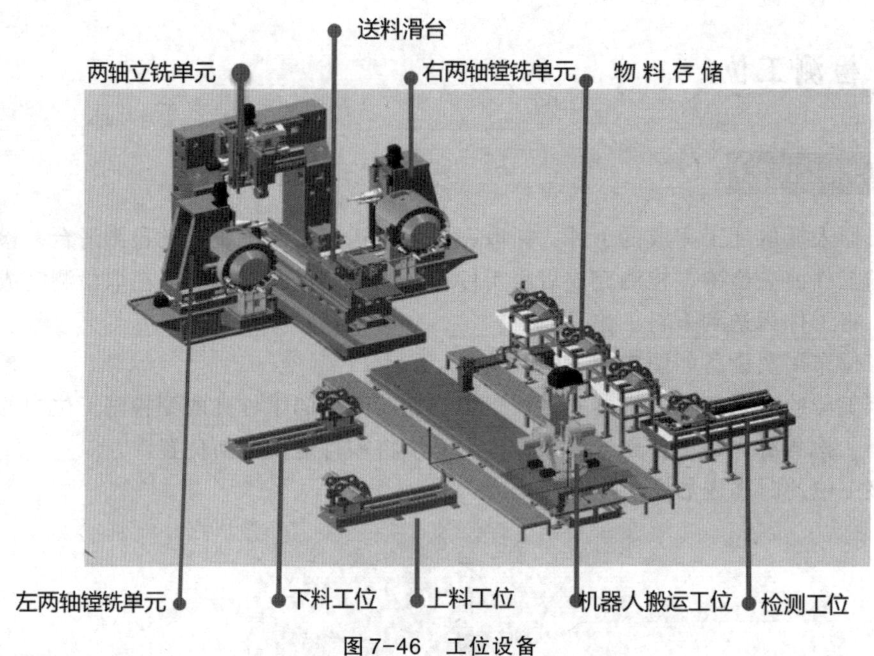

图7-46 工位设备

检测工位时序表		时间（秒）									
序号	工序内容	1	2	3	4	5	6	7	8	9	10
1	检测工位	■	■	■							
	检测滑台-JT1-检测	■									
	检测滑台-JT1-检测回退			■							
检测工位动作节拍：（3秒/件）											

图7-47 工位时序表

7.5.2 操作步骤

检测工位工艺：在“操作树”中选择第一个按钮“增加工艺类型分组”，将节点名称改为“检测工位”，并将新建的“检测工位”工艺分组拖拽到“加工中心工位”工艺分组下方（如图7-48所示）。

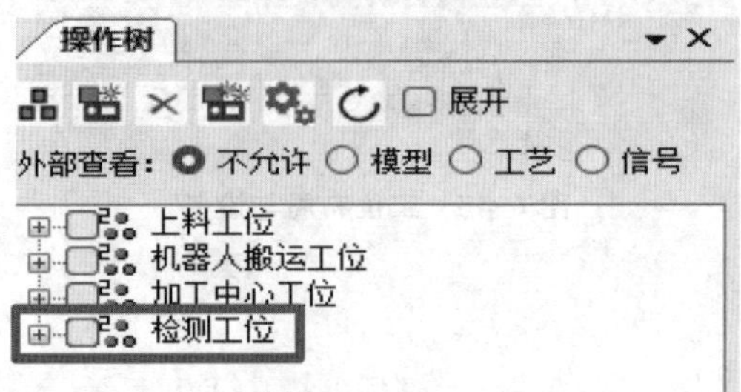

图7-48 操作树

选择“检测工位”工艺分组，点击“操作树”中的第二个按钮“增加工艺”。选择“新建线性流操作”工艺。

弹出对话框之后，模型名称选择“资源树”中，“太原重工-检测滑台-JT1”，将工艺名称改为“检测滑台-JT1-检测”，点击“确定”按钮。

将新建的工艺拖拽到“机器人-检测复位”工艺下方。选择新建的“检测滑台-JT1-检测”工艺，在“路径编辑器”中选择第一个路径位置点，点击“在选中点后面增加一点”按钮，勾选“允许修改”，点击第二个路径位置点（如图7-49所示）。

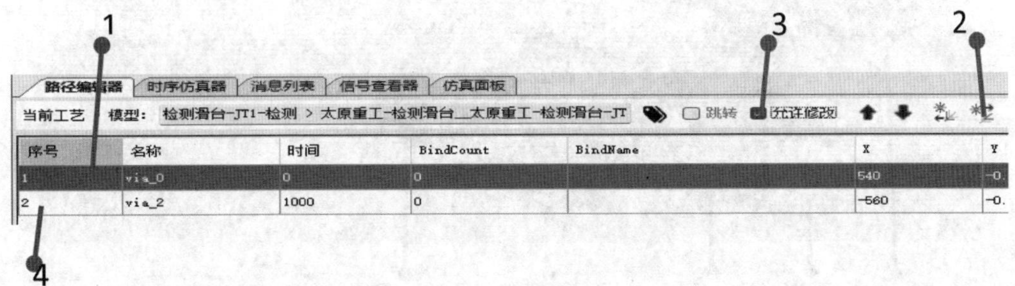

图7-49　路径编辑器

在弹出对话框之后，在“平移”栏中，沿着X轴负方向，将步长改为“100”，修改至合适位置。在弹出对话框之后，在“平移”栏中，沿着X轴负方向，将步长改为“100”，修改至合适位置。

关闭对话框，点击“播放”按钮，送料滑台将会把工艺送至设定位置。然后选择“检测滑台-JT1-检测”工艺，点击“操作树”的第四个按钮“克隆选中工艺”。

弹出对话框之后，点击“确定”按钮，将名称改为“检测滑台-JT1-检测回退”。

选择“检测滑台-JT1-检测回退”工艺，在“路径编辑器”下点击“路径倒序”按钮。点击“播放”按钮，送料滑台将检测完毕的工件送回到最开始的位置。

详细操作请扫描二维码7-6，参见视频。

7-6

检测工位

7.6　下料工位

7.6.1　工位综述

工件放到下料工位之后，通过软件中的“线性流操作”工艺，由下料输送滑台将工件运送下去。

工位整体布局图如图7-50所示。

该工位的工艺：机器人将检测完成的工件放到下料滑台上，下料滑台将检测完成的工件运送下去。

工位设备由送料口滑台装置组成，下料滑台将检测完成的工件由A点运输到B点完成下料操作。

该工位的时序表如图7-51所示。

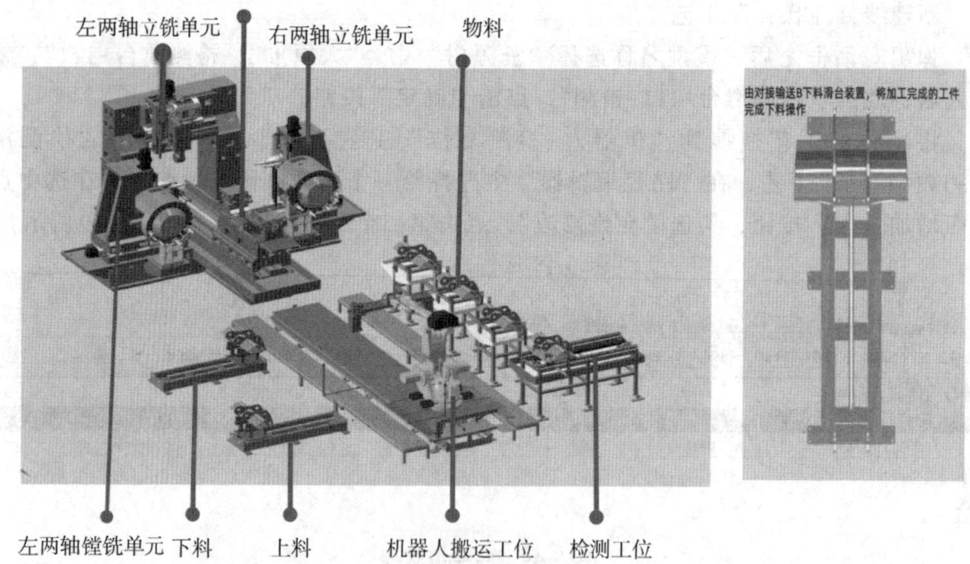

图 7-50　工位整体布局图

下料工位时序表								
序号	工序内容	时间（秒）						
		1	2	3	4	5	6	7
1	下料工位	■						
	对接输送B-JT1-下料	■						
下料工位动作节拍：（1秒/件）								

图 7-51　工位时序表

7.6.2　操作步骤

下料操作：点击“操作树”中的“增加工艺类型分组”按钮，将名称改为“下料工位”。

选择新建的“下料工位”，点击“操作树”中的第二个按钮“增加工艺”（如图 7-52所示）。

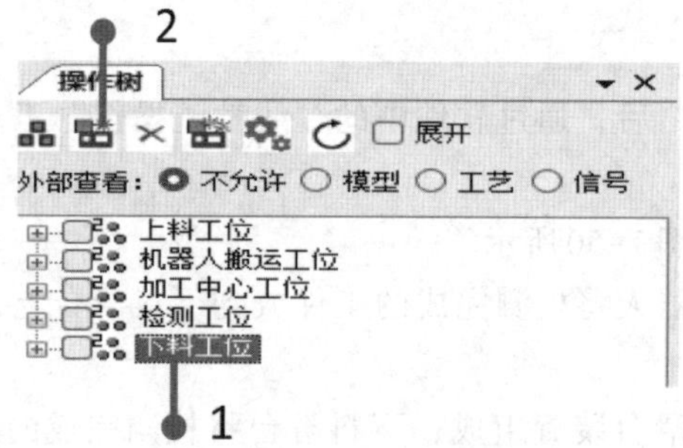

图 7-52　操作树

选择“新建线性流操作”工艺（如图 7-53 所示）。

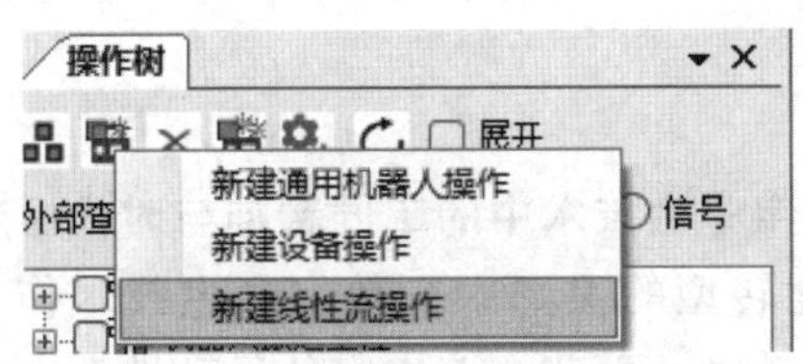

图7-53　新建线性流工艺

弹出对话框之后，模型名称选择“对接输送B-JT1”，将工艺名称改为“对接输送B-JT1-下料”，点击“确定”按钮。

在“操作树”中选择“对接输送B-JT1-下料”工艺，在“路径编辑器”中点击第一个路径位置点，点击“在选中点后面增加一点”按钮，勾选“允许修改”，点击第二个路径位置点。

7-7

下料工位

弹出对话框之后，在“平移”栏中，沿着X轴正方向，将步长改为“100”，移动至合适位置。

关闭对话框，选择第二个路径位置点，点击“事件标签编辑”（如图7-54所示）。详细操作请扫描二维码7-7，参见视频。

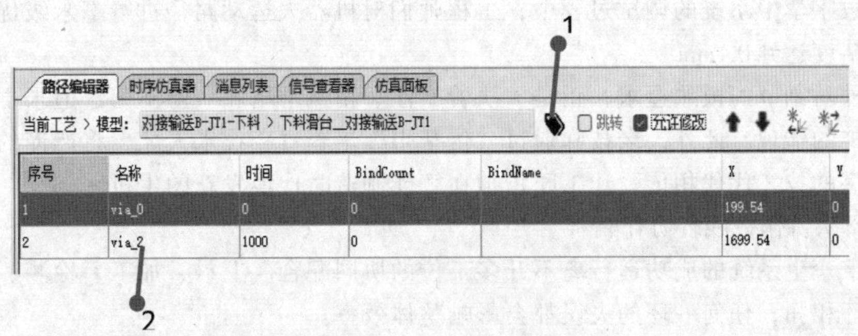

图7-54　路径编辑器

弹出对话框之后，在选中模型中选择“对接输送B-物料”，事件类型选择“可见”，点击添加，输出信号为“0”（如图7-55所示）。

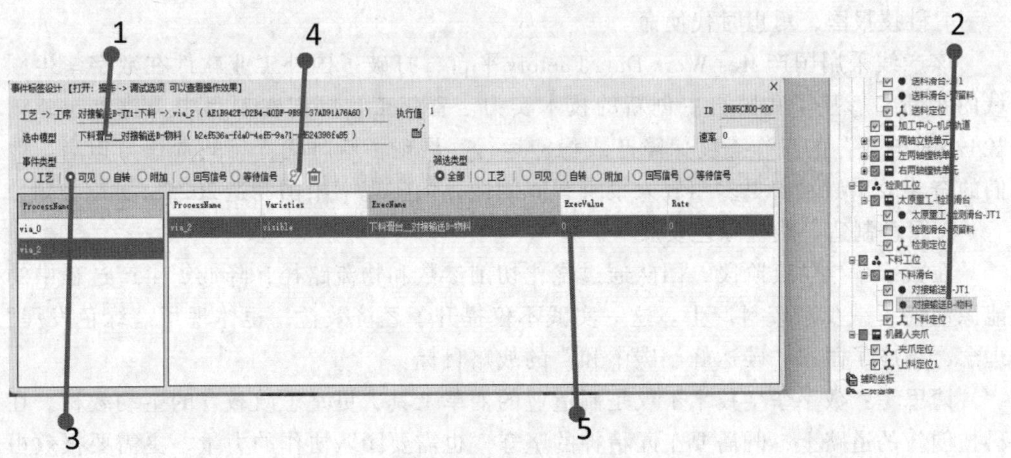

图7-55　事态标签设计

立德树人

数字孪生技术中的工匠精神与时代担当

在智能制造与数字化转型的浪潮中，数字孪生技术作为工业4.0的核心技术之一，不仅推动了制造业的升级，更蕴含着丰富的思政教育内涵。

本案例以太原重工小型挖掘机铲斗连接座产线为例，展现了技术创新背后的工匠精神、团队协作和社会责任，为新时代青年树立了科技报国的榜样。

1.党建引领，创新驱动发展

该产线的数字化改造是在国家“制造强国”战略指引下完成的，党员技术骨干带头攻关，解决了柔性夹具设计、多设备协同控制等关键技术难题。

通过数字孪生技术，团队实现了从传统制造向智能制造的跨越，体现了“把关键核心技术掌握在自己手中”的坚定信念。这一实践生动诠释了“党建+创新”的发展模式，展现了党组织在科技创新中的引领作用。

2.工匠精神，铸就卓越品质

在数字孪生系统的调试过程中，工程师们对机器人运动路径进行毫米级优化，确保加工精度达到0.1mm。

这种对细节的极致追求，正是“执着专注、精益求精、一丝不苟、追求卓越”的工匠精神的体现。此外，老技师通过“传帮带”培养青年技术人才，将严谨的工作态度和精湛的技艺代代相传，让工匠精神在智能制造时代焕发新的生机。

3.团队协作，践行协作精神

数字孪生系统的成功运行离不开多工位的协同配合。上料、加工、检测、下料等环节环环相扣，任何一环的失误都会影响整体效率。

工程师们在仿真调试中不断优化流程，确保各设备无缝衔接。这种高度协同的工作模式，培养了团队成员的集体意识和大局观，体现了“个人服从集体、局部服从整体”的社会主义协作精神。

4.科技报国，勇担时代使命

该产线采用国产Mes Work Data Factory平台，打破了国外工业软件在数字孪生领域的垄断，彰显了我国自主创新的技术实力。青年工程师们在项目中勇挑重担，以“24小时响应”的工作态度保障产线稳定运行，展现了新时代青年的责任与担当。他们的奋斗故事激励着更多年轻人投身智能制造，为实现“中国制造2025”贡献力量。

5.绿色制造，践行绿色发展

在数字孪生仿真阶段，团队通过优化切削参数和物流路径，降低了生产过程中的能源消耗，减少了废料产生。这一实践不仅提升了经济效益，也体现了“绿色发展”理念，响应了国家“碳达峰、碳中和”的战略目标。

请思考：数字孪生技术不仅是制造业的变革工具，更是思政教育的生动教材。在科技创新的道路上，既需要工匠精神的坚守，也需要团队协作的力量，更需要报效祖国的情怀。在智能制造的时代浪潮中，你将如何勇做创新先锋，书写属于自己的奋斗篇章？

第8章

基于FDSIM的数字孪生应用案例

学习目标

了解基于FDSIM的仿真案例，加深对FDSIM平台功能的理解。

基于案例架构和技术实现方式，理解仿真及数字孪生技术的应用过程。

根据案例的实施效果，理解数字孪生与智能制造的未来发展方向。

本章思维导图

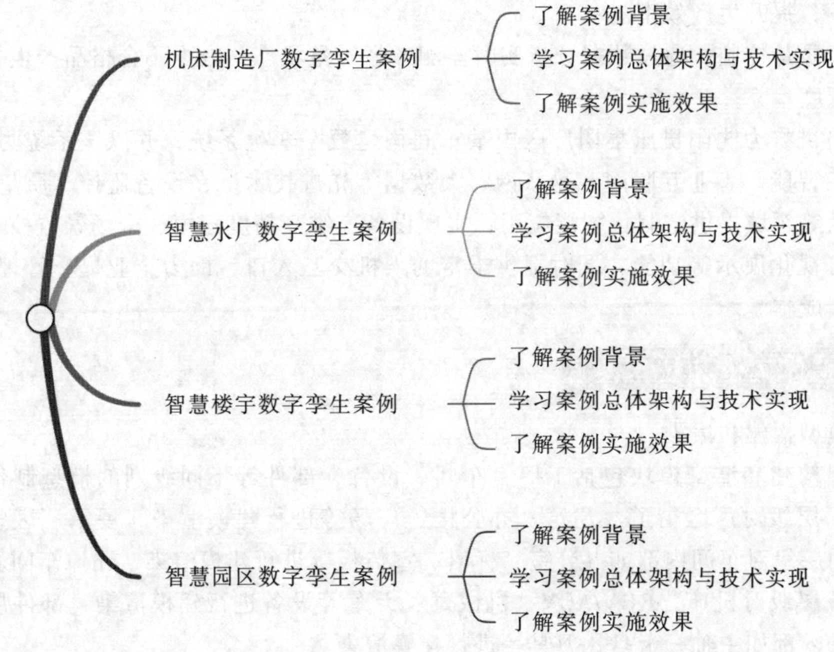

本章将介绍使用FDSIM平台完成的相关案例，并展示其技术实现方式和案例实现结果。

8.1　机床制造厂数字孪生案例

8.1.1　案例背景

随着工业4.0和智能制造的快速发展，数字孪生技术作为连接物理世界与数字世界的重要桥梁，日益受到关注。数字孪生是指通过数字化手段对物理实体及其动态行为进行实时映射与分析的技术。对于机床制造车间而言，数字孪生系统能够实现对设备状态、生产流程、质量控制等的全面监控与优化。

机床制造行业面临着复杂的生产环境、设备维护难题，以及对生产效率和产品质量的高要求。传统制造流程往往依赖经验和定期检查，缺乏实时数据支持，容易造成资源浪费和生产停滞。通过引入数字孪生技术，企业能够对生产设备和过程进行实时监控，及时发现并解决潜在问题，进而提高生产效率、降低成本。

数字孪生系统的实施将为机床制造车间带来以下优势：

（1）实时监控。借助传感器与物联网技术，实时采集设备状态及生产数据，实现对生产过程的全方位监控。

（2）预测维护。通过数据分析提前识别设备潜在故障，优化维护计划，减少非计划停机时间。

（3）优化生产流程。利用数字模型模拟不同生产场景，探寻最优生产流程与资源配置方案，提升生产效率。

（4）质量控制。通过数据分析实时监测产品质量状态，减少不合格品产生，提高客户满意度。

本项目将为沈阳机床集团厂区内某车间构建数字孪生系统，并以该系统为载体，融合人工智能、工业互联网、物联网、大数据等先进技术，在设备监控、质量管控、企业展示等领域提供定制化智能应用，实现设备三维高精度建模、全场景监控、生产大数据可视化展示等功能，同时提供丰富的人机交互入口，助力企业提升管理效率、降低生产成本。

8.1.2 总体架构和技术实现

1. 模型构建和渲染

模型构建和渲染模块包括工厂、车间、设备、部件等不同级别的模型制作和渲染。工厂层级对厂区街道、建筑、办公楼、广场等进行建模渲染，展示厂区整体效果。车间层级对车间内部如办公室、标语、宣传板等进行建模渲染，还原车间真实情况。设备层级对机床、RGV/AGV、机械臂、天车等设备进行建模渲染，部件层级对机床设备内部如主轴、卡盘、刀具等进行建模渲染。

2. 设备数据映射

设备数据映射分为机床数据映射、辅机数据映射和其他设备动画三类。机床接入生产数据，实现数字孪生网格模型与逻辑模型同现实设备的同步运行。辅机设备如RGV/AGV、机械臂等，同样接入现场实时数据，实现虚实同步映射。对于无法提供实时运行数据的其他设备，数字孪生系统通过添加运行仿真动画及虚拟信号的方式，实现与机床、辅机等设备的虚实联动。

数字孪生系统内置世界坐标系、父坐标系及自身坐标系三种坐标体系，可实现三者间的相互转换；同时搭载多轴联动算法，能便捷完成三轴、五轴、多轴等联动仿真，适配常见机床类型。基于机床的实时数据与业务数据，系统可在三维环境中精准映射设备各运动实体、运动部件的平移、旋转、缩放等动态变化。本数字孪生系统的架构如图8-1所示。

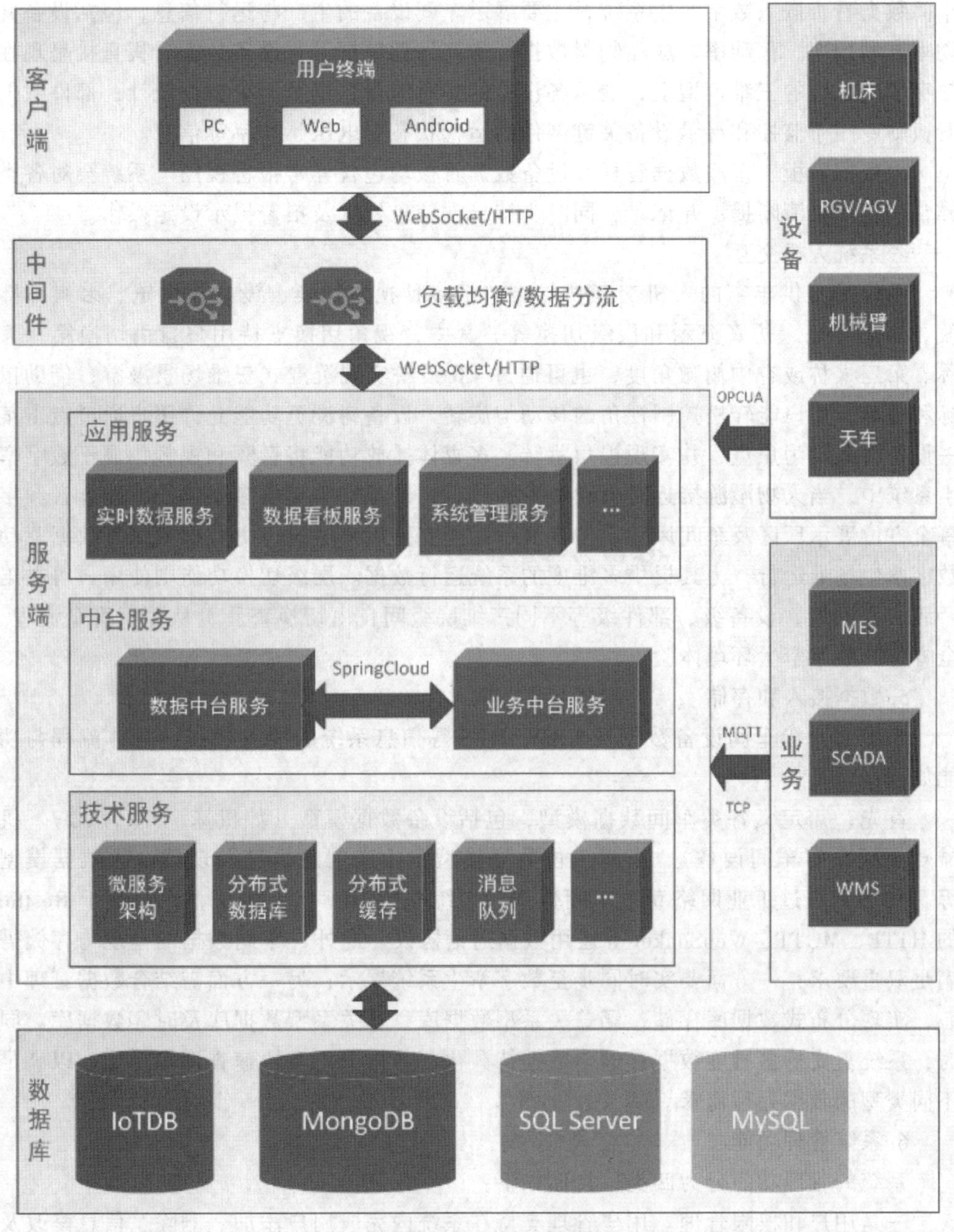

图8-1　系统架构图

3. 数据展示看板

数据展示看板分为两类四种样式，即大数据看板、车间数据看板、设备数据看板和部件数据看板。这些看板通过各类定制图表（包括但不限于热力图、甘特图、折线图、柱状图、饼图等）实现数据可视化，包含至少8种图表类型，且图表数量不少于 20 个。

大数据看板用于展示车间全局生产数据，如设备信息、统计数据、质检数据等；车间数据看板嵌入数字孪生系统，主要展示车间设备的生产与运行信息，包括设备开动率、利用率、稼动率、成品物料数据、生产计划数据等；设备数据看板直接呈现在数字孪生系统的三维模型上，展示各设备的实时运行数据及历史数据统计；部件数据看板则专注于监控和展示设备关键部件的运行状态、电压、功率等信息。

大数据看板、车间数据看板和设备数据看板均包含异常报警视图。系统会对各类异常信息提供清晰提示并记录，同时支持异常信息处理及报警提示设定操作。

4. 系统人机交互

系统需提供丰富的人机交互功能，包括多种视角切换、设备树浏览、多媒体播放、自动导览、仿真演示和层级切换等。其中，视角切换支持用户自由切换第一人称、第三人称或空中俯瞰角度，也可通过 VR 设备实现沉浸式三维场景漫游；借助鼠标和键盘，用户能轻松控制视角的移动与旋转。设备树浏览功能允许用户通过点击某一设备将其设为焦点，并实现视角跳转。多媒体播放功能将音频和视频集成于数字孪生系统中，当人物漫游接近时自动触发播放。自动导览需提供多条路线，配合音频字幕全方位展示厂区及车间风貌。仿真演示功能支持用户通过历史数据或仿真数据驱动数字孪生场景运行，为其提供多维度的系统运行数据。层级切换功能则使用户可在工厂级、车间级、设备级、部件级等不同三维层级间自由切换查看，从而获得全流程、全方位的数字孪生环境体验。

5. 数据接入和存储

系统需对接车间设备数据及 ERP、MES 等信息系统的业务数据，具体流程与功能如下：

首先，需定义各类车间数据模型，包括设备数据模型（如机床、RGV/AGV、机械臂、天车等车间设备）、车间工位数据模型、生产信息模型及现场视频数据模型等。其次，通过工业网络获取车间数据，系统支持 OPC-UA 协议，以及基于 Restful 的 HTTP、MQTT、WebSocket 等通用数据通信协议。此外，车间数据的呈现与存储需满足双重要求：一方面要实时同步至数字孪生系统展示；另一方面需结合数据管理中心，实现分布式数据库存储，涵盖关系型数据库、非关系型数据库及时序数据库。同时，系统需支持多维度数据存储、数据持久化、数据分析及快速查询等功能，以满足不同类型的数据处理需求。

6. 系统管理功能

系统的管理功能分为四类，具体如下：

一是用户和权限管理。用户管理支持在系统内完成用户添加、删除、信息修改及密码重置等操作；权限管理通过为不同用户分配相应权限组实现权限管控，同时系统配备超级管理员账号，可对系统内所有数据和权限进行全面管理。

二是数据管理。涵盖设备静态数据、动态数据、运行数据、产线生产数据及异常数据等的综合管理，实现对各类数据的系统化管控。

三是日志管理。能够记录并管理用户登录、导览及其他操作的日志信息，同时提供检索功能，便于快速查找所需内容。

四是数据备份与恢复。负责备份数字孪生系统的关键数据（包括设备静态数据、用户信息数据、用户权限数据、日志数据等），并可依据备份文件完成指定日期的数据恢复。备份文件采用安全加密方式，系统同步提供配套的加解密功能。

8.1.3 实施效果与分析

依托国产化数字孪生开发系统，借助软件工具化功能开发网页版车间数字孪生系统；同时基于主流的 Unreal（虚幻引擎）三维引擎，打造可在本地客户端运行的车间数字孪生系统。

该数字孪生系统软件综合运用虚拟仿真技术与工业大数据等技术，实现车间三维虚拟透视，既包含模型虚拟映射，也整合信息化看板与现场实时监控视频。系统具备车间多种设备设施快速查询定位、生产安全相关数据实时汇集展现等功能，可为生产设备效率优化提供可视化方案，助力提升车间整体管理水平，同时为今后数字孪生技术的升级与推广奠定基础。

8.2 智慧水厂数字孪生案例

8.2.1 案例背景

明光市城东工业水厂设计规模为10万立方米 / 日，分两期建设，其中一期工程为5万立方米/日。2021年1月18日，明诚供水集团城东工业水厂开工建设，建设内容主要包括取水浮船、输水管道、净水厂区、滤池、沉淀池、污泥浓缩池、综合楼、泵房、加氯间、加药间等20个单体构筑物。

水厂采用出水水质好、运行稳定、维护量少、应用广泛且运行经验成熟的净水工艺：取水浮船（源水）— 折板絮凝平流沉淀池（沉淀）—V 型滤池（过滤）— 清水池（消毒）— 二级泵房（加压）— 供水管网 — 用户。

城东工业水厂建成投产后，将极大满足明光市集中化工区、产城新区、绿色涂料产业园、苏巷镇及女山湖镇的经济发展供水需求，进一步优化明光市水厂布局及供水输配调度，推进城乡供水一体化建设。

在城东工业水厂的建设过程中，不仅注重实体设施的完善，还特别关注智能化管理系统的引入与应用。基于智能化信息运管平台，在数字化空间中对水厂设备进行物理投射，搭建水厂三维监控场景，融合三维仿真、数据交互、运行模拟、仿真控制等要素，实现对真实水厂的数字映射。

智能水厂是利用数字孪生技术构建的现代化水务管理系统，通过集成多种先进技术，实现对水厂全生命周期的智能化管理。该系统不仅提高了水厂的运行效率和管理效果，还为水务行业的数字化转型提供了有力支持。

8.2.2 总体架构和技术实现

智能水厂利用数字孪生技术构建的总体架构是一个复杂而精细的系统，它通过集成多种先进技术，实现对水厂全生命周期的智能化管理。水厂数字孪生系统框架如图8-2所示，以下是对该总体架构的详细介绍：

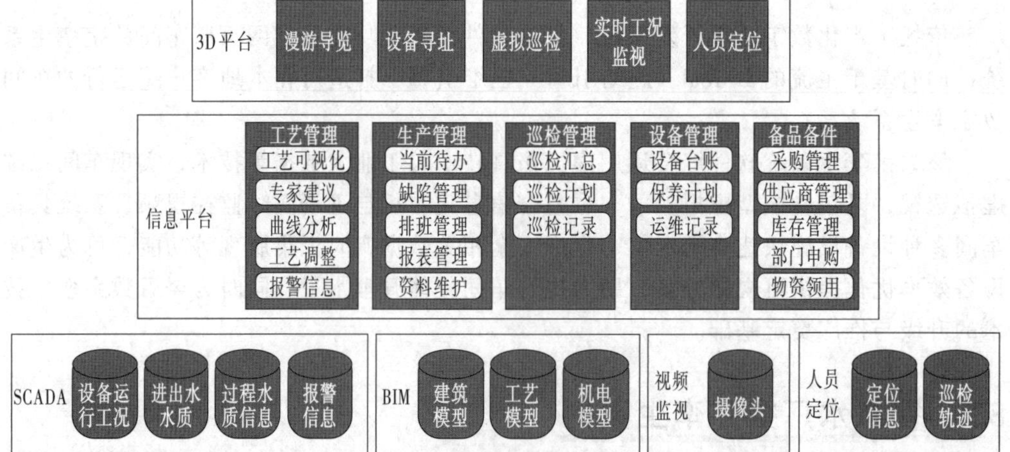

图8-2 水厂数字孪生系统框架

1.基础层

基础层具备采集感知与反馈控制两类核心功能，是数字孪生闭环优化的起始与终止环节。其中，采集感知通过深层次数据采集，获取物理对象的全方位信息；反馈控制则依托高质量的执行机制，完成物理对象的最终操作指令落地。

2.平台层

具备数据互联、信息互通、模型互操作三类功能，且数据、信息、模型三者可实现实时融合。数据互联是指通过工业通信技术，实现物理对象全生命周期数据（包括市场数据、研发数据、生产数据、运营数据等）的集成；信息互通是指利用数据字典、元数据描述等工具，构建统一信息模型，实现对物理对象信息的标准化描述；模型互操作是指借助多模型融合技术，将几何模型、仿真模型、业务模型、数据模型等多类模型进行关联与集成融合。

3.应用层

在连接层和映射层的基础上，通过综合决策实现描述、诊断、预测、处置等不同深度的应用，并将最终决策指令反馈给物理对象，支撑形成闭环控制。全生命周期实时映射、综合决策、闭环优化是数字孪生技术的核心应用特点。

智能水厂利用数字孪生技术构建的总体架构是一个多层次、多维度的系统，它通过集成多种先进技术，实现对水厂全生命周期的智能化管理。这一架构不仅提升了水厂的运行效率与管理效能，还为水务行业的数字化转型提供了有力支撑。

平台将SCADA实时监控数据、BIM数字模型数据、视频监视信息、人员定位巡检数据等底层数据与信息平台相融合，在3D平台层面实现应用展示与操作交互。信息平台与 3D 平台进行数据共享及操作互补：信息平台提供完整的历史数据存储、可靠的专家预测判断及完善的运维管理功能；3D 平台则呈现 2D 图纸及文字数据无法展现的空间信息，在操作体验与视觉效果上实现升级，为用户提供全方位的智能运维支持。

通过本次项目建设，将提升水厂日常运维管理能力，强化水厂问题诊断分析水平。借助信息化手段提高水厂日常运营管理效能，实现标准化、规范化、现代化管理，推动水厂运营管理降本增效，同时加强新技术在水厂的试点应用。

一体化综合管控平台对厂、网实施统一监管，通过联动交互机制有机融合生产、人员、资产等要素，实现厂、网全流程、全闭环管理，有效提升整体管控水平。采用 UE4 引擎搭建仿真环境：先对三维软件构建的模型进行前期处理与渲染，再在 UE4 中搭建主要管网及设备的 1∶1 虚拟环境。

8.2.3 实施效果与分析

智能水厂利用数字孪生技术构建了一套现代化的水务管理系统，通过集成多种先进技术，实现了对水厂全生命周期的智能化管理。该系统不仅提升了水厂的运行效率与管理效能，还为水务行业的数字化转型提供了有力支持。以下是对智能水厂实施效果的介绍：

1. 支持多种 3D 模式操作

（1）鸟瞰模式

支持通过键盘及鼠标对 3D 场景进行缩放、移动、旋转等常规操作。

（2）自由漫游模式

用户可通过键盘和鼠标操作，以第一人称视角在场景中自由漫游，还能进入详细建模的工艺段及构筑物进行虚拟巡检。该模式具备自动碰撞检测功能，可防止漫游过程中出现穿墙、掉落等误操作。

（3）漫游动画

按预设路径进行自动导览，配合字幕和语音讲解厂区重点工艺段。

（4）工艺段选择

用户可直接选择详细工艺段并跳转至对应场景。

2. 设备树

厂区内的关键设备按树形目录分层展示：一级为区域名称，二级为区域内的设备名称。点击设备名称时，3D 场景会自动寻址至该设备，即视角镜头直接切换为设备特写，并在小地图中标注其在厂区平面图上的地理位置。

点击上层名称可高亮显示该层级下的所有设备，依托树形菜单的预设分类，可实现多种设备的过滤筛选。用户能根据需求选择关注的数据内容进行查看与操作，也为其他模块在 3D 模式下的数据展示及操作提供便利。设备树搜索栏支持内容模糊查询，可帮助用户快速定位所需设备。

3. 小地图

用于在全厂俯视图上定位当前焦点所在位置。适用场景：自由漫游、设备寻址、人员巡检、设备故障报警（故障报警用小地图的形式提示，快速定位）。

4. 设备动画

（1）核心工艺段展示

以核心工艺段为目标，通过系统数据接口获取数据后，展示该工艺段的运行情况，主要包含风机、水泵、阀门、水流、液面等内容。

（2）设备动画

针对核心工艺段内的重点设备制作运行动画：根据获取的现场设备运行状态，对设备的运行、停止、故障等状态进行相应的动画展示，同时展示设备运行参数的看板。

5. 设备3D交互

在3D场景中，每个设备上方均设有设备卡片，卡片显示的数据根据设备的属性内容确定。用户在鸟瞰模式和自由漫游模式下操作时，靠近设备会弹出设备卡片；远离设备时，设备卡片则自动隐藏。

6. 摄像头

通过视频流将摄像头接入3D场景，用户可自定义查看不同位置摄像头的实时监控画面。

7. 人员定位

通过厂区定位机制获取人员位置坐标，将坐标信息转换至3D场景并生成对应虚拟人物，实现场景中人员的实时定位，且用特定标签区分不同类型工作人员（如管理人员、技术工程师、普通员工等）。

8. 人员轨迹回放

用户可自定义查看员工在厂区的巡检历史轨迹。场景中执行的轨迹回放任务以巡检人员为主体，采用第三人称视角，按绘制完成的巡检轨迹进行事件回放。

9.VR 漫游

虚拟系统通过数据采集与获取，与真实车间的工艺段、设备、产线等建立数据连接，操作人员佩戴VR眼镜可在虚拟系统中进行巡检操作，具体功能如下：

（1）在虚拟系统中具备自由行走、自由视角观看、点击设备等功能。

（2）巡检靠近设备时，系统会自动检测并弹出范围内设备的运行工况窗口，离开时窗口自动关闭。

10. 管道阀门

（1）对管道种类进行分类，每种管道可单独高亮显示。

（2）针对每段管道，通过鼠标点击或悬浮可查看管道的流向、压力、流速等参数。

（3）阀门根据自身状态显示开关及开度情况。

11. 电子围栏

（1）在3D场景中，用户可自定义查看各区域的安全等级。

（2）在自由漫游和VR巡检过程中，若闯入危险区域，3D场景会触发危险报警。

8.3 智慧楼宇数字孪生案例

8.3.1 案例背景

长三角一体化绿色科技示范楼，由上海建工集团设计、建设，楼宇得名于其与上海市国资委合作的课题项目“能碳双控的零碳建造关键技术研究”（上海市2022年科技创新行动计划——民用楼宇全寿命周期能碳双控关键技术研究及示范）。该楼宇在规划设计之初即融入探索碳中和楼宇的目标，综合运用光伏发电、节能幕墙、地源热泵、智慧照明、雨水花园等技术和管理模式，实现楼宇运营近零碳排放，获得中国绿色楼宇三星、中国健康楼宇三星、中国近零能耗楼宇、美国LEED铂金级楼宇、美国WELL铂金级楼宇、英国BREEAM杰出等级楼宇等资质和荣誉，是上海市目前单体面积最大的近零能耗楼宇。

智慧楼宇运维平台运用数字孪生、物联网、大数据、人工智能等技术，对楼内机电系统等进行智能诊断、智能调度、可视化运维，最大限度减少运维过程中的碳排放、能源消耗及对环境的污染，对楼宇设施设备进行全方位管理，使楼宇成为具有自我管理能力的数字孪生体。

8.3.2 总体架构和技术实现

运维平台需具备对楼宇内各智能化子系统的信息集成功能，该集成满足以下三个层次：

1. 信息汇总。将各应用系统的数据采集并汇总，使原本分散、孤立的信息可在同一界面浏览或监控；

2. 信息共享。在信息汇总基础上，将相关数据沉淀至集中数据库，便于各系统调用数据。

3. 信息互动。实现子系统间的联动。

平台的功能模块包括能效管理、环境管理、机电设备管理、安防管理、消防管理、办公管理、物业管理等。

智慧楼宇运维平台的技术实现要求：采用分层面向用户的开放式、标准化、模块化结构软件，便于系统功能扩充和更新，具备较强容错能力及较短响应时间。运维平台可根据系统运行和管理要求配置，能方便、灵活地增减应用软件功能，且这些调整无需改变硬件配置。

应用软件不受监控点数限制，系统扩容时无需重构或新增软件。运维平台具备集成各应用系统的能力，可通过多种接口连接各应用系统，采用“规约适配器”方式传输数据，实现最大程度的设备无关性。同时，需实现楼宇内各种网络管理，具备强大的信息处理能力。

实现楼宇内各应用系统的集中监控和管理，建立智能化系统数据库。配置集中数据库，存放实时数据和历史数据。运维平台能够通过图形反映各子系统工程各层次、区域、房间的概貌及设备监测和控制点的工作状态，图形界面直观形象。对全局事件进行综合处理，实现全面自动化和智能化管理。

增强对突发事件的响应能力，更有效地进行全局信息和控制管理。运维平台及各应用系统需具备安全措施，加强登录控制和操作员身份认证。为防止非授权人员非法入侵，需设定操作人员姓名、级别和口令。运维平台必须是可靠性和容错性高的系统，确保在出现意外故障及其他突发事件时，仍能正常运行。

8.3.3 实施效果与分析

智能楼宇数字孪生技术正成为提升楼宇运维效率和可持续性的重要工具。通过高度集成的数字孪生模型，楼宇管理者能够实现对楼宇全生命周期的高效管理和优化。下面将详细介绍智能楼宇数字孪生技术的实施效果，展示其在可视化功能、能效管理、环境监测、机电设备管理以及安防与消防管理等多个方面的应用成果。

1.可视化功能

运维平台具备运维可视化功能及对外展示功能。运维大屏部署于绿建楼地下一层弱电机房，用于实现运维可视化功能。该功能基于既有BIM模型进行二次开发，涵盖主体楼宇、楼宇墙面模型，涉及房间不少于60间、设备建模不少于150个。接入运维平台的子系统可通过此功能实现3D空间展现，融合各子系统的实时运行数据、各类分散信息数据，以及楼宇基本信息和能源、设施设备、安防等实时使用信息。通过将BIM的静态属性与需集成的各子系统动态属性相结合，进一步提升平台应用效能。

为满足绿建楼相关绿建数据及亮点功能的对外展示与宣传需求，本项目单独搭建一套对外展示系统，并在绿建楼一层报告厅配置展示大屏。对外展示系统需单独配置数据库和标准接口，与运维平台数据库实现数据交互，其所需底层数据均源自运维平台数据库。

2.能效管理模块

该模块可对楼宇内各项用能进行分项计量和分析展示，包括用水量、用电量、用气量等，具备楼宇能耗分项计量、趋势分析及能耗异常诊断功能。

3.环境管理模块

该模块具备以下功能：

（1）零甲醛监测：根据“5个零”中“零甲醛”目标及技术要求，对绿建楼内甲醛浓度进行持续监测、计算、评估并实时发布。

（2）零碳监测：根据“5个零”中“零碳”目标及技术要求，对绿建楼内二氧化碳浓度进行持续监测、计算、评估并实时发布。

（3）温湿度监测：对绿建楼内温度、湿度进行持续监测并实时发布。

（4）颗粒物监测：对绿建楼内PM2.5、PM10浓度进行持续监测并实时发布。

（5）有害气体监测：对绿建楼内一氧化碳浓度进行持续监测并实时发布。

4.机电设备管理模块

该模块可实现对空调冷热源（机组）群控的监视，涵盖机组运行状态、故障信息、报警信号、手/自动模式等参数；对给水泵、排水泵、污水泵进行全方位监视，内容包括设备启停状态、故障预警、运行参数及水位监测数据等；对中水系统相关设备及仪表实施实时监视，覆盖设备启停控制、故障报警、运行状态及水位监测等信息；对水质监测系统相关设备及仪表进行动态监视，实时展示水质监测结果；同时对光伏供电系统、空调系统、电梯系统、变配电系统等关键设施的运行状态进行集中监视。

5.安防与消防管理模块

安防管理模块支持实时切换调用视频监控画面，可自动弹出报警信息并同步记录相关数据；消防管理模块能够对火灾报警信号进行实时接收与可视化展示，确保报警信息及时呈现。

8.4 智慧园区数字孪生案例

8.4.1 案例背景

构建某乳业生产基地园区数字孪生系统，借助三维可视化技术，实现对园区生产、安环、办公、生活、能耗、报警联动等方面的综合监控。某乳业信息化项目作为5G+MEC+云服务从云网协同迈向云网融合的典型案例，成功打通园区内网络资源、计算资源、企业管理系统等横向能力。

该项目以IT、OT、CT三者深度融合为主轴，将生产制造端的实体场景与物联网、5G、大数据、云计算及人机交互技术等构成的虚拟技术体系深度整合，完成数据格式标准化清洗与垂直应用场景横向贯通，再通过创新应用与制造控制系统的深度耦合，推动乳业制造行业突破传统模式下的技术瓶颈，向智能化、智慧化转型升级。

围绕园区重点关注的运营效率、精细管理等领域的实际需求，在筑牢数据安全与管理安全防线的前提下，系统穿透园区规划建设、日常运行、综合管理的全流程应用场景，实现跨场景协同创新与集成智慧调度，提升园区自主协同能力，持续优化园区运营管理的综合效益。

8.4.2 总体架构和技术实现

某乳业工厂数字孪生的总体架构是一个复杂且多层次的系统，涵盖从实体工厂到虚拟模型、再到服务系统的全方位集成。总体架构可分为以下几部分：

智能实体工厂：指实际存在的工厂实体，包含车间、生产线、在制品、产品、人员等核心要素。实体工厂需配备标准化数字接口，能实时采集各类运行数据并上传至数字孪生体，同时具备智能化执行功能，可接收数字孪生体发送的控制指令以实现优化运行。

1.工厂数字孪生体。由虚拟工厂和数字孪生引擎构成。虚拟工厂涵盖工厂相关的各类数字模型及信息系统，既包括产品数字模型、管理模型等工厂运行必需的核心模型，也包含环境控制、能源管理、安全防护等智能工厂监控所需的辅助模型。数字孪生引擎作为连接物理工厂与虚拟工厂的核心软件平台，承担数据融合与模型融合的关键职责，通过自组织、自调节、自更新、自优化等功能，实现工厂运行管控的实时可视化监控，并完成对产品数字孪生体的动态更新迭代。

2.孪生服务系统。基于数字孪生引擎搭建的服务系统，具备供应链协同管理、生产设计优化等核心功能。这些服务以系统标准化外在功能接口的形式对外发布，支持各类定制化应用的开发与稳定运行，深度融入工厂管理系统，为工厂管理的智能化升级提供核心驱动能力。

3.技术支撑层。涵盖云计算、大数据、物联网、人工智能等前沿先进技术，构建起全链路技术保障体系，为数字孪生系统的数据实时采集、安全存储、深度分析及场景化应用提供强有力的技术支撑。

4.系统集成与规划。各功能模块通过统一的数据交换平台和标准化接口实现无缝集成，达成全要素数据共享与全流程业务协同。同时，借助云计算、大数据、物联网等先进技术，实现对工厂运营状态的实时监控、优化决策及预测性分析，全面提升工厂智能化管理水平。

5.工业大数据平台与MES系统。工业大数据架构是数字化智能工厂实现数据驱动决策的核心载体，通过构建数据采集、存储、分析、应用的全流程闭环体系，深入挖掘工厂运营数据的潜在价值，为精准决策提供科学支撑。MES（制造执行系统）是数字化智能工厂实现生产现场精细化管理的核心系统，通过系统化规划部署，实现对生产计划、调度指令、执行过程等关键环节的实时监控与动态管理，有效提升生产效率与产品质量稳定性。

综上所述，某乳业工厂的数字孪生总体架构是一个高度集成的智能化系统框架，通过深度融合物理工厂与虚拟模型，实现对工厂生产全过程的实时监控、优化决策及智能管理。这一架构不仅能显著提高了工厂的生产效率和产品质量，更为企业数字化转型提供了坚实有力的支撑。

本次项目采用UE4虚幻引擎进行开发制作。UE（Unreal Engine）是目前全球授权范围最广的顶尖游戏引擎之一，占据全球商用游戏引擎80%的市场份额。自1998年问世以来，虚幻引擎历经持续迭代发展，已成为游戏制作领域应用最广泛的集成工具之一。它构建了一套覆盖游戏开发、模拟场景搭建、可视化内容创作等多个维度的完备技术体系，为创作者提供从创意构思到落地实现的全方位解决方案，有效赋能数字内容创作行业，推动游戏及相关领域不断突破创新边界。

8.4.3 实施效果与分析

工厂引入了先进的数字孪生技术，为乳制品生产带来了革命性的变化。通过这项前沿技术，工厂不仅实现了生产过程的全面监控和管理，还显著提升了生产效率、增强了运营安全性，并优化了资源配置方案。数字孪生技术的应用使得管理层能够实时获取生产线上各个环节的数据，从而做出更加精准的决策。这里将详细介绍人机交互、实时信息可视化和智能预警系统在工厂的实施效果，展示这些技术如何帮助企业实现高效运营和可持续发展。

1. 人机交互

（1）鸟瞰模式

鸟瞰模式是智慧园区的初始功能模块，用户可通过鼠标对整个界面进行旋转、平移和缩放（鼠标左键、右键点击、滚轮分别用于场景的旋转、平移和缩放）。这一功能使用户能够快速熟悉厂区的整体生产布局，进而提升工作效率。

（2）自由漫游

可手动操作进入生产区域，查看设备的实时生产状态数据（包括罐体的液位、压力、温度，灌装机的当前运行参数等）；还能执行虚拟巡检流程（传统模式中，安全人员需到每台设备前查看运行状态值，现有模式可通过虚拟场景快速调取设备主要参数，且能依次查看多台设备，大幅节省了巡检时间）。

（3）漫游动画

当外来参观人员进行参观时，可通过此功能模块介绍各个工艺的生产流程。

（4）区域定位

对厂区进行科学区域划分，通过悬浮气泡标签对各区域进行精准标注，点击悬浮标签可快速定位到指定区域。

（5）环绕飞行

实现场景围绕当前中心点进行环绕浏览，鼠标点击时自动停止环绕。

2. 实时信息可视化

车间数字孪生系统通过车间、设备的多级动态展示，实现车间实时信息的可视化，涵盖实时采集数据和业务数据。

（1）车间信息可视化

通过三维模型展示车间的内部构成，包括车间设备布局、设备运行状态等；并借助二维和三维信息看板，全面展示车间内部设备的运行状态信息和报警信息等。同时，能够依托实时监控，实现三维虚拟环境与真实影像的融合，全方位呈现车间的实时状况，不仅包含设备运行过程，还涵盖信息系统的业务数据，如生产计划、库存、质量和设备管理信息。

（2）设备信息可视化

通过二维悬浮看板和设备级三维场景中的左右数据看板，展示设备的详细信息，包括设备基础信息、设备加工信息、设备维修信息、设备保养信息、设备各轴动态数据信息、负载和温度等。

（3）视频监控可视化

①摄像头位置标定

摄像头以3D标签形式进行位置标定，采用“按区域划分标定、按区域分类查看”的模式，实现摄像头空间位置与区域归属的精准对应。

②摄像头实时画面调取

点击摄像头3D标签可即时调取实时视频画面，视频内容通过视频流技术实时获取并同步展示。

3.智能预警

当出现多点位同时报警时，数字孪生系统通过不同的报警显示机制逐次呈现报警信息（包括报警定位、弹框提示、语音提示）。

（1）生产预警

生产过程中设备出现故障时，数字孪生场景镜头会快速定位至报警设备，同时屏幕自动弹出详细报警信息，同步触发语音提示功能。

（2）安防预警

当有人员非法闯入危险区域时，数字孪生系统立即启动报警提示，对误闯入区域进行危险标记高亮显示，并通过语音实时播报非法闯入的具体信息。

（3）消防预警

①分区域标定消防设施的位置，涵盖烟感报警器、温感报警器、手动火灾报警按钮、声光报警器、防火卷帘门、挡烟垂壁、排烟风机、火灾报警控制器、气体探头、高位水箱、消防水池、消防泵控制柜等设备。

②在数字孪生系统中可分区域查看消防设施设备的运行状态，当出现报警或异常情况时，系统会触发语音提示或屏幕弹窗提示；对配置摄像头的区域，还会自动调取对应位置的摄像头实时画面。

4.虚拟周界

预设特殊区域及厂界围栏，通过粒子特效完成区域标定，不同颜色对应不同安全等级。当人员误闯入危险区域时，数字孪生场景会立即触发报警提示。

人机交互功能帮助操作人员更直观地掌握和管理生产过程；实时信息可视化通过全面展示车间及设备状态，为管理层决策提供有力支撑；智能预警系统则筑牢生产过程的安全防线，保障运行稳定性。这些技术的协同应用，不仅切实提升了工厂的生产效率与产品质量，更为企业的长远发展夯实了基础。随着技术的持续迭代与应用场景的不断深化，工厂将在数字化转型进程中持续突破，引领行业创新发展方向。

立德树人

学用相长，走向未来

某数字孪生相关企业在发展过程中，曾面临学习与实践层面的挑战。数字孪生作为先进制造业的重要组成部分，与各项生产实践工作紧密关联。在推进项目时，企业遇到了项目涉及领域广泛、对相关专业知识理解要求高的难题。为解决这些问题，项目组成员积极组织学习，从书籍、各类阅读资料及视频中系统性汲取项目所涉行业的相关知识。当书本中的知识在实践中遇到瓶颈时，成员们主动寻找机会，前往工厂、展会向从业者请教，还在一定程度上参与实践过程，以此验证所学理论知识，提升项目的仿真精度。遇到更为艰深的知识时，企业也积极联系专家，共同攻克难题。

项目组的学习成果被应用于项目搭建中。借助项目搭建过程以及对客户反馈的重视，企业在实践中检验了自身的学习成效，同时完善了在数字孪生领域的技术实力。员工在为企业拓展相关垂直领域业务的同时，也提升了自身的工作能力。企业与个人的竞争力在学习与实践中均得到增强。

习近平主席曾说过："学以致用，用以促学，学用相长。"在科技日新月异的今天，无论是科研工作者、学生还是其他群体，都需要将学习与工作实践相结合，不断提升自我，才能跟上时代步伐，迈向未来。

请思考：应该如何学习，才能成为符合时代需求的人才？

第9章 财务风险评估与管理数字孪生案例

学习目标

了解财务风险的定义。

了解财务风险评估与管理的范畴。

了解财务风险的主要类型（市场风险、信用风险、流动性风险、操作风险）及其具体表现。

理解财务风险评估与管理的重要性。

理解财务风险评估与管理数字孪生模型的构建逻辑。

理解风险评估模型的类型与适用场景。

掌握财务风险评估与管理数字孪生模型中数据收集与预处理的具体操作。

掌握财务风险评估与管理数字孪生模型训练与优化的流程。

掌握财务风险评估与管理数字孪生系统的落地实施方法。

本章思维导图

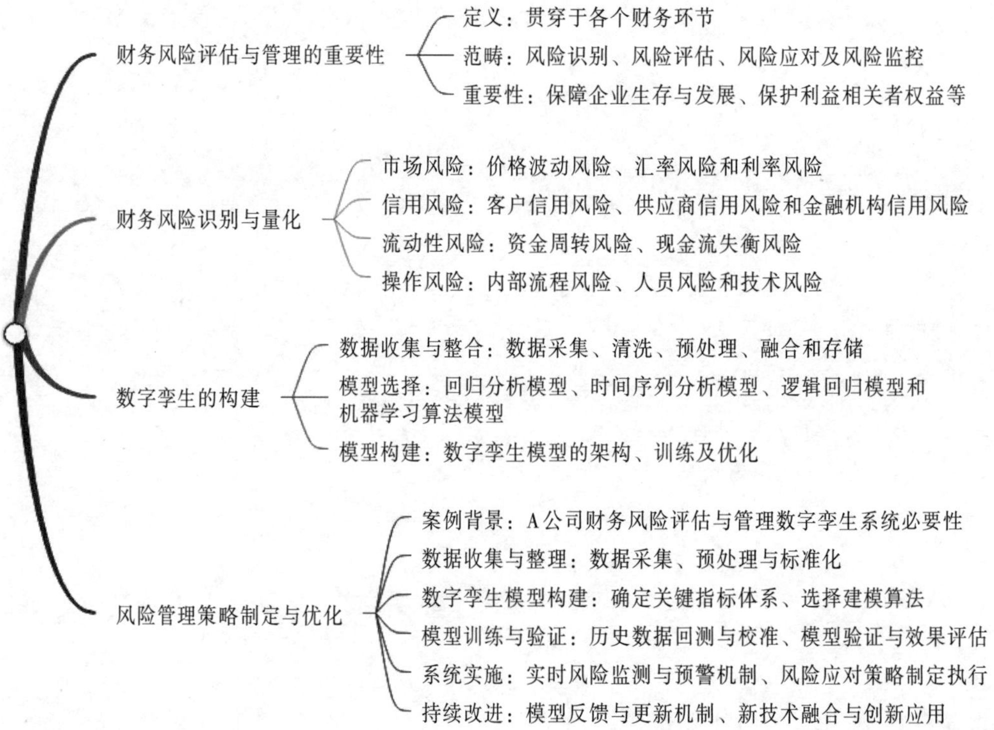

- 财务风险评估与管理的重要性
  - 定义：贯穿于各个财务环节
  - 范畴：风险识别、风险评估、风险应对及风险监控
  - 重要性：保障企业生存与发展、保护利益相关者权益等
- 财务风险识别与量化
  - 市场风险：价格波动风险、汇率风险和利率风险
  - 信用风险：客户信用风险、供应商信用风险和金融机构信用风险
  - 流动性风险：资金周转风险、现金流失衡风险
  - 操作风险：内部流程风险、人员风险和技术风险
- 数字孪生的构建
  - 数据收集与整合：数据采集、清洗、预处理、融合和存储
  - 模型选择：回归分析模型、时间序列分析模型、逻辑回归模型和机器学习算法模型
  - 模型构建：数字孪生模型的架构、训练及优化
- 风险管理策略制定与优化
  - 案例背景：A公司财务风险评估与管理数字孪生系统必要性
  - 数据收集与整理：数据采集、预处理与标准化
  - 数字孪生模型构建：确定关键指标体系、选择建模算法
  - 模型训练与验证：历史数据回测与校准、模型验证与效果评估
  - 系统实施：实时风险监测与预警机制、风险应对策略制定执行
  - 持续改进：模型反馈与更新机制、新技术融合与创新应用

利用数字孪生技术可模拟现实世界情况，分析潜在风险和灾害的发生概率，帮助管理者更清晰地识别风险来源；进而通过模拟不同的风险应对策略并评估其效果，助力管理者选择最优的风险管理方案。

本章首先阐述财务风险的定义、财务风险评估与管理的范畴及重要性；其次，从市场风险、信用风险、流动性风险和操作风险四个维度分析财务风险的类型；最后，重点阐述财务风险评估与管理数字孪生的构建，并以某制造企业为例，剖析财务风险评估与管理数字孪生的实践应用。通过对本章的学习，读者能够了解数字孪生技术在财务风险评估与管理中的应用方法，以及构建财务风险评估与管理数字孪生模型的基本步骤。

9.1 财务风险评估与管理的重要性

9.1.1 财务风险的定义

在当今复杂多变的经济环境中，企业面临着各种各样的风险，其中财务风险是企业经营管理中最为关键的风险之一。财务风险是指企业在各项财务活动中，由于内外部环境因素的不确定性和变化，导致企业财务状况、经营成果及现金流量偏离预期目标，进而可能使企业遭受经济损失或无法实现既定战略目标的可能性。

财务风险贯穿于企业的资金筹集、资金投放、资金运营以及利润分配等各个财务环节，同时也与企业的生产、销售和采购等业务领域密切相关。例如，在资金筹集环节，市场利率的大幅波动可能导致企业债务融资成本超出预期，从而削弱企业的盈利能力；在资金投放方面，若对投资项目的可行性分析不够准确，或者市场环境突然恶化，可能导致投资收益无法覆盖投资成本，产生投资风险；在资金运营过程中，应收账款回收困难和存货积压等问题会阻碍企业资金的正常周转，引发流动性风险。这些风险不仅会影响企业的短期偿债能力和盈利水平，还可能对其长期发展产生一定程度的负面影响，如阻碍企业的扩张计划、降低企业的信誉等级等。

9.1.2 财务风险评估与管理的范畴

为了有效应对财务风险，企业需要建立一套完整的财务风险评估与管理体系。财务风险评估与管理涵盖风险识别、风险评估、风险应对及风险监控等多个环节，是一个系统性、动态性的过程。

风险识别是整个风险管理过程的基础，需对企业面临的各类财务风险来源进行全面梳理，包括市场风险、信用风险、流动性风险、操作风险等，以及这些风险在不同财务业务环节中的具体表现形式。只有准确识别风险，才能进一步评估风险的大小和影响程度。

风险评估是对已识别风险进行定性和定量分析的过程。通过确定风险发生的概率、影响程度及风险之间的相互关系，对风险的严重程度进行排序，为后续的风险管理提供科学依据。风险评估能帮助企业明确哪些风险需要优先关注，哪些风险可通过合理措施加以控制。

风险应对是根据风险评估结果，制定相应策略以降低风险发生的可能性或减轻风险发生时的损失。常见策略包括风险规避（如放弃高风险的投资项目）、风险降低（如采取套期保值措施应对汇率风险）、风险转移（如购买保险转嫁财产损失风险）和风险接受（如对于一些小概率且影响较小的风险选择自行承担）等。不同的风险应对策略适用于不同类型的风险，企业需根据具体情况灵活选择。

风险监控是对风险应对策略实施效果的持续跟踪与评估，通过及时发现新出现的风险因素或原有风险状况的变化，调整风险管理策略，确保风险管理的有效性和适应性。风险监控是一个动态过程，能帮助企业及时发现潜在问题并采取相应措施解决。

9.1.3 财务风险评估与管理的重要性

财务风险评估与管理对于企业而言至关重要，它不仅关系到企业的生存与发展，还直接影响利益相关者的权益，以及企业在复杂多变的经济环境中的适应能力。

1. 保障企业生存与发展

（1）维持稳定运营

财务风险若得不到有效评估和管理，企业可能面临资金链断裂的危机。例如，当企业过度依赖短期债务进行资金周转，却未及时评估偿债能力风险时，一旦债务到期无法偿还，可能引发债权人的信任危机，导致企业信用评级下降，后续融资难度加大。通过科学的财务风险评估，企业能够提前识别此类风险，合理安排债务结构，确保有足够资金偿还债务，从而维持稳定运营。

（2）支持战略决策

企业在制定长期发展战略时，需准确评估财务风险。例如，在决定是否进入新市场或推出新产品时，财务风险评估能帮助企业分析潜在成本、收益及可能面临的财务困境。若新市场开拓需要大量前期投资且存在较高不确定性，通过评估财务风险，企业可以做到谨慎决策，避免因盲目扩张导致资源浪费和财务危机，确保发展战略的可持续性。

（3）增强竞争力

有效的财务风险管理有助于企业在市场竞争中脱颖而出。在经济环境不稳定或行业竞争激烈时，企业面临价格波动、成本上升等多重挑战。那些能够精准评估和管理财务风险的企业，可通过优化成本结构、合理安排资金等方式降低产品或服务成本，从而在定价上更具竞争力。同时，良好的财务状况也使企业有能力开展技术创新和产品升级，进一步提升市场竞争力。

2. 保护利益相关者权益

（1）保障股东利益

股东作为企业的所有者，其投资回报率与企业的财务状况密切相关。准确的财务风险评估可以帮助企业避免因财务困境而导致股价下跌，保障股东的投资价值。例如，当企业面临原材料价格上涨的风险时，通过合理的风险管理措施（签订套期保值合约等），可以稳定生产成本，减少利润波动，从而维护股东的利益。

（2）维护员工权益

企业的财务健康状况直接影响员工的就业稳定性和福利待遇。在面临财务风险时，企业可能会出现裁员、减薪等情况。通过有效的财务风险管理，企业可以降低这种不确定性，保障员工的工作权益。例如，企业通过合理的预算规划和成本控制，确保有足够的资金支付员工工资和提供良好的工作环境，提高员工的满意度和忠诚度。

（3）确保债权人利益

债权人为企业提供资金支持，其债权的安全性取决于企业的偿债能力。企业通过科学的财务风险评估，能够向债权人展示其良好的信用状况和偿债能力，增强债权人的信任。例如，企业通过提供准确的财务报表和风险评估报告，使银行等金融机构能够更放心地为企业提供贷款，同时也降低了债权人因企业违约而遭受损失的风险。

3. 适应经济环境变化

（1）应对宏观经济波动

宏观经济环境的不稳定，如经济衰退、通货膨胀等，会给企业带来各种财务风险。例如，在经济衰退时期，市场需求下降，企业的收入减少，同时还可能面临融资困难和债务压力增大的问题。通过建立完善的财务风险评估体系，企业可以及时监测宏观经济指标的变化，提前预测可能面临的风险，并采取相应的措施进行调整，如削减成本、优化资产配置等，以适应宏观经济环境的变化。

（2）降低行业风险影响

不同行业面临着不同的财务风险特征，如制造业面临着原材料价格波动和生产成本上升的风险，服务业则可能受到市场需求变化和人力成本增加的影响。企业通过对所在行业风险的深入评估，可以针对性地制定风险管理策略。例如，制造业企业可以通过与供应商建立长期合作关系、签订固定价格合同等方式降低原材料价格波动风险；服务业企业可以通过多元化服务产品、提高服务质量等方式应对市场需求变化带来的风险。

（3）提升企业应变能力

财务风险评估与管理不仅仅是对已知风险的应对，更是帮助企业提升应对突发变化的能力。例如，当遇到自然灾害、政策调整等突发事件时，企业通过日常的财务风险评估和管理积累的经验和方法，可以快速评估事件对企业财务状况的影响程度，并及时采取有效的应对措施，如启动应急预案、调整经营策略等，从而在复杂多变的经济环境中保持稳健发展。

9.2　财务风险识别与量化

财务风险识别是财务风险管理的第一步，也是整个风险管理过程的基础。只有准确地识别出风险，才能进一步评估风险的大小、影响程度，并采取相应的措施来应对风险。财务风险的类型多种多样，根据其来源和表现形式，可以分为市场风险、信用风险、流动性风险和操作风险等几大类，具体如图9-1所示。

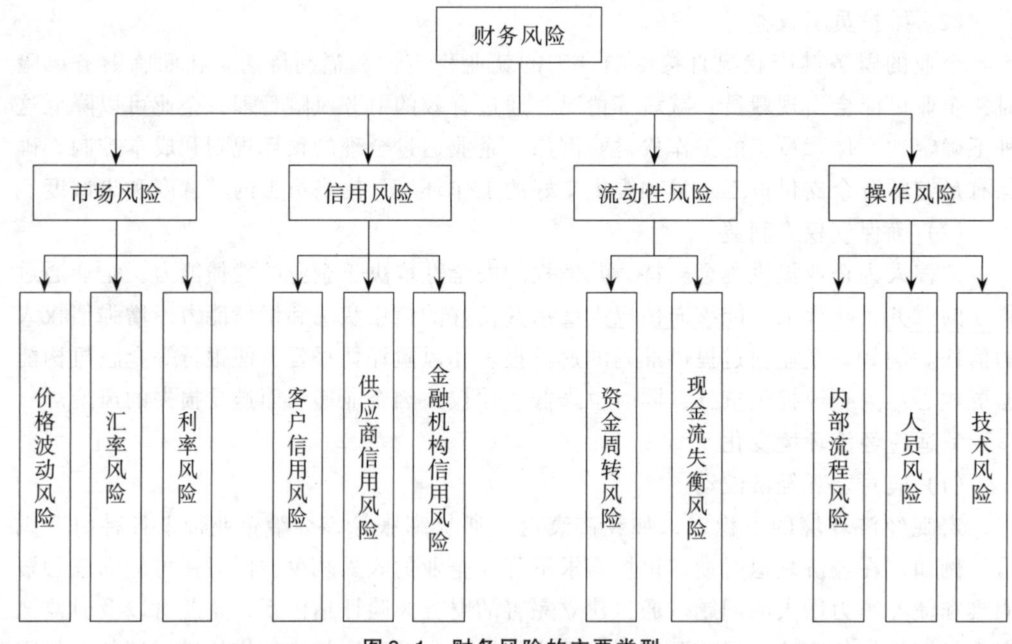

图9-1　财务风险的主要类型

1. 市场风险

市场风险是由于市场价格波动引起的风险，主要包括价格波动风险、汇率风险和利率风险。

（1）价格波动风险。商品或服务的价格受供求关系、市场竞争、宏观经济环境等因素影响而产生的波动。例如，在石油化工行业，原油价格的波动会直接影响炼油企业的生产成本和产品售价，进而影响企业的利润。当原油价格上涨时，炼油成本增加，若产品价格不能同步提高，企业利润就会受到挤压；反之，原油价格下跌，虽然成本降低，但产品价格可能也随之下降，企业仍需面对市场不确定性带来的风险。

（2）汇率风险。对于从事进出口贸易或有海外投资的企业，汇率波动会影响其资产价值和经营成果。如一家美国企业从中国进口电子产品，签订合同时人民币对美元汇率为6.5，但在付款时汇率变为6.8，这意味着该企业需要用更多的美元来兑换人民币支付货款，增加了采购成本。此外，拥有外币债务的企业在汇率变动时，偿债成本也会发生变化，本币升值会使企业偿还外币债务时付出更多成本，而本币贬值则可能使企业受益于汇率差异，但同时也面临汇率进一步波动的风险。

（3）利率风险。主要影响企业的债务融资成本和金融资产价值。当市场利率上升时，企业新发行的债券或贷款利息支出增加，导致融资成本上升。例如，房地产企业通过大量债务融资进行项目开发，若贷款利率上升，企业的利息负担加重，利润空间被压缩。同时，对于持有债券等固定收益资产的企业，市场利率上升会导致债券价格下跌，资产价值缩水。

2. 信用风险

信用风险是指企业或个人无法履行其财务义务的风险，主要包括客户信用风险、供应商信用风险和金融机构信用风险。

（1）客户信用风险。在企业的销售活动中，客户信用状况对企业应收账款的回收至关重要。如果客户因经营不善、资金周转困难或故意违约等原因无法按时足额支付货款，企业就会面临坏账损失。例如，一些中小企业在经济不景气时，可能会出现资金链断裂的情况，导致无法履行对供应商的付款义务。对于实行赊销政策的企业，信用风险尤为突出，需要对客户的信用状况进行全面评估和监控，以降低坏账风险。

（2）供应商信用风险。企业的生产经营依赖于供应商提供原材料、零部件等物资，如果供应商出现违约行为，如不能按时交货、产品质量不合格或中断供应等，会影响企业的正常生产和经营秩序。例如，汽车制造企业若因零部件供应商的供货延迟，可能导致生产线停工待料，不仅产生直接的生产损失，还可能因无法按时交付产品给客户而面临违约赔偿风险。

（3）金融机构信用风险。企业在与银行等金融机构进行业务往来时，也存在信用风险。例如，银行可能因自身资金紧张、信贷政策调整或企业经营状况恶化等原因，拒绝为企业提供贷款或提前收回贷款。此外，金融机构在托管、结算等业务中也可能出现操作失误或违约行为，给企业带来经济损失。

3.流动性风险

流动性风险是指企业或个人因资金短缺或资产流动性不足，无法及时偿还债务或难以满足经营活动的资金需求，进而可能陷入财务困境的风险。流动性风险主要包括资金周转风险和现金流失衡风险。

（1）资金周转风险。企业日常经营中资金周转不畅是常见的流动性风险。例如，企业存货积压过多，占用大量资金，导致资金无法及时回笼以支付供应商货款、员工工资及其他日常费用；或者应收账款回收周期过长，企业虽有账面利润，但资金被困在应收账款中，缺乏足够现金维持运营，可能面临短期债务到期无法偿还的风险。

（2）现金流失衡风险。企业现金流入与流出在时间上的不匹配会引发现金流失衡风险。如企业固定资产投资支出过大，在项目建设期内仅有现金流出而无相应流入；或者企业在市场扩张中过度依赖外部融资，一旦融资环境收紧，就可能出现资金链断裂。此外，季节性因素也可能影响企业现金流，某些行业在特定季节销售旺盛，其他季节则相对平淡，企业需在旺季储备资金以应对淡季经营需求，否则易出现现金流短缺问题。

4.操作风险

操作风险是指由于内部流程冗余、管理不善、技术漏洞等原因引发的风险，可能导致企业出现资金损失、生产中断和声誉受损等后果。操作风险主要包括内部流程风险、人员风险和技术风险。

（1）内部流程风险。企业内部财务管理流程、业务流程等存在缺陷或执行不到位，可能引发操作风险。例如，在采购环节，若缺乏严格的审批流程和供应商管理机制，可能导致采购成本过高、收到劣质原材料等问题；在财务核算方面，会计人员操作失误、账务处理不规范等，都可能造成财务报表数据不准确，影响企业决策的科学性和财务状况的真实性。

（2）人员风险。员工的专业素质、职业道德和工作态度等因素，对企业风险管理至关重要。例如，财务人员若缺乏专业知识和技能，可能在税务筹划、财务分析等工作中出现失误，给企业带来经济损失；同时，员工的违规操作、贪污腐败等行为也会严重损害企业利益，如采购人员收受供应商贿赂，故意采购高价低质的原材料，或销售人员虚报销售费用等。

（3）技术风险。随着企业数字化转型的加速，对信息技术系统的依赖程度不断提高，技术故障、网络攻击、数据泄露等技术风险也日益凸显。例如，企业的财务管理系统若遭受黑客攻击，可能导致财务数据被篡改、泄露，或系统瘫痪，影响企业正常的财务管理和业务运营；同时，新技术的应用也可能带来新的风险，如区块链技术在金融领域的应用虽提高了交易效率和安全性，但也面临技术标准不统一、监管滞后等问题。

9.3 财务风险评估与管理数字孪生的构建

9.3.1 数据收集与整合

构建财务风险评估与管理数字孪生系统的第一步是数据收集与整合。数据是数字孪生系统的基础，高质量的数据能够为风险评估与管理提供有力支持。数据收集与整合主要包括以下几个方面：

1.数据收集手段

（1）传感器技术。在企业的生产设备、仓储设施、办公场所等关键区域安装各类传感器，用于实时采集物理数据，如温度、湿度、设备运行状态等。这些传感器可以将采集到的数据传输到企业的监控系统中，通过与财务数据的关联分析，可以发现因环境因素或设备故障导致的财务风险。例如，在生产车间安装温度传感器，当温度过高可能影响生产设备的正常运行时，及时发出警报并采取相应措施，避免因生产中断造成的经济损失。

（2）企业资源计划（Enterprise Resource Planning，ERP）系统接口。利用ERP系统集成企业内部各个业务模块数据，通过ERP系统提供的接口，将财务数据与业务数据进行实时传输和共享。例如，当销售部门在ERP系统中录入销售订单后，相关的财务数据（如应收账款、销售收入等）会自动更新到财务模块中，实现财务与业务的无缝对接，提高数据的及时性和准确性。

（3）网络爬虫技术。针对外部市场行情数据和行业动态信息，通过网络爬虫技术在互联网上自动抓取相关数据。网络爬虫可以按照预设的规则和算法，从指定的网站、新闻平台、行业报告发布机构等来源获取所需的数据，并经过清洗和整理后存储到企业的数据库中。例如，通过网络爬虫定期抓取各大金融网站上的股票价格走势、汇率变动等信息，为企业的财务风险评估提供实时数据支持。

2.多源数据采集

数据采集不仅包括企业内部数据，还需要结合外部数据，以全面反映企业的财务状况和市场环境。

从内部数据采集来看，主要包括以下几方面：

（1）财务报表数据。从企业的财务管理系统中提取资产负债表、利润表和现金流量表的详细数据。这些数据是财务风险评估的基础，反映了企业在一定时期内的财务状况、经营成果和现金流动情况。例如，通过分析资产负债表中的负债项目，可以了解企业的债务规模和偿债压力；从利润表中的营业收入、成本和利润数据，可以评估企业的盈利能力和经营效率。

（2）会计凭证数据。收集企业的原始会计凭证，包括发票、收据、转账凭证等。这些凭证记录了企业每一笔经济业务的细节，为深入分析财务数据提供了详细依据。通过对会计凭证的分析，可以追溯财务数据的源头，确保数据的准确性和真实性。

（3）业务运营数据。获取企业内部各个业务部门产生的运营数据，如销售订单、采购记录、生产数据等。销售订单数据包含了客户信息、产品或服务的种类、数量、价格以及销售时间等内容，通过分析销售订单数据，可以了解市场需求的变化趋势和企业的销售业绩。采购记录则反映了企业的原材料采购情况，包括供应商信息、采购价格、采购数量等，有助于分析采购成本的控制情况。生产数据涵盖了生产过程的各项指标，如产量、工时利用率和废品率等，对于评估企业的生产效率和生产成本具有重要意义。

（4）人力资源数据。采集与企业人力资源相关的数据，如员工薪酬、绩效评估结果和员工培训记录等。员工薪酬数据可以反映企业的人力成本支出情况，同时结合绩效评估结果，可以分析企业的激励机制是否合理，员工的工作绩效对企业财务状况的影响。员工培训记录则有助于了解企业在人才培养方面的投入和发展态势。

（5）预算规划和执行数据。收集企业制定的年度预算计划以及实际执行过程中的数据。预算规划数据包括了收入预测、成本预算、资本支出预算等内容，通过对比实际执行情况与预算计划，可以发现企业财务活动中的差异和问题，为风险评估提供重要支撑。

从外部数据采集来看，主要包括以下几方面：

（1）宏观经济指标数据。关注国内外宏观经济形势，采集国内生产总值（GDP）、通货膨胀率和利率等宏观经济指标数据。GDP的增长趋势反映了整体经济环境的发展态势，对企业经营和财务状况产生重要影响。通货膨胀率的变化会影响企业的成本和价格水平，进而影响企业的盈利能力。利率水平的高低则直接关系到企业的融资成本和投资决策。

（2）行业动态信息数据。收集所在行业的市场份额变化、竞争对手数据、供应链情况等信息。市场份额的变化可以反映企业在行业中的竞争地位和发展趋势，通过分析竞争对手的产品策略、价格策略、市场份额等情况，可以了解企业面临的竞争压力和潜在风险。供应链情况包括供应商的稳定性、原材料价格波动、物流配送效率等信息，对于依赖原材料供应和产品配送的企业来说，供应链的风险可能对企业财务状况产生重大影响。

（3）市场行情数据。获取股票市场价格波动、汇率变动以及商品价格走势等市场行情数据。股票价格的波动会影响企业的市值和股东权益，对于上市公司而言，还可能影响企业的融资能力和声誉。汇率的变动对于有进出口业务的企业影响较大，可能导致企业的汇兑损失或收益。商品价格走势则直接关系到企业的销售收入和利润，特别是对于大宗商品相关企业。

（4）法律法规和政策文件数据。及时收集国家和地方政府出台的相关财经法律法规、税收政策、行业监管政策等文件。这些政策法规的变化可能会对企业的经营活动和财务状况产生深远影响，例如税收政策的调整会直接影响企业的税负水平，行业监管政策的加强可能会增加企业的合规成本。

3.数据清洗

数据清洗是数据处理的重要环节，目的是去除错误、重复和不完整的数据，从而提高数据质量。数据清洗主要包括以下几个步骤：

（1）去除重复数据。对采集到的数据进行查重操作，识别并删除重复的数据记录。重复数据可能是由于数据采集过程中的错误或系统故障导致的，如果不进行处理，会影响数据分析的结果。例如，在销售订单数据中，如果存在重复的订单记录，会导致销售数据的虚增，影响对销售业绩和财务状况的准确评估。

（2）纠正错误数据。通过数据校验和逻辑检查等方法，发现并纠正数据中的错误值。例如，在财务数据中，如果发现某一笔支出金额明显不符合常理（如出现负数的支出金额），则需要对该数据进行进一步核实和修正。同时，对于一些关键数据字段（如日期、金额等），设置合理的取值范围和格式要求，确保数据的准确性和规范性。

（3）填充缺失值。对于数据中的缺失值，根据具体情况选择合适的填充方法。如果缺失值较少且具有随机性，那么可以采用均值、中位数或众数等统计量来填充；如果缺失值较多且具有一定的规律性，那么可以通过建立预测模型来填充。例如，在分析客户信用记录时，如果部分客户的年龄数据缺失，可以根据该地区的人口年龄分布情况进行填充；如果是企业的销售收入数据在某个时间段内缺失，那么可以根据历史同期的销售趋势或其他相关因素进行预测填充。

4.数据预处理

数据预处理是将清洗后的数据转换为适合分析的格式，主要包括数据标准化和数据归一化。

（1）数据标准化。将不同来源和量级的数据按照统一的标准进行转换，使其具有可比性。例如，对于财务数据中的金额类数据，可以将其统一转换为以元为单位的数值；对于比率类数据，如资产负债率、毛利率等，可以将其转换为百分比形式。同时，对数据的编码规则进行统一，以确保数据的一致性。例如，在员工绩效评估数据中，不同部门可能采用了不同的评分标准（如1-5分制、A-E等级制等），需要将这些不同的评分标准转换为统一的量化标准，从而方便进行比较与分析。

（2）数据归一化。将数据的取值范围映射到［0，1］或［-1，1］等特定区间，以便消除量纲的影响，使不同特征的数据在模型训练时具有同等的重要性。常用的归一化方法有最小-最大归一化、Z-score标准化等。例如，在分析企业的财务指标时，由于不同指标的数值范围差异较大（如营业收入可能达到数百万甚至上亿元，而资产负债率通常在0~1之间），为了便于综合分析和建模，需要对各指标进行归一化处理，使得各指标在模型中的贡献相对均衡。

5.数据融合

数据融合是将不同来源、不同类型的数据进行整合，形成一个全面的数据集，以便进行综合分析。数据融合主要包括以下几个方面：

（1）结构化与非结构化数据融合。将经过清洗和预处理的结构化数据（如关系型数据库中的表格数据）与非结构化数据（如文本文件、图像文件、音频文件等）进行融合。对于非结构化数据，需先进行特征提取，将其转换为结构化形式，以便与结构化数据整合。例如，将企业内部的财务报告文本与财务报表数据融合时，可通过自然语言处理技术提取财务报告中的关键信息（如财务指标解释、风险提示等），并将其与对应的财务数据关联，形成更全面的财务分析数据集。

（2）不同源数据融合。将来自不同渠道（如内部业务系统、外部市场调研机构、政府部门等）和不同类型（如财务数据、业务数据、市场数据等）的数据进行融合。融合过程中，需解决数据的语义冲突、粒度不一致等问题。例如，企业内部销售数据可能按产品类别分类统计，而市场调研机构提供的数据可能按消费群体分类，为实现两类数据融合，需建立相应映射关系，统一数据的分类标准和统计口径。

（3）实时数据与历史数据融合。将实时采集的数据与历史积累的数据进行融合，以更好地分析数据的动态变化趋势和规律。实时数据可反映企业当前的经营状况和市场环境变化，历史数据则提供长期参考和对比依据。例如，在财务风险评估中，结合实时销售数据、资金流动数据以及历史同期的财务数据和市场事件，能更准确地预测未来的风险变化趋势。

6.数据存储

数据存储是数据管理的核心环节，需选择适配的数据存储方式，以保障数据的安全性与可访问性。数据存储主要涵盖以下几个方面：

（1）建立数据仓库：构建企业级数据仓库，用于集中存储和管理经过处理的数据。数据仓库采用分层存储结构，包括操作型数据存储层（Operational Data Store，ODS）、全局数据层（Enterprise Data Warehouse，EDW）和信息检索层（Information Retrieval，IR）。ODS层主要存储原始、细节性的业务数据，供日常业务操作使用；EDW层对ODS层的数据进行提取、转换和加载，形成面向主题、集成的数据集，为企业决策分析提供支持；IR层则主要用于快速响应用户查询请求，提供高效的数据检索和访问服务。例如，企业的财务数据、销售数据、采购数据等可存储在数据仓库的不同主题区域，通过建立星型或雪花型模型，方便用户开展多维分析和数据挖掘。

（2）使用数据湖。除了传统的数据仓库外，还可以考虑建立数据湖来存储和管理大数据量的、多样化的数据。数据湖可以存储结构化、半结构化和非结构化等各种类型的数据，具有高度的灵活性和扩展性。与数据仓库相比，数据湖不需要预先定义数据的结构和模式，而是在使用时根据具体的需求进行数据的处理和分析。例如，企业可以将社交媒体上的用户评论数据、传感器采集的物联网数据等存储在数据湖中，随时根据需要对这些数据进行分析挖掘，以发现潜在的市场机会或风险因素。

（3）元数据管理。建立完善的元数据管理系统，记录数据的来源、处理过程、含义和质量评价等信息。元数据是关于数据的数据，它对于数据的理解和使用具有重要的指导作用。通过元数据管理，用户可以快速了解数据的背景和特征，确保数据的可靠性和有效性。同时，元数据管理系统还可以支持数据的血缘追踪和影响分析，帮助用户确定数据的可靠性和潜在风险。例如，当发现某个财务数据异常时，可以通过元数据管理系统追溯该数据的来源和处理历史，找出可能导致异常的原因。

9.3.2 模型选择与构建

1.风险评估模型

风险评估模型是数字孪生系统中用于评估财务风险的核心工具，主要包括回归分析模型、时间序列分析模型、逻辑回归模型及机器学习算法模型等。每种模型均有其适用场景与优缺点，企业需根据具体的风险评估需求选择适配的模型。风险评估模型类型如图9-2所示。

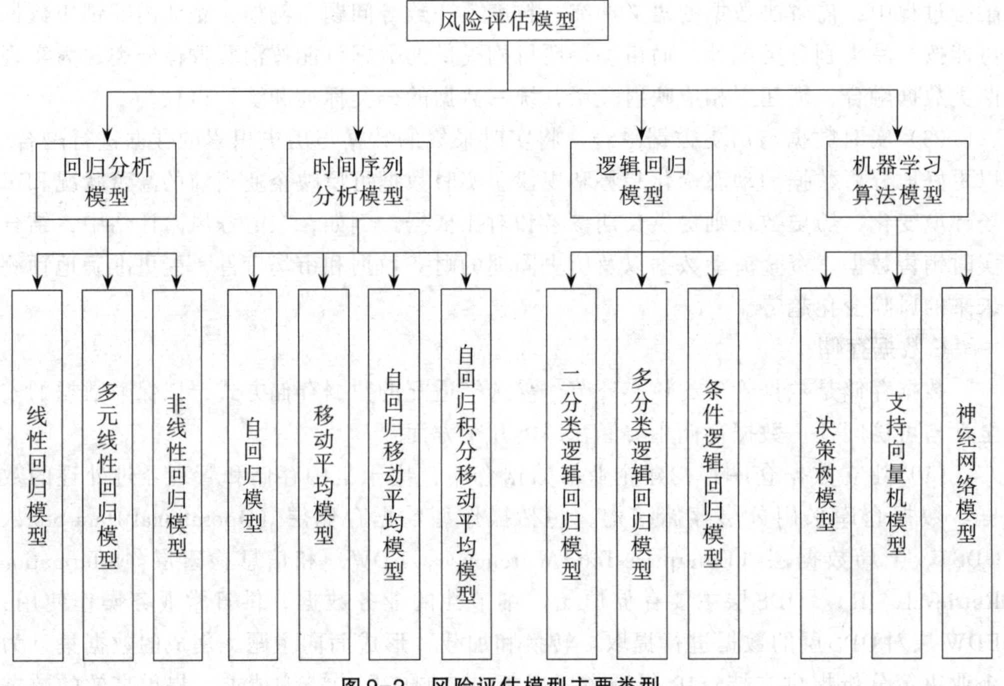

图9-2 风险评估模型主要类型

（1）回归分析模型

回归分析模型主要包括线性回归模型、多元线性回归模型和非线性回归模型。

线性回归模型适用于变量间存在线性关系的财务风险评估场景。例如，评估企业销售收入与广告投入的关系时，可通过线性回归模型建立两者的数学关联。收集历史数据后，将销售收入设为因变量、广告投入设为自变量，利用最小二乘法拟合回归直线方程，进而预测不同广告投入水平下的销售收入。该模型简单易懂、计算量小，但要求变量间具备较强线性相关性，对于复杂的非线性关系可能无法准确拟合。

当影响财务风险的因素为多个时，可采用多元线性回归模型分析。例如，评估企业净利润时，除广告投入外，还可能受产品质量、市场价格、研发投入等多因素影响。多元线性回归模型能在控制其他变量的前提下，分析每个自变量对因变量的影响程度，为企业制定营销策略和资源配置方案提供依据。不过，该模型存在多重共线性问题 —— 自变量间可能存在高度相关性，这会影响模型的稳定性与准确性。

对于变量间呈现非线性关系的情况（如企业成本与产量间可能存在边际成本递减或递增现象），可使用非线性回归模型拟合。常见的非线性回归模型包括多项式回归模型、指数回归模型、对数回归模型等。此类模型能更好地捕捉变量间的复杂关系，但模型求解与解释相对困难，需要更多专业知识和计算资源支持。

（2）时间序列分析模型

时间序列分析模型主要包括自回归模型、移动平均模型、自回归移动平均模型和自回归积分移动平均模型。

自回归模型基于变量自身过去的值预测未来值。例如，分析企业销售额变化趋势时，若假设某一时期的销售额仅与前几期销售额相关，可通过建立自回归模型，利用历史销售额数据确定模型参数，进而预测未来一段时间的销售额。该模型简单直观，适用于具有一定稳定性和周期性的时间序列数据，但对外部因素变化的反应不够敏感。

移动平均模型认为变量的值由过去的误差项决定。例如，预测企业现金流时，若存在随机波动因素（如突发市场变化、客户付款行为的不确定性等），可借助移动平均模型应对这些波动，突出数据的长期趋势和周期性变化，从而提升预测准确性。不过，该模型短期预测效果较好，长期表现则相对逊色。

自回归移动平均模型是自回归模型与移动平均模型的结合，它既可以利用变量自身的历史值进行预测，又能考虑误差项的滞后影响，因此能够更准确地捕捉数据中的动态特征并完成预测。

自回归积分移动平均模型在自回归移动平均模型的基础上增加了差分操作，适用于非平稳时间序列数据的建模和预测。例如，分析企业股价走势时，由于股价数据通常具有非平稳性和较大波动性，可通过自回归积分移动平均模型对其进行差分平稳化处理后建立预测模型，帮助企业投资者做出合理的投资决策。

（3）逻辑回归模型

逻辑回归模型主要包括二分类逻辑回归模型、多分类逻辑回归模型和条件逻辑回归模型。

二分类逻辑回归模型是应用最为广泛的逻辑回归模型，它将企业的财务状况简单划分为两类，例如“破产”与“未破产”、“违约”与“未违约”等。通过收集大量已发生这两类情况的企业历史数据，选取与财务风险相关的财务指标（如资产负债率、流动比率、利息保障倍数等）作为自变量，将企业是否处于特定财务风险状态（0 表示未处于风险状态，1 表示处于风险状态）作为因变量进行模型训练，得到模型参数估计值。当新的企业财务数据输入模型时，可计算出该企业属于某一类的概率，以此判断其是否面临特定的财务风险。

当企业的财务风险水平可划分为多个类别时，需使用多分类逻辑回归模型。比如将企业的信用评级分为多个等级（如AAA、AA+、AA、AA−、A+ 等），每个等级代表不同的财务风险程度；或者将企业的财务风险状况分为低风险、中风险、高风险等多个类别。该模型通过引入虚拟变量等方式处理，以适应多分类场景，其本质是对多个二分类问题的并行处理。

在一些复杂场景中，当企业面临的财务风险可能还取决于其他相关条件或因素时，可使用条件逻辑回归模型。它通过对条件变量进行分层或分组，然后在每一层或每一组内分别构建逻辑回归模型，从而更细致地刻画企业在不同条件下的财务风险状况。

（4）机器学习算法模型

机器学习算法模型主要包括决策树模型、支持向量机模型和神经网络模型。

决策树模型通过构建树形结构来对数据进行分类和预测。例如，在评估企业的信用风险时，根据企业的财务指标（如资产规模、负债水平、盈利能力等）作为特征构建决策树。决策树的每个内部节点代表一个属性上的测试，分支代表测试输出，叶节点代表类别或值。通过计算信息增益或基尼系数等指标来选择最优的划分属性，将数据集逐步划分为不同的类别（如高风险、低风险等），从而实现对企业信用风险的评估和分类。决策树模型具有直观易懂的优点，能够处理非线性关系和交互作用，但对于连续型数据的处理能力相对较弱，容易出现过拟合现象。

支持向量机（Support Vector Machine，SVM）模型是基于统计学原理，通过寻找一个最优的超平面，从而将不同类别的数据样本分开。例如，在区分企业财务状况好坏时，可以将企业的财务指标作为输入特征向量，利用支持向量机模型找到能够最大化分类间隔的超平面。SVM模型对于小样本数据集具有较好的分类效果，能够有效处理高维数据和非线性问题，但对于大规模数据集的训练效率较低，且核函数的选择对模型性能影响较大。

神经网络模型是由大量的神经元节点相互连接组成的复杂网络结构，具有强大的非线性拟合能力。例如，在预测企业的财务风险时，构建多层前馈神经网络，将企业的财务指标作为输入层的神经元输入，经过隐藏层的神经元计算和激活函数处理后，输出层的神经元给出预测结果（如风险等级）。神经网络模型可以自动学习数据中的复杂模式和特征表示，对于处理复杂的财务风险评估问题具有很大的优势，但模型的训练过程需要大量的数据和计算资源，且解释性较差，类似“黑箱”模型。

2.数字孪生模型架构

数字孪生模型架构是数字孪生系统的框架，它将数据、模型和应用有机地结合起来，形成一个完整的系统。数字孪生模型架构主要包括物理层、数据层、模型层和应用层。

（1）物理层

物理层是数字孪生模型的基础，它直接与企业的财务业务流程相连接。例如，在企业的财务管理系统中，物理层包括会计核算模块、资金结算模块、财务报表编制模块等具体的业务组件。这些组件负责处理日常的财务交易和业务活动，产生实时的财务数据，如每笔交易的金额、时间、交易方等信息都会被记录在会计核算模块中。物理层的数据是整个数字孪生模型的数据来源，其运行状态和效率直接影响数字孪生模型的准确性和可靠性。

为实现物理层与数字孪生模型其他层次的数据交互，需配备相应的数据采集与传输设备。例如，企业财务部门中，会计人员使用的电脑终端安装了专门的数据采集软件，该软件可实时监测财务系统中的数据变化，并将新增数据及时传输至数据层处理。同时，为保障数据传输的稳定性与安全性，企业可能采用内部局域网或虚拟专用网络等网络技术，确保财务数据在传输过程中不被泄露或篡改。

（2）数据层

数据层承担着对采集到的财务数据进行处理和存储的重要任务。它接收来自物理层的原始财务数据后，首先开展数据清洗、预处理和标准化操作。例如，对数据采集过程中出现的重复数据进行去重，对错误数据进行修正或剔除，对不同格式的数据进行统一转换等。经处理后的数据被存储到数据中心的数据库中，这些数据库可采用关系型数据库（如 MySQL、Oracle 等）或非关系型数据库（如 MongoDB、HBase 等），需根据数据特点和应用场景选择适配的存储方式。例如，结构化较强的财务交易数据可存储在关系型数据库中；非结构化或半结构化数据（如财务报表附件、审计报告等）则可存储在非关系型数据库中。

为便于数据的管理和使用，数据层还需建立完善的数据库管理系统（Database Management System，DBMS）。DBMS 提供数据的定义、操作、查询和维护等功能，保障数据的完整性、一致性和安全性。同时，数据层通过接口与其他层次交互：向上为模型层提供经处理的数据接口，向下为物理层提供数据采集指令接口。这些接口定义了数据的格式、规范和传输协议，确保不同层次间的数据流通顺畅。例如，模型层可通过调用数据层接口获取最新财务数据进行分析计算；物理层可根据数据层指令将处理后的数据传输至指定存储位置或开展进一步处理。

（3）模型层

模型层是数字孪生模型的核心部分，包含一系列基于机器学习算法构建的风险评估模型。这些模型根据不同的财务风险评估需求进行设计和训练，例如针对企业偿债能力风险评估，建立基于逻辑回归算法的模型；针对盈利能力风险评估，构建基于神经网络算法的模型等。每个模型都有其特定的输入特征向量和输出目标，比如偿债能力风险评估模型的输入可以是企业的资产负债率、流动比率、速动比率等财务指标，输出则是企业在一定时期内（如一年内）的偿债风险等级（如低风险、中风险、高风险）。通过持续学习与优化，这些模型能够精准识别和评估企业面临的各类财务风险。

为适应企业内外部环境的变化及数据的动态更新，模型层的模型需具备参数更新与优化能力。模型参数更新与优化机制可根据新采集的数据和实际风险评估结果进行调整，例如当市场环境发生重大变化（如利率大幅波动、行业政策调整等）或企业内部财务状况出现显著变化（如重大资产重组、经营模式转变等）时，模型层能依据反馈信息自动调整模型参数：对于神经网络模型，可通过反向传播算法重新计算权重和阈值；对于决策树模型，可对树的结构进行调整或重新剪枝等。同时，还可引入新算法或改进现有算法，以提升模型的性能和适应性。

（4）应用层

应用层为用户提供了与数字孪生模型交互的可视化展示界面，通过直观的图表、图形和报表等形式，将模型层的财务风险评估结果呈现给用户。例如，在可视化界面上以仪表盘形式展示企业的关键财务风险指标（如偿债能力指标、盈利能力指标、营运能力指标等），并用不同颜色的指示灯（绿色表示低风险、黄色表示中风险、红色表示高风险）直观标识风险等级。用户可通过点击图表或图形查看详细的风险分析报告及相关数据支撑，界面还可提供动态趋势图和对比图等，帮助用户掌握财务风险的变化趋势，以及与其他企业或行业平均水平的对比情况。

应用层不仅展示风险评估结果，还能为企业的风险管理决策提供支持。依据模型层的评估结果和预设的风险阈值，当财务风险指标超出警戒范围时，应用层会及时发出预警信号。例如，企业资产负债率超过设定的安全阈值时，系统会自动发送预警信息，提醒关注偿债风险并采取对应措施（如调整债务结构、拓宽资金来源等）。同时，应用层可提供决策建议和模拟分析功能，比如企业面临投资决策时，能根据不同投资方案模拟其对企业财务状况和风险的影响，辅助选择最优投资方案。

3.模型训练

收集到的历史财务数据需按一定比例（通常为70%~80%）划分为训练集。训练集用于训练选定的风险评估模型，通过不断调整模型参数，使模型学习财务数据中的模式和规律。例如，使用神经网络模型进行财务风险评估时，将训练集输入神经网络，通过反向传播算法持续调整神经元间的连接权重和阈值，直至模型在训练集上的预测误差达到最小或满足预设训练轮数。在此过程中，模型会逐步学习不同财务指标与财务风险的关联，如资产负债率与偿债风险、毛利率与盈利能力风险之间的关系等。

从剩余数据中抽取10%~20%作为验证集。验证集用于在模型训练过程中监控性能，防止过拟合。每次完成一个训练轮次后，将验证集输入模型进行验证，计算准确性、召回率等评估指标。若验证集性能指标不再提升或开始下降，说明模型可能过拟合，需通过调整复杂度、增加正则化项等方式改进。例如，训练决策树模型时，若发现验证集错误率逐渐上升，可能是决策树过度复杂导致对训练集拟合度过高、泛化能力下降，此时可通过剪枝减少节点数量以降低复杂度。

最后预留5%~10%的数据作为测试集。测试集用于评估模型的最终性能和泛化能力。模型训练与优化完成后，将测试集输入模型得到预测结果，与真实标签对比，计算测试误差率及其他评估指标。测试集结果能客观反映模型在新数据集上的预测能力和实际应用效果：若测试集准确率较高且各项指标符合预期，说明模型泛化能力良好；反之，若测试结果不理想，则需进一步分析原因，对模型进行调整或重新训练。

4.模型优化

模型优化需根据模型类型和训练结果选择适配的参数调整方法。例如，神经网络模型中的学习率参数，若取值过大可能导致模型无法收敛至最优解，出现震荡现象；若过小则会延长训练时间，且易陷入局部最优解。可通过网格搜索法或随机搜索法等寻找最佳学习率范围。对于决策树模型的最大深度、最小样本分裂数等参数，也可采用类似方式调整——通过不断尝试不同参数组合，并在验证集上评估验证，最终确定使模型性能最优的参数设置。

为防止模型过拟合、提升泛化能力，可在损失函数中添加正则化项。常见的正则化方法包括L1正则化和L2正则化（又称Ridge正则化）：L1正则化会使部分参数变为0，实现稀疏性效果；L2正则化则通过惩罚参数平方和限制参数大小。例如，在支持向量机模型中加入L2正则化项，可避免模型过于复杂导致过拟合；神经网络模型中应用的Dropout技术也属于正则化方法，它在每次训练迭代时随机忽略部分神经元输出，从而防止神经元间出现过拟合。

9.4　风险管理策略制定与优化

9.4.1　案例背景介绍

为更好地理解财务风险评估与管理数字孪生系统的构建及应用，我们以某制造企业（以下简称“A公司”）为例展开详细分析。A公司在行业内具备一定规模与影响力，产品涵盖多个领域的机械设备制造。但近年来，受市场竞争日趋激烈、原材料价格波动频繁及全球经济环境不稳定等因素影响，A公司面临诸多财务风险挑战，具体表现如下：

1.销售与资金回笼问题。市场需求的不确定性导致销售收入波动，同时客户应收账款账期延长，资金回笼速度放缓，影响企业资金流动性。

2.成本控制难题。原材料价格上涨、劳动力成本增加及生产设备老化等因素，使得企业生产成本逐年攀升，利润空间被压缩。

3.融资渠道单一且成本高。过度依赖银行贷款等传统融资方式，不仅融资难度加大，融资成本也相对较高，加重了企业的财务负担。

为有效应对上述财务风险，提升风险管理水平与决策效率，A公司决定引入数字孪生技术，构建一套财务风险评估与管理数字孪生系统。

9.4.2　数据收集与整理

1.多源数据采集

（1）企业内部数据整合

①财务数据深度挖掘。除常规财务报表数据外，A公司还收集了详细的成本核算数据，包括原材料采购成本明细、生产过程中的各项费用支出（如设备折旧、水电费、人工工时费用等），以及每个项目的收支明细账。这些数据为分析企业成本结构和盈利能力提供了更精准的视角。

②业务运营数据关联。将生产部门的生产计划执行数据（如产量、生产进度、产品合格率等）、销售部门的客户订单数据（包括订单数量、金额、交货期、客户信用状况等）及库存管理部门的存货数据（原材料、在产品、产成品的库存数量、周转率等）与财务数据关联整合。例如，通过分析生产计划与实际成本的偏差，找出成本超

支环节；依据客户订单数据预测销售收入，并结合应收账款情况评估资金回笼风险。

③供应链数据拓展。收集供应商的供货合同数据（包括价格条款、交货期、质量保证等）、物流运输数据（运输费用、运输时间、货物损耗等）及与供应链金融相关的数据（如应付账款账期、票据结算信息等）。这有助于企业全面了解供应链上下游的财务状况，提前识别可能影响自身财务的风险因素，如供应商提价或中断供货带来的成本增加和生产中断风险。

（2）外部市场数据采集

①宏观经济与行业动态监测。关注国内外宏观经济指标（如GDP增长率、通货膨胀率、利率、汇率等）的变化，以及机械制造行业的发展趋势报告、市场调研数据、竞争对手动态信息等。这些数据能帮助企业把握宏观经济环境和行业竞争态势，预测市场需求变化及潜在风险。例如，宏观经济增速放缓时，可及时调整生产和销售策略，应对市场需求下降风险；通过分析竞争对手的市场份额变化和新产品推出情况，优化自身产品研发和营销策略，保持竞争优势。

②政策法规跟踪。收集国家和地方相关政策法规文件（如税收政策调整、环保法规变化、产业扶持政策等），并建立政策法规数据库。这些政策法规的变化可能对企业财务状况产生重大影响，如税收优惠政策变动可能影响净利润，环保法规加强可能导致环保投入增加等。通过及时跟踪和分析政策法规信息，企业可提前做好应对准备，降低政策风险。

2.数据预处理与标准化

对采集到的海量数据进行清洗，需剔除重复、错误或不完整的数据记录。例如，在财务数据中，检查并修正记账错误、数据录入偏差等；在业务数据中，删除无效的客户订单信息或错误的生产记录。同时，运用数据平滑技术处理数据中的异常值和噪声干扰，提升数据质量。

将来自不同部门和系统的数据格式进行统一转换，使其符合数字孪生系统的数据处理标准。例如，将文本格式的财务数据转换为数值型数据，统一日期格式、编码规则等。依据企业的历史数据和行业规范，对数据进行归一化或标准化处理，让不同维度的数据具备可比性，以便于后续的数据分析和模型训练。

9.4.3 数字孪生模型构建

在数据收集与整理的基础上，A公司构建了数字孪生模型。模型构建作为数字孪生系统的核心环节，直接关系到风险评估的准确性和管理的有效性。A公司的模型构建工作主要包含以下方面：

确定关键指标体系

（1）财务指标维度

财务指标维度主要包含偿债能力指标、盈利能力指标、营运能力指标和现金流指标。

偿债能力指标包括流动比率、速动比率、资产负债率、利息保障倍数等。这些指标反映企业短期和长期债务的偿还能力，通过数字孪生模型实时监控其变化，可及时发现企业面临的偿债风险。例如，当资产负债率过高时，系统会预警过度负债风险，提示企业调整融资结构或加强资金管理。

盈利能力指标包括毛利率、净利率、净资产收益率、总资产收益率等。这些指标直接体现企业的盈利水平和经营效益。通过分析不同产品、生产线或业务板块的盈利能力指标，企业能找出盈利增长点或亏损原因，优化资源配置，提升整体盈利能力。

营运能力指标涵盖存货周转率、应收账款周转率、总资产周转率等。这些指标反映企业资产的运营效率和管理水平。数字孪生模型通过追踪营运能力指标的动态变化，可及时发现生产经营中的问题（如库存积压、应收账款回收缓慢等），进而采取针对性措施改进。

现金流指标包括经营活动现金流量净额、投资活动现金流量净额、筹资活动现金流量净额及期末现金等。由于现金流是企业的命脉，数字孪生模型对这些指标的实时监测和分析，能帮助企业保障资金链稳定，提前预警可能出现的现金短缺风险，为资金运作提供决策支持。

（2）非财务指标维度

非财务指标维度主要有生产运营指标、市场与客户指标和供应链指标。

生产运营指标包括设备利用率、生产效率、产品合格率、订单交付准时率等。这些指标直接影响企业的生产成本和销售收入，与企业的财务状况密切相关。例如，设备利用率的提高意味着单位生产成本的降低，而产品合格率的提升可以减少废品损失和返工成本，从而提高企业的盈利能力。通过数字孪生模型将这些生产运营指标与财务指标进行关联分析，可以全面评估企业的生产经营状况，发现潜在的风险和机会。

市场与客户指标如市场份额、客户满意度、客户投诉率、新客户获取率等。这些指标反映了企业在市场中的竞争地位和客户关系状况。市场份额的扩大通常意味着销售收入的增加，但客户的满意度和忠诚度也直接影响企业的长期发展和盈利能力。数字孪生模型可以通过整合市场调研数据和客户关系管理系统中的数据，分析市场与客户指标的变化趋势，为企业的市场营销策略和客户服务改进提供依据。

供应链指标涵盖供应商交货准时率、原材料库存水平、应付账款周转率等。供应链的稳定和高效对于企业的正常生产经营至关重要。通过监测供应链指标，企业可以及时发现供应链中的问题，如供应商延迟交货可能导致生产中断，原材料库存过高会增加资金占用成本等。数字孪生模型可以帮助企业优化供应链管理，降低采购成本和供应风险。

2. 选择合适的建模算法

A公司根据问题的特性，选择了多种建模算法进行风险评估与管理：

（1）时间序列分析算法。针对财务数据的时间序列特性，采用自回归移动平均模型进行销售预测、现金流预测和财务指标的趋势分析。这些模型能够根据历史数据的周期性和趋势特征，对未来一段时间内的财务状况进行预测，为企业的预算编制、资金安排和风险预警提供参考依据。

（2）监督学习算法。利用历史财务数据和对应的风险事件发生情况，训练分类模型（如逻辑回归、决策树、随机森林、支持向量机等）来预测财务风险的类型和发生概率。例如，将反映企业财务状况的各种指标作为输入变量，将企业是否面临特定类型的财务风险（如偿债风险、盈利下滑风险等）作为输出变量，通过大量历史样本数据的训练，使模型能够识别出不同风险模式对应的指标特征，从而对新的财务数据进行风险预测和分类。

（3）强化学习算法应用。在财务风险管理策略优化方面，引入强化学习算法。将不同的风险管理策略视为智能体的动作，将企业的财务状况和风险评估指标作为环境状态，通过智能体与环境的交互学习过程，不断优化风险管理策略，以实现企业财务风险的最小化和长期价值的最大化。例如，在资金分配决策中，利用强化学习算法训练智能体如何选择最优的资金分配方案，以提高资金使用效率和降低财务风险。

（4）神经网络模型构建。利用深度学习框架构建多层神经网络模型，以处理复杂的非线性财务数据关系。通过自动提取数据的特征和模式，神经网络模型可以提高财务风险预测的准确性和适应性。例如，构建包含多个隐藏层的前馈神经网络模型，将经过标准化处理后的财务指标数据输入模型进行训练，通过反向传播算法不断优化模型的权重参数，使模型能够更好地拟合财务数据与风险事件之间的关系。

9.4.4 模型训练与验证

A公司对构建的数字孪生模型进行了严格的训练与验证，以确保模型的准确性和可靠性。模型训练与验证主要包括以下几个步骤：

1. 历史数据回测与校准

将经过预处理的数据按照时间顺序划分为训练集、验证集和测试集。采用滚动窗口的方法进行划分，以确保模型能够充分学习到不同时间段的数据特征和规律。使用过去75%的数据作为训练集，对模型进行初步训练；然后利用15%的数据作为验证集，对模型进行验证和参数调整；最后利用10%的数据对模型的性能进行全面评估。在回测过程中，模拟实际的财务风险管理场景，根据历史数据计算出的风险评估结果与实际情况进行对比分析，计算准确率、召回率等评估指标，评估模型在预测财务风险方面的准确性和可靠性。

根据回测结果，对模型的参数进行调整和优化。比如对于深度学习模型，通过调整神经网络的结构（如层数、神经元数量、激活函数等）、优化器的参数（如学习率衰减策略、动量项等）以及训练的轮次等参数来提高模型的性能。同时，采用交叉验证的方法进一步验证模型的稳定性和泛化能力，防止过拟合现象的发生。

2. 模型验证与效果评估

使用与训练集和验证集完全独立的测试集对模型进行最终的性能评估。测试集应涵盖不同时间周期、不同市场环境和不同业务场景下的数据，以确保模型具有广泛的适用性和良好的预测能力。在测试过程中，严格按照即定的风险评估标准和指标体系对模型的输出结果进行评估，计算各种性能指标，并与预先设定的目标阈值进行比较，判断模型是否达到预期的应用效果。如果模型在测试集上的表现不佳，需要重新审视模型的假设、特征选择、算法选择以及数据处理过程，查找原因并进行相应的改进和完善。

将经过验证的数字孪生模型应用于企业的实际财务风险管理工作中，并持续跟踪和评估其实际应用效果。在实际使用过程中，密切关注模型输出的风险预警信息和企业实际财务状况的变化情况，对比分析两者之间的差异性和一致性。同时，收集企业内部各个部门对模型应用的反馈意见，了解模型在实际应用中是否存在操作不便、准确性不足或者其他问题。根据实际应用效果评估的结果，对模型进行不断优化和迭代升级，使其更好地适应企业的财务管理需求和业务发展战略。

9.4.5　风险评估与预警系统实施

A公司基于数字孪生模型构建了风险评估与预警系统，并将其应用于实际的财务风险管理工作中。风险评估与预警系统的实施主要包括以下几个方面：

1. 实时风险监测与预警机制

建立与企业各个业务系统的接口连接，实现财务数据的实时采集和传输。通过传感器技术、网络爬虫技术等手段获取实时的市场数据和行业动态信息，确保数字孪生模型能够及时获取最新的数据输入。

根据企业的风险承受能力和财务管理目标，设定合理的风险阈值。当数字孪生模型监测到的财务指标或风险评估结果超过预设的风险阈值时，自动触发预警机制。预警信息可以通过多种方式发送给相关人员，如短信通知、邮件提醒、系统弹窗报警等，确保信息的及时传递和处理。同时，预警信息应包含详细的内容，如风险类型、风险等级、可能的影响范围以及建议的应对措施等，以便管理人员能够快速做出响应。

2. 风险应对策略制定与执行

针对不同类型和等级的财务风险，建立完善的风险应对策略库。策略库中包含了各种可能的风险应对措施及其适用条件、实施步骤和预期效果等内容。例如，对于偿债风险，可以采取调整债务结构、延长债务期限、增加资金储备等应对措施；对于盈利下滑风险，可以通过优化产品结构、降低成本、开拓新市场等方式来提高盈利能力。这些风险应对策略将作为企业在面临风险时的指导手册，帮助管理人员快速选择合适的应对方法。

利用数字孪生模型的智能化功能，实现部分风险应对策略的自动化执行和跟踪。例如，当模型监测到企业的应收账款周转率下降且接近风险阈值时，自动触发应收账款催收流程，向客户发送催款函或采取法律手段追讨欠款；当预测到原材料价格将上涨时，自动下达采购订单锁定较低的采购价格等。同时，对已执行的风险应对策略进行实时跟踪和评估，根据实际效果及时调整和优化策略，确保风险得到有效控制和管理。

9.4.6　持续改进与优化

A公司建立了持续改进与优化机制，以不断提升数字孪生模型的性能和企业的财务风险管理水平。持续改进与优化主要包括以下几个方面：

1. 模型反馈与更新机制

建立畅通的用户反馈渠道，鼓励企业内部各部门人员（如财务人员、生产人员、销售人员等）积极反馈在使用数字孪生模型过程中发现的问题和改进建议。定期收集用户的反馈意见，并对反馈内容进行分类整理和深入分析。例如，财务人员可能反馈模型对某些特殊业务的财务处理不够准确，或者预警信息过于频繁但准确性不高；生产人员可能反馈模型对生产工艺变化导致的成本影响考虑不足等问题。通过对用户反馈的分析，找出模型存在的缺陷和不足之处，为模型的更新和优化提供方向。

根据用户反馈和实际业务发展需求，制定详细的模型更新与迭代计划。明确更新的目标、任务、时间节点以及责任人员等内容。例如，计划每隔一段时间（如半年或一年）对模型进行一次全面的更新和优化；或者当企业发生重大业务变革（如并购重组、新产品开发上市等）时，及时启动模型的更新工作。在更新过程中，充分考虑新业务场景下的数据特征和风险管理要求，调整模型的算法、参数或结构，以提高模型的适应性和准确性。

2. 新技术融合与创新应用

密切关注人工智能领域的新兴技术发展动态，如量子计算、边缘计算、区块链等技术在财务风险管理中的应用潜力。积极开展对这些新技术的跟踪研究和实验探索工作，评估其在提高财务风险评估效率、增强数据安全性和隐私保护等方面的优势和可行性。例如，研究量子计算在大规模数据处理和复杂数学模型计算中的应用原理和方法，探索如何将其应用于财务风险预测模型的训练和优化过程中；探讨区块链技术在财务数据真实性验证和防篡改方面的应用模式和架构设计等。

在充分评估新兴技术的成熟度和适用性后，选择合适的业务场景和技术切入点进行创新应用试点工作。通过小范围的试点项目验证新技术的实际效果和应用价值，总结经验教训并逐步进行推广应用。例如，先在某个部门或某个业务单元试点应用区块链技术对财务数据进行加密存储和共享管理，观察其对数据质量和业务流程的影响；如果试点成功且效果显著，再逐步扩大应用范围至整个企业。通过持续的创新应用和技术融合工作，不断提升企业的财务风险管理水平和数字化竞争力。

立德树人

数字孪生技术赋能产业链财务协同——某制造企业的社会责任实践

某大型装备制造企业（以下简称B企业）长期面临供应链财务风险问题：上游中小供应商常因资金链紧张导致供货延迟、原材料价格波动频繁引发成本失控、B企业内部跨区域子公司的财务数据孤岛问题严重影响决策效率等。2022年，B企业引入数字孪生技术构建“财务风险数字孪生体”项目，将产业链上下游300余家企业的财务数据、生产数据、物流数据接入同一平台，实现全链条财务风险的可视化监控。

项目实践过程主要包括以下三方面：

1. 技术赋能风险识别

通过数字孪生体的动态仿真功能，系统实时预警某供应商的应收账款周转天数异常（从45天延长至78天），结合其银行流水、库存数据交叉分析，发现该企业因技术改造投入过大导致资金缺口。若按传统处理方式，B企业可能直接缩减订单量，但数字孪生模型显示：该供应商停产将引发三级供应链连锁反应，最终导致B企业产能下降12%。

2.价值重构决策转型

管理层摒弃简单压款思路，依托数字孪生平台的"压力测试"模块，模拟供应链金融扶持方案：通过区块链智能合约将部分应付账款转化为供应链电子债权凭证，帮助供应商获得银行贴现资金。6个月后，该供应商产能恢复至120%，B企业采购成本反而下降8%（因稳定供应带来的规模效应）。

3.生态共建责任担当

B企业进一步开放数字孪生平台接口，联合金融机构开发"产业链财务健康度评价模型"，为中小供应商提供免费财务诊断服务。截至2023年底，累计帮助42家供应商优化资本结构，减少财务费用支出超3 000万元，同时B企业自身坏账率下降67%。

在这个项目中，B企业突破传统风险管理"独善其身"的思维局限，将数字技术转化为产业链共生共赢的工具，践行"构建命运共同体"的发展理念，体现科技向善的价值导向。此外，B企业在短期利润与长期价值之间找到平衡点，通过让渡部分账面利益换取产业链韧性提升，诠释"君子务本，本立而道生"的商业智慧。

请思考：通过上述案例，当企业运用先进技术掌握产业链数据优势时，应如何平衡商业利益与社会责任？在数字化财务管理中，如何避免"技术至上"导致的人文关怀缺失？

主要参考文献

［1］朱海平.数字孪生与车间实践［M］. 北京：清华大学出版社，2021.

［2］霍艳芳，齐二石.智慧物流与智慧供应链［M］. 北京：清华大学出版社，2020.

［3］黄培，许之颖，张荷芳.智能制造实践［M］. 北京：清华大学出版社，2021.

［4］宋海鹰，岑健.西门子数字孪生技术［M］. 北京：机械工业出版社，2022.

［5］陆剑峰，张浩，赵荣泳.数字孪生技术与工程实践［M］. 北京：机械工业出版社，2022.

［6］孙丽，于晓洋.精益工艺管理［M］. 沈阳：辽宁电子出版社，2022.

［7］孙丽.轨道交通装备制造精益工艺管理［M］. 北京：机械工业出版社，2023.

［8］周济，李培根，周艳红，等.走向新一代智能制造［J］. 计算机集成制造系统，2019，25（12）：2983-2996.

［9］陶飞，刘蔚然，张萌，等.数字孪生五维模型及十大领域应用［J］. 计算机集成制造系统，2019，25（1）：1-18.

［10］齐天泓，黄海峰，曹乐，等.智能制造数字孪生概念模型与关键技术研究［J］. 信息技术与标准化，2024（11）：45-50；60.

［11］刘亮，姚春琦，李晓梅.面向智能制造全价值链的精益数字孪生体［J］. 机械设计，2022，39（1）：65-69.

［12］刘亮，姚春琦，贺禹铭.基于精益数字孪生体的智能制造系统设计［J］. 机械设计，2023，40（9）：59-66.

［13］尹周平，陶波.工业物联网技术及应用［M］. 北京：清华大学出版社，2022.

［14］郑维明.智能制造数字孪生［M］. 北京：机械工业出版社，2022.

［15］袁勇，王飞跃.区块链+智能制造［M］. 北京：清华大学出版社，2021.

［16］李伯虎，柴旭东，侯宝存等.智慧工业互联网［M］. 北京：清华大学出版社，2021.

［17］ GRIEVES M, VICKERS J. Digital twin: mitigating unpredictable, undesirable emergent behavior in complex systems ［M］ //SMITH J， JONES A. Transdisciplinary perspectives on complex systems. Cham: Springer, 2017: 85-113.

［18］ SHAFTO M， CONROY M， DOYLE R， et al. Modeling， simulation， information technology& processing roadmap ［R］. USA：NASA，2010.